W0195912

Richard Rudgley

Abenteuer Steinzeit

Glück und
Erfolg
für 2002

Dienst

Walter

Richard Rudgley

Abenteuer Steinzeit

Die sensationellen Erfindungen und Leistungen
prähistorischer Kulturen

Aus dem Amerikanischen übertragen
von Einar Schlereth

Kremayr & Scheriau

Die Originalausgabe ist 1998 unter dem Titel
»The Lost Civilisations of the Stone Age«
bei Century, London, erschienen.

1. Auflage
© 1998 by Richard Rudgley
© der deutschsprachigen Ausgabe 2001
by Kremayr & Scheriau, Wien,
in der Verlagsgruppe Bertelsmann GmbH
Umschlaggestaltung: Design Team München
Satz: Uhl + Massopust, Aalen
Druck und Bindung: Wiener Verlag, Himberg
Printed in Austria
ISBN 3-218-00688-0
www.kremayr-und-scheriau.at

Inhalt

Einleitung

Die Zivilisation der Barbaren

Der gegenwärtige Zustand der Welt und besonders der Niedergang der sozialen Welt sind ein beinahe universales Thema in den Mythologien der Welt – gewissermaßen ein Sturz aus dem Garten Eden oder aus dem goldenen Zeitalter. Die moderne Zivilisation hat diese traditionellen mythologischen Annahmen auf den Kopf gestellt und sie neu geschrieben, ausgehend von der Idee des sozialen Fortschritts und der Evolution. In dieser neuen Mythologie ersetzt der Begriff der Zivilisation (wie er allgemein verstanden wird) den Garten Eden, und das neue Paradies liegt, wenn nicht gerade hier und jetzt, so doch gleich um die Ecke. Die Zivilisation wird in dieser Variante der neuen Mythologie als eine große Erfolgsgeschichte angesehen – von dem vorhistorischen Elend bis zu der zivilisierten Gloria – und als die abschließende Blüte der menschlichen Errungenschaften gegen die Mächte der Dunkelheit und Unwissenheit dargestellt, wie sie in der Steinzeit zum Ausdruck kommen.

Die Art und Weise, in der die menschliche Geschichte heute geschrieben wird, ist so verkürzt und schlecht dargestellt, dass sie uns mit einem Bericht über uns selbst konfrontiert, bei dem der größte inhaltliche Teil der ersten Kapitel einfach fehlt. Trotz der Tatsache, dass die Vorgeschichte mehr als fünfundneunzig Prozent der Menschheitsgeschichte umfasst, machen die restlichen fünf Prozent mindestens fünfundneunzig Prozent der Darstellungen über die Geschichte des Menschen aus. Die Vorgeschichte der Menschheit ist nicht einfach nur ein Vorspiel der Geschichte; die Geschichte ist eher ein farbenprächtiges und ereignisreiches Nachwort zur Steinzeit. In diesem Buch möchte ich zeigen, wie fruchtbar und ereignisreich die Inhalte der frühen Kapitel des Lebens unserer Art waren, wie sehr die historischen Gesellschaften in der Schuld ihrer prähistorischen Gegenstücke stehen, und zwar in allen Bereichen des kulturellen Lebens, und wie zivilisiert in vieler Hinsicht jene Kulturen der Menschen waren, die als »wild« verteufelt wurden. Bevor ich damit beginne, will ich zeigen, wie »wild« die so genannten zivilisierten Völker sein können und wie die Barbarei unserer eigenen Kultur nach außen projiziert wird, sowohl in die geografische Ferne (die heutigen Stammeskulturen) als auch in die zeitlich entfernten prähistorischen Kulturen.

Man hätte erwarten können, dass die Anthropologen als Vertreter der zivilisierten Wissenschaften bei der Untersuchung von Stammeskulturen einen größeren Respekt für ihren Gegenstand an den Tag legen als andere koloniale Gruppierungen, die direkte Erfahrungen mit den »Eingeborenen« hatten. Aber leider stoßen wir da auf eine Leiche im Keller. 1863 wurde in London die Anthropologische Gesellschaft gegründet, und sie zählte Sir James Hunt, den berühmten Entdecker Richard Burton und den Anatomisten Robert Knox zu ihren Mitgliedern. Burton beschrieb sie als »ein Refugium für die enthüllte Wahrheit«, ein Hinweis darauf, dass sie das einzige Ventil für seine ethnologischen Schriften über sexuelle Dinge und verwandte Themen war, die für die herrschende viktorianische Intelligenz streng tabu waren. Hunt benutzte die Anthropologische Gesellschaft als Vehikel, um seinen rassistischen Auffassungen von der biologischen Grundlage der weißen Vorherrschaft Ausdruck zu geben, gaukelte anthropometrische Messungen vor, um seinen Vorurteilen wissenschaftliches Gewicht zu verleihen. Innerhalb der Gesellschaft gab es einen inoffiziellen und informellen Zirkel, bekannt unter dem Namen Kannibalenclub, mit Hunt als Vorsitzendem, der seine Kollegen mit einer Gabel zur Ordnung rief, die die Form eines Negerkopfes hatte. Knox trat später von seinem Lehrauftrag an der Universität Edinburgh zurück, da er in die berüchtigten kriminellen Aktivitäten von Burke und Hare verwickelt war. Diese Gesellen in Sachen Verbrechen erwarben ihre akademischen Würden durch Grabschändung, bis hin zum Mord bei ihren Versuchen, mit der medizinischen Nachfrage nach Menschenleichen zum Sezieren Schritt halten zu können. Knox hatte unwissentlich einige der unglücklichen Opfer von Burke und Hare auf seinen Seziertisch bekommen. Trotz des Skandals, der mit dem Namen Knox verbunden war, gab es noch weitere Personen mit anthropologischen Interessen, die sich gar nicht erst die Mühe machten, ihre menschlichen Subjekte durch Mittelsmänner zu erwerben, sondern die Drecksarbeit selbst erledigten; manchen bereitete der grässliche Zeitvertreib sogar ein gewisses Vergnügen.

Der Anthropologe James Urry hat eine ganze Sammlung von schrecklichen Geschichten über die ersten Anthropologen angelegt, die sich hinsichtlich des Respektes vor den Toten nicht besser benahmen als die Zauberer des Mittelalters. Er zitiert den Fall des russischen Forschers und Ethnografen Nikolai Miklouho-Maclay, der 1871 Forschungen der zweifelhaftesten Art in der Küstenregion von Neuguinea durchführte. Bei seinen Untersuchungen stand ihm ein schwedischer Seemann namens Will Olsson zur Seite; außerdem hatte er einen jungen Diener aus Polynesien, der in seinen Schriften einfach »Boy« genannt wird. Als der Boy an Malaria starb, hatte Miklouho-Maclay Angst, die Leiche zu sezieren; er fürchtete, die örtlichen Bewohner würden ihn für dessen Tod verantwortlich machen. Bevor er die Leiche ins Meer warf, wollte er möglichst viel für die Wissenschaft »erhalten«. Diese schmutzige Tat wird von Miklouho-Maclay höchstpersönlich in einem Bericht geschildert, den Urry zitiert:

Ich dachte über die beste Möglichkeit nach, die Operation durchzuführen, stellte aber zu meinem Kummer fest, dass ich kein ausreichend großes Gefäß für ein komplettes Gehirn hatte. Da ich zu jeder Zeit die Ankunft der Eingeborenen erwartete, wahrscheinlich mit üblen Absichten, gab ich den Plan nicht ohne Bedauern auf, ließ aber nicht die Gelegenheit ungenutzt, eine Präparierung der Larynx mit all ihren Muskeln, der Zunge etc. durchzuführen, wie ich es Professor H., der jetzt in Straßburg lebt, versprochen hatte. Ich bereitete die anatomischen Instrumente vor, ging in den Raum des Boys zurück und schnitt die Larynx mit der Zunge und all ihren Muskeln heraus. Ein Stück Haut von der Stirn und vom Kopf mit Haaren ging auch in meine Sammlung ein. Olsson, der aus Angst vor dem Toten mit den Zähnen klapperte, hielt eine Kerze und den Kopf des Boys. Als ich den *Plexus brachialis* durchschnitt, machte die Hand des Boys eine kleine Bewegung, und Olsson, zu Tode erschrocken, weil er dachte, ich würde einen noch lebenden Menschen zerschneiden, ließ die Kerze fallen, und wir standen im Dunkeln da.

Die Natur des Operateurs war derart unempfindlich, dass er beim Hinaussegeln, um die Leiche des »Boys« loszuwerden, von dem Meeresleben abgelenkt wurde und sich einer kurzen wissenschaftlichen Träumerei hingab, wobei er vorübergehend die Leiche an Bord vergaß. Nachdem er heimlich und erfolgreich den »Boy« über Bord geworfen hatte und zufrieden war, dass die Haie den Rest erledigen würden, kehrte er ans Ufer zurück, um bei einer Tasse Tee zu verschnaufen.

Ein vergleichbares Beispiel totaler Missachtung der Toten einheimischer Völker, diesmal aus Südamerika, ist von dem Oxforder Anthropologen Peter Rivière beigebracht worden. Es betrifft die Aktivitäten eines deutschen Reisenden namens Richard Schomburgk in Britisch-Guyana um 1840. Obwohl er sich dessen bewusst war, dass die einheimischen Indianer ihre Toten als sakrosankt betrachteten, war er entschlossen, ihren Friedhof im Namen der Wissenschaft zu plündern. Mit einem Gefährten grub er das Skelett eines Waraoindios aus, das später dem Anatomischen Museum in Berlin vermacht wurde. Bei einer anderen Gelegenheit holten sie sich die Skelette zweier Macusiindios, die beide nicht länger als ein Jahr begraben gewesen waren. Bei dieser Gelegenheit des Leichendiebstahls wurden sie beinahe auf frischer Tat ertappt, und sie mussten schleunigst die beiden Leichen und ihre Grabwerkzeuge im Gebüsch verstecken, bis sie sie später in Ruhe holen konnten. Anders als sein russischer

Kollege in Neuguinea scheint Schomburgk, wie Rivière betont, bei seinem Tun gemischte Gefühle gehabt zu haben, denn er schrieb, dass »er froh war, als die schlimme Arbeit schließlich erfolgreich abgeschlossen war«. Hier können wir eine deutliche Parallele zu Burke und Hare feststellen, mit dem Unterschied, dass diese sterblichen Überreste nicht gestohlen wurden, um seziert zu werden, sondern um in einem Museum ausgestellt zu werden.

Urry beschreibt, was wohl als rohestes und abscheulichstes Beispiel für die unmoralischen Handlungen gelten kann, die routinemäßig von zivilisierten und wissenschaftlichen Institutionen an den sterblichen Überresten von Menschen der Stammesvölker durchgeführt wurden. William Lanney und Truganini, die als die letzten tasmanischen Aborigines beschrieben werden, hatten gebeten, friedlich beigesetzt zu werden, wenn ihre Zeit käme. 1869 starb Lanney, und trotz seiner Bitte wurde seine Leiche Eigentum der Wissenschaftler. Urry berichtet, was daraufhin geschah:

Im Leichenschauhaus wurde der Körper übel verstümmelt: Der Kopf, die Hände und Füße wurden abgetrennt, und nur der Rumpf und die Glieder blieben für die Beerdigung übrig. Jedoch hatten zwei rivalisierende Gruppen für die Nacht unmittelbar nach der Beerdigung geplant, auch diese Überreste zu exhumieren. Als sie merkten, dass ihre Konkurrenten sie um den Körper betrogen hatten, zertrümmerte der Anführer der zweiten Gruppe die Türe zum Leichenschauhaus, aus dem die Überreste entfernt worden waren, fand aber nur noch »ein paar Fleischstücke«.

Jeder aus dieser Horde wilder wissenschaftlicher Hunde nahm sich ein Stück von den Extremitäten: einer ein Ohr, ein anderer die Nase, ein Dritter einen Arm. Das wichtigste Teil – der Kopf – wurde nie wieder gesehen. Ein besonders trauriges Postskriptum zu dieser Geschichte ist, dass Dr. Stockwell, Chefchirurg des Kolonialkrankenhauses und ehrenwertes Mitglied der Royal Society of Tasmania, aus Lanneys Haut einen Tabaksbeutel anfertigte. Man kommt nicht umhin, Parallelen zwischen dieser speziellen Handlung und dem Verhökern von Apacheknochen im Wilden Westen zu ziehen oder ein noch jüngeres Beispiel, die Herstellung von Lampenschirmen aus der Haut von Juden unter dem Naziregime, zu bemühen. Truganini starb 1876 und wurde angemessen begraben. Aber auch ihre Leiche wurde später ausgebuddelt, um in dem Museum der Royal Society of Tasmania ausgestellt zu werden. Man kann sich vorstellen, wie Dr. Stockwell ihr Skelett bewunderte, während er seine Pfeife paffte, die mit Tabak gestopft wurde, den er dem Beutel aus der Haut ihres Landsmannes entnommen hatte. 1976 endlich bekamen die Nachfahren der tasmanischen Aborigines die Überreste zurück, die dann verbrannt und dem Meer übergeben wurden.

Es war keineswegs so, dass Fälle von Leichendiebstahl auf Randfiguren in der Geschichte der Anthropologie beschränkt blieben. Tatsächlich sind viele der bedeutendsten Persönlichkeiten dieser akademischen Disziplin zu beiden Seiten des Atlantik (deren Werke immer noch von Fachkollegen bewundert werden und die obligatorische Lektüre für Studenten der Anthropologie darstellen) darin verwickelt. Selbst Franz Boas, einer der Gründungsväter der amerikanischen Anthropologie, war an derlei zweifelhaften Vorkommnissen beteiligt. Zu Beginn seiner Karriere um 1890 plünderte er tatsächlich die Gräber einheimischer Amerikaner und verkaufte ihre Schädel, um seine Feldarbeit zu finanzieren. Die Handlungen der Anthropologen der britischen Schule sind ebenfalls moralisch zweifelhaft. Der führende Cambridge-Anthropologe Alfred Haddon plünderte sogar Gräber, die seiner Heimat näher lagen, als er den Friedhof einer nicht mehr benutzten Kirche im Westen Irlands heimsuchte und mit einem Sack voller Totenschädel auf und davon ging. Derlei Praktiken kennt auch noch das 19. Jahrhundert, und die Besessenheit vom Geist der Wissenschaft hat auch neuere Wissenschaftler zu Akten der Entweihung hingerissen. Seinem eigenen Bericht zufolge hat der Paläoanthropologe Professor Johanson, vor allem bekannt als der Mann, der

die Überreste eines *Australopithecus*-Skeletts namens »Lucy«
gefunden hat, zusammen mit seinem Kollegen Tom Gray einen
Femur (Oberschenkelknochen) auf einer Familienbegräbnis-
stätte in Äthiopien ausgegraben, die dem Afarvolk gehörte.
Der Grund dafür war, dass Johanson einen moderneren Knochen haben wollte, um ihn mit dem Knochen zu vergleichen,
den er zuvor gefunden hatte. Und für ihn schien das seine
Handlung ausreichend zu legitimieren.

In diesem dunklen und moralisch zweifelhaften Unterholz
der Anthropologie – das mehr mit Zauberkunst als mit Wissenschaft im allgemeinen Verständnis zu tun hat – können wir in
einem Mikrokosmos die Parameter der gesamten Strategie erkennen, mit der die Zivilisation ihre eigene Barbarei rechtfertigt. Der Anthropologe als Botschafter des zivilisierten Menschen darf derlei Akte der Grabschändung im Namen der
Wissenschaft ausführen, wenn er es mit den sterblichen Überresten von »Wilden« zu tun hat. Triebe er das Gleiche auf den
Friedhöfen seiner eigenen zivilisierten Städte, würde er als Individuum geächtet werden, dem es an moralischem Gewissen
mangele. Wenn unsere moralische Überlegenheit gegenüber
den »Primitiven« und den »Höhlenmenschen« durch die Aufdeckung solch schändlicher Handlungen unter Wissenschaftlern in Zweifel gezogen werden kann, wie steht es dann um
den Begriff der sozialen Evolution und des Fortschritts auf
einer allgemeineren Ebene? Ist der Nachweis leicht zu führen? Der Glaube an den sozialen und kulturellen Fortschritt ist
eine wesentliche Komponente des modernen Mythos, der uns
einen eindeutigen Gegensatz zwischen prähistorischer Träg-
heit und zivilisierter Triebkraft weismachen will. Würde Zivilisation nicht mit dem Begriff des Fortschritts verknüpft werden, gäbe es keine Erklärung für unsere Behauptung von der
Überlegenheit gegenüber den Kulturen abseits der Haupt-
strömung menschlicher Entwicklung (Stammesgesellschaften)
oder davor (prähistorische Gesellschaften). Der Glaube an den
sozialen Fortschritt ist ein derart integraler Bestandteil der modernen Kultur, dass er oft als unbezweifelbare Tatsache hinge-

nommen wird. In Wirklichkeit ist er im Großen und Ganzen eine Erfindung des Europa des 18. Jahrhunderts; davor spielte er eine vergleichsweise geringe Rolle im menschlichen Denken. Diese Idee hat für viele Wissenschaftler und gleichermaßen für Laien eine nahezu religiöse Aura, und das Festhalten an ihr ist oft ebenso beharrlich wie bei Gläubigen an ihrer Religion.

Der amerikanische Anthropologe Alfred Kroeber (meines Wissens nach kein Grabräuber) verwarf die Vorstellung, dass die bloße Masse des Wissens, die im Verlauf der Geschichte angehäuft wurde, als echtes Zeichen von Fortschritt angesehen werden könnte. Vieles von dem, was als Beweis sozialer Evolution gilt, kann als Ethnozentrismus abgetan werden. Doch selbst Kroeber konnte seinen persönlichen Glauben an die Idee des Fortschritts nicht aufgeben. Während er zu Recht das quantitative Argument verwarf (das heißt, dass die unvermeidliche Anhäufung von Wissen im Verlauf der Geschichte als Beweis für den Fortschritt an sich angesehen werden kann), hat er nichtsdestoweniger einen qualitativen Unterschied zwischen den modernen zivilisierten Gesellschaften und anderen Kulturen zu beweisen versucht. Um dieses Argument zu befördern, meinte er, dass Stammeskulturen (die prähistorischen Kulturen inbegriffen) nicht nur kein Äquivalent zu unserer modernen Wissenschaft – der Mechanik und Technologie – hätten, sondern dass sie sich auch nicht über das Vertrauen auf Zauberei und den Aberglauben – Praktiken, denen wir angeblich entwachsen seien – hinausentwickelt hätten. Mit anderen Worten: Wir haben etwas Positives, was die anderen nicht haben (nämlich Wissenschaft und Technologie), und sie haben etwas Negatives, was wir nicht mehr haben (Magie und Aberglaube).

Lassen wir den Punkt Wissenschaft und Technologie einen Augenblick beiseite und wenden wir uns etwas genauer der Frage der Magie und verwandter Praktiken zu. Im Gegensatz zu dem, was die Verfechter des sozialen Fortschritts gerne glauben, sind Magie, Okkultismus und eine ganze Reihe von dem, was Kroeber abergläubische Praktiken nennen würde, in der ganzen zivilisierten Welt gang und gäbe. Als Glaubenssystem mag die Astrologie durch den unerbittlichen Vormarsch des modernen Rationalismus und der modernen Wissenschaft beiseite geschoben worden sein, aber wenn dem so ist, hat es eine große Anzahl von Menschen nicht bemerkt. Die Astrologie hat eine riesige Anhängerschaft, von den höchsten Rängen der Macht (zum Beispiel Nancy Reagan und Mitglieder der britischen Königsfamilie) bis hin zu den Lesern der sehr weit verbreiteten Horoskope in den Massenblättern. Das Vermeiden bestimmter Örtlichkeiten oder die Verwendung von persönlichen oder Mannschaftsmaskottchen gehört genau in den Bereich abergläubischer Praktiken, wie man sie in Stammesgesellschaften finden kann. Was die Magie selbst angeht, so wird die alte Auffassung der Anthropologen zu diesem Thema, exemplifiziert an Sir James Frazers Beschreibung der Magie als einer »Bastardwissenschaft«, heute weltweit verworfen. Viele jüngere Anthropologen haben Magie und Weissagung als kohärente Glaubenssysteme angesehen. Sir Edward Evans-Pritchard, der langjährige Professor an der Universität Oxford, stellte fest, dass die Entscheidungsfindung mittels Orakel, wie von dem Azandevolk in Afrika benutzt, »eine ebenso gute Leitung der eigenen Angelegenheiten darstellt wie irgendeine andere mir bekannte«. Die Vorstellung, dass magisches Denken nur von den abergläubischsten und ungebildetsten Leuten gepflegt wird, ist, wie die Idee des sozialen Fortschritts, eine junge Erfindung. Wir brauchen nur bis ins 17. Jahrhundert zurückzugehen, um führende Intellektuelle ihrer Zeit zu finden, die magischen und hermetischen Philosophien anhingen. Der Fortschritt der modernen Wissenschaft wurde nur auf beträchtliche Kosten des Verlustes von sehr wichtiger magischer Forschung errungen. Wie der Wissenschaftsphilosoph Paul Feyerabend sagte: »Es ist interessant zu sehen, dass die Forderungen der neuen experimentellen Philosophie, die im 17. Jahrhundert aufkam, nicht nur Hypothesen oder Methoden eliminierten, *sondern sogar die Effekte selbst*, deren Unechtheit hinterher als von wissenschaftlicher Forschung bewiesen behauptet wurde.«

15

In dem Teil der Argumentation Kroebers, in dem es um das Fehlen von irgendetwas Vergleichbarem zu den wissenschaftlichen und technologischen Errungenschaften der zivilisierten Welt geht, kann er zur Unterstützung seiner These nur wenig anführen, was wirklich Hand und Fuß hat. Wie wir später sehen werden (Kapitel VI und VII), kann die Existenz wissenschaftlicher Beobachtung und Denkmethoden bis in die entfernteste Vergangenheit zurückverfolgt werden. Auch fehlte nicht die Entwicklung einfacher Geräte und verschiedener technologischer Verfahren, nicht einmal in der Altsteinzeit. Kroeber, so scheint es, war etwas reuevoll zur Schlussfolgerung gezwungen, dass Wissenschaft und Technologie im Großen und Ganzen

quantitativ [waren] – wie das Bevölkerungswachstum, das Wachstum des Umfangs der Staaten und Nationen, Wachstum manchmal der Zahl und Komplexität ihrer politischen Unterteilungen –, also mehr Gold, Diamanten, Ackerland, Häuser auf der Welt: Zumindest ein Teil von dem Alten ist physisch erhalten, und Neues wird gefunden. Aber wir haben bereits gesehen, dass es ernsthafte Zweifel gibt, ob Vergrößerung als solche, bloß quantitatives Anschwellen legitimerweise in Fortschritt umgedeutet werden kann. Mit Größe kann man leicht prahlen, aber bringt sie ein klügeres Leben und mehr Glück mit sich? Nur insoweit, wie sie das tut, kann quantitatives Wachstum der Kultur als Fortschritt angesehen werden.

Kroebers Argument, dass sozialer Fortschritt erzielt worden wäre, hinkt in zweierlei Hinsicht: wegen des Vorhandenseins wissenschaftlichen Denkens in der Steinzeit und des magischen Denkens in unserer heutigen Zeit. Kroeber führte noch einen dritten Punkt zur Unterstützung seines Arguments des Fortschritts an, der sich im Wesentlichen aus seiner Behauptung ergibt, dass der weit verbreitete Glaube an die Wirksamkeit der Magie und der Weissagung ein Zeichen rückständiger Gesellschaften sei. Dieser unterscheidende Zug »primitiver« Kulturen betraf ihr zügelloses Interesse an physiologischen und anatomischen Dingen, was die Praxis bewusster Kopfdeformierungen, des Feilens der Zähne und der gezielten Verstümmelung des Körpers für symbolische oder kosmetische Zwecke einschloss. Kroeber fand für derlei Praktiken keine Entsprechungen in zivilisierten Gesellschaften. Beschneidung und das Durchbohren der Ohren – beides weit verbreitet in den heutigen Zivilisationen – wurden in seinen Katalog primitiver Verstümmelungen nicht aufgenommen mit der Begründung, dass sie »schließlich anatomisch unwichtig« wären. Kosmetik, Korsetts und dergleichen wurden ebenfalls vernachlässigt, diesmal mit der Behauptung, dass sie nicht dauerhafte Entstellungen des Körpers oder Verstümmelungen hervorriefen. Würde Kroeber heute leben, täte er sich schwer, primitive von zivilisierten Körperpraktiken zu unterscheiden. Wie würde er die recht verbreitete Praxis des Durchbohrens des Körpers erklären? Wie könnten Silikon-Brustimplantationen als nicht dauerhafte Veränderungen des Körpers beschrieben werden – insbesondere da solche Operationen auf Wissenschaft und Technologie beruhen, um sie zu ermöglichen?

Obwohl vieles von dem, was »Fortschritt« genannt wird, einfach das Ergebnis der Akkumulation von Wissen ist, ist damit nicht ausgeschlossen, dass es im Verlauf der Geschichte einen Schwund gegeben hat. Die Geschichte der Zivilisation ist sowohl eine des Gewinns als auch des Verlustes. Wenn man die Vorstellung eines stetigen und ununterbrochenen Fortschritts verwirft, ist man nicht umgekehrt zur Behauptung verpflichtet, dass die menschliche Geschichte einfach eine Chronik des Niedergangs, eines Falls aus dem prähistorischen Garten Eden sei. Die menschlichen Errungenschaften und Misserfolge im Verlauf der Zeit manifestieren sich in nicht kontinuierlicher, irregulärer und insgesamt sehr komplexer und chaotischer Weise, sodass sie weder auf die einfache Formel ununterbrochenen Fortschritts noch die gleichfalls vereinfachende Weltuntergangstheorie beständigen und unausweichlichen Verfalls reduziert werden können. Die angeblich lineare Natur des Fortschritts wird oft mittels Taschenspielerstrategien dargelegt.

Die moderne Demokratie zum Beispiel wird als eine Form des Fortschritts angesehen, die unzweifelhaft die Rechte und Freiheiten des Bürgers im Durchschnitt verbessert hat im Vergleich zu, sagen wir, denjenigen Zuständen, wie sie unter dem Feudalsystem in Europa herrschten. Da der Feudalismus der modernen Demokratie in historischen Begriffen vorausging, wird ein solcher Fortschritt – so lautet das Argument – in der größeren Freiheit des Individuums sichtbar. Derlei Argumenten oft implizit ist die Vorstellung, dass der Leibeigene weniger Freiheit hatte als der Bürger eines modernen zivilisierten Staates, dass jedes Individuum einer Gesellschaft vor dem Feudalismus noch weniger Rechte gehabt haben müsse. Dass der Mensch der Steinzeit im Durchschnitt größere Freiheiten als ein Leibeigener gehabt haben könnte (oder selbst als ein Normalbürger eines modernen demokratischen Staates), wird in dieser Version der menschlichen Geschichte, nach der wir zu immer größeren Höhen aufsteigen und nur zurückschauen, um uns selbst zu gratulieren, wie weit wir es gebracht haben, einfach ignoriert.

Die Vorstellung eines geradlinigen und eindeutigen Fortschritts bricht auch zusammen, wenn wir das vielleicht wichtigste Merkmal des Erfolgs irgendeiner Gesellschaft untersuchen: den Gesundheitszustand ihrer Mitglieder. Es wird weithin angenommen, dass die Menschen der Jäger-Sammler-Kulturen der Altsteinzeit im Durchschnitt eine geringere Lebenserwartung hatten als wir. Es kommt aber darauf an, auf wen wir dieses »wir« beziehen. Mark N. Cohen bemerkt in seinem Buch *Health and the Rise of Civilisation*, dass zeitgenössische Jäger und Sammler (von denen viele in Randgebieten leben, wie etwa die Eskimos in der Arktis und die Buschmänner in der Wüste Kalahari) einen höheren Kalorienverbrauch genießen als die Bürger vieler Länder der Dritten Welt und dass deren Lebensstandard auch über dem der städtischen Armen in »fortgeschrittenen« Gesellschaften liegt. Cohen hebt ferner hervor, dass wir unser Bild von der menschlichen Geschichte zu einseitig auf den Erfahrungen privilegierter Klassen und Bevölkerungsteile aufgebaut haben. Dadurch haben wir eine zu enge Verbindung zwischen technologischen Errungenschaften und dem Fortschritt für das Leben des Einzelnen angenommen. Ein verallgemeinerndes Modell des Fortschritts müsste nachweisen, dass es eine generelle und deutliche Verbesserung der Gesundheit gegeben hat, seit die Menschheit das Jägerleben für das Leben als Bauer aufgab und dann wieder seit Beginn des Industriezeitalters. Um die erste dieser Annahmen einer Prüfung zu unterziehen, organisierten Cohen und sein Kollege George J. Armelagos eine Sonderkonferenz über Paläopathologie (das Studium der Krankheiten in menschlichen Überresten des Altertums und der Vorgeschichte). Es trafen Spezialisten der Paläopathologie aus den verschiedensten Gegenden der Welt zusammen, um herauszufinden, ob sich mit dem Übergang von der Jagd zum Ackerbau der gesundheitliche Allgemeinzustand der Bevölkerung in den jeweiligen Gebieten verbessert habe oder nicht.

Das Studium einer Reihe von Skelettüberresten aus Südafrika zeigte, dass es eine Abnahme des Körperwuchses, des Körperumfangs und der Lebenserwartung mit Beginn des Ackerbaus gab. Ein im Großen und Ganzen ähnliches Ergebnis wurde durch die Analyse von Skeletten prähistorischer Bevölkerungen in Georgia, USA, erzielt; das heißt, die Gesundheit der Jäger war eindeutig besser. Die Fallstudie der Levante verzeichnete eine leichte Verbesserung des Gesundheitsniveaus zu Beginn des Ackerbaus, der aber ein deutlicher Abfall folgte, nachdem sich intensive Land- und Viehwirtschaft erst einmal durchgesetzt hatten. Von den dreizehn regionalen Studien zeigten zehn, dass die durchschnittliche Lebenserwartung mit der Einführung der Landwirtschaft *sank*. Dafür gibt es eine Reihe von Gründen. Die Zähmung von Tieren, die in größerem Umfang mit dem Vordringen der Landwirtschaft einsetzte, zeitigte neben ihren Vorteilen das unvorhergesehene Ergebnis, dass zahllose ansteckende Tierkrankheiten auf die menschlichen Herren übertragen wurden. Als Nebeneffekt der neuen Lebensform entwickelten sich mehrere Krankheiten und Störungen des Menschen, einschließlich Beriberi, der englischen

Krankheit, Lepra (von der man glaubt, dass sie vom asiatischen Wasserbüffel auf den Menschen übertragen wurde) und Diphtherie. Diphtherie ist eine von mindestens dreißig verschiedenen Krankheiten, die über Tiermilch übertragen werden können. Die Praxis der Milchwirtschaft hat zweifellos zur Verbreitung solcher Krankheiten beigetragen, wie der Paläopathologe Dan Brothwell festgestellt hat.

Der nächste große »Sprung nach vorne« – die Industrialisierung – war ebenfalls von einer Menge unerwünschter Nebenerscheinungen begleitet, den so genannten Zivilisationskrankheiten. Ihre Verbreitung wurde durch mehrere Faktoren des modernen Lebensstils beschleunigt, von sesshaften Gewohnheiten und schlechter Ernährung bis hin zur Umweltverschmutzung. Fettleibigkeit, Diabetes und Krebs gehören zu den Krankheiten, die in früheren Zeiten selten waren und heute allgegenwärtig sind. Paläopathologen haben detaillierte Untersuchungen an Hunderten von Mumien aus dem alten Ägypten, Peru und Alaska durchgeführt und nicht eine Spur von Krebs gefunden. Es scheint auch, dass die Zwänge des modernen Lebens einen schädlichen Einfluss auf die mentale Gesundheit hatten und möglicherweise zahlreiche Verhaltensstörungen hervorgerufen haben. Die offenkundigen Fortschritte der modernen Zivilisation sind also häufig von Nachteilen begleitet. Es gibt Schattenseiten bei den segensreichsten Durchbrüchen, denn selbst ein Fortschritt des medizinischen Wissens wird oft für militärische Zwecke genutzt.

Im Licht des Gesagten lässt sich erkennen, dass die Vorstellung von Fortschritt nicht so einfach und geradlinig ist, wie es auf Anhieb erscheinen mag. Es herrscht immer noch weithin die Überzeugung, dass die primitive und stagnierende Natur der Steinzeit durch das plötzliche Auftauchen der Zivilisation vor fünftausend Jahren rüde aus dem Schlaf geweckt wurde. Der tief sitzende Glaube, dass es zu jener Zeit einen Quantensprung nach vorne gegeben habe, hat die Natur der prähistorischen kulturellen Aktivitäten verdunkelt, indem sie als Serie kleiner Schritte auf der Leiter zum wahren Fortschritt gekennzeichnet wurden. Das Konzept der biologischen Evolution unterscheidet sich von dem Begriff des sozialen Fortschritts, obwohl beide häufig miteinander verknüpft werden. Dies ist unausweichlich der Fall beim Studium unserer prähistorischen Ursprünge. Darstellungen der Vorgeschichte müssen notwendigerweise erklären, wie wir uns über unsere Primatenvorfahren hinausentwickelt haben und wie wir schließlich zivilisierte menschliche Wesen geworden sind. Dieses Buch versucht nicht, die biologische Evolution infrage zu stellen. Sein Ziel ist es, auf der Grundlage archäologischer Tatsachen zu zeigen, dass die Zivilisation nicht plötzlich vor fünftausend Jahren »ausgebrochen« ist. Zu diesem Zweck ist es zunächst notwendig, eine kurze Gesamtdarstellung der Steinzeit zu geben – jener ungeheuren Zeitspanne vom Ursprung des frühesten Menschen bis zum Beginn der historischen Zivilisationen.

Die Steinzeit wird so genannt, weil das wichtigste Material zur Herstellung von Werkzeugen in jener langen Periode der Stein war. Archäologen unterteilen die Steinzeit in drei Hauptperioden: Paläolithikum (Altsteinzeit), Mesolithikum (Mittelsteinzeit) und Neolithikum (Jungsteinzeit). Die Periode des Paläolithikums ist bei weitem die längste der drei; sie beginnt mit den ältesten bekannten Steinwerkzeugen aus Afrika (2,4 Millionen Jahre alt) und endet etwa vor zehntausend Jahren. Da diese Periode so lang ist, fanden die Prähistoriker es sinnvoll, das Paläolithikum in drei Abschnitte zu unterteilen: Alt- (vor etwa zweihunderttausend Jahren endend), Mittel- (von zweihunderttausend bis vor vierzigtausend Jahren) und Jungpaläolithikum. Die Periode des Altpaläolithikums war die Zeit, in der unsere ältesten Vorfahren (als Hominiden bekannt) lebten. Alle Hominiden gehören zur Familie der *Hominidae*, die in die Gattung des *Australopithecus* und die des *Homo* unterteilt werden. Fossile Funde vom *Australopithecus* aus Ostafrika datieren aus der Zeit von vor mindestens drei Millionen Jahren und vielleicht noch viel früher.

Die ersten Werkzeuge sind jedoch nicht, wie man glaubt, vom *Australopithecus* hergestellt worden, sondern vom *Homo habi-*

lis (der vor 2,2 bis 1,6 Millionen Jahren lebte), dem frühesten bekannten Mitglied unserer Gattung. Weder vom *Australopithecus* noch vom *Homo habilis* sind Fossilien außerhalb Afrikas gefunden worden. Die Steinwerkzeuge, die mit dem *Homo habilis* in Verbindung gebracht werden, sind in Ost- und Südafrika gefunden worden und heißen »Oldowan«, da diese Artefakte in der weltberühmten Olduvaischlucht in Tansania gefunden wurden. Fossile Funde dieser Art sind selten, und das Vorhandensein dieser Gattung ist normalerweise allein durch Steinwerkzeuge an archäologischen Fundstätten zu belegen. Die nächste Gattung, die sich in Afrika entwickelte, war der *Homo erectus* (vor 1,6 bis 0,5 Millionen Jahren), der ein größeres Gehirn als seine Vorgänger besaß. Der *Homo erectus* gilt allgemein als erste Hominidengattung, die die afrikanische Heimat (vor etwa einer Million Jahren) verließ und die gemäßigteren Zonen Asiens und Europas besiedelte. Vom *Homo erectus* wurde eine verfeinerte Steinwerkzeugtechnologie entwickelt, von Archäologen »Acheuléen« genannt (nach der Entdeckung dieser Artefakte bei Saint-Acheul in Frankreich). Die Herstellung von Acheuléenwerkzeugen wurde von den archaischen Völkern der Gattung *Homo sapiens* fortgeführt, die vor etwa fünfhunderttausend Jahren auftauchte.

In der Periode des Mittelpaläolithikums gab es weitere Entwicklungen, sowohl bei der hominiden Evolution als auch bei der Werkzeugherstellung. Der Neandertaler *(Homo sapiens Neandertalis)* erschien vor etwa hunderttausend Jahren in Europa und im westlichen Asien als eine regionale Entwicklung des archaischen *Homo sapiens.* Im Gegensatz zu dem gängigen Bild des Neandertalers als der Verkörperung roher Ignoranz hatte er ein großes Gehirn und war körperlich robust. Die Artefakte dieser Periode heißen »Moustérien« (nach den Felsnischen bei dem Ort Le Moustier in Frankreich) und sind typisch für den Neandertaler. Es gibt immer noch beträchtliche Meinungsverschiedenheiten hinsichtlich des Schicksals des Neandertalers, der vor etwa dreiunddreißigtausend Jahren von der Erde verschwand. Manche Wissenschaftler sagen, dass er nicht in der

Lage gewesen sei, mit dem vordringenden *Homo sapiens sapiens* zu konkurrieren, und ausgelöscht wurde, während andere behaupten, dass er, zumindest teilweise, mit unseren biologischen Vorfahren verschmolz. Der anatomisch moderne *Homo sapiens* tauchte zuerst in Afrika vor wenigstens hunderttausend Jahren auf und breitete sich – genau wie der *Homo erectus* lange vor ihm – von seiner Heimat über die ganze Welt aus.

Die Periode des Jungpaläolithikums begann vor vierzigtausend Jahren, und mit dem Niedergang des Neandertalers trat der *Homo sapiens sapiens* als einziges überlebendes Mitglied der Hominidenlinie hervor. Auch wenn keine größere biologische Umbildung unserer Art vor vierzigtausend Jahren stattfand, sehen viele jene Zeit doch als einen in kultureller Hinsicht großen Sprung nach vorn an, gekennzeichnet durch eine Explosion der kreativen Energien auf allen Gebieten. Dieser kulturelle»Bigbang« wird als die Zeit verstanden, in der die Kunst, die Magie und die Religion geboren sowie schnelle Fortschritte in der Technologie und der sozialen Organisation gemacht wurden. Wie in der früheren Phase der Altsteinzeit sind Steinwerkzeuge die große Mehrzahl der Artefakte aus der Jungsteinzeit. Archäologen konnten unterschiedliche handwerkliche Traditionen in den verschiedenen Phasen des Jungpaläolithikums ausmachen. In Europa bestehen die Hauptunterteilungen aus der Aurignacien-, der Gravettien-, der Solutréen- und der Magdalénien-Periode. Traditionell haben sich die meisten Prähistoriker damit begnügt, das Jungpaläolithikum als Periode kulturellen Fortschritts zu betrachten, wobei die jüngeren Phasen einen höheren Grad an technologischer, sozialer und künstlerischer Entwicklung zeigen als die älteren. Das Jungpaläolithikum endete vor etwa zehntausendfünfhundert Jahren mit der letzten Eiszeit. Es folgte das Mesolithikum. Das Mesolithikum wird oft als eine Übergangsphase zwischen der Lebensform des Altpaläolithikums mit Tierjagd und Sammeln von Pflanzen und der der neolithischen Periode des Ackerbaus angesehen. Veränderungen, die im mesolithischen Zeitalter stattfanden, umfassen die zunehmende Bedeutung des Fischfangs und die Entwicklung neuer Werkzeuge, insbesondere zur Holzbearbeitung. In abseits gelegenen Gebieten wie Britannien zog sich die mesolithische Periode bis ins 4. Jahrtausend v. Chr. hin, als sich die Merkmale des Ackerbaus des Neolithikums schließlich durchsetzten.

Die neolithische Periode begann vor etwa zehntausend Jahren im Nahen Osten und ist durch die Nahrungsmittelerzeugung gekennzeichnet. Im Neolithikum war das wirtschaftliche Rückgrat weder die Jagd noch das Sammeln, sondern der Ackerbau. In der Hauptsache wurde die Jagd auf wilde Tiere durch die Haltung domestizierter Tiere ersetzt und das Sammeln von Pflanzen durch die Kultivierung von Feldfrüchten. Die neue Wirtschaftsform bedingte notwendigerweise eine sesshafte Lebensweise. Die oft sehr mobilen Gesellschaften der früheren Zeiten wichen Gemeinschaften, die in Städten und Dörfern lebten. Die Herstellung von Töpferwaren gilt oft als Hauptmerkmal des Neolithikums, und viele der Kulturen jener Periode sind nach den unterschiedlichen Formen ihrer Töpferwaren benannt. Das Vordringen des Ackerbaus wurde einst als die »neolithische Revolution« bezeichnet, doch inzwischen haben die Archäologen die Unschärfe des Begriffs erkannt. Der Begriff »Revolution« legt ein plötzliches, dramatisches Ereignis nahe, aber die Umstellung von der Jagd auf den Ackerbau nahm Tausende von Jahren in Anspruch. Gegen Ende der neolithischen Periode kam in einigen Gebieten Kupfer in Gebrauch, und das veranlasste einige Archäologen, ein Kupferzeitalter (oder chalkolithische Periode) von dem vorigen neolithischen und dem folgenden Bronzezeitalter (das in Europa von 2000 bis 700 v. Chr. dauerte) zu unterscheiden. Obwohl die Begriffe »Paläolithikum«, »Mesolithikum« und »Neolithikum« verwendet werden, um die Abfolge kultureller Ereignisse in Europa und Teilen Asiens zu beschreiben, sind sie unter prähistorischen Archäologen in anderen Teilen der Welt wie Amerika und Australien nicht grundsätzlich in Gebrauch. Obwohl die Tatsachen eindeutig beweisen, dass sowohl Australien als auch Amerika von Asien aus während der jungpaläolithischen Periode besiedelt wurden, können die folgenden Ereignisse auf diesen Kontinenten nicht hinreichend mit der Terminologie der Archäologie der Alten Welt bezeichnet werden.

Aus dem Gesagten können wir die konventionelle Ansicht vom menschlichen Fortschritt von ihren schlichten Ursprüngen bis zur Ankunft der Zivilisation aufspüren. Der allgemeinen Auffassung zufolge zeigen die Hominiden der alt- und mittelpaläolithischen Periode weit entwickeltere Fähigkeiten bei der Herstellung von Werkzeugen als andere Primaten, aber ihre Äußerung ist fast ausschließlich auf die utilitaristische Sphäre beschränkt: Man stellt sich vor, dass ihnen die Fähigkeit des symbolischen Denkens fehlte, es ihnen an künstlerischer Begabung mangelte und sie keine religiösen Empfindungen hatten. Erst durch den kulturellen »Bigbang« vor vierzigtausend Jahren tauchten dem Verhalten nach moderne Menschen als »Echtmenschen« mit künstlerischem und religiösem Bewusstsein auf. Die neolithische Periode ist das nächste wichtige Entwicklungsstadium, in dem Nahrungsmittelerzeugung, Töpferei sowie andere technologische Entwicklungen und städtische Siedlungen das menschliche Repertoire erweiterten. Doch selbst bei den fortgeschrittensten neolithischen Siedlungen ist man der Auffassung, dass ihnen das wesentlichste Attribut der Zivilisation fehle: nämlich die Schrift.

Das Problem bei dieser Standardauffassung von der Steinzeit ist, dass sie nicht hinreichend erklärt, wie die historischen Zivilisationen aus diesem »primitiven« prähistorischen Erbe entstehen konnten. Wenn die Menschen vor der historischen Ära so primitiv waren, wie konnte dann aus den dürftigen kulturellen Wurzeln die Zivilisation treiben? Historiker der alten Zivilisationen haben im Großen und Ganzen dem prähistorischen Hintergrund der Kulturen, die sie studieren, wenig Aufmerksamkeit geschenkt, und als Ergebnis dieses Mangels sind viele abenteuerliche Theorien wie Pilze aus dem Boden geschossen, die vorgeben, die Ursprünge der Zivilisation zu erklären. Der archäologische Theoretiker John R. Cole hat diese äußerst unorthodoxen alternativen Erklärungsversuche als

»Kultarchäologie« bezeichnet. Die berühmteste dieser Theorien in neuester Zeit vertritt zweifellos Erich von Däniken in seinem Buch *Chariots of the Gods?* (1970), in dem er behauptet, dass die plötzliche Entstehung der Zivilisation der Intervention von Außerirdischen zu verdanken sei. Andere Schriftsteller, die ebenso wie Däniken und seine zahllosen Nachahmer es für ausgeschlossen halten, dass sich die »primitiven« Steinzeitkulturen in die Zivilisationen verwandeln konnten, haben versunkene Kontinente zur Erklärung bemüht. Der Atlantismythos ist natürlich der beliebteste, aber es gibt viele weitere Länder in dieser okkulten Pseudogeografie dieser Theorien, wie Lemuria und Mu. In beiden Modellen, dem außerirdischen und dem von den untergegangenen Kontinenten, ist die zugrunde liegende Theorie die gleiche: Untergegangene oder verborgene Zivilisationen – seien sie außerirdisch oder atlantisch – existierten vor denen Ägyptens und Mesopotamiens und lehrten jene alles, was sie wussten. Der »Beweis« für derlei prähistorische Zivilisationen wird weder durch materielle Funde von Außerirdischen noch durch archäologische Überreste von Atlantern geliefert. Es wird vielmehr argumentiert, dass das astronomische Wissen und die fortgeschrittene Technologie der Alten Welt *offensichtlich nicht* von den Steinzeitkulturen geerbt sein konnten und *deshalb* nur durch den Rekurs auf Atlantis oder Außerirdische erklärt werden könnten. Derlei Ansichten sind außerordentlich populär und einflussreich. Schuld daran ist – wie schon angedeutet – zumindest teilweise die Unzufriedenheit der Öffentlichkeit mit der akademischen Standardauffassung, die die Ursprünge der Zivilisation nicht in überzeugender Weise zu erklären vermag.

Ich werde zeigen, dass die kulturellen Elemente, die Zivilisation ausmachen, in der Steinzeit vorhanden waren, und dass die Zivilisation des alten Ägypten und anderer alter Gesellschaften ihre prähistorischen Vorläufer hatten. Der Beweis für die Existenz von Zivilisation in der Steinzeit wird in diesem Buch geliefert. Ich nehme den Ursprung der Zivilisation im alten Ägypten als Ausgangspunkt. Von dort werde ich schrittweise in die Zeit zurückgehen, um das gesamte Beweismaterial zu erforschen, das eindeutig zeigt, dass alle Elemente der Zivilisation – Schrift, wissenschaftliches Denken und wissenschaftliche Praxis, medizinisches Wissen, Technologie und Kunst – in der Steinzeit vorhanden waren. Jedes dieser Elemente wird einzeln der Reihe nach behandelt, und das bedeutet notwendigerweise, in der Zeit vor- und rückwärts zu gehen. Nichtsdestoweniger verläuft die Hauptbahn des Textes vom Ende der Vorgeschichte zu ihrem Anfang.

I.

Steinzeitzivilisationen

Tafel 1 zeigt eine Seite der bekannten Platte von Narmer aus Hierakonpolis in Oberägypten, jetzt im Museum von Kairo. Dieses einzigartige Artefakt ist ein fester Bestandteil in Büchern über die Ursprünge der Zivilisation, denn es stellt die Vereinigung von Ober- und Unterägypten dar und kündigt den Beginn der dynastischen Periode im alten Ägypten an. Es ist buchstäblich eine Ikone der Zivilisationskräfte und ist als die erste Seite des ersten Kapitels der geschriebenen Geschichte Ägyptens bezeichnet worden. Die große Figur in der Mitte ist König Narmer (gewöhnlich identisch mit Menes, dem ersten König der ersten Dynastie); in seiner erhobenen linken Hand hält er einen Stab, das Signum seiner Macht und Autorität. Er schickt sich gerade an, sein kniendes Opfer mit einem Schlag auf den Kopf zu unterwerfen. Die beiden Figuren unter seinen Füßen stellen zuvor getötete Opfer dar. Der Rest ist Geschichte.

Mit dem Beginn der ägyptischen Geschichte gab es eindeutig keinen großen Sprung nach vorn, was das zivilisierte Verhalten betrifft, sondern die in der prädynastischen Periode vorhandenen Konflikte erreichten einfach eine neue Stufe. Wie entstand diese Zivilisation? Erwuchs sie auf geheimnisvolle Weise aus einem einheimischen Zustand der Barbarei, oder gab es irgendeine atlantisähnliche Zivilisation vorher, die von den professionellen Archäologen übersehen worden ist? Derlei Fragen könnten in Bezug auf jedes angeblich plötzliche Auftauchen von Zivilisationen auf der Weltbühne gestellt werden, aber von allen Zivilisationen der Alten Welt ist es gerade die ägyptische, die die Fantasie der Menschen wie ein Magnet anzieht. Die Pyramiden von Gise und die rätselhafte Sphinx sind der Ausgangspunkt für tausenderlei Spekulationen über die Geheimnisse untergegangener Zivilisationen. Ein Abschnitt in einem vor kurzem erschienenen Buch mit dem Titel *Der Schlüssel zur Spinx. Auf der Suche nach dem geheimen Ursprung der Zivilisation* von Robert Bauval und Graham Hancock wirft ein bezeichnendes Licht auf die Kluft zwischen der Kultarchäologie und der herkömmlichen akademischen Auffassung:

Wann war die »Genesis« der Zivilisation in Ägypten? Wann begann die »Geschichte«?
Die Auffassung von T. G. H. James, ehemaliger Direktor der Ägyptischen Sammlung im Britischen Museum und ein Vertreter der orthodoxen Auffassung auf diesem Gebiet, lautet: »Die erste wahrhaft historische Periode ist jene, die mit der Erfindung der Schrift beginnt und allgemein als die dynastische Periode bekannt ist … Die schriftlosen Kulturen, die in Ägypten vor Beginn der dynastischen Periode blühten und die einige der Merkmale aufweisen, die die frühesten Phasen der ägyptischen Kultur in der dynastischen Periode kennzeichnen, werden als prädynastisch bezeichnet … Spuren menschlichen Lebens, die im Niltal gefunden wurden, die aus der prädynastischen Periode stammen, werden gewöhnlich mit den Begriffen bezeichnet, wie sie für die europäische Vorgeschichte benutzt werden: paläolithisch, mesolithisch und neolithisch.«
Da haben wir es. Die ägyptische Geschichte – und mit ihr die Zivilisation – begann um das Jahr 3100 v. Chr. Davor gab es nur »schriftlose Kulturen« (zugegebenermaßen mit einigen »zivilisierten Merkmalen«), denen ihrerseits die »Steinzeit«-Barbaren vorausgingen …
Nach der Darstellung James' scheint das Bild sehr eindeutig, geordnet und genau zu sein. Bei ihm hört es sich an, als ob alle Fakten bezüglich der prädynastischen Ägypter und ihrer Vorläufer vorlägen und nichts mehr über sie zu entdecken wäre.
Solche beruhigenden Vorstellungen von der Vergangenheit sind unter Ägyptologen weit verbreitet, die immer wieder in ihren Tex-

ten... den bequemen Eindruck vermitteln, dass die Vorgeschichte Ägyptens gründlich verstanden, geordnet, kategorisiert und sicher an ihren Platz gestellt wurde...
Aber ist wirklich alles so in Ordnung und so gut erforscht, wie die »Experten« sagen? Und können wir wirklich so sicher sein, dass uns »keine große Überraschung mehr erwartet«?

Der Tenor Bauvals und Hancocks Auffassung kommen in diesem Passus deutlich zum Ausdruck: Orthodoxe Ägyptologen liefern uns keine überzeugende Erklärung für die Genesis der Zivilisation in Ägypten. Die Autoren liefern uns sodann eine alternative Erklärung, die einer anderen Gedankenwelt angehört als jene, die von der akademischen Tradition repräsentiert wird; sie ist jedoch eher eine moderne Aufbereitung des Atlantismythos als eine Neueinschätzung der prädynastischen Ära in Ägypten. Wir brauchen weder den Historikern zu folgen, die zu meinen scheinen, dass es kein echtes Bedürfnis gebe, das scheinbar abrupte Entstehen der Zivilisation in Ägypten zu erklären, noch brauchen wir Zuflucht bei den gleichermaßen unbefriedigenden spekulativen Annäherungen zu suchen, die Luftschlösser im Sand von Ägypten bauen.

Traditionelle Ägyptologen, die die plötzliche Verwandlung in einen zivilisierten Staat zu Beginn der dynastischen Periode zu erklären versuchten, verfielen auf die eher zweifelhafte Vorstellung von einer »dynastischen Rasse«. Diese aufkommende Elite war angeblich von außen nach Ägypten gekommen und hatte die vorgefundene prähistorische Barbarei umgewandelt. Diese Idee erwies sich als zählebig. Noch in der Mitte der Fünfzigerjahre propagierte D.E. Derry sie und die ihr zugrunde liegenden rassistischen Voraussetzungen. Er verglich die Maße, die er von prädynastischen und dynastischen Schädeln gemacht hatte, und kam zu dem Schluss, dass die prädynastischen Bewohner Ägyptens wahrscheinlich der »Negerrasse« angehörten, während die dynastischen Schädel andeuteten, dass die eindringende (weiße) Rasse »einen größeren Schädelraum und natürlich ein größeres Gehirn« hatte. William Arnett, der die

Geschichte dieser völlig falschen Theorie untersucht hat, zitiert die Schlussfolgerungen, zu denen Derry auf der Grundlage seiner Untersuchung der dynastischen Schädel gekommen war:

> Es deutet auf die Anwesenheit einer beherrschenden Rasse, die zahlenmäßig vielleicht nicht besonders stark war, aber die ursprünglichen Bewohner an Intelligenz weit überragte, ... einer Rasse, die die Kenntnis des Bauens mit Stein, der Skulptur, der Malerei, des Reliefs und vor allem der Schrift nach Ägypten brachte; daher der enorme Sprung von den primitiven prädynastischen Ägyptern zu der fortgeschrittenen Zivilisation der ersten Dynastie.

Es gibt wenige Ägyptologen, die diese Auffassung von einer exotischen Herrenrasse teilen, die nach Ägypten hineingestürmt und ihre Zivilisation wie in einem Fertigbau eingerichtet hätte. Während kaum Zweifel bestehen, dass es bedeutende äußere Einflüsse aus dem Nahen Osten auf Ägypten gab, ist sich doch eine zunehmende Zahl von Forschern einig, dass die hauptsächlichen Entwicklungen aus den einheimischen prädynastischen Traditionen erwachsen sind. Im Gegensatz zu dem, was Bauval und Hancock behaupten, glauben Kenner der prädynastischen Periode nicht, dass in Bezug auf diesen Zeitraum »alle Fakten schon vorliegen«. Es wird zunehmend offensichtlich, dass es keinen »enormen Sprung« gegeben hat, wie Derry und viele andere annehmen. Statt einer überfallartigen ausländischen Einmischung deuten die archäologischen Beweise darauf hin, dass die Entstehung der ägyptischen Zivilisation besser als ein allmähliches, natürliches Ergebnis der einheimischen prähistorischen Kultur erklärt werden kann. Die letzte Phase der prädynastischen Periode, das Gerzean, begann etwa 4000 v. Chr. und nahm deutlich viele der Züge der dynastischen Periode vorweg. Es sind Gräber aus dem Gerzean entdeckt worden, die aus mehreren ausgestatteten Räumen bestehen und sehr klar auf die Behandlung der Toten zur Pharaonenzeit vorausweisen. Viele religiöse Motive, einschließlich einer Anzahl von Themen, die mit einigen der Götter der dynastischen Zeit verknüpft sind, hat man ebenfalls als prähistorischen Ursprungs identifiziert, und die Trennlinie zwischen Zivilisation und Barbarei ist in Ägypten sehr fein. Dieser Übergang kann nicht mehr als abrupt angesehen werden. Dies wird besonders deutlich im Hinblick auf die Hieroglyphenschrift.

Die Schrift ist natürlich eines der Hauptmerkmale jener Gesellschaften, die als zivilisiert angesehen werden, aber im Fall des alten Ägypten vertritt man nun die Auffassung, dass sie ihre prädynastischen Vorläufer hatte. Früher dachte man, dass das ägyptische Schreibsystem seine Anregungen aus Mesopotamien, insbesondere aus der sumerischen Zivilisation, erhalten habe. Dies war jedoch immer eine etwas problematische Vorstellung, weil die Hieroglyphen wenig Ähnlichkeit mit der mesopotamischen Schrift haben, aber die Alternative – dass sie aus der Barbarei der prädynastischen Periode entstanden seien – wurde gänzlich ausgeschlossen. Einige Wissenschaftler sind unabhängig voneinander zu der Schlussfolgerung gelangt, dass die Hieroglyphen sich tatsächlich aus prädynastischen Wurzeln entwickelten. Die Schmuckmotive auf Töpfereien und anderen Artefakten ab 4000 v. Chr. sind nachweislich Vorläufer der Hieroglyphen tausend Jahre später; selbst eine Anzahl von grundlegenden Buchstaben des Hieroglyphensystems hat ihren Ursprung in prädynastischen Figuren. Das numerische System der Ägypter war ebenfalls vor der dynastischen Periode hoch entwickelt. Narmers Amtsstab zeigt an der Spitze die Hieroglyphensymbole für die Zahl 1 422 000, was ohne jeden Zweifel beweist, dass größere geistige Entwicklungen bereits vor dem angeblichen Erscheinen der Zivilisation stattgefunden hatten. William Arnett, dessen Studien über den prädynastischen Ursprung der Hieroglyphen deutlich machten, dass die Ägypter sich nicht auf äußere Einflüsse stützten, um ihr Schreibsystem zu entwickeln, vermutete: »Wenn genügend beschriebenes prädynastisches Material gefunden und katalogisiert wird, wird es möglich sein, für die *Geschichte* Ägyptens ein neues, früheres Kapitel zu schreiben und Licht auf eine Epoche zu werfen, die gegenwärtig noch im Dunkeln liegt und als *vorgeschichtlich* bezeichnet werden muss.« Es kann folglich nicht ausgeschlossen werden, dass wir erleben, wie der Ursprung der hieroglyphischen Schrift – und damit der ägyptischen Zivilisation selbst – weiter zurückverlegt wird.

Wie man einst geglaubt hatte, die ägyptische Zivilisation habe sich als Ergebnis vor allem des mesopotamischen Einflusses entwickelt, so dachte man auch, Europa habe sich aufgrund des nahöstlichen Einflusses entwickelt, statt sich seines eigenen prähistorischen Erbes zu bedienen. Die Zivilisation in Europa ist gewöhnlich als eine ziemlich späte Entwicklung angesehen worden, aber jüngst hat es abweichende Stimmen gegenüber dieser Denkungsart gegeben. Die verstorbene Marija Gimbutas wurde zu einer zunehmend umstritteneren und an den Rand gedrängten Persönlichkeit in der Archäologie, als sie über einen Zeitraum von mehreren Jahren die europäische Vorgeschichte neu schrieb. Ihrer Auffassung zufolge existierten die frühen bäuerlichen Gemeinschaften zwischen 7000 und 3500 v. Chr. auf recht friedliche Weise nebeneinander und im Einklang mit der Natur; sie verehrten die Große Göttin. Diese Periode der Stabilität und Zivilisation wurde durch wiederholte Vorstöße protoindoeuropäischer Völker aus dem Osten bedroht. In der Zeit dieser Einfälle zwischen 4300 und 2800 v. Chr. wurden die kulturellen Werte des alten Europa vernichtet; sie überlebten lediglich in abgelegenen Gegenden und versickerten schließlich im Untergrund, überdauerten nur in verkümmerter Form in Folklore und der Mythologie bis in die historischen Zeiten.

In Gimbutas' Werk wird das alte Motto *Ex oriente lux* von V. Gordon Childe und vielen anderen Archäologen infrage gestellt, und das alte Europa erscheint als kulturell verschieden, als weitgehend unabhängig von orientalischen Einflüssen bis zu der Zerstörung der traditionellen Werte durch die Eindringlinge aus dem Osten. Das alte Europa wird als eine eigenständige Zivilisation angesehen. Sie argumentiert, dass, wie auch Sir Arthur Evans gezeigt hat, die griechische Zivilisation nicht ohne Bezugnahme auf die ihr vorausgegangene minoische und mykenische Kultur verstanden werden könne, und genauso könnten diese letzteren Zivilisationen zur Gänze nur durch eine tiefe Kenntnis der noch früheren Zivilisation des alten Europa gewürdigt werden. Sie entschlug sich des Bedürfnisses, für das »plötzliche« Entstehen der minoischen und mykenischen Zivilisation auf die Legende von der verlorenen Zivilisation Atlantis' zurückzugreifen. Die falsche Vorstellung, dass die Grundlagen der Zivilisation aus dem Gesichtskreis verschwanden, nachdem Atlantis in den Wellen untergegangen war, wird durch ein weit überzeugenderes Argument ersetzt. Gimbutas zeigt, dass das alte Europa der Vorläufer vieler anderer kultureller Entwicklungen war und dass die Zivilisation der Vorfahren nicht in den Wellen eines verheerenden geologischen Ereignisses versank, sondern dem Ansturm der eindringenden Stämme aus dem Osten nicht standhalten konnte.

Im Vorwort ihres letzten großen Werkes, *Die Zivilisation der Göttin,* schrieb Gimbutas stolz:

Die Verwendung des Wortes »Zivilisation« erfordert eine Erläuterung. Archäologen und Historiker haben angenommen, dass Zivilisation eine hierarchische politische und religiöse Organisation, Kriegskunst, eine Klassenaufteilung und eine komplexe Arbeitsteilung impliziere. Dieses Muster ist in der Tat typisch für die androkratischen (vom Mann dominierten) Gesellschaften wie die indoeuropäischen, lässt sich aber nicht auf die in diesem Buch beschriebenen gynozentrischen (Frau-/Mutter-zentrischen) Kulturen anwenden. Die Zivilisation, die im alten Europa zwischen 6500 und 3500 v. Chr. und auf Kreta bis 1450 v. Chr. blühte, erfreute sich einer langen Periode ununterbrochenen friedlichen Lebens, die künstlerische Formen von anmutiger Schönheit und Verfeinerung entwickelte und eine höhere Lebensqualität als viele androkratische Klassengesellschaften besaß.
Ich verwerfe die Auffassung, dass Zivilisation sich nur auf androkratische Kriegergesellschaften bezieht. Die fruchtbare Basis jeder Zivilisation besteht sowohl in dem Maß ihres künstlerischen

Schöpfertums, ihrer ästhetischen Errungenschaften, ihrer nicht materiellen Werte und ihrer Freiheit, die das Leben sinnvoll und erfreulich für alle ihre Mitbürger machen, als auch in der Machtbalance zwischen den Geschlechtern. Das neolithische Europa war … eine wahre Zivilisation im besten Sinne des Wortes. Im 5. und frühen 4. Jahrtausend v. Chr., kurz vor ihrem Untergang im östlichen Zentraleuropa, hatten die Alteuropäer Städte mit einer beträchtlichen Bevölkerungskonzentration, mehrstöckige Tempel, eine heilige Schrift, geräumige Häuser mit vier oder fünf Räumen, berufsmäßige Keramiker, Weber, Kupfer- und Goldschmiede und andere Handwerker, die eine ganze Reihe von auserlesenen Gütern herstellten. Es gab ein blühendes Netzwerk von Handelswegen, auf dem Waren wie Obsidian, Muscheln, Marmor, Kupfer und Salz über hunderte Kilometer transportiert wurden.

In diesem Passus nimmt Gimbutas auf einige Aspekte des kulturellen Lebens in Europa während der Steinzeit Bezug, in denen sie den Beweis für eine andere Art Zivilisation sieht. Ihrer Ansicht nach basierte diese Zivilisation auf einer sozialen Ordnung, in der Männer und Frauen die gleiche Stellung innehatten. Das religiöse Leben des alten Europa kreise um die Verehrung einer Göttin, die vielerlei Gestalt annehmen konnte. Die Erde wurde als die Verkörperung der Göttin verehrt, und der Tod wurde als Rückkehr in den Schoß der Erde/Göttin verstanden. Zehntausende von Figurinen und andere Darstellungen der Göttin, neben reich verzierter Keramik, sind an archäologischen Fundorten des alten Europa ausgegraben worden; sie vermitteln uns ein detailliertes Bild der künstlerischen und religiösen Traditionen dieser Gemeinschaften. Die holistische Ideologie des alten Europa wurde von den Vorfahren der Indoeuropäer, der späten neolithischen Kurgan-Kultur, die in den Steppen Russlands entstand, herausgefordert und schließlich hinweggefegt. Die Kurgan-Kultur mit ihren berittenen und mit tödlichen Waffen ausgestatteten Kriegern brachte eine Ideologie nach Europa, die auf dem Patriarchat, der Hierarchie und militärischer Tapferkeit beruhte. Ihr Pantheon von Göttern war von Männern beherrscht, an deren Spitze ein Himmelsgott stand. Die Erdgöttin und andere weibliche Göttinnen wurden unter der neuen Ordnung herabgesetzt und als bloße Frauen den Göttern beigesellt. Geschlechtliche Ungleichheit, militärische Gewalt, dualistisches Denken und ein unerschütterlicher Glaube an lineare Kontinuität (alles integrale Bestandteile unserer eigenen Kultur) sind in der Kurgan-Kultur zu finden und unter den späteren Indoeuropäern. Die Steinzeitphilosophie des alten Europa mit ihrem zyklischen Zeitverständnis und dem ganzheitlichen sozialen und ökologischen Denken wurde beiseite geschoben, als die neue Ideologie sich breit machte. Die Glaubensvorstellungen des alten Europa überlebten als eine Unterströmung, aber allmählich wurden die Fundamente einer neuen, barbarischen Zivilisation errichtet.

Gimbutas' Rekonstruktion der kulturellen Ideen und Praktiken der Steinzeit Europas haben sie weit über den Kreis der akademischen Archäologen hinaus bekannt gemacht. Feministinnen und New-Age-Denker haben sich auf ihr Werk als eine Fundgrube für Modelle einer neuen Gesellschaftsvision gestürzt. Unglücklicherweise mangelte es vielen ihrer Anhänger an ihrem kritischen Scharfsinn; sie missdeuteten ihre Gedanken, und das hat ihrem Ruf unter den Archäologen schwerlich gedient. Doch auch ohne die Schützenhilfe solch (für Archäologen) zweifelhafter Kreise würden ihre radikale Vorstellung vom alten Europa und die ihr innewohnende Kritik dessen, was wir allgemein unter Zivilisation verstehen, unausweichlich zum Zank mit ihren professionellen Kollegen geführt haben. Denn trotz ihrer einwandfreien akademischen Arbeit und ungeheuren Gelehrsamkeit (kein anderer einzelner Wissenschaftler hat ein derartig tief gehendes Studium der künstlerischen Traditionen der osteuropäischen prähistorischen Kulturen vorgenommen) stimmen ihre Ideen nicht gut mit den gängigen Auffassungen von Zivilisation überein. Viele – hauptsächlich männliche – Prähistoriker haben ihre Ideen heftig kritisiert, weil sie auf einer irgendwie romantischen Vorstellung von der Vergangenheit basieren würden, und sie bestreiten, dass Friede und geschlechtliche Gleichheit jemals weit verbreitete soziale Züge in der kulturellen Landschaft des steinzeitlichen Europa gewesen seien.

In der Tat ist ihre Identifizierung der Kurgan-Kultur als einer protoindoeuropäischen noch eine offene Frage; ebenso muss der Komplex Heimat und anschließende Wanderungen der Indoeuropäer noch geklärt werden. Ob die Vorfahren der Indoeuropäer dafür verantwortlich gemacht werden können, dass frühere Zivilisationen im neolithischen Europa zerstört wurden, ist daher noch ein strittiger Punkt. Auch kann man sagen, dass Gimbutas die Ikonografie der Göttin überall sah und vielleicht zu viele Vermutungen über die soziale Ordnung des alten Europa auf der Basis von zu wenigen Beweisen anstellte. Doch selbst wenn man von einigen ihrer Aspekte der Rekonstruktion von Ereignissen in der Vorgeschichte nicht überzeugt ist, ist offenkundig, dass es im steinzeitlichen Europa und in der Zeit danach viele komplexe und differenzierte Kulturen gab. Dass diese Kulturen am besten als »Zivilisationen« bezeichnet werden, ist eine Auffassung, die von anderen Archäologen geteilt wird, wie im Folgenden deutlich werden wird. Viele ihrer Erkenntnisse über die Symbolik der neolithischen Religionen sind von handfesten Beweisen getragen, und Gimbutas kann nicht einfach als Außenseiterin abgetan werden. Diese Periode der Vorgeschichte war voller Dynamik und Komplexität, und ihr innovativer Geist, ihr großartiges Künstlertum waren keineswegs völlig von äußeren Einflüssen abhängig. Viele der technologischen, künstlerischen, symbolischen und sogar wissenschaftlichen und medizinischen Aspekte der neolithischen und früheren europäischen und anderen Kulturen werden ausgiebig in den folgenden Kapiteln dieses Buches behandelt. An dieser Stelle möchte ich mich auf eine kurze Aufzählung der Tempel und anderer Beispiele heiliger Architektur von prähistorischen Fundstätten beschränken, die vom reichen geistigen Leben unserer steinzeitlichen Vorfahren zeugen.

Die Fundstätte Çatal Hüyük, zweiundfünfzig Kilometer südöstlich von Konya im südlichen Teil Zentralanatoliens (der heutigen Türkei), ist eines der spektakulärsten Beispiele der bislang entdeckten neolithischen Kulturen. Diese große neolithische Stadt – einige, darunter James Mellaart, der die Ausgrabungen leitete, haben sie als »Stadt« bezeichnet –, die eine Fläche von zwanzig Hektar bedeckt, hat schätzungsweise siebentausend Menschen beherbergt. Çatal Hüyük, das vor mehr als achttausend Jahren gegründet wurde, scheint tausend Jahre oder noch länger eine blühende Siedlung gewesen zu sein. Es ist die größte bisher entdeckte neolithische menschliche Ansiedlung. Es ist eine bemerkenswerte Tatsache, dass die größte bekannte Stadt der Steinzeit der früheren Periode des Neolithikums zugeordnet werden muss und nicht deren Ende, wie man vermuten sollte, wenn man Anhänger eines simplen Fortschrittsmodells ist. Der verblüffende Charakter der Anlage riss Mellaart zu der Bemerkung hin, dass »die neolithische Zivilisation von Çatal Hüyük etwas Einzigartiges in der langen Geschichte der menschlichen Bestrebungen darstellt: eine Verbindung zwischen den fernen Jägern des Jungpaläolithikums und der neuen Ordnung der Nahrungsmittelproduzenten, was die Basis unserer ganzen Zivilisation ist«. Und weiter sagte er: »Die neolithische Zivilisation, wie sie in Çatal Hüyük enthüllt wurde, erscheint wie eine Supernova in der eher undeutlichen Galaxie der zeitgenössischen bäuerlichen Kulturen.« Künftige Entdeckungen könnten enthüllen, dass noch andere helle Sterne einst am Firmament der neolithischen Zivilisation sowohl in Anatolien als auch sonst wo schienen.

Steine waren in der Umgebung der Siedlung knapp. Die Gebäude wurden daher nicht aus Stein, sondern aus sonnengetrockneten Lehmziegeln gebaut. Die rechteckigen Häuser von Çatal Hüyük hatten Holzrahmen und Flachdächer mit Zugang durch Öffnungen im Dach. Zahlreiche geheiligte Stätten wurden unter den Gebäuden gefunden, und die Gipsreliefs und Wandmalereien liefern einen faszinierenden Einblick in das soziale und religiöse Leben der Bewohner der Stadt. Abbildung 1 ist ein Plan eines Teils der Siedlung, der zeigt, dass die Schreine (mit einem S gekennzeichnet) ein integraler Bestandteil des kulturellen Lebens der Stadt waren. Abbildung 2 zeigt einen Teil der terrassenförmig angelegten Häuser und Schreine der Siedlung, mit Leitern, die einen leichten Zugang zu den verschiedenen Ebenen ermöglichen. Unter den zahlreichen bemerkenswerten Funden an dem Ort befindet sich eine steinzeitliche »Karte« der Stadt, die auf eine der Wände eines Schreins gemalt ist. Im Vordergrund dieser Karte sind die charakteristischen terrassenförmig angelegten Häuser der Stadt dargestellt. Hinter der Stadt ist das Bild eines Vulkans mit Zwillingsgipfel zu sehen, der Lava, Rauch und Asche ausspuckt. Dieses Bild stellt einen wirklichen Vulkan dar, der von Çatal Hüyük aus zu sehen ist und heute erloschen ist, aber – wie man weiß – im Neolithikum aktiv war. Dieser Vulkan war die wichtigste örtliche Quelle für Obsidian (schwarzes, vulkanisches Glas), das wegen seiner äußerst scharfen Kanten zur Herstellung von Werkzeugen sehr begehrt war. Mellaart vermutet, dass der Vulkan in neolithischer Zeit von einer magischen Aura umgeben war, denn Obsidian war nicht nur ein Geschenk der Mutter Erde, sondern auch eng mit dem Feuer und der Unterwelt verbunden. Folglich rekurriert diese bildliche Darstellung eines prähistorischen Vulkanausbruchs nicht nur auf ein spektakuläres Naturereignis, sondern auch auf ein Ereignis, das mit übernatürlichen Nebenbedeutungen verknüpft wurde.

Obsidian hatte in der neolithischen Zeit große wirtschaftliche Bedeutung, und der Handel mit diesem Rohmaterial scheint ein Hauptfaktor für die Größe und die Wichtigkeit von Çatal Hüyük gewesen zu sein. Für die Nahrungsmittelversorgung der Stadt spielten die Kultivierung von Weizen und Gerste sowie die Zähmung von Rindern, aber auch die Jagd auf wilde Tiere eine entscheidende Rolle; der Ackerbau hatte sich noch nicht vollständig durchgesetzt. Die Qualität der Tonwaren, der Werkzeuge, des persönlichen Schmucks, der Stoffe und verschiedener Gebrauchsgegenstände (einschließlich der ersten Spiegel, die aus poliertem Obsidian hergestellt wurden) an der Fundstelle zeigt das hohe Niveau der Handwerkskunst – Zeichen der Spezialisierung. Ein besonders verblüffendes Beispiel für die gewerblichen Aktivitäten in Çatal Hüyük ist eine Wandzeichnung, die eindeutig ein Textilmuster nachahmt. Sie hat ein geometrisches Muster mit Blumenmotiven und wurde in hellem Braun-Gelb, Weiß, Grau und Orangerot gemalt. Dies beweist, dass gewebte Tücher, die wir heute unter dem Namen »Kilim« kennen, eine Erfindung der Steinzeit sind und dass die Geschichte der orientalischen Tücher in eine Periode zurückreicht, die sehr weit vor dem islamischen Zeitalter liegt.

Die komplexe religiöse Ikonografie des Ortes zeigt sich in den Wandmalereien, Skulpturen, kleinen Statuen und anderen Überresten aus dieser frühen neolithischen Stadt. Mellaart hat nachgewiesen, dass die Religion und die Mythologie dieser Zivilisation um die Verehrung der Großen Göttin kreisten. Seine Interpretation, die er vorgestellt hatte, bevor Gimbutas ihre Rekonstruktion der Religion der neolithischen Göttin präsentierte, deckt sich mit ihren Erkenntnissen. Seiner Meinung nach ist der größte Teil des Rituals, das in Çatal Hüyük ausgeübt wurde, höchstwahrscheinlich von Priesterinnen durchgeführt worden, und Priester spielten eine vergleichsweise geringe Rolle im zeremoniellen Leben der Gemeinschaft. Als biologische Lebensspenderin wurde die neolithische Frau zum Symbol der landwirtschaftlichen Tätigkeit: der Fruchtbarkeit, der Erneuerung im Jahreskreis sowie des Zyklus von Leben und Tod. Diejenigen Aspekte der Göttin, die ursprünglich neolithisch waren, wurden der älteren Mythologie in der frühen paläolithischen Periode aufgepfropft. Diese mehr archaischen Elemente der Mythologie wurden in Çatal Hüyük mit Abbildungen der Göttin zusammen mit wilden Tieren, am auffallendsten mit dem gefährlichsten Raubtier der Gegend, dem Leoparden, gefeiert. Eine Lehmstatuette, die in einem Schrein des Ortes gefunden wurde, stellt die Göttin auf einem Thron, die Hände auf zwei Leoparden ruhend, dar; sie gebiert, vielleicht, wie Mellaart meint, einen Sohn. Auch Männer tauchen in der Ikonografie der Schreine auf, sind aber gewöhnlich, allerdings nicht immer, der mächtigen Figur der Göttin untergeordnet. Die Göttin selbst wird in verschiedener Gestalt dargestellt, je nachdem,

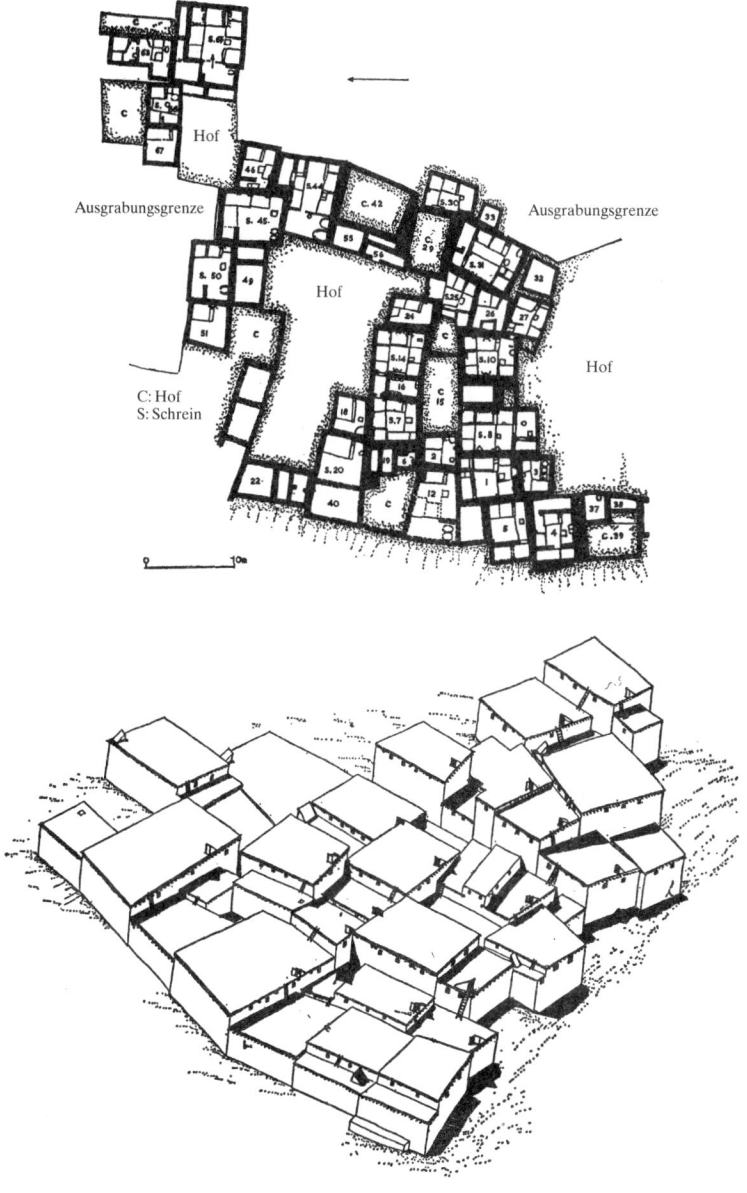

Abbildungen 1 und 2

Abbildung 3

welcher ihrer zahlreichen Aspekte hervorgehoben werden soll. Die ausgegrabenen Schreine zeigen eine so verwirrende Vielfalt dramatischer Bilder – von der Göttin, wie sie Böcke und Stiere gebiert, von Geierschnäbeln, die aus den modellierten Brüsten herausragen, von Stierhörnern und menschlichen Schädeln –, dass man nur erschüttert sein kann von dieser komplexen Grammatik der mythologischen Sprache. Einer dieser Schreine (Abbildung 3) zeigt Geier (Embleme der Todesgöttin), die eine kopflose menschliche Figur angreifen, und Schädel ohne Körper auf dem Boden des Schreins.

Die Mysterien von Leben und Tod in dieser alten Göttinnenreligion spiegeln sich in der Geschichte von Çatal Hüyük selbst. Weder die früheren Kulturen, die diese bemerkenswerte Zivilisation hervorbrachten, noch die Gründe für ihren Untergang sind bekannt. Der Niedergang von Çatal Hüyük ist in Dunkel gehüllt. Die Archäologen sind nicht in der Lage gewesen, einen wirklich erkennbaren Einfluss seiner Zivilisation auf die folgenden Kulturen der Gegend auszumachen. Diese Tatsache hat den Prähistoriker Paul Bahn zu der Bemerkung veranlasst, dass »Çatal Hüyük sowohl frühzeitig als auch ohne Ergebnis zu sein scheint«. Ein größeres neues Ausgrabungsteam unter Leitung des Cambridge-Archäologen Ian Hodder ist in Çatal Hüyük an der Arbeit; es wird zweifellos mehr Licht in das Dunkel dieser bemerkenswerten untergegangenen Zivilisation bringen und einige ihrer frühen Wurzeln entwirren.

Während der Fundort Çatal Hüyük eine einzigartige neolithische Siedlung ist, gibt es jede Menge handfester Beweise für die Existenz zahlreicher Zentren von Zivilisationen in verschiedenen Gebieten des alten Europa. Auf Malta und Gozo, der zweitgrößten Insel des maltesischen Archipels, finden sich mehr als vierzig neolithische Steintempel. Diese Zeugnisse maltesischer sakraler Architektur entstammen der Periode zwischen 4500 und 2500 v. Chr. und zeigen, wie ein Volk ohne den Gebrauch irgendwelcher Metallwerkzeuge in der Lage war, monumentale Gebäude zu errichten, für die Steinblöcke verwendet wurden, die mehr als fünfzig Tonnen wiegen. An einem dieser Fundorte, der fünftausend Jahre alten Tempelanlage von Tarxien, wurde ein Teil einer monumentalen Steinstatue gefunden. Nur der untere Teil ist erhalten; er zeigt die Unterschenkel und einen Teil des Rockes, der einer stehenden weiblichen Figur zu gehören schien. Da dieses Teilstück einen Meter hoch ist, wird die ursprüngliche Größe der Statue auf knapp drei Meter geschätzt; damit ist sie das früheste bekannte Beispiel einer monumentalen Statue dieser Größe. Die Tafeln 2 und 3 zeigen den Tempel von Hagar Qim (3500 bis 3000 v. Chr.) an der Südküste Maltas. Skulpturen und Figurinen, die im Inneren des Tempels gefunden wurden, machen auf die Bedeutung des weiblichen Aspekts aufmerksam; unter ihnen gibt es eine sorgfältig gearbeitete Terrakottafigurine einer nackten weiblichen Gestalt, die man die »Malteser Venus« oder »Dicke Frau« nennt (siehe Tafel 4).

Von ebensolcher dramatischer Wucht wie die großen neolithischen Tempel auf Malta ist das Hypogäum von Hal Saflieni (stufenweise zwischen 3600 und 2500 v. Chr. erbaut) in der Nähe des Tarxientempels. »Hypogäum« ist der Name, der von Archäologen den aus dem Felsen gehauenen Grabkammern gegeben wurde. Die Anlage von Hal Saflieni ist für diese Art Monumente ein bemerkenswertes Beispiel. Hal Saflieni ist eine Ansammlung zahlreicher einfacher Einzelgräber, die durch Gänge, Treppen und unterirdische Hallen miteinander verbunden sind. Dieser labyrinthische Komplex ist vierhundertachtzig Quadratmeter groß und wurde in den oberen Teil eines Kalksteinhügels unter Benutzung von Steinschlägeln und Horn- oder Geweihpicken gehauen. War erst einmal die Rohform und Größe jeder Kammer mithilfe dieser Werkzeuge fertig gestellt, wurden die Wände mit Feuersteinwerkzeugen geglättet. Die Ausgrabungen haben drei Stockwerke von miteinander verbundenen Kammern freigelegt, aber es gibt noch tiefer gelegene Ebenen, die bisher noch nicht freigelegt wurden. In den drei Stockwerken gibt es mehr als dreißig Kammern, die meisten im mittleren Stockwerk. Die beiden unteren Stockwerke sind mit verworrenen spiralförmigen und anderen Mustern in roter Farbe ausgeschmückt. Einige der Kammern im zweiten Stock haben Wände, die der Megalitharchitektur der Insel nachempfunden sind (siehe Tafel 6). Wie in den Tempeln wurden weibliche Figurinen auch in dem Hypogäum gefunden. Eines dieser Kunstwerke, das als meisterhaft gilt, ist eine zwölf Zentimeter große Terrakottafigurine, die als »Schlafende Frau« bekannt wurde (Tafel 5). Die friedliche Haltung dieser träumenden Frau scheint in einer Grabanlage irgendwie fehl am Platz zu sein; dies hat Gimbutas zu der Vermutung veranlasst, dass die Initiationsriten, einschließlich symbolischer Wiedergeburt, im Hypogäum durchgeführt wurden.

Der Archäologe J. D. Evans erforschte die neolithischen Kulturen auf Malta eingehend und gelangte zu dem Resultat:

Soweit wir aus den Beweisen schließen können, scheint niemals eine friedlichere Gesellschaft existiert zu haben. Es ist natürlich leicht, sich von Bildern eines primitiven mediterranen Paradieses täuschen zu lassen; nichtsdestoweniger scheint die Erde den primitiven Maltesern ein Leben von recht erträglichem Auskommen geschenkt zu haben, denn sonst hätten sie kaum die Zeit und Energie gehabt, ihren merkwürdigen Kult zu entwickeln und ihre Tempel zu bauen und auszuschmücken.

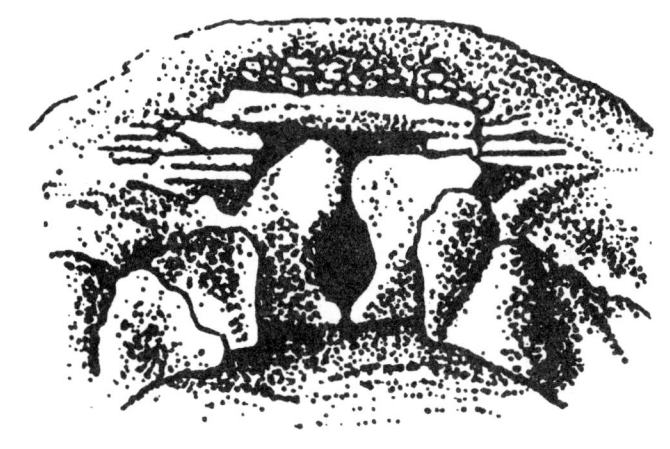

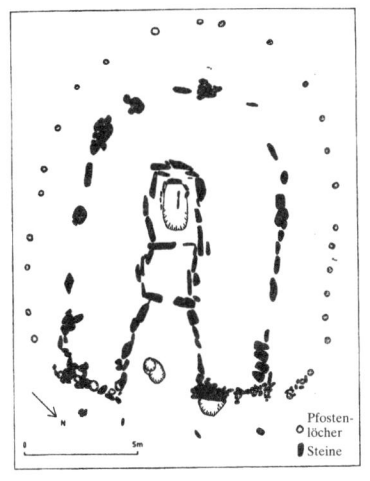

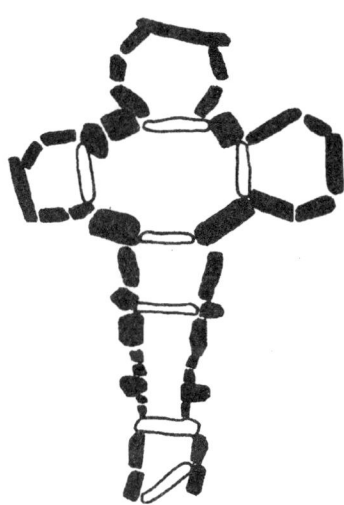

Abbildungen 4, 5 und 6

Aber das friedliche und üppige Leben, das die Tempelerbauer genossen, fand um 2500 v. Chr. ein jähes Ende. Die Gründe, weshalb diese blühende und lebenssprühende Zivilisation verschwand, liegen ebenso im Dunkel und sind genauso rätselhaft wie jene, die zum Ende von Çatal Hüyük führten. Evans, der anmerkt, dass die »Tempelbauer wie durch Zauberei verschwanden«, bemüht die Invasion eines kriegerischen Volkes. Gimbutas vermutet, dass vielleicht die natürlichen Ressourcen der Insel ihre Bewohner nicht mehr ernähren konnten, dass Abholzung und Ernteausfälle vielleicht Hungersnot, Krankheiten und andere Katastrophen heraufbeschworen. Was immer die Gründe für ihr Verschwinden sind – überdauert hat der Zauber der Tempelerbauer in den Monumenten, die sie der Nachwelt hinterlassen haben.

Die Kunst, deren wir sowohl in den Schreinen von Çatal Hüyük als auch in den Tempeln von Malta ansichtig werden, zeugt von der zentralen Bedeutung der weiblichen Göttinnen in der neolithischen Periode. Verschiedene regionale Traditionen der alteuropäischen Architektur und Begräbnisriten lassen eine Beschäftigung mit denselben Themen erkennen. Symbole wie etwa für den Uterus, die Vagina, das Schamdreieck, das Ei oder in manchen Fällen den ganzen weiblichen Körper wurden benutzt, um den Glaubensvorstellungen Ausdruck zu verleihen. Eines der verblüffendsten Beispiele für die Verwendung des Eisymbols finden wir auf dem siebentausend Jahre alten Friedhof von Nitra in Slowakei. Jedes der Gräber an diesem Fundort hat die Form eines Eies – vielleicht ein Zeugnis des Glaubens, dass die Toten wiedergeboren werden, wenn sie zur Erdgöttin heimgekehrt sind. In anderen Gegenden, wie auf den britischen Inseln, scheint die Göttin buchstäblich in den architektonischen Plänen der verschiedenen neolithischen Bauten verkörpert zu sein. Der Eingang zum Norn's Tump, einem fünftausend Jahre alten langen Hügelgrab in Gloucestershire (England), wurde von Gimbutas mit einer Vulva verglichen (Abbildung 4). Wenn man das Bild als ein Ganzes betrachtet, stellen die Steinwände, die zum Eingang führen, die geöffneten Schen-

kel der Göttin und der Grabhügel hinter der vulvaähnlichen
Öffnung ihren (schwangeren) Bauch dar. Eine ähnliche Interpretation legen Struktur und Anlage zahlreicher anderer neolithischer Fundorte nahe. Der Plan des neolithischen Grabes in
Shanballyemond im irischen Tipperary (Abbildung 5) kann als
die Darstellung der unteren Körperteile der Göttin angesehen
werden, mit der zentralen Kammer als Uterus und der »Vor-
kammer« als Vagina. Ein Megalithgrab aus dem 4. Jahrtausend
v. Chr. in Carrowkeel im County Sligo ist eindeutig anthropo-
morph (Abbildung 6); es scheint, wie Gimbutas anmerkt, die
Kreuzform der Kirchen und Kathedralen der christlichen Zeit
vorwegzunehmen.

Unter den Überresten an vielen neolithischen Fundorten in
Osteuropa sind wiederholt merkwürdige Lehmmodelle von
Tempeln aufgetaucht. Tatsächlich sind Hunderte solcher Artefakte gefunden worden. Sie werden in den archäologischen Befunden der Zeit von vor achttausend Jahren zugeordnet und
gehören zu den Hauptquellen für unsere Informationen über
die prähistorische sakrale Architektur der Region. Ihre genaue
Funktion ist nicht klar; Gimbutas vermutet, dass sie Votivgaben
in maßstabgerechten Tempeln waren oder vielleicht Symbole
der Göttin selbst. Das in Abbildung 7 gezeigte Modell stammt
aus Porodin in Westmakedonien; es gehört zur altneolithischen
Periode und ist etwa achttausend Jahre alt. Es ist fünfunddreißig Zentimeter groß und stellt das Gesicht einer Göttin auf
dem Schornstein dar, während ihr Halsband um den Schornstein auf das Dach gelegt ist. Ein anderes Tempelmodell derselben Fundstelle enthält im Inneren einen winzigen Altar. Diese
Modelle waren wahrscheinlich Repliken von Tempeln in Origi-
nalgröße, die aus vergänglichem Material hergestellt wurden
und aus diesem Grund nur selten überdauerten, im Gegensatz
zu den großen Ganggräbern und Steinkreisen aus dem Neolithikum in Britannien und Irland oder den Tempeln auf Malta.

Nichtsdestoweniger gibt es Überreste von beeindruckenden
Schreinen in Osteuropa. Ein großer prähistorischer Schrein
(etwa siebzig Quadratmeter) wurde bei Sabatinivka II in Mol-

dawien gefunden und der Cucuteni-Kultur zugeschrieben (etwa 4800 bis 4600 v. Chr.). Die Illustration (Abbildung 8) zeigt einige wichtige Merkmale des Schreines: 1. Eingang mit gefliestem Boden; 2. ein Backofen; 3. eine vergipste Plattform oder Altar (2,75 mal 6 Meter); 4. ein normaler Lehmstuhl; 5. Figurinen; 6. eine Sammlung von Vasen nahe dem Ofen. Von den zweiunddreißig im Schrein entdeckten Figurinen fanden sich sechzehn auf dem Altar auf Miniaturstühlen sitzend. Bei den meisten handelt es sich eindeutig um Darstellungen der weiblichen Form; von Gimbutas sind sie als konkrete Bildnisse der Schlangengöttin interpretiert worden. Abbildung 9 zeigt sechs dieser Figurinen, von denen die mit Ziffer 1, 4 und 6 bezeichneten Brüste haben und weiblich sind, während die mit den Ziffern 2 und 3 bezeichneten unbestimmten Geschlechts sind. Nummer 5, von der Gimbutas meint, es sei eine Frau, die ein »schlangenähnliches Kind« hält, dürfte eher einen masturbierenden Mann darstellen.

Die Fundstätte Lepenski Vir an der Donau in Serbien zeigt, dass es verfeinerte Architektur und Skulptur nicht nur unter den neolithischen Ackerbauvölkern gab, sondern auch schon in den mesolithischen (Jäger, Sammler, Fischer) Gemeinschaften vor achttausendfünfhundert Jahren. Nach Dragoslav Srejovic, der die Ausgrabungen vornahm, liefern diese Fundstätte und andere in der Gegend den eindeutigen Beweis für eine einheimische Schöpferkraft im Mesolithikum, wie der folgende Passus unterstreicht:

Lepenski Vir ist ein Beweis, dass das Mesolithikum kein »dunkles Zeitalter« der europäischen Vorgeschichte war, sondern nur eine lange Periode der Schwangerschaft und dass der erste große Fortschritt der europäischen Kultur in der postglazialen Periode nicht durch Einflüsse von außen zustande kam, sondern spontan entstand, und zwar aus dem Erwachen der lange schlummernden Energien der Donaukultur des Jungpaläolithikums. Dies ist eine wichtige Tatsache. Sie zeigt, dass Europa beim Nahen Osten keine Anleihen nehmen musste, um über die Vergangenheit hinauszuwachsen und die Kraft für eine kreative Zukunft zu finden. Le-

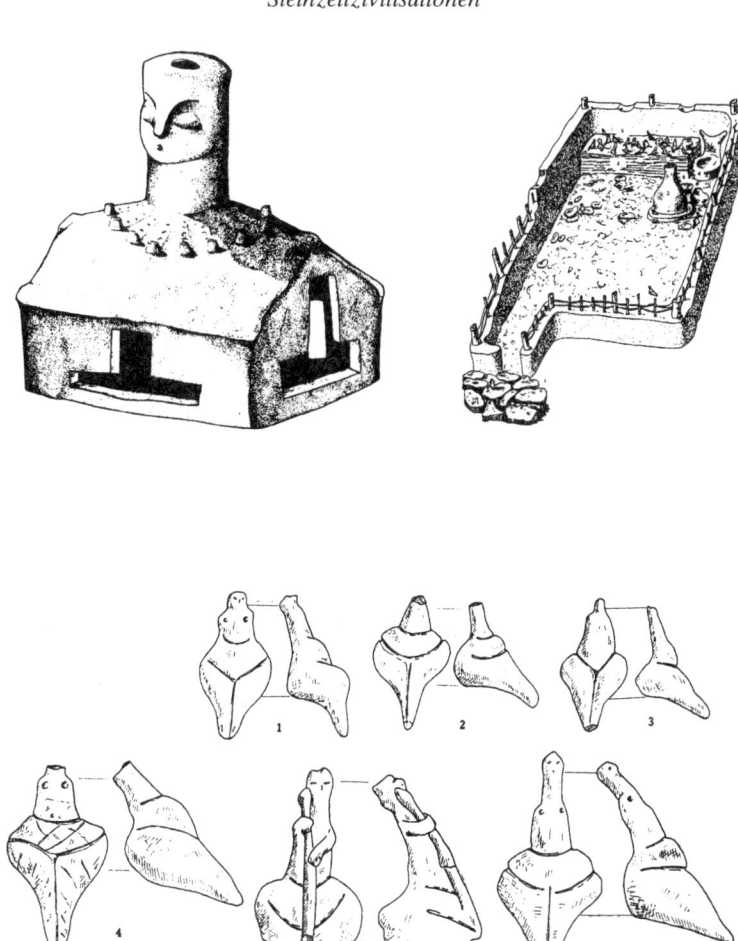

Abbildungen 7, 8 und 9

penski Vir ist ein Beweis, dass die Entwicklung in Europa unabhängig vor sich ging. Seine unerwartete Entdeckung und seine außergewöhnlichen Kennzeichen beweisen, dass unsere Kenntnisse noch sehr begrenzt sind.

Die Fundstätte Lepenski Vir besteht aus einer beträchtlichen Anzahl trapezförmiger oder dreieckiger Gebilde, die oft als Heiligtümer, Tempel oder Schreine bezeichnet werden; mehr als 50 solcher Gebilde sind freigelegt worden. Am erstaunlichsten sind die außergewöhnlichen und mächtigen Steinskulpturen, die in ihrer Ikonografie Züge von Fischen und Menschen verschmelzen (siehe Tafel 7). Gimbutas deutet die dreieckigen Böden der Tempel in Lepenski Vir als gezielte Darstellung des weiblichen Schamdreiecks, wobei die beiden konvergierenden Seitenlinien zum Altar im Inneren führen – eine Darstellung des Uterus der Göttin. Für Gimbutas ist die Symbolik dieser Tempel Teil einer weit verbreiteten Tradition im ganzen alten Europa, nach der die religiöse Architektur dazu diente, den Körper der Göttin in konkreter Form darzustellen. Statt von Archetypen des Nahen Osten abgeleitet zu werden, könnte die Inspiration zu dieser Art von symbolischen architektonischen Traditionen einheimische Wurzeln haben und sich letztlich aus paläolithischen Ausschmückungen von Höhlen, Felsspalten und -sprüngen speisen, die man für geheiligte Symbole des Schoßes hielt. Folglich bezog sich die Architektur des neolithischen Europa auf frühere Traditionen zu seiner Inspiration und beeinflusste ihrerseits die folgenden Entwicklungen, einschließlich vielleicht, wie ich bereits erwähnt habe, der kreuzförmigen Kathedralen des christlichen Europa.

Es muss nicht angenommen werden, dass die Zivilisationen der Steinzeit in irgendeiner Weise nur auf das alte Europa und den Nahen Osten beschränkt waren; tatsächlich waren auf der anderen Seite der Welt kulturelle und künstlerische Neuerungen von einer anderen Art auf dem Weg, Neuerungen, die erst Jahrtausende später Teil des europäischen kulturellen Repertoires wurden. Die Erfindung der Töpferkunst galt lange als fester Bestandteil des Neolithikums, und jede Vermutung, sie könnte früheren Datums sein, hätte ungläubiges Kopfschütteln hervorgerufen. Der früheste, weithin anerkannte Beweis für Keramik im westlichen Asien (das man einst für das Zentrum der Erfindung hielt) verbietet nicht die Zuweisung der Keramik in die Jungsteinzeit.

1960 wandelte sich die Auffassung vom Ursprung der Töpferei dramatisch, als die Radiokarbonmethode zur Altersbestimmung von Keramik aus der Dschomon-Kultur von der Fundstelle Natsushima in Japan erstaunliche Ergebnisse zeitigte. Die Töpferwaren von dieser Fundstelle waren über neuntausend Jahre alt, was sie damals zu den ältesten bekannten in der Welt machte. Anfänglich gab es viel Skepsis in Bezug auf die Datierung, und die verschiedensten Einwände wurden erhoben, aber schließlich mussten die Kritiker akzeptieren, dass die Ergebnisse genau waren. Seither sind die Ursprünge der Töpferei in Japan immer weiter zurückdatiert worden. Gegenwärtig werden die frühesten Daten mit zwölftausendsiebenhundert Jahren zurück angegeben, aber selbst diese Keramik, die verziert ist, ist eindeutig nicht der früheste Versuch zur Herstellung von Keramikgefäßen. Die steinzeitliche Dschomon-Kultur, die in Japan bis etwa 400 v. Chr. ihre Blütezeit hatte, basierte nicht auf landwirtschaftlicher Ökonomie, und es war wie ein Schock für die Archäologen sowohl in Japan als auch andernorts, eine so weit fortgeschrittene Tradition der Töpferei unter derart »primitiven« kulturellen Umständen gefunden zu haben.

Noch überraschender für einige (selbst japanische) Wissenschaftler war, dass die Wiege der weltältesten Töpferei ausgerechnet in Japan stand. Die Archäologen hatten allgemein angenommen, dass Japan bei kulturellen Neuerungen von China abhängig gewesen sei, und selbst, als die frühen Daten der Dschomon-Keramik sich als korrekt erwiesen (und älter als alles Vergleichbare auf dem asiatischen Festland waren), nahmen viele Forscher an, dass es nur eine Frage der Zeit sein werde, bis noch ältere Töpfe in China gefunden würden. Dies ist, zumindest bis zum jetzigen Zeitpunkt, nicht eingetreten; die älteste Keramik aus Nordostchina ist etwa neuntausend Jahre alt, während jene, die in Südchina gefunden wurde, zehntausend Jahre alt sein mag; dieses Datum wird aber noch diskutiert. Doch auch wenn wir dieses Datum akzeptieren, ist es immer noch ein wesentlich späteres als das der frühesten Keramik in Japan. Neuere Entdeckungen auf dem asiatischen Festland deuten jedoch auf eine andere sehr frühe Keramikerzeugung hin – nicht eine in chinesischer Tradition, sondern in dem so genannten kulturellen Hinterhof Ostsibirien. Fortlaufende Ausgrabungen an Steinzeitfundstätten im Gebiet des Flusses Amur haben ergeben, dass dort gefundene Keramikfragmente dreizehntausend Jahre alt sein könnten und damit ebenso alt wie die frühesten japanischen Funde. Es sieht so aus, als ob die Töpferei zu einem sehr frühen Zeitpunkt eine feste Tradition in Japan, China und Sibirien war, und weitere archäologische Forschungen werden wahrscheinlich Genaueres über das Ausmaß und das Alter der Verwendung von Keramik im nordöstlichen Asien herausfinden. Nichtsdestoweniger sind es, im Licht des gegenwärtigen Wissensstandes, die kulturellen Randzonen Japan und Sibirien, die die frühesten Daten vorweisen können, und nicht China.

Während die Dschomon-Kultur wegen ihrer großen technologischen und künstlerischen Errungenschaften auf dem Gebiet der Töpferei und anderer Keramikartefakte zu Recht berühmt wurde, galt sie dennoch als minderwertige Kultur, da sie unumstößlich zur Steinzeit gehörte. Die Japaner selbst bezeichneten ihre Vorfahren als das Volk, das zur Jajoi-Periode gehörte, die nach dem endgültigen Untergang der Dschomon-Kultur folgte. Zwischen der plumpen und zurückgebliebenen Dschomon-Kultur und der des Jajoi-Volkes wurde ein klarer Trennungsstrich gezogen. Die Abfolge der japanischen Vorgeschichte ist sehr verschieden von der Europas. Folglich ist das Modell der sozialen Veränderung, das zur Erklärung des Wesens der europäischen Vorgeschichte entwickelt wurde – vor allem der Übergang vom Paläolithikum zum Mesolithikum, zum Neolithikum, dann zur Bronzezeit und schließlich zur Eisenzeit –, im Fall Japan völlig ungeeignet. Die Dschomon-Kultur hat Züge sowohl der mesolithischen als auch der neolithischen Kulturen und kann mit keinem der beiden Begriffe hinreichend erklärt werden. Sie war mesolithisch, da ihre Wirtschaftsform auf Jagd, Sammeln und Fischfang beruhte (und nicht auf dem Ackerbau wie in neolithischen Kulturen), aber die Töpferei ist ein Erkennungsmerkmal des neolithischen Lebens. Obwohl die Dschomon-Kultur im Wesentlichen präneolithisch und folglich mehr »zurückgeblieben« ist, zeichnet sich doch ihre außerordentlich frühe Keramiktradition durch technische und künstlerische Qualität aus, wie sie selten, wenn überhaupt, in voll entwickelten neolithischen Gesellschaften ihresgleichen findet. Die Jajoi-Periode begann 400 v. Chr., und ihre charakteristischen Kennzeichen sind die Landwirtschaft und der Gebrauch von Eisen – beides von China importierte Kulturgüter. Folglich ging Japan direkt von der steinzeitlichen Dschomon-Kultur zu einer eisenzeitlichen Kultur über, womit es eine ganz andere kulturelle Bahn als Europa einschlug. Die Landwirtschaft, die vom Jajoi-Volk betrieben wurde, war der Wasserreis- oder Paddyfeldanbau, und die zentrale Rolle, die der Reis in der japanischen Kultur spielt, ist zweifellos ein wichtiger Grund für das moderne japanische Volk, das Jajoi-Volk als zu seiner Rasse gehörig zu betrachten. Die stärkere soziale Schichtenbildung der Jajoi-Periode und die Tatsache, dass die kulturellen Grundlagen des Staates zu jener Zeit gelegt wurden, sind ebenfalls Beispiele für die Art kultureller Errungenschaften, auf die eine moderne Nation stolz sein kann.

Andererseits kannte die Dschomon-Kultur offenbar keinen Reisanbau und hatte nur eine einfache Gesellschaftsordnung; sie wurde als primitive Kultur angesehen, die außer ihrer Töpferei wenig vorweisen konnte, um sich dem Bild der Japaner von sich selbst zu empfehlen. Dementsprechend vermutete man auch, dass die Dschomon-Kultur von einer niederen Rasse hervorgebracht wurde. (Dieser Glaube ist ein Reflex der alten und weithin diskreditierten Theorie, dass die Bewohner des prädynastischen Ägypten einer niedrigeren Rasse angehörten als die der dynastischen Ära.) Diese Anschwärzung der Steinzeitkulturen und ihrer Beiträge zu späteren kulturellen Entwicklungen ist daher schwerlich einzigartig für Japan. Die Vorstellung, dass das Europa der Steinzeit dem Nahen Osten für beinahe alle seine kulturellen Neuerungen verpflichtet sei, hat unser Verständnis der europäischen Vorgeschichte allzu lange verbogen. In dem Maße, wie die prähistorische Periode in Europa besser begriffen wird, werden viele Aspekte der Technologie, des künstlerischen und religiösen Erbes und der Kultur als Ganzes als eigenständig angesehen statt als Leihgabe von mehr »zivilisierten« Zivilisationen weiter östlich. Jetzt hat es den Anschein, als ob Japan seine prähistorischen Vorfahren im Licht der dramatischen jüngsten Entdeckungen betreffs der Dschomon-Kultur neu bewerten muss. Es gibt eine Anzahl von archäologischen Funden, die jetzt nahe legen, dass der Reisanbau möglicherweise keineswegs eine Neuerung des Jajoi-Volkes ist, sondern Teil der Dschomon-Kultur war. Dreitausendjährige Tonscherben mit Eindrücken von Reisspelzen sind bei Minami-Mizote in der Präfektur Okajama gefunden worden, und Reis, der bei Kazahari (Präfektur Aomori) entdeckt wurde, zeigt, dass der Reis eindeutig kein isoliertes Phänomen war. Noch aufschlussreicher war die Entdeckung nicht nur von Reis, sondern auch von Überresten von Reisfeldern in einer archäologischen Schicht, die der Dschomon-Kultur zugerechnet wird, am Fundort Itazuke in der Präfektur Fukuoka. Es scheint also, dass Reis durchaus schon vor der Jajoi-Periode kultiviert wurde, und zwar vom Dschomon-Volk, das früher als zu »primitiv« dafür galt, da es ja einer Steinzeitkultur angehörte.

Eine weit dramatischere Neueinschätzung der Dschomon-Kultur musste im Licht der jüngsten Entdeckung der größten bekannten Siedlung aus jener Epoche vorgenommen werden. 1992 zeigte sich bei Vermessungsarbeiten, die für den geplanten Bau eines neuen Baseballstadions in der Stadt Aomori durchgeführt wurden, dass es dort bedeutende archäologische Überreste aus der Dschomon-Kultur und der Zeit danach gab. Als das Ausmaß der Dschomon-Siedlung (als die »Ruinen von Sannai-marujama« bekannt) im Verlauf der folgenden zwei Jahre sichtbar wurde, musste man konstatieren, dass der Fundort die bedeutendste archäologische Entdeckung war, die jemals in Japan gemacht wurde. Die Fundstätte war von etwa 5000 bis 3500 v. Chr. bewohnt. Sie bedeckte ein Gebiet von fünfunddreißig Hektar, und damit ist diese Dschomon-Siedlung doppelt so groß wie jede vorher bekannte Steinzeitsiedlung in Japan. Bis heute sind allein im Zentrum des Fundortes annähernd hundert Ständerbauten entdeckt worden, von denen man annimmt, dass sie der Aufbewahrung von Nahrungsmitteln dienten. Die Gesamtzahl der Gebäude in Sannai-marujama wird auf mehr als tausend geschätzt. Sie umfasst Hunderte von Gruben- und Vorratshäusern, Wachtürme und andere Bauwerke.

Die Überreste einer äußerst verblüffenden Anlage wurden an erhöhter Stelle am Rande der Siedlung gefunden. Sechs große Pfahllöcher wurden im Boden entdeckt, von denen vier noch Säulenreste aufwiesen. Die Löcher haben einen Durchmesser von 2,2 Metern und sind 2,5 Meter tief, während die Säulen selbst – aus Zedernholz – einen Durchmesser von etwa einem Meter haben. Die Untersuchung der Säulenreste dieses Gebäudes zeigt, dass sie bewusst so aufgestellt wurden, dass sie sich leicht nach innen neigen, und dass sie in den Löchern abwechselnd mit Sand und Lehm festgestampft wurden. Die Tiefe der Löcher und die Sorgfalt, mit der die Grundlagen des Gebäudes gesichert wurden, deuten an, dass es ein hohes Gebäude war. Der Abstand zwischen den Säulen beträgt jeweils 4,2 Meter, was darauf hindeutet, dass von den Erbauern ein Standardmaß verwendet wurde. Seine Funktion und der Zweck sind noch unbekannt; möglicherweise diente das Gebäude als Wachturm oder sogar als Heiligtum.

Die archäologische Forschung betreffs dieses Fundortes ist zum großen Teil noch ein laufendes Projekt; der volle Umfang der kulturellen Errungenschaften seiner Bewohner wird beim Fortgang der Arbeit allmählich klarer werden. Eine wahrhaft enorme Menge von Artefakten ist bereits ausgegraben worden (auf nur fünfzehn Prozent des gesamten Gebiets), so viele, dass sie über vierzigtausend Pappschachteln füllen! Darunter finden sich viele Gegenstände, die aus organischen Materialien hergestellt sind, welche selten an Fundorten dieses Alters überdauern, einschließlich einer Vielfalt von hölzernen Werkzeugen (darunter einige Paddel, von denen eines 1,6 Meter lang ist), Rindenbooten, Körben und Stücken gewebten Materials. Auch sind drei Friedhöfe in der Siedlung gefunden worden. Zwei der drei Begräbnisstätten lagen nahe dem Zentrum und enthielten die Überreste von Kindern, die auf typische Weise in großen irdenen Urnen beerdigt waren. Bisher wurden neunhundert solcher Urnen gefunden. Der dritte Friedhof lag am Rande der Siedlung und förderte die Überreste von Erwachsenen zutage. Während wir über die Gründe für die Beisetzung der Kinder näher an den Wohngebieten der Siedlung spekulieren können, bedeutet die Tatsache, dass die Zahl der Gräber Erwachsener nur gut zehn Prozent beträgt, dass die Sterblichkeitsrate der Kinder in der Zeit der Dschomon-Kultur sehr hoch war.

Es gibt einige wichtige Charakteristika der Fundstätte in Sannai-marujama, die dafür sprechen, dass die Dschomon-Kultur viel komplexer war als früher angenommen. Sowohl die Größe an sich als auch die ordentliche Anlage der Siedlung deuten klar darauf hin, dass sie sorgfältig geplant worden war und nicht einfach als Ansammlung von Wohnstätten, Abfallhaufen, Begräbnisstätten, Lagerräumen und sonstigen Bauwerken zufällig entstand. Das zeigt bereits, dass die Gemeinschaft gut organisiert war und eine solche Planung nicht ohne irgendeine Art hierarchischer Organisation stattgefunden haben konnte. Es ist auch klar, dass es sich nicht um ein zeitweiliges Lager von umherziehenden Jägern, sondern um einen dauerhaften Wohnsitz von beträchtlicher Größe handelte. Nicht nur waren die Bewohner in der Lage, ihre eigenen ökonomischen Bedürfnisse durch ihre Aktivitäten innerhalb und außerhalb der Siedlung zu befriedigen, sondern sie haben vielleicht auch andere, kleinere Dschomon-Gemeinden in der Nachbarschaft mit ihren Erzeugnissen versorgt, worauf die große Zahl der gefundenen Keramikgefäße und Lehmfigurinen hinweist.

Die Vielfalt der in Sannai-marujama hergestellten Gegenstände legt außerdem nahe, dass das Handwerk spezialisiert war, dass bestimmte Gruppen der arbeitenden Bevölkerung mit der Herstellung bestimmter Arten von Gegenständen sowohl für die Gemeinschaft selbst als auch für die umliegenden Gemeinden beschäftigt waren. Das Vorhandensein von Mineralien wie Obsidian und Bernstein, ungewöhnlich für diese Gegend, zeigt, dass der Warenaustausch auf lokaler Ebene nur ein Aspekt der ökonomischen Verbindung der Siedlung mit der äußeren Welt war. Die genannten Mineralien waren aus anderen Teilen Japans gekommen und sind der klare Beweis für ein weit reichendes Handelsnetz. Obwohl es keinen Beweis dafür gibt, dass Reis in Sannai-marujama zur Dschomon-Zeit angebaut wurde, deuten Anzeichen darauf hin, dass Hirse und andere Pflanzen von den steinzeitlichen Bewohnern der Siedlung kultiviert wurden. Diese Beweise für eine weit umfassendere Kultur zur Dschomon-Periode, als früher angenommen, haben Professor Yasuda Yoshinori vom Internationalen Forschungszentrum für Japanische Studien veranlasst, den Begriff Zivilisation völlig neu zu bestimmen. Er schrieb:

Um wirklich eine Zivilisation genannt zu werden, sollte eine Kultur Buchstaben, einen Staat und Metallwerkzeuge haben. Also könnte man mich tadeln, weil ich den Begriff Dschomon-Zivilisation verwende. Die Leute könnten sagen, dass es unannehmbar sei, weil, auch wenn die Sannai-marujama-Ruinen eine *polis* genannt werden können, der Dschomon-Periode immer noch wesentliche Elemente einer Zivilisation fehlten.

Jetzt ist jedoch die Zeit gekommen, derlei veraltete Konzepte von Zivilisation zu verwerfen und die Dschomon-Periode auf der Basis eines neuen Konzeptes von Zivilisation neu zu beurteilen. Wenn wir an dem Axiom festhalten, dass ohne eine *polis*, ohne Buchstaben und Metallwerkzeuge der Begriff Zivilisation nicht angewendet werden kann, dann muss die Dschomon-Kultur für immer als ein primitives und barbarisches Stadium der Entwicklung angesehen werden. Jedoch hatte die Gesellschaft der Dschomon-Periode ein anderes wunderbares Prinzip, das traditionellen Zivilisationen fehlte: den Respekt vor der Natur und die Koexistenz mit ihr. Das Prinzip, innerhalb der Zyklen der Natur zu leben und soziale Gleichheit aufrechtzuerhalten – das für mehr als Zehntausende von Jahren innerhalb der Dschomon-Periode beherzigt wurde –, ist nichts weniger als das, wonach sich die modernen Völker sehnen in einer Zeit, in der die Erde gefährdet ist.

Die »Entdeckung der Dschomon-Kultur« bedeutet, dass die Menschen der neuen Umweltkrise die Stirn bieten und eine neue Idee von Zivilisation entwickeln müssen, um zu überleben. Indem wir auf der Vorstellung beharren, dass Zivilisation einen Staat, Buchstaben und Metallwerkzeuge beinhalten müsse, machen wir es uns unmöglich, einen Weg aus der Krise zu finden, der sich die modernen Industriegesellschaften des späten 20. Jahrhunderts gegenübersehen. Wie ich in *Dschomon Culture in the History of the World* betont habe, »beginnt eine Zivilisation sich zu entwickeln, wenn ein funktionierendes System des Lebens, das heißt eine geeignete Beziehung zwischen Mensch und Natur, etabliert worden ist in Übereinstimmung mit den Charakteristika einer bestimmten Region. Das bedeutet, dass eine Zivilisation zu entstehen beginnt, wenn eine dauerhafte und universale Lebensform ausgeprägt wurde, die ein eigenständiges ökologisches System in einer Region für die Bedürfnisse ihrer menschlichen Bewohner enthält.« Die Dschomon-Kultur, die eine permanente und universale Lebensform etablierte, die in Harmonie mit dem Ozean und den Wäldern stand, die für den japanischen Archipel typisch sind, ist die wahre Wurzel der japanischen Zivilisation, und in diesem Sinne sollte sie »Dschomon-Zivilisation« genannt werden.

Wie Marija Gimbutas' Plädoyer für den wesentlich harmonischeren Charakter der alteuropäischen Zivilisation, bevor sie gewaltsam hinweggefegt wurde, enthält die beschwörende Stellungnahme von Yasuda Yoshinori hinsichtlich der Steinzeitzivilisation Japans sowohl Elemente eines Vorbilds für die künftige soziale Organisation als auch die simple Lobpreisung der Tugenden einer vergangenen Epoche. Historische Zivilisationen haben ständig in früheren Zivilisationen Inspiration gesucht, insbesondere in der der Griechen. Japan hat sowohl in der chinesischen Zivilisation als auch in seiner eigenen Jajoi-Periode nach Inspiration gesucht.

Sowohl in Japan als auch im Westen stellen die frühen Steinzeitkulturen eine niedere und schamvolle Verwandtschaft dar, die verhüllt und gemieden wurde zugunsten von mehr respektablen Einflüssen historischer Zivilisationen. Für eine Kultur, die ihre Wurzeln verleugnet, bedeutet das, dass sie dahinsiechen und sterben wird, und die moderne Zivilisation betreibt, in ihrem arroganten Streben nach Fortschritt um jeden Preis, die Zerstörung der Erde, von deren Existenz sie abhängig ist. Die moderne Zivilisation kann man als von dem Bestreben gekennzeichnet sehen, eine ständig wachsende Bevölkerung durch eine ständig kleiner werdende Minorität zu kontrollieren: eine Zivilisation, die nicht nur versucht, andere Kulturen zu beherrschen (um sich selbst zu erhalten, benötigt sie eine riesige Unterklasse von ökonomisch abhängigen Nationen), sondern die Natur selbst – Letztere zu einem Preis, dessen wir uns durch die Aussicht eines ökologischen Kollapses zunehmend klarer werden. Grausamkeit und Barbarei haben unter der Herrschaft historischer Zivilisationen vielleicht sogar zugenommen, und mit Sicherheit kann gesagt werden, dass es eine Zunahme der sozialen und technologischen Mittel gibt, um Schmerz und Leiden en masse zuzufügen. Stammesgesellschaften – nach zivilisierter Meinung die barbarischsten aller modernen Völker – sind gerade die Völker, die dem barbarischsten Angriff der zivilisierten Nationen ausgesetzt worden sind. Die koloniale Beherrschung ist dem scheinbar wohlwollenden, aber ebenfalls paternalistischen Projekt, »Entwicklungshilfe« genannt, gewichen. Der globale Versuch, angeblich unzivilisierte Völker zu »entwickeln«, indem man ihnen »westliche Werte«, Praktiken und »Knowhow« aufzwingt, ist kürzlich von dem Anthropologen Mark Hobart als »wachsende Ignoranz« bezeichnet worden. Westliche Organisationen und Behörden mit wenig oder gar keiner Ahnung von örtlichen ökologischen oder sozialen Bedingungen setzen landwirtschaftliche oder sonstige Projekte durch, die nicht nur keine größeren Erträge erzielen, sondern auch – manchmal sogar unwiderruflich – das örtliche Ökosystem schädigen.

Um unsere eigenen Kulturen aufrechtzuerhalten, müssen wir uns Nahrung und Inspiration aus unseren Wurzeln holen, und wenn verlorene Zivilisationen wie jene des alten Europa und des Dschomon-Japan unsere Ansicht von Fortschritt herausfordern, dann ist das nur gut. Wenn wir weiterhin die Vorgeschichte als das längste und dunkelste aller dunklen Zeitalter betrachten, wird unser Verständnis der Vergangenheit, der Gegenwart und der möglichen Zukunft der Menschheit verzerrt sein. Wie Gimbutas und Yoshinori glaube ich, dass Zivilisationen vor der historischen Ära bestanden haben und dass unser gegenwärtiges Verständnis, was Zivilisation ist oder nicht ist, radikal revidiert werden muss. Die zunehmende Vergegenwärtigung, dass unser jetziges Verständnis vom Sinn der Zivilisation mangelhaft ist, könnte als Zeichen des Fortschritts angesehen werden. Leo Klein drückte es so aus: »Es scheint, dass die intellektuellen Fähigkeiten des frühen Menschen und das Alter der menschlichen Merkmale mit dem Wachstum unserer eigenen modernen Zivilisation zunehmen. Vielleicht bedeutet dies, dass unsere Fähigkeit, die Menschheit zu sehen und zu verstehen, wächst.« Dieses Wachsen des Verständnisses für unsere prähistorischen Vorfahren ist der Gegenstand dieses Buches. Es wird gezeigt, wie die verschiedenen Neuerungen und Errungenschaften, die angeblich teilweise oder ganz den Zivilisationen der historischen Ära zu verdanken sind, bereits in den Errungenschaften der prähistorischen Kulturen erahnt werden können. Überwältigende Beweise für den Durchbruch in religiösen, künstlerischen, wissenschaftlichen und technologischen Bereichen werden in den folgenden Kapiteln zusammengetragen. Sie belegen nicht nur, dass vieles von dem, was angeblich in historischen Zeiten begonnen hat, in Wirklichkeit neolithischen Ursprungs ist, sondern auch, dass vieles von dem, was man als in den landwirtschaftlichen Gesellschaften ebenjener Zeit entstanden auffasste, gleichermaßen zurückdatiert werden muss, und zwar in die jungpaläolithische Zeit. Schließlich werden selbst einige der offenbaren Neuerungen der verhaltensmäßig modernen Menschen in der jungpaläolithischen Periode bis in noch frühere Zeiten zurückverfolgt, zum Neandertaler und zu den allerersten Anfängen der Kultur im Altpaläolithikum. Bevor wir uns der Erforschung der prähistorischen Religion, Kunst, Wissenschaft, Technologie und dem Ursprung des kostbarsten Gutes der historischen Zivilisation – nämlich der Schrift – zuwenden, folgen wir erst noch einigen bemerkenswerten Forschungslinien der Sprachhistoriker, die meinen, sie könnten Zugang zu den Sprachen der Steinzeit finden.

II.

Die Muttersprache

Es wird geschätzt, dass es zwischen fünftausend und zehntausend verschiedene Sprachen auf der Welt gibt. (Die Diskrepanz beruht auf den verschiedenen Kriterien, die von einzelnen Linguisten bei der Definition einer Sprache als mehr als nur einer örtlichen Variante oder eines Dialektes einer anderen zugrunde gelegt werden.) Diese Tatsache ist ein Reflex der biblischen Geschichte vom Turmbau zu Babel. Aber gab es jemals eine einzige Sprache in unserer fernen Vergangenheit, die der Sprachverwirrung vorausging, und wenn ja, gibt es eine Chance, dass wir diesen paradiesischen Zustand der Kommunikation wiedererlangen? Es hat natürlich in moderner Zeit Versuche gegeben, neue Sprachen zu schaffen, von denen die bekannteste Esperanto ist. Derlei künstliche Versuche, so ehrenwert ihre Absichten sind, haben jedoch nur begrenzten Erfolg gehabt, und es scheint keine Aussicht zu bestehen, dass sie jemals die universale Gültigkeit erlangen werden, die sich ihre Schöpfer erhofft hatten. Die Völker in der ganzen Welt waren sich immer bewusst, dass einige ihrer Nachbarn Sprachen redeten, die ihrer eigenen ähnlich waren, während andere Sprachen hatten, die völlig unverständlich waren. Aber die systematischen Versuche, in die weltweite Sprachverwirrung Ordnung zu bringen und die verschiedenen Sprachen in Familien zu klassifizieren, die historisch miteinander verwandt sind, begannen ernsthaft erst vor etwa zweihundert Jahren.

1786 gab Sir William Jones der gelehrten Welt bekannt, dass Sanskrit, die alte Sprache Indiens, mit Latein und Griechisch verwandt sei, und so wurde die indoeuropäische Sprachfamilie identifiziert; es wurde nachgewiesen, dass zu ihr eine große Zahl sehr entfernter Verwandter gehört, die so weit auseinander liegen wie Irland und Indien. Die iranischen, indischen, slawischen, keltischen, germanischen, italischen, griechischen, litauischen und albanischen Sprachen sind alle Zweige der indoeuropäischen Sprachengruppe oder -familie. Seit Jones' höchst bedeutender Einsicht sind die Sprachwissenschaftler in der Lage gewesen, die Sprachen der Welt in eine Reihe von Familien oder Gruppen einzuteilen. Wenn man sich die gewaltige Aufgabe vergegenwärtigt, dann ist es kaum überraschend, dass es beträchtliche Kontroversen unter Linguisten darüber gegeben hat, welche Sprachen und Sprachgruppen miteinander verwandt sind. Es gibt zwei grundlegende Möglichkeiten der Annäherung, die von den Linguisten wahrgenommen wurden. Eine Herangehensweise ist die der so genannten Spalter, die allgemein skeptisch und vorsichtig sind beim Aufstellen von umfassenden Sprachgruppen, die aus mehr als einer Familie (das heißt Makrofamilie) bestehen, da ihrer Meinung nach die Beweise zu dürftig seien. Eine kühnere Herangehensweise wird von den so genannten Sammlern gewählt, die, wie der Name sagt, eher geneigt sind, weitläufigere linguistische Verbindungen zu sehen, und die in manchen Fällen behaupten, sie könnten Sprachfamilien und ihre Ursprungssprache in prähistorische Zeiten zurückverfolgen.

Diejenigen, die versucht haben, die meisten (oder in manchen Fällen sogar alle) Sprachen der Welt in Makrofamilien zusammenzufassen, stimmen nicht immer darin überein, wie viele solcher Gruppen es genau gibt. Der äußerst einflussreiche und umstrittene amerikanische Linguist Joseph Greenberg und einige andere Linguisten sind der Meinung, dass die meisten der Tausende von menschlichen Sprachen als nur zu siebzehn größeren linguistischen Gruppen zugehörig nachgewiesen werden könnten. Diese siebzehn Gruppen werden im Folgenden aufgelistet; ihre globale Verteilung ist auf der nebenstehenden Karte dargestellt (siehe Seite 65); die geschätzten Zahlen von Sprechern einer Sprache oder Sprachgruppe basieren auf den

Daten, die 1987 von Merritt Ruhlen zusammengetragen wurden.

1. KHOISAN ist eine Gruppe von etwa dreißig südafrikanischen Sprachen mit geschätzten einhundertzwanzigtausend Sprechern insgesamt. Die meisten von ihnen sind Sprachen der so genannten Buschmänner und Hottentotten, die sich von den anderen Völkern Afrikas unterscheiden. Man glaubt, dass die Vorfahren der Khoisan sprechenden Völker die ursprünglichen Bewohner dieses Teils des Kontinents sind. Zwei isolierte Sprachen in Tansania (Hadza und Sandawe) werden von einigen Linguisten ebenfalls in diese Gruppe gestellt. Man glaubt, dass diese Sprachen einst im ganzen südlichen Afrika gesprochen wurden und wegen der Invasion der Bantu sprechenden Völker und später der holländischen Kolonialisten zurückgedrängt wurden.

2. NIGER-KORDOFANISCH ist eine sehr große Gruppe afrikanischer Sprachen, die aus zwei Zweigen besteht. Der bei weitem größte Zweig ist die Niger-Kongo-Gruppe (die alle Bantusprachen einschließt wie isi-Zulu, kinya-Rwanda, ki-Kuyu etc.); sie umfasst den größten Teil der südlichen Hälfte des Kontinents und hat geschätzte einhundertachtzig Millionen Sprecher. Der kleinere Zweig, die kordofanische Gruppe, besteht aus annähernd dreißig Sprachen, die im Sudan gesprochen werden.

3. NILOSAHARANISCHE Sprachen sind über mehrere afrikanische Länder verstreut, einschließlich Ägypten, Sudan, Mali und Tansania. Die Gruppe besteht aus etwa einhundertvierzig Sprachen mit insgesamt elf Millionen Sprechern.

4. AFROASIATISCHE Sprachen (auch als »hamitosemitische Sprachen« bezeichnet) sind eine Gruppe, die sowohl die nordafrikanischen Sprachen von Mauretanien bis Ägypten und hinunter nach Somalia umfasst als auch die semitischen Sprachen im Nahen Osten. Von den etwa zweihundertvierzig Sprachen, die zu dieser Gruppe gehören, werden nur wenige weithin gesprochen. Arabisch ist bei weitem die größte

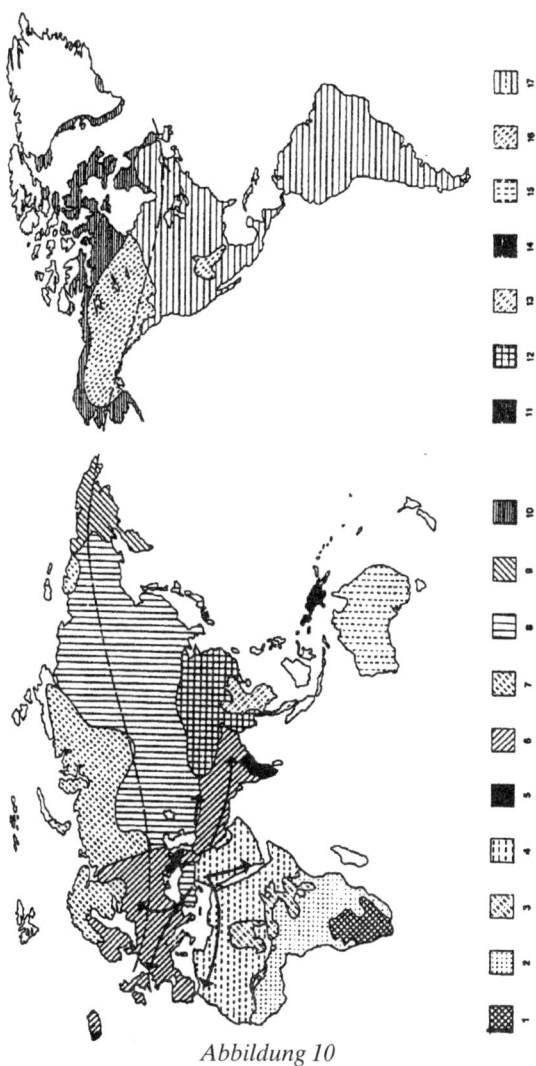

Abbildung 10

Die wichtigsten Makrosprachfamilien der Welt (nach Merritt Ruhlen, 1987).
Die gestrichelte Linie zeigt die ungefähre nördliche Grenze der menschlichen Ausbreitung im Pleistozän. (Die Pfeile zeigen die hypothetische
Ausdehnung der nostratischen Landwirtschaft.) Die Makrosprachfamilien
sind: 1. Khoisan, 2. Niger-Kordofanisch, 3. Nilosaharanisch, 4. Afroasiatisch,
5. Kaukasisch, 6. Indogermanisch, 7. Uralisch-Jukagirisch, 8. Altaisch,
9. Tschuktschisch-Kamtschadalisch, 10. Eskimoisch-Aleutisch, 11. Drawidisch, 12. Sinotibetisch, 13. Austrisch, 14. Indopazifisch, 15. Australisch,
16. Nadene, 17. Amerind.

mit etwa hundert Millionen Sprechern. (Die gesamte afro-asiatische Gruppe hat ungefähr einhundertachtzig Millionen.) Andere bekannte Sprachen dieser Makrofamilie sind Hebräisch, die Berbersprachen, Hausa und alte Sprachen wie Altägyptisch, Akkadisch, Aramäisch.

5. KAUKASISCHE Sprachen werden von etwa fünf Millionen Menschen in der kaukasischen Region gesprochen; zu der Gruppe gehören etwa fünfunddreißig Sprachen. Die beherrschende Sprache der Gruppe ist Georgisch mit etwa drei Millionen Sprechern. Die Gruppe ist in Nord- und Süd-kaukasisch unterteilt. (Für Letztere wird auch der Begriff »Kartwelsprachen« verwendet.)

6. INDOGERMANISCHE Sprachen wurden bereits erwähnt. Etwa zwei Milliarden Menschen sprechen die eine oder andere der einhundertvierzig indogermanischen Sprachen; damit machen sie die größte der hier aufgelisteten siebzehn Gruppen aus. Diese Gruppe wird manchmal auch als »indo-hethitisch« bezeichnet.

7. URALISCH-JUKAGIRISCH besteht aus mehr als zwanzig Sprachen mit annähernd zweiundzwanzig Millionen Sprechern; die Gruppe umfasst Ungarisch (vierzehn Millionen), Finnisch (fünf Millionen), Estnisch, Saami oder Lappisch sowie die samojedischen Sprachen Westsibiriens.

8. ALTAISCH mit etwa zweihundertfünfzig Millionen Sprechern und sechzig Sprachen ist eine der größeren Makro-familien. Sie umfasst Japanisch, Koreanisch, Mongolisch, Türkisch und andere Turksprachen wie Usbekisch und Ui-gurisch, Mandschu, die tungusischen Sprachen Sibiriens und Chinas sowie Ainu, eine Sprache, die im Norden Japans und im Süden der Insel Sachalin gesprochen wird.

9. TSCHUKTSCHISCH-KAMTSCHADALISCH ist eine ver-hältnismäßig kleine Gruppe von nordöstlichen sibirischen Sprachen, die auch als »paläosibirische Sprachen« bezeich-net werden: Tschuktschisch, Kamtschadalisch, Korjakisch, Kerek Aleutisch. Sie werden von etwa dreiundzwanzigtau-send Menschen gesprochen.

10. ESKIMOISCH-ALEUTISCH ist eine weitere kleine Familie von etwa zehn Sprachen, die von den Eskimos in Sibirien, Alaska, Kanada, Grönland und den Aleuten gesprochen werden.

11. DRAWIDISCH umfasst zwanzig Sprachen, von denen die meisten in Südindien und in Pakistan gesprochen werden. Ungefähr einhundertfünfundvierzig Millionen Menschen sprechen diese Sprachen, von denen die bekannteste Tamil ist. Einige Linguisten haben die drawidische Gruppe mit Elamisch, einer alten Sprache Mesopotamiens, in Verbindung gebracht; diese wird unter der Bezeichnung »Elamo-Drawidisch« geführt.

12. SINOTIBETISCH ist die zweitgrößte Sprachfamilie der Welt mit beinahe einer Milliarde Sprechern, mehrheitlich Chinesen. Die einzigen anderen bekannten Sprachen dieser Gruppe sind Birmanisch und Tibetisch; andere kleinere Sprachen in Nepal und Indien gehören ebenfalls zu dieser Gruppe.

13. AUSTRISCH ist eine Sammelbezeichnung für gewöhnlich als getrennt angesehene Sprachfamilien: MIAO-YAO (eine kleine Gruppe aus vier Sprachen, die in den Grenzgebieten zwischen Südchina und den nördlichen Gebieten Thailands, Vietnams und Laos' gesprochen werden), DAIC (eine Gruppe von etwa sechzig Sprachen, von rund fünfzig Millionen Menschen gesprochen – die meisten reden Thai), AUSTROASIATISCH (einhundertfünfzig Sprachen mit etwa sechsundfünfzig Millionen Sprechern; die Gruppe umfasst Sprachen, die in Nordindien und Südostasien gesprochen werden, von denen die bekanntesten Vietnamesisch und Khmer oder Kambodschanisch sind) und AUSTRONESISCH (hauptsächlich Inselsprachen, die von Madagaskar im Westen bis zu den Philippinen und Indonesien im Osten und zu den Inseln Melanesiens und Polynesiens verbreitet sind; von einhundertachtzig Millionen Menschen, meist in Indonesien und auf den Philippinen, gesprochen).

14. INDOPAZIFISCH, auch als »Papuasprachen« bekannt, ist eine Gruppe von Sprachen, die auf Neuguinea und den

nahe gelegenen Inseln gesprochen werden. Trotz der Tatsache, dass nur drei Millionen Menschen Indopazifisch sprechen, zählt man über siebenhundert indopazifische Sprachen. Es heißt, dass zwischen zehn und zwanzig Prozent aller Sprachen der Welt auf Neuguinea zu finden sind.

15. AUSTRALISCH umfasst alle einhundertsiebzig Sprachen der Urbevölkerung Australiens. Schätzungen der Gesamtzahl der Sprecher belaufen sich auf dreißigtausend. Obwohl die meisten Linguisten annehmen, dass die australischen Sprachen letztlich alle miteinander verwandt sein müssen, sind die Verbindungen zwischen ihnen in vielen Fällen noch dunkel.

16. NADENE ist eine Familie, die aus den athapaskischen Sprachen der einheimischen Völker Alaskas und des westlichen subarktischen Kanada besteht, ihren entfernten Verwandten Navajo in New Mexico und Arizona sowie drei Sprachen der pazifischen Nordwestküste Kanadas und Südalaskas, die Eyak, Tlingit und Haida heißen.

17. AMERIND, auch »Amerikanisch-Indianisch« genannt, ist eine äußerst umstrittene Makrofamilie; sie wurde von Joseph Greenberg vorgeschlagen. Sie umfasst sämtliche einheimischen amerikanischen Sprachen sowohl Nord- als auch Südamerikas, mit Ausnahme der Nadenesprachen und der eskimoisch-aleutischen Sprachen (siehe oben). Man vermutet, dass immer noch annähernd sechshundert Amerindsprachen von insgesamt achtzehn Millionen Menschen gesprochen werden. Viele Linguisten können sich mit dieser Makrofamilie nicht anfreunden und arbeiten mit unterschiedlichen Familien, ohne den übergreifenden Begriff »Amerind« zu verwenden.

Die Klassifizierung der afrikanischen Sprachen in nur vier Makrofamilien (Afroasiatisch, Niger-Kordofanisch, Nilosaharanisch und Khoisan) war eine Neuerung Joseph Greenbergs, der seine Forschungen zu diesem Thema Anfang der Sechzigerjahre veröffentlichte. Obwohl ihr anfänglich von den »Spaltern« mit beträchtlicher Skepsis begegnet worden war, ist sie heute allgemein anerkannt. Seine folgende Studie über die vergleichende Linguistik der Neuen Welt veranlasste ihn, alle einheimischen Sprachen Nord- und Südamerikas in nur drei Makrofamilien zu unterteilen. Zwei dieser drei vorgeschlagenen Gruppen – Eskimoisch-Aleutisch und Nadene – waren nicht umstritten und schon zuvor von Linguisten identifiziert worden. Die dritte Makrofamilie, Amerind, war eine völlig neue Aufstellung, die nicht nur mit den Arbeiten der meisten früheren Linguisten brach, sondern auch im Vergleich zu Eskimoisch-Aleutisch und Nadene sehr groß war. Einige »Spalter« der amerikanisch-indianischen Linguistik hatten etwa zweihundert verschiedene Sprachfamilien in der Zusammenfassung identifiziert, der Greenberg den Namen »Amerind« gegeben hatte. Dies gibt uns eine Vorstellung von den höchst unterschiedlichen Auffassungen der »Spalter« und der »Sammler«.

Es gibt ein paar stichhaltige Argumente zugunsten Greenbergs Dreifamilienhypothese für die Neue Welt. Christy Turners Zahnstudie der verschiedenen amerikanisch-indianischen Völker zeigte, dass es bei der einheimischen Bevölkerung der Neuen Welt drei verschiedene Zahnformen gibt, was auf drei getrennte prähistorische Einwanderungswellen von Asien in die beiden Amerikas hindeutet. Genetische Studien der eingeborenen Amerikaner deuten ebenfalls auf drei verschiedene Gruppen, was Greenbergs These weiter erhärtet. Und den meisten Archäologen zufolge betraten Menschen die Neue Welt erst vor zwölftausend oder dreizehntausend Jahren. Unter dieser Voraussetzung müssen die »Spalter« eine Erklärung dafür beibringen, warum so viele verschiedene Sprachfamilien in einer vergleichsweise so kurzen Zeit entstanden. Afrika, das zu einem erheblich früheren Zeitpunkt bevölkert wurde als die Neue Welt, hat jetzt, wie dank Greenberg angenommen wird, nur vier Makrofamilien; wie können also die beiden Amerikas zweihundert oder mehr Sprachfamilien haben, wie von den »Spaltern« vorgeschlagen? Ob Greenbergs These für die Neue Welt die weit reichende Anerkennung finden wird, die seiner

Arbeit über die Sprachfamilien Afrikas zuteil wurde, bleibt abzuwarten, aber solange die »Spalter« nicht ausreichende Antworten auf die genetischen, dentalen und chronologischen Probleme geben können, mit denen sie konfrontiert sind, wird wohl Greenberg wieder die Oberhand gewinnen.

Greenberg hat auch behauptet, dass eine Makrofamilie namens Eurasiatic die indogermanische, uralisch-jukagirische, altaische, tschuktschisch-kamtschadalische und die eskimoisch-aleutische Gruppe umfasse; sie sollte als gemeinsamer Vorläufer dieser Sprachen angesehen werden, die in prähistorischen Zeiten von Irland bis in die arktischen Regionen der Neuen Welt verbreitet waren. Greenberg ist nicht der Einzige und auch nicht der Erste, der so tief nach den Wurzeln des linguistischen Baumes sucht. Schon zu Beginn des 20. Jahrhunderts hatte der dänische Linguist Holger Pedersen die Ansicht geäußert, dass es eine entschiedene Verwandtschaft zwischen den angeblich verschiedenen und unabhängigen Sprachfamilien Indogermanisch, Semitisch, Uralisch, Altaisch und sogar Eskimoisch-Aleutisch gebe. Aufgrund dieser Bindeglieder glaubte er, dass alle diese Sprachgruppen tatsächlich von einem fernen Sprachvorfahren abstammten, den er »Nostratic« nannte, abgeleitet von lateinisch *noster* (= unser). Auf Pedersens Pionierarbeit über die nostratische Ursprache bauten mehrere Linguisten, insbesondere Vladislav Illich-Svitych und Aron Dolgopolsky, auf. Sie erweiterten die nostratische Makrofamilie, sodass sie noch mehr Familien umfasste (einschließlich Drawidisch und die Kartwelsprachen oder Südkaukasisch; es wurde auch vorgeschlagen, dass Nilosaharanisch und Niger-Kordofanisch der nostratischen Familie zugeschlagen werden sollten) und weit über die von Greenberg vorgeschlagene eurasiatische Makrofamilie hinausging.

Bei Sprachen, die zur selben Familie gehören, wird der Nachweis geführt, dass sie nicht nur durch gemeinsame Wörter verwandt sind, sondern auch durch Ähnlichkeiten sowohl in der Struktur als auch im Klang der Wörter. Da die einzelnen Sprachen in einer Familie verschieden sind, nimmt man an, dass sie

Abkömmlinge einer gemeinsamen Ursprache sind. Folglich können sie als Zweige einer einzigen Sprache betrachtet werden, die nicht mehr gesprochen wird und die nur aus ihren Abkömmlingen rekonstruiert werden kann. Die Ursprache wird »Protosprache« genannt, so zum Beispiel die Ursprache aller indogermanischen Sprachen »Protoindogermanisch« oder die der drawidischen Sprachen »Protodrawidisch« usw. Linguisten sind in der Lage gewesen, das Alter der »Protosprachen« zu schätzen, indem sie mehrere Sprachen ein und derselben Familie miteinander verglichen, um das Ausmaß der Verschiedenartigkeit von der Muttersprache abzulesen. Die geografische Verbreitung der Familienglieder wird bei der Berechnung des Alters ebenfalls in Rechnung gestellt. Leider ist es nicht möglich, mit dieser Methode genaue Daten zu erzielen, und selbst im Fall der gut erforschten indogermanischen Familie können die Experten sich nur insoweit einigen, als sie sagen, das Protoindogermanische sollte in die neolithische Periode datiert werden, in die Zeit zwischen 4000 und 6000 v. Chr. Den Linguisten zufolge, die behaupten, dass es eine nostratische Ursprache gegeben habe, sind das Protoindogermanische, das Protosemitische, das Protouralische, das Protoaltaische und das Protoeskimoisch-Aleutische allesamt Mitglieder der nostratischen Familie, und daraus folgt zwangsläufig, dass das Protonostratische lange vor all den verschiedenen nostratischen Sprachen gesprochen wurde! Dolgopolsky hat die Informationsgewinnung aus dem Studium des Vokabulars der verschiedenen Protosprachen als »linguistische Paläontologie« bezeichnet. Eine solche Herangehensweise kann in manchen Fällen sowohl die Kultur als auch die geografische Örtlichkeit der Bevölkerung, die die Ursprache sprach, entschlüsseln helfen. Dolgopolsky erläutert:

Im Protoindogermanischen gibt es viele Wörter, die mit Landwirtschaft und Viehzucht in Verbindung stehen; das bedeutet, dass die Protoindogermanen ein neolithisches Volk mit einer Nahrungsmittel erzeugenden Wirtschaft waren. Andererseits finden wir unter den zweitausend Wurzeln des protonostratischen

Wortschatzes [das heißt nostratische Wörter, die Dolgopolsky durch linguistische Daten aus späteren Sprachen rekonstruiert hat] keine Wörter, die auf die Bekanntschaft mit Landwirtschaft und Viehzucht hindeuten, sondern wir finden viele Begriffe, die mit Jagd und Sammeln zusammenhängen. Wenn wir die Tatsache in Rechnung stellen, dass es in den anderen Protosprachen innerhalb der nostratischen Familie (Protodrawidisch, Protokartwelisch, Protoaltaisch, Protosemitisch etc.) eine reichhaltige Terminologie für Landwirtschaft und Viehzucht gibt, können wir schlussfolgern, dass das Protonostratische der Periode zugeordnet werden muss, die der »Neolithischen Revolution« vorausging, während die meisten von ihm abstammenden Sprachen der neolithischen Epoche Nahrungsmittel produzierender Wirtschaften angehörten. Dies ist ein wichtiger Hinweis, der uns helfen kann, Historiker und Archäologen darauf aufmerksam zu machen, wo die nostratische Sprache möglicherweise gesprochen wurde. Ein weiterer Punkt ist die tatsächliche Örtlichkeit der abstammenden Sprachen: das frühe Indogermanische in Kleinasien, das Protohamitisch-Semitische im Nahen Osten (und Nordostafrika?), das Protodrawidische wahrscheinlich irgendwo in Persien, das Protokartwelische in Transkaukasien, das Protouralische und Protoaltaische wahrscheinlich in Turkestan und den benachbarten Regionen. Andererseits wissen wir, dass das älteste Zentrum der neolithischen Ökonomie im westlichen Eurasien, im südwestlichen Asien, lag. All dies führt zu der vorläufigen Hypothese, dass das Protonostratische im südwestlichen Asien in einer Periode vor der »Neolithischen Revolution« gesprochen wurde, während die meisten seiner Tochtersprachen der neolithischen Periode zuzurechnen sind und ihre Verbreitung über weite Gebiete Eurasiens und Afrikas mit der demografischen Explosion in Verbindung stand, die durch die »Neolithische Revolution« hervorgerufen wurde. Natürlich ist dies lediglich eine Hypothese, die den Archäologen und Protohistorikern vorgeschlagen wurde. Nur durch gemeinsame Anstrengungen der Archäologen, Protohistoriker und Linguisten, vielleicht zusammen mit Anthropologen und Genetikern, können wir hoffen, die Wahrheit herauszufinden.

Die Implikationen der nostratischen Hypothese sind umwerfend. Die Theorie behauptet, dass die meisten Völker Europas und jene eines großen Teils von Westasien und Afrika weit zurück in der Vorgeschichte vor dem Aufkommen der Landwirtschaft nostratische Sprachen gesprochen haben. Die Rekonstruktion des Protoindogermanischen und der anderen neolithischen Sprachen ist bemerkenswert genug, aber das Unterfangen, das Vokabular der nostratischen Sprache zu rekonstruieren, führt uns noch tiefer in die Vorgeschichte, zurück in die jungpaläolithische Periode, den jüngsten Abschnitt der Steinzeit! Wenn die nostratische Sprachhypothese richtig ist, dann muss das Nostratische mehr als zehntausend Jahre alt sein, vielleicht sogar fünfzehntausend Jahre.

Noch eine weitere archaische Protosprache wurde in die Diskussion gebracht. Sie dürfte ähnlich alt sein wie das Nostratische und hat nicht weniger Widerspruch herausgefordert. Sie hat keinen so einfachen Namen und wird schlicht nach den bekannten Sprachgruppen genannt, die offenbar von ihr abstammen. Gemeint ist die dene-sino-kaukasische Sprache, die von Starostin und anderen Linguisten ins Spiel gebracht wurde; sie umfasst so unterschiedliche Sprachen wie das Baskische, Chinesische, Sumerische und Haida. Wenn bewiesen wird, dass das Dene-Sino-Kaukasische eine echte Sprachgruppe ist, dann muss es wie das Nostratische und Eurasiatische dem jungpaläolithischen Zeitalter zugeordnet werden. Die Beziehung zwischen der chinesischen Sprache und der Nadenegruppe wurde um 1920 von einem der großen Erforscher der amerikoindianischen Sprachen, Edward Sapir, erkannt. Die Verbindungen zwischen den nordkaukasischen und den sinotibetischen Sprachen sind, nach mehrheitlicher Meinung der Linguisten, im besten Fall dürftig. Diese umfassenden Rekonstruktionen der prähistorischen Ursprachen der historischen Zeiten befinden sich noch in einem frühen Stadium, aber das Nostratische, Eurasiatische, Amerind und das Dene-Sino-Kaukasische müssen als Hilfsmittel in Betracht gezogen werden, um Licht in das Dunkel der Frühgeschichte des gesprochenen Wortes zu bringen. Es ist schon bemerkenswert, dass so etwas überhaupt möglich ist, und die Erkenntnisse William Jones' über die Verbindungen zwischen dem Sanskrit und den europäischen Sprachen waren, so Vitalij Shevoroshkin, zu seiner Zeit ebenso revolutionär wie der Stellenwert des Nostratischen und anderer linguistischer Rekonstruktionen heute.

So spekulativ die Thesen großer Makrosprachfamilien wie Amerind, Dene-Sino-Kaukasisch und Eurasiatisch auch sein mögen – manche Linguisten, auch Merritt Ruhlen, der bedeutendste unter ihnen, glauben, dass sie Entsprechungen zwischen diesen riesigen Gruppen ausfindig machen können bei dem Versuch, den Urahn aller Sprachen der Welt zu rekonstruieren, den man »protoglobal« oder »Protowelt« nennen könnte. Ruhlen und sein Kollege John D. Bengtson haben fünfundvierzig globale Wortableitungen vorgelegt, die ihrer Ansicht nach eine Verbindung zwischen allen Sprachfamilien der Welt andeuten. Einige davon sind, wie sie bereitwillig zugeben, schon früher von Greenberg und anderen Linguisten ins Spiel gebracht worden. Wie verblüffend die Entsprechungen sind, die sie gesammelt haben, lässt sich an wenigen Beispielen zeigen. Jeder dieser Ableitungen wurde ein Glossar beigegeben, das »die allgemeinste Bedeutung und die phonologische Form jeder Wurzel angibt«. Folglich umfassen diese Wortableitungen eine wechselseitige Beziehung nicht nur in der Bedeutung des Wortes, sondern auch in ihrem Klang. Die im Folgenden angegebenen sieben globalen Wortableitungen beschreiben genau die Grundbegriffe für Mann, Frau, Kind, Loch, Vulva, Finger und Wasser. Bei ihren linguistischen Untersuchungen kamen Bengtson und Ruhlen auf Entsprechungen für diese Begriffe in hundert oder mehr verschiedenen Sprachen, die den siebzehn aufgelisteten Sprachfamilien zugeordnet sind. Um der Kürze willen habe ich ein paar wenige, repräsentative Beispiele aufgeführt.

MANO, das »Mann« bedeutet, erscheint in verschiedenen Sprachgruppen im Afroasiatischen (altägyptisch *Min* ist der Name des Phallusgottes; auf Somali ist *mun* »der Mann«), im Nilosaharischen (zum Beispiel auf Tam, einer ostsudanischen Sprache, ist *ma* »Mann«), im Drawidischen (zum Beispiel auf Tamil heißt *mantar* »Menschen«, »Männer«, auf Gondi *manja* »Mann«, »Person«), im Austrischen (das Yaovolk, dessen Sprache zur Miao-Yao-Gruppe gehört, nennt sich selbst *man* oder *mun*), im Amerind (in der Squamischsprache Kanadas bedeutet *man* »Ehemann«, während es in südamerikanischen indianischen Sprachen viele Entsprechungen gibt, wie das Wananawort *meno* gleich »Mann« und in derselben Sprache *manino* für »ihr Ehemann«; auf Kaliana heißt *mino* »Mann«, »Person«, *imone* »Schwiegervater«; auf Guahibo ist *amona* »Ehemann«) und im Indogermanischen (einschließlich des englischen Wortes *man*).

KUNA, das »Frau« bedeutet, findet sich im Afroasiatischen (zum Beispiel in der kuschitischen Sprache Oromo bedeutet *qena* »Herrin«), im Indopazifischen (in der Beasprache der Adamaneninseln im Indischen Ozean heißt *chana* »Frau«, im Tasmanischen *quani* »Frau«, »Ehefrau«), im Australischen (auf Gamilaraay heißt *gunijarr* »Mutter«), im Amerind (auf Guarani ist *kuZa* »weiblich«, auf Kamayura *kunja* »Frau«, auf Suya *kuZa* gleich »Frau«, auf Cuica *kunakunam* auch »Frau«) und im Indogermanischen (zum Beispiel das englische Wort *queen*).

MAKO, das »Kind« heißt, erscheint in verschiedenen Formen im Drawidischen (auf Tamil *maka* »Kind«, Telugu *maga* »männlich«), im Sinotibetischen (auf Burmanisch *(sa-)mak* gleich »Schwiegersohn«), im Indopazifischen (wie in der südwestneuguineischen Sprache Jaqai *mak* »Kind«), im Amerind (auf ZuZi *maki* »junge Frau«, auf Waikina *make* »Sohn«, auf Coto *ma-make* »Junge«) und im Indogermanischen (auf Altirisch *macc* »Sohn«, auf Altenglisch *magu* »Kind«, »Sohn«, »Mann« und Schwedisch *mDg* »Schwiegersohn«).

K'OLO, das »Loch« bedeutet, ist in der Khoisansprachgruppe gefunden worden (*kxolo* »Nüster«, »Nasenlöcher«), im Nilosaharanischen (wie in der saharanischen Sprache Kanuri *kuli* »anus«, der ostsudanischen Sprache Nandi *kulkul* »Achselhöhle«), im Uralisch-Jukagirischen (Finnisch *kolo* »Loch«, »Riss«, Ungarisch *halok* »Einschnitt«, Zyrian *kolas* »Riss«), im Altaischen (Koreanisch *kul* »Höhle«, Japanisch *kur* »hohl«, »ausschöpfen«), im Drawidischen (Tamil *akkul* »Achselhöhle«), im Sinotibetischen (Westtibetisch *kor* »Höhle in der Erde«, »Grube«), im Austrischen (Tagalog *kilikili* »Achselhöhle«) und im Indogermanischen (Englisch *hole* »Loch«).

PUTI, das »Vulva« heißt, ist im Niger-Kordofanischen nachgewiesen worden (auf Malinke heißt das Wort *butu* »Vulva«), im Nilosaharanischen (Gao *buti* »Vulva«), im Afroasiatischen (Hebräisch *pot* »Vulva«, in der tschadischen Sprache Jegu *paate* »Vulva«), im Uralisch-Jukagirischen (im Ostjakischen *puti* »Rektrum«), im Drawidischen (Tulu *puti* »Vulva«), im Austrischen (Ami *puki* »Vulva«), im Amerind (Yamana *puta* »Loch«, Guahibo *petu* »Vagina«, Jaricuna *poita* »Vagina«) und im Indogermanischen (Altfranzösisch *pute* – modern *putain* – »Hure«).

TIK, das »Finger« oder »einer« heißt, taucht in allen Sprachen der Welt auf: im Niger-Kordofanischen (Gur *dike* »1«), im Nilosaharanischen (Dinka *tok* »einer«), im Afroasiatischen (Hausa *(daya)tak* »nur einer«), im Altaischen (Koreanisch *teki* »1«, Altkoreanisch *tek* »10«, Japanisch *te* »Hand«, Türkisch *tek* »nur«), im Eskimoisch-Aleutischen (Grönländisch-Eskimoisch *tik(-iq)* »Zeigefinger«, Aleutisch *tik(-laq)* »Mittelfinger«), im Nadene (im Tlingit *tek* »1«), im Amerind (Karok *tik* »Finger«, »Hand«, Mangue *tike* »1«, Katembri *tika* »Zeh«), im Indopazifischen (in der Boven-Mbian-Sprache Südwestneuguineas *tek* »Fingernagel«) und im Indogermanischen (Lateinisch *dig(itus)* »Finger«, *decem* »10«).

AQ'WA, das »Wasser« bedeutet, kommt vor im Nilosaharanischen (zum Beispiel im Nyimang *kwe* »Wasser« und Kwama *uuku* »Wasser«), im Afroasiatischen (Janjero *ak(k)a* »Wasser«), im Altaischen (Japanisch *aka* »Bilgenwasser«, Ainu *wakka* »Wasser«), im Amerind (Allentiac *aka* »Wasser«, Culino *yaku* »Wasser« und *waka* »Fluss«, Koraveka *ako* »Getränk«, Fulnio *waka* »See«) und im Indogermanischen (Lateinisch *aqua* »Wasser«).

Es ist höchst bemerkenswert, dass solche Entsprechungen Zeit und Raum überdauern konnten und dass Sprachen, die so weit voneinander entfernt entdeckt werden wie in den Wüsten des südlichen Afrika, dem Regenwald Amazoniens, der Arktis und den Städten Europas, trotzdem die Verbindungen aus einer fernen Vergangenheit, als sie noch eng zusammengehörten, aufzeigen. Natürlich sind Sinn und Klang solcher Wörter keineswegs überall auf der Welt absolut identisch, aber können wir eine bessere Erklärung als Ruhlen und Bengtson liefern – nämlich, dass sie alle von einer gemeinsamen Muttersprache herrühren? Es gibt nur zwei andere mögliche Erklärungen für die Ähnlichkeiten zwischen diesen Wörtern aus unterschiedlichen Sprachfamilien. Erstens könnte man behaupten, dass die Wörter einer Sprachfamilie in die andere entlehnt worden seien. Lehnwörter sind nichts Ungewöhnliches, können aber schwerlich eine befriedigende Erklärung für die zahlreichen Verbindungen liefern, die eindeutig zwischen den Sprachfamilien quer über die ganze Welt existieren. Die zweite mögliche Erklärung ist, dass diese Entsprechungen dem Zufall zu verdanken seien, und falls ein ausdauernder Linguist die Lexika und Wörterlisten Tausender verschiedener Sprachen durchackert, so wird er sicher ein paar plausibel klingende Entsprechungen aufbieten können. Doch sind wiederholte zufällige Ähnlichkeiten sowohl im Sinn als auch im Klang in globalem Maßstab zu unwahrscheinlich, um in Erwägung gezogen zu werden.

Dass es derlei Parallelen zwischen Sprachgruppen in entfernt liegenden Teilen der Welt gibt, ist verblüffend und kann nicht einfach als zufälliges Zusammentreffen beiseite geschoben werden; aber auch der Gedanke, dass eine protoglobale Sprache auch nur teilweise rekonstruiert werden könnte, bereitet vielen Linguisten Unbehagen und ist daher sehr umstritten. Selbst die meisten Anhänger der Makrofamilien sind dieser Forschung gegenüber skeptisch; manche halten es für ausgeschlossen, dass sie überhaupt Gestalt annehmen könnte, während andere meinen, dass es einfach noch zu früh sei, so weit zurückzugehen ohne hinreichende Kenntnis, um überhaupt Makrofamilien rekonstruieren zu können. Colin Renfrew, Archäologieprofessor an der Universität Cambridge, hat darauf aufmerksam gemacht, dass man sich für den Nachweis, dass das Protoamerind und das Protoeurasiatische wirklich verbunden sind – eine Möglichkeit, die er nicht direkt verwirft, der er aber skeptisch gegenübersteht –, zwanzigtausend Jahre in die Zeit zurückversetzen müsse, bevor diese beiden Makrofamilien sich aufgespalten haben, um verschiedene Wege zu gehen.

Ruhlen ist sich der Implikationen mehr als bewusst und lässt sich von dem Ausmaß der Zeit nicht schrecken, das für die Rekonstruktion des Protoglobal erforderlich ist, denn er sagt:

Was ist, wenn Bengtson und ich Recht haben und die linguistischen Ähnlichkeiten, die wir entdeckt haben, wirklich Spuren einer einzigen älteren Sprachfamilie darstellen? Was wären die Implikationen dieser Tatsache für die Archäologie und die menschliche Frühgeschichte? Erstens muss es bedeuten, dass der Ursprung der *gegenwärtigen* linguistischen Vielfalt einigermaßen neu ist, sonst würden ähnliche Wörter in vielen verschiedenen Familien einfach nicht gefunden werden. Aber was bedeutet »einigermaßen neu«? Wenn das Indogermanische aufgrund von ein paar Dutzend Wörtern unterschieden werden kann – und niemand scheint dies in Zweifel zu ziehen – und wenn das Indogermanische sechstausend bis achttausend Jahre alt ist – je nachdem, welcher Auffassung über den Ursprung des Indogermanischen man anhängt –, ist es dann zu viel erwartet, dass erfahrene Linguisten durch sorgfältige Durchsicht des linguistischen Bestandes der ganzen Welt in der Lage sein sollten, den linguistischen Horizont vier- oder fünfmal über das Offensichtliche hinaus zu erweitern? Für mich ist die wahrscheinlichste Erklärung für die linguistischen Daten, die gegenwärtig bekannt sind, diejenige, dass die bekannte linguistische Vielfalt vom Auftreten der verhaltensmäßig modernen Völker vor vierzig- oder fünfzigtausend Jahren herrührt. Auch wenn anatomisch moderne Menschen in Afrika vielleicht vor hunderttausend Jahren auftauchten, so verhielten sich jene Völker nicht wie wir. Das mag an sich schon ihre einfacheren linguistischen Fähigkeiten andeuten. Mehrere Gelehrte haben in der Tat die These vertreten, dass die »Sapiens-Explosion«, wie sie manchmal genannt wird, die Entwicklung der echt modernen Sprache mit sich brachte, und zwar erst vor vierzigtausend Jahren (oder vielleicht etwas früher).

Mit dieser Aussage impliziert Ruhlen, dass er auf der Spur des Protoglobal sei, einer Sprache oder Gruppe von Sprachen, die möglicherweise vierzigtausend Jahre zurückreicht, in die Anfänge des Jungpaläolithikums also, als die so genannte menschliche Revolution stattfand. Für viele mag dies eine fantastische Theorie sein, zu glatt und viel zu früh, um überzeugend zu sein. Die Makrofamilien, die von Dolgopolsky, Starostin und Greenberg vorgeschlagen wurden, werden immer noch von vielen Linguisten scharf kritisiert; manche meinen, dass es für Sprachgeschichtler unmöglich sei, irgendwelche substanzielle Aussagen – geschweige denn mit Sicherheit – über den Stand einer Sprache von vor über viertausend Jahren zu machen. Ruhlen sei, indem er eine Null anhängte, weit über die Grenzen hinausgegangen, die viele Linguisten und auch andere Experten in ihren Bereichen sich selbst gesetzt haben. Es ist klar, dass nur weitere Forschungen sowohl über die Makrofamilien als auch die Protoglobalhypothese von einer einzigen Muttersprache festlegen können, ob derlei aufregende und kühne Untersuchungen allgemeine Anerkennung finden werden. Solche Entwicklungen im Bereich der historischen Linguistik beruhen auf der Vorstellung, dass es gelingen könnte, prähistorische Sprachgruppen zumindest teilweise zu rekonstruieren, aus denen die Sprachen, die aus historischer Zeit bekannt sind, wahrscheinlich abgeleitet werden können.

Obwohl offensichtlich ist, dass diese Art von Forschung von

größtem Interesse für Prähistoriker sein sollte, hat sich die archäologische Fachwelt nicht beeilt, diese Mine wichtiger neuer Information zu erschließen. Dies mag teilweise daran liegen, dass viele Archäologen glauben, ihre Arbeit sei deutlich vorgegeben: zu versuchen, die komplexen und immer noch geheimnisvollen Ursprünge der verhältnismäßig jungen und vollständig unzweifelhaften Sprachgruppen wie etwa des Indogermanischen zu enthüllen. Der Versuch, die geografischen und chronologischen Ursprünge des Indogermanischen festzumachen und sie mit den archäologischen Aufzeichnungen Europas und Asiens in Beziehung zu setzen, ist alles andere als geradlinig. In der Tat gibt es immer noch keinen allgemeinen Konsens unter den Archäologen, weder über die Heimat der Indoeuropäer noch die Zeit ihrer Wanderungen. Wenn eine so gut erforschte linguistische Gruppe für die Archäologen derart viele Probleme aufwirft, wie können dann einzelne Forscher hoffen, die viel flüchtigeren und archaischen Größen wie das Nostratische erfolgreich in den Griff zu bekommen? Nichtsdestoweniger gibt es Archäologen, die es für einen Fehler halten, die dramatischen Entwicklungen in der historischen Linguistik einfach deshalb zu ignorieren, weil derlei neue Informationen die Aufgabe des Verstehens der Vorgeschichte noch schwieriger machen. Der prominenteste Verfechter der positiveren Auffassung ist Colin Renfrew. Renfrew ist sich deutlich der Probleme im Zusammenhang mit dem Indogermanischen bewusst, da seine eigene Theorie über dessen Ursprung und Verbreitung einen der umstrittenen Beiträge zu diesem Thema darstellt. Trotzdem hat er ein paar vorsichtige Ideen darüber vorgetragen, wie die Makrofamilien der Sprachen, die in der Frühgeschichte existierten, auf die archäologischen Aufzeichnungen Licht werfen könnten.

Renfrew meint, dass verschiedene Protosprachen, die angeblich zur Gruppe des Nostratischen gehören, sich von der Region ausgebreitet haben könnten, in der sich die Landwirtschaft zuerst entwickelt hat, nämlich im Nahen Osten und in Anatolien (der heutigen Türkei). In diesem Szenario würde die

Verbreitung dieser Sprachen über die Region hinaus direkt mit der Ausdehnung des Ackerbaus verknüpft sein. Die Muttersprache, das Protonostratische, würde auf diese Weise irgendwo in der Kernregion zu lokalisieren sein, offensichtlich in einer Zeit, die dem Ursprung der Landwirtschaft vorausgeht. Renfrew erwog und verwarf den Gedanken, dass das Nostratische bis zur Gravette-Periode des Jungpaläolithikums zurückverfolgt werden könne. Die Gravette-Periode vor etwa fünfundzwanzigtausend Jahren zeichnet sich sowohl durch ihre ausgeprägte Technologie der Steinwerkzeuge als auch durch ihre Kunst aus, was durch die Entdeckung zahlreicher weiblicher Figurinen weitgehend ähnlichen Stils, die in ganz Europa von Frankreich bis zur Ukraine gefunden wurden, unterstrichen wird. Sowohl die Werkzeugtechnologien als auch diese künstlerischen Objekte (gemeinhin als Venusfigurinen bekannt; Näheres dazu siehe Kapitel XIV) sind hinreichend ausgeprägt, dass der Gravette-Kulturkomplex von den Archäologen als ein außerordentlich weit verbreitetes Phänomen identifiziert werden kann, was seinerseits nahe legt, dass zu jener Zeit zwischen dem westlichen und östlichen Europa ein Austausch stattgefunden haben muss. Aus diesem Grunde kann eine gemeinsame Sprachgruppe als zum Gravette-Kulturkomplex gehörig vorgeschlagen werden. Renfrew verwarf die Idee, dass nostratische Sprachen von den verschiedenen Gravette-Gemeinschaften gesprochen worden sein könnten, und zwar aus einer Vielzahl von Gründen, einschließlich der Tatsache, dass die Gravette-Periode für das eindeutige Auftreten des Nostratischen etwa zehntausend Jahre später einfach zu früh eintrat.

Falls irgendeine der vorgeschlagenen Makrosprachfamilien überzeugend mit der Gravette-Periode verknüpft werden könnte, so wäre das nach Meinung von Renfrew so etwas wie die Rekonstruktion des Dene-Sino-Kaukasischen oder Protodene-Kaukasischen, wie er es nennt. Im Rahmen dieser sehr vorsichtigen Rekonstruktion der Ereignisse deutet Renfrew an, dass diese Sprachen vielleicht in verschiedenen Teilen

Europas gesprochen worden sein könnten, um in der Folge von den nostratischen Sprachen überlagert zu werden, die vom Nahen Osten und von Anatolien ausstrahlten. Er deutet an, dass die frühe Sprache der Sumerer (die von der nostratischen Makrofamilie nicht erfasst wird) in die jungpaläolithische Periode datiert werden könnte und vielleicht den gesprochenen Hintergrund für das lieferte, was später als der erste geschriebene Text vor etwa fünftausend Jahren festgehalten wurde. Im folgenden Kapitel werden wir außerdem sehen, dass die Schrift selbst vorhistorische Wurzeln hatte. Trotz der großen Bedeutung der Forschung, die behauptet, Sprachfamilien, die den aus historischer Zeit bekannten vorausgingen, rekonstruieren zu können, haben die Archäologen derlei Entwicklungen in der Vorgeschichte der Linguistik gemeinhin wenig Beachtung geschenkt. Colin Renfrew war die führende Persönlichkeit, die die linguistischen Erkenntnisse in den Bereich der Archäologie einführte und gezeigt hat, dass der Frühhistoriker, der sie ignoriert, auf ein gänzlich neues Instrument verzichtet.

III.

Ein neuer Rosetta-Stein

Es herrscht allgemeine Übereinstimmung, dass die frühest bekannte Schrift aus dem Nahen Osten kommt und erstmals in der Periode zwischen 3500 und 2800 v. Chr. auftauchte. Die Experten bevorzugen 3100 v. Chr. als die wahrscheinlichste Zeit, zu der dieser historische Wendepunkt eingetreten ist. Es war in der Stadt Uruk (im heutigen südlichen Irak), dem Zentrum der Welt der Sumerer, wo diese große Erfindung gemacht wurde. Die ursprüngliche Schriftform ist »keilförmig« (»kuneiform« von lateinisch *cuneus* = »Keil« und *forma* = »Form«) genannt worden nach dem keilförmigen Eindruck auf den Tontafeln, auf denen diese frühesten Texte festgehalten wurden. Ihr folgten kurz darauf die protoelamische Schrift im südwestlichen Iran und, etwas später, die ägyptische Hieroglyphenschrift. Etwa tausend Jahre später tauchte die Schrift erstmals in der Zivilisation des Industals auf. Man glaubt, dass die sumerische Erfindung der Schrift sich nach Iran, Ägypten und wahrscheinlich in das Industal über das Handelsnetz verbreitete, das damals mit Sicherheit bestand. Das Auftauchen der Schrift sowohl in China und später in Mittelamerika gilt als unabhängig von äußeren Einflüssen; diese Schriften stellen folglich völlig unterschiedliche Traditionen dar.

Die drei wichtigsten Voraussetzungen der Zivilisation – Wohnen in der Stadt, Bildung von Kapital und Benutzung der Schrift – waren erstmals, so heißt es, auf dramatische Weise in Uruk gegeben. Jahrzehntelange Ausgrabungen in Uruk durch deutsche Archäologen haben einen Reichtum faszinierender Beweise über die Entwicklung der Schrift zutage gefördert, wodurch traditionelle Theorien über die Entstehung der ersten Schrift unterlaufen wurden. Im 18. Jahrhundert, als den Menschen die damals herrschende Vorstellung, die Schrift sei der Menschheit von Gott oder den Göttern geschenkt worden, nicht mehr genügte, entstanden neue Theorien, die versuchten, die Genesis der Schriften in evolutionären Begriffen zu erklären. Die einflussreichste dieser Theorien, die in abgewandelter Form heute noch ihre Anhänger hat, war die von William Warburton. Er behauptete, dass die abstrakten Buchstaben, aus denen die Schrift besteht, sich aus einer früheren, gröberen »Bilderschrift« entwickelt hätten, wofür er die ägyptischen Hieroglyphen als wichtigstes Beispiel zitierte.

Archaische Tafeln, die Ende der Zwanziger- und Anfang der Dreißigerjahre in Uruk gefunden wurden, enthüllten nicht nur das hohe Alter der sumerischen Schrift, sondern enthielten auch den Beweis, der schließlich der »Bilderschrift«-Theorie über den Ursprung der Schrift den Todesstoß versetzte – zumindest so weit es die mesopotamischen Schriften betrifft. Die frühesten Texte aus Uruk wurden in einer Schrift geschrieben, die aus abstrakten Buchstaben bestand, die wenig oder keine Ähnlichkeit mit »Bilderschrift«, die sie sein sollte, aufwiesen. Nachdem die alte Theorie überholt war, wurde ein neuer Prototyp gesucht, der das Auftauchen der Schrift erklären könnte. Die Komplexität der ältesten Schrift verweist die Idee, dass die Schrift und damit auch die Zivilisation oder was man gemeinhin darunter versteht, beinahe über Nacht entstanden, in das Reich des Absurden. Während einige Gelehrte eine noch ältere und bislang unbekannte Schrift als Quelle der sumerischen, elamitischen und Industalschriften annahmen – womit sie dem wahren Sachverhalt auswichen –, kam ein Forscher auf die Antwort, als er nach etwas ganz anderem suchte.

Die Antwort auf dieses große Rätsel wurde nicht durch die Entdeckung eines bisher nicht entzifferten Textes gefunden, sondern war vielmehr der Erkenntnis der Archäologin Denise Schmandt-Besserat zu verdanken, dass Tausende von scheinbar unwichtigen und ziemlich weltlich aussehenden Tonobjekten (die sie »*tokens*« taufte), die an allen archäologischen Fundstätten des Nahen Osten geborgen worden waren, bei weitem nicht unbedeutend und weltlich waren, sondern die Grundlage eines Systems bildeten, das völlig übersehen worden war. In ihrem großen Werk *Before Writing* hat sie aufgezeichnet, wie sie bemerkte, dass sie einer Sache auf der Spur war:

Ich muss sagen, dass ich über die *tokens* durch Zufall stolperte. Es begann alles in den Jahren 1969 bis 1971, als ich ein Stipendium von dem Radcliffe Institute in Cambridge (Massachusetts) bekam, um die Verwendung von Lehm vor der Keramikherstellung im Nahen Osten zu untersuchen. Das führte dazu, dass ich systematisch die archäologischen Lehmsammlungen aus dem Nahen Osten aus der Zeit zwischen 8000 und 6000 v. Chr. untersuchte, die in den Museen des Nahen Ostens, Nordafrikas, Europas und Nordamerikas gelagert sind. Ich suchte nach Teilen von neolithischen Lehmfußböden, Herdausfütterungen, Getreidebehältern, nach Ziegeln, Lochkügelchen und Figurinen, und ich fand sie reichlich. Ich fand auch eine Kategorie von Artefakten, die ich nicht erwartet hatte: Miniaturkegel, Kugeln, Scheiben, Pyramidenwürfel, Zylinder und andere geometrische Formen. Die Artefakte waren aus Lehm hergestellt und gehörten daher in meinen Studienbereich. Ich notierte ihre Form, Farbe, Fertigung und alle möglichen Charakteristika, zählte sie, vermaß sie, zeichnete sie, und dann kamen sie in meine Datei unter dem Titel »Geometrische Objekte«. Später wurde der Begriff durch »*token*« ersetzt, als klar wurde, dass nicht alle Artefakte geometrische Formen aufwiesen; einige hatten die Form von Tieren, Schiffen, Werkzeugen und anderen Dingen.
Ich war zunehmend von den *tokens* fasziniert, weil sie sich überall, wohin ich auch kam, ob im Irak, Iran, in Syrien, der Türkei oder Israel, unter den alten Lehmsammlungen befanden. Wenn sie so weit verbreitet waren, überlegte ich, dann mussten sie eine nützliche Funktion gehabt haben. Ich stellte fest, dass die *tokens* oft mit großer Sorgfalt hergestellt waren und dass sie die ersten Lehmobjekte waren, die durch Feuer gehärtet wurden. Die Tat-

sache, dass Menschen so große Anstrengungen für ihre Herstellung unternahmen, verstärkte meinen Eindruck, dass sie sehr wichtig gewesen sein mussten. Ich spürte, dass die *tokens* Teil eines Systems waren, weil ich wiederholt kleine und große Kegel, dicke und dünne Scheiben, kleine und große Kugeln und sogar Teilkugeln fand, etwa Halb- oder Dreiviertelkugeln. Wozu waren sie gut?

Als sie andere Archäologen befragte, erfuhr sie nichts. Keiner wusste, wozu sie gedient hatten. Schmandt-Besserat fühlte, dass sie einer Sache auf der Spur war, und ging völlig in ihrer Arbeit auf. Als sie die Literatur der Archäologie zu der Region genauer durchsah, fand sie einen Artikel, der eine hohle, eiförmige Tafel beschrieb, die an der Fundstelle Nuzi im nördlichen Irak gefunden worden war und in das 2. Jahrtausend v. Chr. datiert wurde (siehe Tafel 8). Die kuneiforme Inschrift darauf lautete:

> Zählmarken, die Kleinvieh bedeuten:
> 21 Mutterschafe, die lammen
> 6 weibliche Lämmer
> 8 ausgewachsene Schafböcke
> 4 Schafböcke
> 6 Ziegen, die zickeln
> 1 Ziegenbock
> 3 weibliche Zicklein
> Siegel von Ziqarru, dem Hirten

Als die Archäologen, die jene Tafel gefunden hatten, sie öffneten, fanden sie neunundvierzig Zählmarken, genau die Anzahl von Tieren, die außen aufgelistet waren. Für Schmandt-Besserat war dies eine Offenbarung, und sie beschrieb diese hohle Tafel und ihren Inhalt als »den Stein von Rosette des *Token*-Systems«. Jetzt wurde ihr klar, dass dieser Fund die prähistorischen *tokens* erhellte, mit denen sie sich beschäftigte. Das Studium der *tokens* wurde ihre Hauptaufgabe, und in den

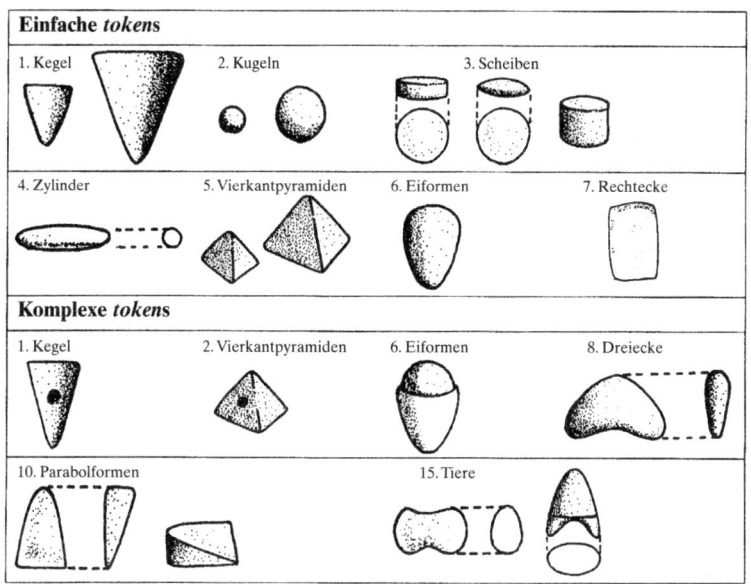

Abbildung 11

folgenden fünfzehn Jahren trug sie eine große Menge von über-
zeugenden Beweisen zusammen (die auf der Analyse von über
zehntausend *tokens* und verwandter Objekte beruhten), um darzulegen, dass ein höchst effektives System der Buchführung
seit der altneolithischen Periode im Nahen Osten (8000 v. Chr.)
existiert hatte. Aber das war nicht alles. Dieses Rechnungssys-
tem war auch der prähistorische Vorläufer sowohl der archaischen Texte in Uruk als auch der Entwicklung eines schriftli-
chen numerischen Systems. Wie wir weiter unten sehen
werden, sind Schmandt-Besserats Ausführungen über die Ent-
wicklungsstufen von den ersten neolithischen *tokens* bis zu den
Anfängen der Schrift brillant und überzeugend.

Die betreffenden *tokens* sind zwischen einem und fünf Zentimetern groß, beinahe alle aus Lehm und unterschiedlich geformt; jede der sechs Kategorien spielt eine besondere Rolle in
dem Gesamtsystem als Mittel zum Zählen verschiedener Ge-
brauchsgüter. Die frühen *tokens* aus dem Zeitraum von etwa

8000 bis 4400 oder 4300 v. Chr. werden »einfache *tokens*« genannt und bestehen aus wenigen Typen: Kugeln, Kegeln, Vierkantpyramiden, Scheiben und Zylindern. In der zweiten Phase des Systems, die etwa 4400 v. Chr. beginnt, tauchen komplexe *tokens* auf (und umfassen erstmals auch *tokens* aller sechzehn verschiedenen Typen), am signifikantesten bei den Aktivitäten und der Verwaltung der Tempel während des 4. Jahrtausends v. Chr. (siehe Abbildung 11 für Beispiele der einfachen und komplexen Art von *tokens*).

Der früheste Typ von *tokens* (die einfachen *tokens*) wurde also in der zweiten Phase nicht ersetzt, sondern vielmehr durch komplexere *tokens* ergänzt. Wo genau das *Token*-System zuerst entwickelt wurde, ist bislang nicht klar. Zu den Fundstätten mit den ältesten *tokens* gehören die Ebene III von Tell Mureybet in Syrien (8000 v. Chr.), Ebene E von Ganj Dareh im Iran (ebenfalls etwa 8000 v. Chr.) und Tepe Asiab (etwa 7900 bis 7700 v. Chr.). Obwohl Tepe Asiab der frühesten Phase der neolithischen Periode zugeordnet wird, gibt es Anzeichen, dass der Ort von einem Volk bewohnt wurde, das hauptsächlich vom Jagen und Sammeln lebte. Doch obwohl seine Wirtschaft noch die Züge der mesolithischen Periode aufweist, deutet die Verwendung von Lehm nicht nur für *tokens*, sondern auch zur Herstellung von Figurinen an, dass der Übergang schon eingetreten war.

Merkwürdig ist, dass von allen Fundstätten jener Zeit mit *tokens* (nicht nur im Iran, sondern auch andernorts im Nahen Osten) die von Tepe Asiab sich der größten Anzahl (einhundertdreiundneunzig) und der größten Typenvielfalt von *tokens* (neun) rühmen kann. Dies zeigt, dass schon mit dem Beginn der *tokens* in den archäologischen Aufzeichnungen das System recht weit entwickelt war. An der Fundstätte Jarmo im Nordirak aus jüngerer Zeit, das eine durchschnittliche Bauernsiedlung des 7. bis 6. Jahrtausends v. Chr. gewesen zu sein scheint, sind etwa zweitausend *tokens* gefunden worden – mehr als an irgendeinem anderen Ort aus jener Zeit. Das heißt nicht, dass Jarmo eine Art Zentrum für die Herstellung oder Verteilung von *tokens* war, sondern vielmehr, dass die *tokens* dort von den

Archäologen systematisch erfasst wurden, während sie anderswo nicht bemerkt oder registriert wurden. Die Anzahl von *Token*-Funden in Jarmo kann daher ein ziemlich typisches Beispiel für das Ausmaß der Benutzung von *tokens* in vergleichbaren Gemeinschaften jener Zeit darstellen.

Wozu genau dienten also diese *tokens*, was stellten die verschiedenen Typen dar, und warum tauchten sie ziemlich unvermittelt in der kulturellen Szene der neolithischen Periode auf? Die *tokens* waren laut Schmandt-Besserat eine vollständig neue Methode, Informationen zu handhaben. Sie stellen einen »konzeptionellen Sprung« gegenüber den früheren Methoden des Festhaltens von Daten dar. Der Hauptzweck der *tokens* war von Anfang an, zahlreiche Arten von Dingen zu verzeichnen. Um deutlich zu machen, welche Art Sache mit einem *token* dargestellt wurde, war es notwendig, ein ganzes System zu schaffen, das aus verschiedenen *Token*-Formen bestand, die leicht identifiziert werden konnten. Folglich sind kugelförmige *tokens*, zylindrische *tokens* und all die anderen Formen extra so geformt, dass sie bestimmte Gruppen von Dingen darstellen. So stand zum Beispiel, dem Gebrauch protohistorischer und früher historischer vergleichbarer Zeichen durch die Sumerer nach zu urteilen, der Kegeltyp der *tokens* sehr wahrscheinlich für ein Kornmaß, die Kugel für ein größeres Kornmaß, die Eiform stellte einen Ölkrug dar, der Zylinder ein Haustier, die Vierkantpyramide bedeutete eine Arbeitseinheit usw. *Tokens* verschiedener Art und verschiedener Menge (etwa ein Kegel für jedes Kornmaß) konnten zusammen aufbewahrt werden. Derlei Aufzeichnungen schlossen die Notwendigkeit, dass bestimmte Personen die Mengen im Gedächtnis behalten mussten, aus, da man zu einem späteren Zeitpunkt darauf Bezug nehmen und jeder sie verstehen konnte, der wusste, was die verschiedenen *Token*-Typen darstellten. Das *Token*-System war offen in dem Sinn, dass, falls erforderlich, für eine neue Art von Gütern eine neue Art *token* den vorhandenen hinzugefügt werden konnte (entweder eine neue Form oder eine bestehende Form, die mit neuen und unterscheidenden Kennzeichen versehen wurde), ohne das System durcheinander zu bringen. Schmandt-Besserat ist der Meinung, dass die Verwendung der *tokens* einen Grundbestand an Syntax voraussetzte. Sie schreibt:

> Es ist wahrscheinlich, dass zum Beispiel die Zählmarken auf dem Tisch des Buchhalters der Größe nach aufgereiht lagen, wobei rechts mit den *tokens* begonnen wurde, die die größten Einheiten darstellten. Auf diese Weise ordneten die Sumerer die Zeichen auf einer Tafel an, und es ist logisch anzunehmen, dass dieses Verfahren von einer früheren (das heißt neolithischen) Weise, mit den *tokens* umzugehen, geerbt wurde.

Trotz seiner beträchtlichen Kapazität war das *Token*-System leicht zu handhaben, und weil seine Funktionstüchtigkeit nicht auf einer gesprochenen Sprache basierte, konnte es von jenen, die andere Sprachen hatten, leicht übernommen werden. Genau das scheint auch der Fall gewesen zu sein, wenn man nach der äußerst weiten Verbreitung der *tokens* im gesamten Nahen Osten während der neolithischen Zeiten urteilt. Weil eine Eiform für einen Krug Öl stand, zwei Formen für zwei Krüge Öl, drei für drei Krüge Öl usw., war es natürlich leicht, neue Gegenstände in das System einzufügen. Wenn allerdings die Zahl der zu erfassenden Dinge sehr groß war, gerieten die Leichtigkeit und die Effizienz des Systems zu einer zähen und zeitraubenden Angelegenheit. Obwohl bestimmte *tokens* eindeutig entwickelt wurden, um mit diesem Problem fertig zu werden – eine große Vierkantpyramide kann zum Beispiel die wöchentliche Arbeitsleistung eines Mannes dargestellt haben –, war es in gewissem Maße eine Folge des grundlegenden Prinzips der isomorphen Entsprechung, auf dem das ganze System aufbaute. Die Notwendigkeit, immer mehr *Token*-Typen zu schaffen, um mit der Zahl der Gegenstände fertig zu werden, die eine Buchhaltung erforderten, führte schließlich dazu, dass das System in sich zusammenbrach und ein neues System für den Umgang mit Daten gefunden werden musste. Kurz: Die komplexen *tokens* waren als System zu komplex geworden, und dies beschleunigte die letzten Schritte der Erfindung der sumerischen Schrift.

Bevor wir diese nächste Stufe des Prozesses beschreiben, müssen wir wissen, welche Art ökonomischer Aktivität hinter diesem einfachen *Token*-System steckte. Obwohl es so aussieht, als ob es eine weit verbreitete Einheitlichkeit in dem System gab, dessen sich viele Gemeinschaften bedienten, war es kein Mittel, um weit reichende Handelsbeziehungen aufzuzeichnen. Während es für die Existenz eines derartigen Handelsnetzes Beweise in Hülle und Fülle gibt, scheinen die *tokens* für die Aufzeichnung dieses Austausches nicht genutzt worden zu sein. Ihre *raison d'être* scheint in den sozialen Veränderungen zu bestehen, die mit der Entwicklung der neolithischen Kulturen eintraten. Einfach ausgedrückt: Während die Jäger und Sammler des Paläolithikums in wesentlich egalitären Gemeinschaften lebten, entwickelten die neolithischen Gesellschaften zunehmend hierarchische Strukturen. Um die angehäuften Nahrungsmittel und andere Güter zu verwalten, die in den Gebieten früher Landwirtschaft stark zunahmen, entstanden örtliche Eliten. Das Dorfoberhaupt zum Beispiel musste das Einsammeln vornehmen und dann den erwirtschafteten Überschuss (oder Mangel) der Gemeinde neu verteilen. Und hier kommen die *tokens* ins Spiel. Das *Token*-System war das Mittel, mit dessen Hilfe der Fluss der Güter festgehalten werden konnte, und auch das Instrument, mit dem die notwendigen Berechnungen und Entscheidungen einer solchen umverteilenden Gesellschaft getätigt werden konnten, damit es effizient funktionierte. Als die Gemeinschaften im Nahen Osten größer und ihre Betätigungen abwechslungsreicher wurden, ergab sich die Notwendigkeit, die einfachen *tokens* zu erweitern, die ihren Benutzern erstaunliche viertausend Jahre gedient hatten.

Die komplexen *tokens*, die entstanden, um ihre einfacheren Entsprechungen im 4. Jahrtausend v. Chr. zu vermehren, fallen in zwei größeren Städten am stärksten auf: in Susa, der bedeutendsten Stadt von Elam, und in Uruk selbst. In Susa sind siebenhundertdreiundachtzig *tokens* gefunden worden, eine Zahl, die bei weitem andere Funde an zeitgenössischen und auch älteren iranischen Grabungsstätten übertrifft. Im Gegensatz zu den Funden in Jarmo (die, obwohl umfangreich, nicht dienlich sind, um ihre herausragende Bedeutung in der Welt der *tokens* zu beweisen) deuten die bloße Zahl der *tokens* und, noch eindrucksvoller, die einhundertneunzig verschiedenen Untertypen darauf hin, dass das Wachstum der verschiedenen Güter und das Bedürfnis, sie aufzuzeichnen, für die damaligen Buchhalter der Hauptstadt eine dringliche Angelegenheit war. In Uruk sind achthundertzwölf *tokens* von zweihundertvierzehn verschiedenen Untertypen gesichert worden. Folglich ist die Gesamtzahl der *tokens* und ihrer vielen Untertypen aus den beiden großen Städten ziemlich gleich; aber es gibt noch mehr Parallelen. Die *tokens* ähneln sich in Größe, Farbe, Musterung und der verwendeten Lehmqualität so sehr, dass selbst Schmandt-Besserat – die sicher mehr *tokens* eingehend untersucht hat als irgendjemand sonst seit den Zeiten von Uruk! – sagt, man könne sie nicht voneinander unterscheiden. Diese riesige Ausbreitung des *Token*-Systems war eine Antwort auf das Erfordernis, über die in den Handwerksbetrieben der großen Städte hergestellten Güter Buch zu führen. In Uruk, Susa und anderen städtischen Zentren des Nahen Osten im 4. Jahrtausend v. Chr. wurde die große Mehrzahl der *tokens* eher in öffentlichen als in privaten Gebäuden gefunden; das bedeutet, dass das *Token*-System von den Tempelverwaltern jener Zeit sowohl zur Blüte gebracht als auch getragen wurde. Schmandt-Besserat stellt fest:

Der mesopotamische Tempel im Süden scheint das Endresultat einer viertausend Jahre alten Wirtschaft der Umverteilung zu sein. Sie erbte von der Vergangenheit die Tradition des Hortens kommunaler Mittel, und sie stützte sich auf die ständige Belieferung mit Naturalien, die als Gaben für die Götter hereinkamen. Die Entstehung der Stadtstaaten brachte jedoch eine starke Umwandlung des uralten Verteilersystems durch die Einrichtung der Besteuerung mit sich, das heißt die Verpflichtung für jeden Einzelnen oder die Zünfte, eine festgelegte Menge von Gütern zu liefern – andernfalls drohten Sanktionen als Strafe.

Unter den Neuerungen, die die Erhaltung dieser Form der Buchhaltung erleichterten, gab es zwei Methoden zur Aufbewahrung der *tokens*. Die erste bestand darin, die *tokens* zu durchbohren und auf Fäden zu ziehen. Solche Anordnungen wurden zusammen mit vielen komplexen *tokens* gefunden und scheinen im Zusammenhang mit einfachen *tokens* nicht allgemein in Gebrauch gewesen zu sein. Die zweite Methode, die etwa 3700 bis 3500 v. Chr. entwickelt wurde, war die Verwendung von Lehmbehältern, um die *tokens* hineinzulegen. (Diesen Bezug stellte erstmals Schmandt-Besserat fest, als sie auf die hohle Tafel von Nuzi stieß, ihren »Rosetta-Stein«.) Eine weitere Neuerung der Buchhaltung in Uruk war, die Kennzeichen und die Form der enthaltenen *tokens* auf die Umhüllung aufzudrücken und sie dann zu versiegeln. Letztere Prozedur war der entscheidende Schritt zur Entwicklung der sumerischen Schrift.

Die zweidimensionalen Eindrücke, die auf der Außenseite der Gefäße angebracht wurden, sollten vielleicht ursprünglich doppelt sicherstellen, dass die Buchhaltung korrekt war und Kontrollen der *tokens* vorgenommen werden konnten, ohne das Siegel aufzubrechen und sie aus dem Gefäß zu nehmen. Aber so sollte es nicht bleiben. Ab einem gewissen Zeitpunkt bemerkten die Buchhalter, dass die Kennzeichnungen auf der Außenseite der Gefäße die *tokens* und das Gefäß selbst überflüssig machten. Deshalb wurde das alte System durch ein einfacheres und effizienteres Verfahren ersetzt, und die Gefäße wichen der Tafel. Die Rechnungsführung konnte nun durch einfaches Aufdrücken der Symbole für die Dinge direkt auf die Tafel erledigt werden, wodurch das ganze System einen entscheidenden Schritt zur Entwicklung der Schrift vorangebracht wurde. Der Beweis, dass dies so gewesen ist, lässt sich anhand der Veränderungen vom Stadium der *tokens* mit den Anmerkungen auf ihren Tongefäßen zu den eigentlichen, geprägten Tafeln führen. Schmandt-Besserat schreibt:

Ein massiver Ball in Susa mit abgeflachter Oberfläche, auf die Zeichen eingeprägt sind, kann als Übergangsstadium zwischen Gefäßen und Tafeln angesehen werden. Die folgenden Veränderungen bestanden in dem weiteren Flachermachen der geprägten Tafeln. Falkenstein merkte jedoch an, dass die frühesten piktografischen Tafeln aus Uruk manchmal verblüffend konvex waren, vielleicht in Anlehnung an die runde Form der früheren Gefäße.

Schmandt-Besserats revolutionäre Theorie wurde auch durch die Ähnlichkeiten in der Art, wie die Informationen auf beiden Artefaktformen angebracht wurden, erhärtet. Für die Tafeln wurde nicht nur die gleiche Art von Siegeln benutzt, die auf den Gefäßen zu finden sind (sowohl Stempelsiegel als auch Siegelzylinder), sondern sie wiederholten auch denselben Satz von Zeichen und ordneten sie auf die gleiche Weise an, nämlich in Parallelen und horizontalen Linien. Dieser Wechsel von komplexen *tokens*, die in geprägten Gefäßen steckten, zu Tafeln war, so weit wir wissen, keine Antwort auf eine Veränderung der ökonomischen Bedingungen. Während die einfachen *tokens* offenbar entstanden sind, um den Erfordernissen der geschichteten Gesellschaft des Altneolithikums zu entsprechen, und die komplexen *tokens*, um den Aufschwung der gewerblichen Tätigkeit in den Städten zu erleichtern, ist das erste Auftauchen der piktografischen Tafeln von keiner vergleichbaren ökonomischen Veränderung begleitet. Vielmehr können wir beobachten, wie das Buchhaltungssystem sich aus eigener Kraft auf eine höhere Stufe der Abstraktion hob. Aus der Benutzung der Piktografie in Uruk erwuchs die Erkenntnis, etwa um 3100 v. Chr., dass Mengen, auf die zuvor immer nur in konkreten Momenten Bezug genommen wurde (drei Krüge Öl, drei Kornmaße etc.), unter jedem gegebenen Umstand verwendet werden konnten. Das will sagen: Sie erfanden Zahlenzeichen. Die darauf folgende Entwicklung der phonetischen Schrift gehört in das Reich der Geschichte und führt uns als solche über die Periode hinaus, mit der wir zu tun haben.

Schmandt-Besserats Entdeckung der Bedeutung des prähis-

torischen *Token*-Systems hat nicht nur einen bisher unbekannten Aspekt des neolithischen Lebens ans Licht gebracht, sondern auch eine beredte und überzeugende Darstellung der darauf folgenden Kette von Ereignissen geliefert, die zur ersten
bekannten Schrift der Welt führten. Sie hat gezeigt, dass die
Schrift nicht über Nacht entstand, sondern das Ergebnis von
Bemühungen über Tausende von Jahren war. Doch um dieselbe
Art von Fehlern zu vermeiden, wie sie manchmal bezüglich des
Ursprungs der Schrift gemacht wurden – insbesondere, dass sie
aus dem Nichts entstand –, ist man versucht zu behaupten, dass
dieses neolithische *Token*-System (das sogar bei seinem Beginn
die Benutzung verschiedener Typen von *tokens* aufweist, um
unterschiedliche Dinge zu bezeichnen) möglicherweise einen
direkten Vorläufer in der mesolithischen Periode hatte. Das
beinahe gleichzeitige Auftauchen der *tokens* in verschiedenen
Gegenden des Nahen Osten im 8. Jahrtausend v. Chr. scheint
genau eine solche Möglichkeit anzudeuten. Könnte es sein,
dass – auch wenn bisher nicht bekannt – örtliche mesolithische
Traditionen der Buchhaltung einfach an den neuen Träger
Lehm angepasst wurden und dann die *tokens* hervorbrachten,
die Schmandt-Besserat entdeckte? Sie weist eine solche Möglichkeit zurück, da keinerlei derartige Beweisstücke in den mesolithischen Fundstätten des Nahen Ostens aufgetaucht sind.
Sie argumentiert: Gerade weil die frühen neolithischen *tokens*
der verschiedenen Regionen des Nahen Ostens in ihrer Form
(Kegel, Scheiben, Zylinder, Vierkantpyramiden etc.) standardisiert sind, ist es weit wahrscheinlicher, dass die Erfindung an
einem bestimmten Ort zu Beginn des Neolithikums gemacht
wurde und sich von dort aus relativ schnell verbreitete. Mit
Blick auf den gegenwärtigen Stand des archäologischen Wissens lasse sich nicht sicher sagen, wo dieses ursprüngliche Zentrum zur Herstellung und Benutzung der *tokens* gelegen haben
könnte. Schmandt-Besserat hebt auch hervor, dass die Formen
der einfachen *tokens* ihren innovativen Charakter andeuten; da
sie bezeichnenderweise aus Lehm, dem neolithischen Material
par excellence, geformt sind, »waren sie sehr leicht herzustel-

len; es sind tatsächlich die Formen, die spontan entstehen, wenn man mit Lehm hantiert«.

Während sie das *Token*-System per se zweifellos zu Recht als neolithische Erfindung betrachtet, werden wir zeigen, sobald wir noch tiefer in die prähistorische Geschichte eintauchen, dass die mesolithischen und sogar die paläolithischen Wurzeln des neolithischen Systems verworrener und verwickelter sind, als sie zuzugeben bereit wäre. Nach Schmandt-Besserats Auffassung waren die Mittel zur Verschlüsselung und Aufbewahrung von Informationen in der paläolithischen und der mesolithischen Periode äußerst begrenzt. Die gebräuchlichste Form der damals benutzten Vorrichtungen waren Kerbhölzer in Form von Knochen oder Geweihen, auf denen zwar Daten gespeichert werden konnten, die aber gewisse »immanente« Beschränkungen aufwiesen. Schmandt-Besserat schreibt:

Dieses erste Stadium der Datenverarbeitung zeigte zwei bemerkenswerte Neuerungen an. Erstens wurden die Kerbhölzer aus dem Bereich der rituellen Symbole ausgegliedert, indem sie mit konkreten Daten befrachtet wurden. Sie gaben fassbare physische Phänomene wieder, wie etwa die aufeinander folgenden Mondphasen, statt unfassbare Aspekte einer Kosmologie zu beschwören. Zweitens rissen sie die Daten aus ihrem Kontext. Zum Beispiel wurde das Sichten des Mondes von allen gleichzeitigen Ereignissen wie atmosphärischen oder sozialen Bedingungen abstrahiert. Und schließlich trennten sie das Wissen von dem Wissenden und boten Daten … in einer »kalten« und statischen Form dar statt über das »warme« und flexible mündliche Medium, zu dem Stimmmodulation und Körpergestik gehören. Als ein Ergebnis brachten [derartige Kerbhölzer] nicht nur eine neue Art mit sich, Daten aufzuzeichnen, zu behandeln und weiterzureichen, sondern auch eine bisher nicht da gewesene Objektivität im Umgang mit Informationen.

Die Kerbhölzer blieben jedoch eine rudimentäre Vorrichtung. Erstens waren die Kerben nicht spezifisch und konnten beliebig verschieden interpretiert werden… Die gekerbten Knochen waren tatsächlich auf die Bewahrung bestimmter Informationen begrenzt, die Dinge betrafen, die der Schnitzer wusste, die aber rätselhaft für jeden anderen blieben. Diese Mengen wurden nach dem grundlegenden Prinzip der isomorphen Entsprechung eingetragen, die darin bestand, dass man jede Einheit einer Gruppe mit einer Kerbe einritzte. Schließlich waren sie, weil die Kerbhölzer *meist* [Hervorhebung von mir] nur eine einzige Art der Kerbung benutzten, auf die Behandlung von nur einer Art von Daten gleichzeitig beschränkt. Ein Knochen konnte über einen Gegenstand Rechnung führen, und ein zweiter war notwendig, um eine andere Gruppe von Daten festzuhalten.

Schmandt-Besserats Auffassung, dass die prähistorischen Kerbhölzer erst entstanden, *nachdem* menschliche Wesen bereits rituelle Symbole benutzt und eine Kosmologie entwickelt hatten, ist deutlich überzogen. Kerben und andere beabsichtigte Markierungen auf Knochen und anderen Materialien wurden schon zu Beginn des Jungpaläolithikums gemacht, das heißt seit dem Aurignacien-Zeitalter. Dass folglich rituelle Symbole und kosmologische Vorstellungen schon vor dieser Zeit bestanden haben sollen, würde sie in die mittlere paläolithische Periode rücken, in die Zeit der Neandertaler. Selbst heute gibt es viele Archäologen, die dem Neandertaler derartige Fähigkeiten absprechen würden, obwohl es, wie an späterer Stelle gezeigt wird, sowohl für rituelle Begräbnisse (siehe Kapitel XVI) als auch für kosmologische Symbole (siehe Kapitel VI) schon in der mittleren paläolithischen Periode Anzeichen gibt.

Außerdem waren, wie in den Kapiteln V und VI dargestellt wird, die paläolithischen Aufzeichnungssysteme keineswegs so beschränkt, wie Schmandt-Besserat behauptet. Sie räumt ein, dass die Völker des Paläolithikums und Mesolithikums außer den Kerbhölzern wahrscheinlich natürlich vorkommende Objekte wie etwa Steine oder Zweige als Zähler benutzten – wie viele Gesellschaften ohne schriftliche Aufzeichnung in historischen Zeiten. Doch auch bei solcher Verwendung macht sie dieselben Begrenzungen geltend, die sie für die paläolithischen

Kerbhölzer ins Feld führt: die Unmöglichkeit, gleichzeitig mehr als einen Gegenstand zu verfolgen. Aber es gibt keinen Grund auszuschließen, dass mehr als eine Kategorie von Objekten gleichzeitig festgehalten werden konnte, indem man, sagen wir, Stöcke benutzte, um eine Art von Dingen darzustellen, Kieselsteine für eine andere Art usw. Außerdem gibt es ethnografische Beispiele von Völkern ohne Landwirtschaft und ohne schriftliche Aufzeichnungen, die sich ziemlich komplexer Methoden des Zählens bedienten. Das neolithische System der *tokens* mag folglich innovativ bezüglich des Materials (Lehm), seines Repertoires an verschiedenen Formen (Vierkantpyramiden, Zylinder usw.) und seiner Zwecke (um Buch über die Güter der neuen Wirtschaftsform zu führen – angebaute Getreide und Haustiere) gewesen sein, muss aber trotzdem *nicht* unbedingt einen evolutionären Erkenntnissprung über das paläolithische Aufzeichnungssystem darstellen. Aber bevor wir uns mit den Aufzeichnungssystemen der mesolithischen und der paläolithischen Periode genauer beschäftigen, ist es unabdingbar, andere Entwicklungen der neolithischen Periode in Erwägung zu ziehen, die mit dem *Token*-System des Nahen Ostens, in dem es im Wesentlichen um Aufzeichnungsverfahren geht, wenig gemein haben.

IV.

Die Zeichen des alten Europa: Schrift oder Vorläuferschrift?

Prähistorische Tonscherben mit eingeritzten Zeichen wurden 1870 an der archäologischen Grabungsstätte von Turdas (in früheren Berichten »Tordos« geschrieben) in Cluj (ehemals Klausenburg), Transsilvanien, im Westen Rumäniens entdeckt. Ähnliche Zeichen sind auf verschiedenen Artefakten anderer Grabungsstätten gefunden worden, die der Vina-Kultur zugerechnet werden, welche nach Vina, einer typischen Grabungsstätte bei Belgrad, benannt ist. Diese Zeichen hatten lange Zeit die Aufmerksamkeit der Gelehrten auf sich gezogen, die nach kulturellen Verbindungen zwischen dem Balkan und den mehr »zivilisierten« Regionen des östlichen Mittelmeerraumes, der Levante und Mesopotamiens suchten. Zu Beginn des 20. Jahrhunderts erwähnte der bedeutende Archäologe Arthur Evans, der Sohn John Evans', der beinahe eigenhändig die Wunder der alten kretischen Kultur der Welt enthüllte, die Turdas-Zeichen im Zusammenhang mit seinen Erörterungen über die Entstehung geschriebener Texte. Andere Gelehrte seiner Zeit bekundeten ebenfalls Interesse daran, diese Zeichen mit jenen zu vergleichen, die in Troja, Ägypten und andernorts gefunden worden waren. Teilweise unter dem Eindruck der Autorität Gordon Childes (1892–1957) auf dem Gebiet des jüngeren prähistorischen Europa wurde die Vina-Kultur als kulturelle Randgröße betrachtet, die wesentlich durch äußere, mehr »zivilisierte« Kräfte beeinflusst wurde; Childe schenkte den Turdas- und anderen Vina-Zeichen wenig Beachtung. Das vormalige Interesse, das man dieser gewaltigen Menge von Zeichen entgegengebracht hatte, schwand dahin, besonders in westeuropäischen archäologischen Kreisen; es wurde erst durch eine wichtige Entdeckung in den Sechzigerjahren dieses Jahrhunderts wieder geweckt.

1961 machte Dr. N. Vlassa, ein Archäologe am Historischen Museum von Cluj, Ausgrabungen im transsilvanischen Tartaria (etwa zwanzig Kilometer von Turdas entfernt), wo seit den Ausgrabungen, die während des Krieges 1942 und 1943 gemacht wurden, nicht mehr gearbeitet worden war. Vlassa fand heraus, dass es vier verschiedene Kulturschichten an der Grabungsstätte gab. Obwohl die meisten der Artefakte, die er barg, wenig spektakulär waren, hat seine Entdeckung der drei Tontafeln (siehe Abbildung 12) die Welt der Archäologen erschüttert. Die Tafeln wurden eine Zeit lang zum zentralen Thema heftiger Debatten über die Chronologie des prähistorischen Europa. Die Radiokarbonmethode zur Datierung von archäologischen Funden war damals noch relativ neu, und die ersten Daten für Südosteuropa, die von den Verfechtern dieser Technik ermittelt wurden, lagen weit vor denen der konventionellen Archäologen. Tatsächlich sollten die Zeichen auf den Tafeln eine bedeutsame Rolle in der Debatte spielen, die über die später so genannte Radiokarbonrevolution geführt wurde.

In der tiefsten (und folglich ältesten) Schicht, die der Vina-Kultur zugerechnet wird, entdeckte Vlassa einen Opfergraben, der mit »ascheartiger Erde« gefüllt war. Auf dem Grund des Grabens wurden sechsundzwanzig gebrannte Tonfigurinen gefunden, zwei Alabasterfigurinen, ein Armband aus Spondylusmuscheln und die drei genannten Tafeln. In der Nähe dieses Haufens von Artefakten lagen die zerbrochenen und verbrannten Knochen eines Menschen, dessen Alter auf fünfunddreißig bis vierzig Jahre geschätzt wurde. Vlassa interpretierte diese Funde als die Überreste eines Opferrituals, und wie viele andere Archäologen kam er zu dem Schluss, dass irgendeine Form von rituellem Kannibalismus stattgefunden hatte. Da er hierzu keine unterstützenden Beweise vorlegen konnte, können wir diese düstere Auffassung mit einer gesunden Portion Skepsis betrachten.

100

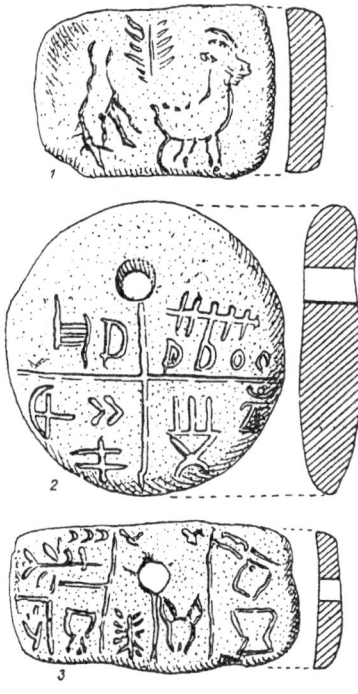

Abbildung 12

Alle drei Tafeln sind aus sandigem Lehm hergestellt und rötlich-braun. Die erste Tafel, von grob rechteckiger Form, ist 5,2 mal 3,5 mal 1,6 Zentimeter groß; sie wurde von Vlassa als Jagdszene interpretiert. Es finden sich darauf drei einzelne Bilder. Zwei von ihnen sind einigermaßen deutlich: Auf der rechten Seite ist eine Ziege abgebildet, und der obere Teil in der Mitte der Tafel zeigt eine Kornähre. Das dritte Bild links ist ziemlich dunkel und als ein sich aufbäumendes Tier oder vielleicht eine menschliche Figur interpretiert worden. Die beiden anderen Tafeln weisen eine Anzahl von Zeichen auf, die in Reihen angeordnet sind, die eine Form von Schrift nahe legen. Eine dieser beiden ist scheibenförmig, mit einem runden Loch durchbohrt, und 6,1 mal 6 mal 2,1 Zentimeter groß. Die andere ist grob rechteckig und hat ebenfalls ein rundes Loch. Sie misst 6,2 mal 3 mal 0,9 Zentimeter.

101

Vlassa, der vermutete, dass die Zeichen auf den Tartaria-Tafeln eine Form von Schrift sein könnten, begann sofort zu spekulieren, dass in diesem Fall ein nahöstlicher Ursprung gesucht werden müsse, da der Gedanke an prähistorische Europäer, die selbst eine Schrift entwickelten, als zu abwegig erschien, um ernst genommen zu werden. Archäologische Theoretiker – wie etwa V. Gordon Childe – betrachteten den Nahen Osten als Ursprung beinahe jeder bedeutsamen kulturellen Entwicklung, und daher musste das Auftauchen einer so hoch entwickelten Gruppe von Zeichen auf den Tafeln dem direkten oder indirekten Einfluss von orientalischen »Hoch«-Kulturen zuzuschreiben sein, kurzum: einer mesopotamischen Zivilisation. Vlassa sah in den archaischen Tafeln von Uruk die engsten Analogien zu den Zeichen auf den Tafeln aus Transsilvanien. Im Sinne dieser damals völlig vernünftig klingenden Argumentation meinte er, da die Uruk-Tontafeln in die Periode 3500 bis 3200 v. Chr. datiert wurden, müsse die Datierung der Tartaria-Tafeln für die Zeit zwischen 2900 und 2600 v. Chr. vorgenommen werden, eine Spanne, die lang genug war, damit die mesopotamische Erfindung Transsilvanien erreichen konnte. Diese Datierung stimmte ziemlich genau mit der Datierung der südosteuropäischen prähistorischen Entwicklungen überein, die ohne die Hilfe der Radiokarbonmethode vorgenommen worden war. Vlassa legte sich allerdings nicht fest und war sich bewusst, dass – sollten sich die Radiokarbondaten als korrekt erweisen – die Tartaria-Tafeln viel älter wären als ihre Entsprechungen in Mesopotamien, nämlich auf 4000 v. Chr. zu datieren und somit fast ein Jahrtausend älter als die mesopotamische Erfindung der Schrift.

Der deutsche Gelehrte Adam Falkenstein, der große Pionier bei der Analyse des archaischen Schriftsystems der Sumerer, der die ersten Texte aus Uruk schon in den Dreißigerjahren veröffentlicht hatte, warf sein beträchtliches akademisches Gewicht zugunsten Vlassas in die Waagschale und pflichtete dessen Auffassung bei, dass die beiden Tartaria-Tafeln mit Zeichen (Nummer 2 und 3) den mesopotamischen Tafeln sehr ähnlich seien,

insbesondere jenen von Uruk III B (der Periode vor dem Auftauchen der Keilschrift zugeordnet). Falkenstein meinte hinsichtlich der ersten Tafel (Vlassas »Jagdszene«), dass sie einem
Stil entspreche, der von den mesopotamischen Siegelabdrücken
abgeleitet wäre. Sinclair Hood, ehemaliger Direktor der British
School of Archaeology in Athen von 1954 bis 1962, beteiligte
sich 1967 an der Debatte. Auch er bestätigte durchaus die
Ähnlichkeit zwischen den transsilvanischen und mesopotamischen Tafeln und schrieb in der führenden britischen archäologischen Zeitschrift *Antiquity*:

> Die Zeichen auf den Tartaria-Tafeln, besonders jene auf der run-
> den Nummer 2 [der scheibenförmigen Tafel], sind denen auf den
> frühen Tafeln von Uruk so ähnlich, … um geradezu mit Sicherheit
> davon ausgehen zu können, dass sie irgendwie miteinander ver-
> bunden sind. Einige Zeichen scheinen von den mesopotamischen
> Zeichen für Zahlen abgeleitet zu sein. Der einzige Unterschied
> ist, dass auf den mesopotamischen Tafeln die ganze Form der
> Zahlenzeichen mit einem rundköpfigen Griffel in den Lehm ge-
> drückt wurde, während in Tartaria die entsprechenden Zeichen in
> Konturschrift eingeritzt wurden. Außerdem sind auch die Formen
> der Tafeln und das System, die Zeichengruppen mithilfe von ein-
> geritzten Linien zu trennen, in Mesopotamien zu finden. Die me-
> sopotamischen Tafeln sind normalerweise konvex auf einer oder
> auf beiden Seiten, aber einige größere Tafeln sind relativ flach wie
> die Nummern 1 und 3 in Tartaria. Es gibt auch einige wenige run-
> de Tafeln aus Uruk, die sich mit Nummer 2 vergleichen lassen.
> Aber die Schnurlöcher bei zweien der Tartaria-Tafeln scheinen
> ein Zug ohne Parallelen unter den frühen Tafeln aus Mesopota-
> mien zu sein.

Während Hood zwar die Analogien zu Sumer akzeptierte,
merkte er auch an, dass einige der Zeichen auf den Tartaria-
Tafeln jenen ähnelten, die in den minoischen Texten auf Kreta
gefunden wurden, obwohl sie eindeutig nicht kretisch waren.
Die Schnurlöcher, die in Mesopotamien fehlten, waren bei den

kretischen Tafeln allgemein vorhanden. Trotz der Parallelen vertrat er die Meinung, dass daraus keineswegs folge, dass die Zeichen auf den Tartaria-Tafeln ein fortgeschrittenes Stadium der Schrift darstellten. Auf der Suche nach Erklärungen für die Verbindung mit Mesopotamien deutete Hood an, dass vielleicht sumerische Goldsucher, angelockt von den großen Goldlagerstätten Transsilvaniens, bei der Herstellung kultureller Verbindungen zwischen den beiden Regionen eine Rolle spielten. Die beträchtliche Entfernung zwischen ihnen erschien Hood nicht als Hindernis, denn die Industalschrift (von der allgemein angenommen wird, dass sie von dem mesopotamischen Schriftsystem beeinflusst wurde) habe sich auch in einer Region entwickelt, die genauso weit von Mesopotamien entfernt sei wie Transsilvanien. Er deutete an, falls die Tartaria-Zeichen sich nicht als echte Schrift erweisen sollten, könnte ihr letztlich mesopotamischer Ursprung einer Art von nahöstlicher »Missionsarbeit« geschuldet sein, wobei die geheimnisvollen Zeichen aus dem Osten von den Zaubererpriestern des prähistorischen Europa eifrig übernommen und, obwohl sie deren Bedeutung und richtige Verwendung nicht kannten, die Formen wegen ihrer Zauberkraft imitiert wurden. Der ungarische Gelehrte Janos Makkay behauptete vehement, dass »der mesopotamische Ursprung … der Tartaria-Piktografie zweifelsfrei ist«, und wiederholte Hoods Ansicht, dass die Tafeln eine entstellte und »sinnlose« Nachahmung der nahöstlichen Schrift seien von jemandem, der entweder die »wirkliche Sache« im Nahen Osten gesehen oder die Verwendung der Tafeln durch die sumerischen Kaufleute, die in Transsilvanien zu Besuch weilten, beobachtet habe.

Die Vorstellung, dass die barbarischen Priester Europas die kulturellen »Vorgesetzten« aus dem Osten zu imitieren versuchten, indem sie abergläubisch die Schrift für Zauberzwecke übernommen hätten, erweist sich als von geringem Wert beim Aufdröseln dieses komplexen Sachverhalts. Die alten Zivilisationen Mesopotamiens wie auch Ägyptens waren von magischem Denken durchtränkt, wie ihre eigenen nachträglich nie-

dergeschriebenen Traditionen deutlich beweisen. Eine Schrift-
zivilisation und ein Glaube an Zauberei sind folglich keineswegs unvereinbar. Wie ich in der Einleitung gezeigt habe, hat
die Magie in der gesamten Menschheitsgeschichte eine bedeutende Rolle gespielt und kann nicht einfach als eine Form primitiven Denkens abgetan werden. Da die Symbole auf den Tartaria-Tafeln älter sind als die nahöstliche Schrift, erweist sich
Hoods Auffassung auf jeden Fall als absurd. Die transsilvanischen Symbole und ihre Entsprechungen andernorts in der
alteuropäischen Welt sind eindeutig Teil einer magischen Tradition, die dem Nahen Osten nichts schuldete.

Wie ich schon sagte, wurden die Tartaria-Tafeln in die Diskussion über die Unvereinbarkeit zwischen traditioneller und
Radiokarbondatierung für das südöstliche Europa hineinge-
zogen. Anhänger der konservativeren Datierungsmethode benutzten die Entdeckung der Tafeln, um die Unzuverlässigkeit
der Radiokarbonchronologie zu beweisen. Sie argumentierten folgendermaßen: Viele der Zeichen auf zwei der Tartaria-
Tafeln (und die Ikonografie auf der dritten) zeigen klar und
unbestreitbar Parallelen mit der mesopotamischen Schrift und
müssen daher jünger als die Entstehung der sumerischen
Schrift sein. Daraus folgt, dass die Radiokarbondatierung, die
Fundstätten wie Tartaria der prähistorischen Periode lange vor
dem Entstehen der nahöstlichen Zivilisation zuordnet, falsch
ist. Diese Argumentation wurde jedoch immer unhaltbarer, als
offensichtlich wurde, dass die Radiokarbonmethode im Großen und Ganzen korrekt war. Einige Anhänger der traditionellen Chronologie griffen nach Strohhalmen und behaupteten,
dass Vlassa sich getäuscht habe, als er die Tafeln der untersten
Schicht der Fundstätte zuordnete, und dass sie eigentlich Artefakte aus der Bronzezeit seien. Trotz dieser verzweifelten Ge-
genwehr gelang es der Radiokarbonrevolution, die traditionelle Chronologie für das prähistorische Europa über den
Haufen zu werfen. Nachdem die neue Ordnung erst einmal
hergestellt war, bestand die einzige Möglichkeit, die transsilva-
nisch-mesopotamische Verbindung aufrechtzuerhalten, in der

Argumentation, dass nicht die Sumerer die Neuerer waren, sondern vielmehr ihre »barbarischen« Zeitgenossen in Europa, die sie irgendwie beeinflusst hätten.

Die Tartaria-Tafeln sind keineswegs die einzigen Artefakte ihrer Art, die in Südosteuropa gefunden wurden. Eine Anzahl anderer Objekte, die ein vergleichbares Alter haben und die eine gleichermaßen komplexe Benutzung der Zeichen aufweisen, sind inzwischen ausgegraben worden. Die Gradesnica-»Plakette«, wie sie gewöhnlich genannt wird, wurde in Vratsa in der Nähe von Gradesnica in Westbulgarien 1969 ausgegraben und der chalkolithischen Periode zugeordnet; sie ist zwischen sechstausend und siebentausend Jahre alt. Sie ist nicht wirklich eine Plakette, sondern eher ein flaches Gefäß, das auf beiden Seiten, der inneren und äußeren, mit Zeichen versehen wurde (siehe Abbildung 13). Die Abbildung oben links zeigt die äußere Seite, auf der eine menschenähnliche Figur mit erhobenen Armen in ritueller Pose zu sehen ist, umgeben von mehreren Zeichen. Die Innenseite (links unten) ist durch vier horizontale Linien unterteilt mit – wie es aussieht – jeweils drei Zeichen in jeder Zeile (wie rechts gezeigt wird). Es ist vermutet worden, dass die vertikalen Linien, aus denen manche Zeichen auf der Innenseite bestehen, Zahlen sind. Die Zeichen auf beiden Seiten des Gefäßes entsprechen denen, die andernorts gefunden wurden, und werden der Vina-Kulturregion zugeordnet. Ein scheibenförmiges Stempelsiegel, das in Karanovo (bekannt als »Karanovo-Siegel«) in Mittelbulgarien ausgegraben wurde, ist wahrscheinlich mindestens fünftausendfünfhundert Jahre alt und zeigt ebenfalls ähnliche Merkmale wie die Tartaria-Tafeln. Auf dem Karanovo-Siegel sind die Zeichen in vier Gruppen durch die Arme eines Kreuzes eingeteilt, wodurch die Oberfläche der Scheibe in vier Quadrate unterteilt wird. Obwohl ihr Alter und der Inhalt von derlei Artefakten gelegentlich ins Feld geführt wurden, um Theorien zu stützen, dass die Sumerer und andere »fortgeschrittene« Kulturen ihre Schrift vom Balkan bezogen haben, ist dieser Fall sehr unwahrscheinlich.

Abbildung 13

Wir haben bereits anhand der Untersuchungen Schmandt-Besserats überzeugend gezeigt, wie die sumerische Schrift sich ganz natürlich aus ihren eigenen ökonomischen Wurzeln entwickelt haben kann: aus einem System neolithischer Rechnungsführung im Nahen Osten. In jedem Fall ist der Gedanke, dass die Erfindung der Schrift nach Europa statt Asien verlegt werden könnte, allzu weit hergeholt, um für die meisten Gelehrten von Bedeutung zu sein. Mit der Anerkennung der neuen Radiokarbonchronologie blieb nur noch eine einzige Erklärung übrig: Da die Tartaria-Tafeln älter sind als die sumerische Schrift, sind die Zeichen auf ihnen vielleicht gar keine Schrift und die offenkundigen Ähnlichkeiten rein zufällig. Mit dieser These fielen die Vina-Zeichen abermals relativer Nichtbeachtung anheim, zumindest was die meisten Archäologen von Rang anging.

Wenn man die Debatte um die kulturelle Quelle und Bedeutung der Zeichen auf den Tartaria-Tafeln Revue passieren lässt, dann mögen dem Leser mehrere Punkte seltsam erscheinen. Wie kann eine Vielzahl hoch angesehener Experten wie Falkenstein ihr beträchtliches akademisches Gewicht *für* die Behauptung in die Waagschale werfen, dass die Tartaria-Tafeln eine Art Schrift seien, die eindeutig zumindest einige ihrer Elemente aus der mesopotamischen Schrift abgeleitet habe (ob die transsilvanischen Kopierer nun ihren wahren Zweck verstanden oder nicht), nur um ihre Ansichten durch die unbestreitbaren Radiokarbondaten in Stücke fallen zu sehen? Wäre überhaupt nur der Versuch unternommen worden, die transsilvanische »Schrift« mit der Mesopotamiens zu verknüpfen, hätten die Gelehrten damals gewusst, dass die Tartaria-Tafeln älter statt jünger als ihre sumerischen Entsprechungen sind? Und wenn die Tafeln nicht eine Kenntnis der Schrift verraten oder nur einen »primitiven« Versuch, die Aktivitäten der nahöstlichen Zivilisationen nachzuahmen, darstellen, was ist dann die Bedeutung dieser Zeichen?

Da die Bande, die zwischen dem Vina-Zeichensystem und der Entwicklung der Schrift in Mesopotamien bestehen sollen, sich verflüchtigt haben, scheint es sinnvoller zu sein, zumindest für den Augenblick die beiden Traditionen als grundlegend verschieden zu behandeln, als Entwicklungen aus je eigenem Antrieb. Wie Schmandt-Besserat die weitgehend einheimische Entwicklung der mesopotamischen Schrift nachgewiesen hat, so haben andere mit den Vina-Zeichen als einer Neuerung des südöstlichen Europa gearbeitet, die mindestens bis 4000 v. Chr. zurückreicht. (Allerdings ist die Datierung der prähistorischen Kulturen der Region noch umstritten, und manche Archäologen meinen, die Zeichen seien schon um 5500 v. Chr. entwickelt worden.) Während einige – vor allem osteuropäische – Gelehrte starke Argumente gegen die Suche nach Prototypen im Nahen Osten für die europäischen »Schriften« ins Feld geführt haben, haben nur wenige versucht, systematisch die Gesamtheit der Vina-Zeichen zu analysieren und herauszubekommen, was ihr Zweck und ihre Bedeutung sein könnten. Zwei Interpretationen sind in diesem Zusammenhang sehr interessant. Die charismatische litauische Archäologin Marija Gimbutas, deren kontroverse Theorien über die Göttinnenreligion des prähistorischen Europa sie weit über die Grenzen des archäologischen Establishments hinaus bekannt gemacht haben, hat eine Lesart der Zeichen entwickelt, die sie in ihrem letzten Lebensabschnitt in einen viel weiteren geografischen und chronologischen Rahmen stellte als den von »Alteuropa« – mit diesem Begriff bezeichnete sie die neolithischen und chalkolithischen Kulturen des südöstlichen Europa. Bevor wir unser Augenmerk auf ihre Übersetzung der »Sprache der Göttin«, wie sie es nannte, richten, wenden wir uns der konservativeren, aber dennoch höchst bedeutsamen Studie eines anderen Gelehrten mit Namen Shan Winn zu, die das Verbindungsglied zwischen früheren Arbeiten über die Vina-Zeichen und der weit reichenden Rekonstruktion des geistigen Lebens Alteuropas durch Gimbutas darstellt.

In den Siebzigerjahren stellte Winn den bis heute umfangreichsten Katalog von Vina-Zeichen zusammen, wobei er Hunderte von Beispielen des Gebrauchs der Zeichen aufführte, die er auf Artefakten in Museen fand und die niemals zuvor veröffentlicht worden waren.

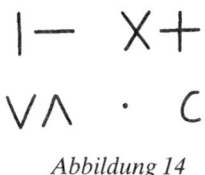

Abbildung 14

Um in das Durcheinander, dem er gegenüberstand, Sinn hineinzubringen, ordnete Winn die scheinbar chaotische Natur der Zeichen, indem er eine Reihe von miteinander verketteten Klassifikationen benutzte. Er analysierte die Zeichen entsprechend der Art von Artefakten, auf denen sie gefunden wurden (Amulette, Altäre, Figurinen, Keramik, Spindelquirle etc.), ob sie einzeln oder als Teil einer Gruppe von Zeichen auftraten, nach ihrer relativen Häufigkeit in verschiedenen Gebieten und zu verschiedenen Zeiten usw. Nachdem er tausendfaches Auftreten von Zeichen untersucht hatte, konnte er feststellen, dass der ganze Korpus aus zweihundertzehn Zeichen bestand. Die meisten dieser Zeichen setzen sich aus geraden Linien zusammen und sind der Form nach geradlinig; nur eine geringe Zahl hat gebogene Linien, eine Tatsache, die eher den technischen Beschränkungen bei ihrer Ausführung auf Lehm zuzuschreiben ist als einer kulturellen Vorliebe für gerade statt gebogene Zeichentypen. Er fand heraus, dass alle Vina-Zeichen fünf Kernzeichen aufweisen. Diese elementaren Bausteine des Systems sind: 1. eine gerade Linie; 2. zwei Linien, die sich in der Mitte kreuzen; 3. zwei Linien, die sich an einem Ende treffen; 4. ein Punkt; 5. eine gebogene Linie (siehe Abbildung 14).

Die verschiedenen Arten, wie diese fünf Grundelemente wiederholt oder verknüpft werden konnten, ließen Winn achtzehn Zeichenkategorien entwickeln. Da diese achtzehn Kategorien im Grunde ein von Winn entwickeltes Mittel sind, um ihre Häufigkeit auf verschiedenen Arten von Artefakten zu analysieren und dadurch die symbolischen Muster der Vina-Kultur aufzudecken, will ich den Leser nicht mit der Beschreibung aller Kategorien im Detail belasten, sondern nenne nur zwei Beispiele von Zeichen, die zu einer der Kategorien gehören. Winns sechste Kategorie besteht aus verschiedenen Zeichen, die aus dem Kernzeichen Nummer 2 zusammengesetzt sind (zwei Linien, die sich in der Mitte kreuzen), plus sekundären Elementen. Zeichen, die zu dieser Kategorie gehören, umfassen: ein Kreuz mit einer einzigen geraden Linie, die mit nur einem der vier Arme des Kreuzes verbunden ist; die Swastika; ein X mit wiederholten V-Formen, die aus den oberen beiden Armen hervorragen. Mit der Einteilung der Vina-Zeichen in diese verschiedenen Kategorien will Winn nicht sagen, dass ihre prähistorischen Anwender sie auf die gleiche Weise einteilten; er betrachtet seine Einteilung vielmehr als Mittel, um eine künstliche Ordnung herzustellen, die ihrerseits zu besseren

Einsichten in die ursprüngliche Benutzung der Zeichen führen kann. Durch die Anwendung seiner Methoden war Winn in der Lage, einige wichtige Schlüsse über die Vina-Zeichen zu ziehen. Es stellte sich heraus, dass die Zeichen, weit davon entfernt, willkürlich verwendet zu werden, von ihren Schöpfern systematisch benutzt wurden, und es trat eine Reihe von klaren Mustern zutage. Winn führt aus:

Die interne Analyse der Vina-Zeichen stützt die Folgerung, dass die Zeichen konventionalisiert und standardisiert waren und dass sie einen Korpus von Zeichen darstellen, der jahrhundertelang in einem weiten Gebiet bekannt war und benutzt wurde. Eine Gruppe von Zeichen ist auf Figurinen beschränkt, während mehrere Zeichen besonders häufig auf Figurinen vorkommen, aber auch gelegentlich auf anderen Artefakten angewendet wurden. Zeichen auf Keramik sind insgesamt anders; wenn komplexe Zeichen auf Keramik angewendet werden, dann tauchen sie nur einmal auf, und dann nur als einzelne Zeichen, niemals in Zeichengruppen. Manche der häufigen Zeichen sind nur einzeln zu finden, während andere nur in Gruppen auftreten, und eine bedeutende Gruppe von Zeichen findet sich sowohl als einzelne Zeichen als auch als Komponenten von Zeichengruppen. Zeichen, die nur in Zeichengruppen vorkommen, sind völlig ausgeschlossen vom Gebrauch auf Keramik, während Zeichen, die nur einzeln auftreten, fast reine Keramikzeichen sind. Eine große Zeichengruppierung unterscheidet sich durch eine auffällige Verbindung mit einem bestimmten Typ von Gegenständen, das heißt, spezielle Zeichen sind auf Keramik eingeritzt und andere Zeichen auf Figurinen. [Spindel-]Quirle spielen eine mittlere Rolle, da sie sowohl ein sehr unterschiedliches Aussehen als auch Komponenten haben, die zur Keramik gehören; diese Dualität könnte ihre Rolle in häuslichen und religiösen Angelegenheiten reflektieren.

Die Vina-Zeichen stellen folglich ein ausgeklügeltes System der Kommunikation dar, das für seine Anwender zweifellos von großer kultureller Bedeutung war. Nichtsdestoweniger würde es, laut Winn, irreführend sein, das System als Schrift zu bezeichnen, da selbst die komplexesten Zeichenabfolgen keine »Texte« ausmachen; sie sind einfach zu kurz, und es gibt zu wenig Wiederholungen von Zeichen darin, als dass sie für eine Schrift angesehen werden könnten, vergleichbar etwa mit dem Sumerischen. Doch die klare und unterschiedliche Anwendung der verschiedenen Zeichen in unterschiedlichen Kontexten hat Winn darauf gebracht, das Vina als ein »Vorläuferschriftsystem« zu bezeichnen. Beim Vergleich von Zeichen, die nur als Einzelne wichtig sind, mit denen, die häufig in Gruppen vorkommen, tritt ein bedeutsamer Kontrast zutage. Die Zeichen, die in Gruppen auftreten, haben die einfachere Form, und viele von ihnen – im Gegensatz zu den Vina-Zeichen, die allein auftreten – erinnern an jene Zeichen, die in geschriebenen Texten andernorts gefunden wurden.

Es gibt folglich unterschiedliche Ebenen der Komplexität im Vina-System. Die Einzelzeichen, die hauptsächlich auf Keramik gefunden wurden, stellen wahrscheinlich die niedrigste Stufe der Vina-Kommunikation vermittels Zeichen dar und gehören in den Bereich Haushalt. Die Spindelquirle, die eine kompliziertere Anwendung von Zeichen als die Keramik aufweisen, gehören zur höchsten Stufe der Kommunikation, die etwa auf den Tartaria-Tafeln, der Gradesnica-Plakette, dem Karanovo-Siegel und anderen vergleichbaren Funden zur Anwendung gekommen zu sein scheint. Diese letztere Art von Artefakten hat keine offensichtliche nützliche Funktion, und es könnte sein, dass sie einen symbolischen und rituellen Zweck hatten, der sie von den eintönigen Verrichtungen des täglichen Lebens abhob. Auch die Tatsache, dass sie die komplexeste Verwendung von Zeichen aufweisen, spricht klar für einen wichtigen zeremoniellen Wert, und folglich ihre Verbindung mit einer Priesterelite, die religiöse Praktiken verrichtete. Anders als die frühen sumerischen Tafeln, im Übrigen auch das neolithische *Token*-System, das ihnen vorausging, geben die verschiedenen Stufen des Vina-Systems keine Hinweise darauf, dass es von großer ökonomischer Bedeutung war. Die Vina-Zeichen schei-

nen eher von religiösen als von materiellen Verrichtungen her-
zurühren, und die längeren Zeichengruppen könnten eine Art
magische Formeln darstellen.

Nachdem wir gezeigt haben, dass die Suche nach einem me-
sopotamischem Ursprung der Vina-Zeichen eine vergebliche
Mühe war, müssen wir fragen, ob es irgendwelche passenderen
Vergleiche oder gar direkte Verbindungsglieder zwischen den
prähistorischen Zeichen vom Balkan und den Zeichen aus anderen Regionen gibt. Derlei Vergleiche können mit Kennzeichen auf Keramik und anderen Artefakten angestellt werden,
die in der Ägäis und im Mittelmeer auftauchen, insbesondere
den in Ägypten, Troja (im äußersten Westen der heutigen Türkei) und der alten Stadt Filakopi auf der Insel Milos in der Ägäis gefundenen. Noch überraschender als der Befund, dass es
eine enge Wechselbeziehung zwischen den Vina- und anderen
Zeichen gibt, ist die Tatsache, dass der intensivste Gebrauch der
Zeichen (sowohl was den Umfang der Artefakte, die mit ihnen
geschmückt sind, angeht als auch das Vorkommen von Zeichengruppen) in der Balkanregion anzusiedeln ist, und nicht in
den »zivilisierteren« Gegenden im Süden.

Der bekannte Ägyptologe Sir Flinders Petrie (1853–1942)
führte eine umfangreiche Studie über die prädynastischen und
späteren ägyptischen Vorkommen solcher Zeichen durch und
stellte eindeutig fest, dass diese frühen Merkmale in der Tat ein
System für sich darstellten, das zuerst vorhanden war und später neben den Hieroglyphen existierte, und dass sie nicht als
Ursprung der ägyptischen Schrift zu betrachten sind. Petrie war
sich auch der Ähnlichkeiten zwischen den ägyptischen Zeichen
und den an anderen Orten im Mittelmeerraum gefundenen
Zeichen bewusst und meinte, dass sie vielleicht eine Art inter-
nationaler *lingua franca* gewesen sein könnten. Er verlieh auch
seiner Überzeugung Ausdruck, dass wegen der Ähnlichkeit der
Form mit Zeichen, die später in alphabetischen Schriften benutzt wurden, diese frühen Zeichen durchaus etwas mit dem
Ursprung des Alphabets zu tun haben könnten. Frühere Forscher hatten ebenfalls die Meinung geäußert, dass die verschie-

denen Gruppen von Zeichen in den ägäischen und Mittelmeer-
kulturen frühe, sogar prähistorische Vorläufer der Schrift sein
könnten. Ich werde auf diesen faszinierenden Forschungszweig
im nächsten Kapitel zurückkommen. Zuvor möchte ich einen
anderen Faden der Geschichte aufgreifen und mich noch einmal dem Rätsel der Zeichen im alten Europa zuwenden, das,
wie deutlich werden wird, mit diesen umfassenderen Proble-
men verquickt ist.

Die soziale Ordnung, die im alten Europa bestanden haben
soll, ist bereits in Kapitel I beschrieben worden, und daher werde ich mich nur mit Marija Gimbutas' Lesart der Zeichen aus
jener Periode der europäischen Geschichte beschäftigen. Ihre
beredten Argumente für eine radikale Neubewertung der gegenwärtig herrschenden Vorstellungen von dem, was »Zivilisation« eigentlich bedeutet, beinhalten auch im Vergleich zu Shan
Winn eine entschiedenere Auffassung von der einheimischen
Schriftentwicklung in Europa. Winn konnte sich nur dazu auf-
raffen, die Vina-Zeichen als »Vorläuferschrift« zu bezeichnen,
aber für Gimbutas und andere Forscher wie Harald Haarmann
von der Universität Helsinki sind sie die eigentliche Sache. Wie
wir wissen, war dies nicht neu, aber die meisten jener Leute, die
zuvor die Tartaria-Tafeln und analoge Vina-Zeichen als echte
Schrift charakterisiert hatten, taten es auf der Grundlage der
falschen Annahme, dass sie jünger seien als die sumerische
Schrift und immer ganz hübsch als eine Art blasser Nachahmung der geistigen Erfindung des Nahen Osten »erklärt« werden könnten. Wir haben auch gesehen, wie viele Gelehrte, als
sie merkten, dass die Vina-Zeichen einfach zu alt waren, um
von der mesopotamischen Schrift abgeleitet werden zu können, das Thema einer europäischen Schrift abrupt fallen ließen.
Ohne die bequeme Anlehnung an die Ursprünge des Nahen
Osten wagten nur wenige, die Frage eines unabhängigen Auf-
tretens einer Schrift in Europa weiterzuverfolgen. Andere, die
versucht hatten – und gescheitert waren –, die traditionelle
Chronologie für das südöstliche Europa zu stützen, indem sie
die Tartaria-Tafeln als Widerlegung der Radiokarbondatierung

werteten, taten die Tafeln dann einfach als sinnlosen Wirrwarr von Zeichen ab. Dank der Anstrengungen Winns, Gimbutas' und Haarmanns ist schwer zu verstehen, wie die Frage erneut unterdrückt werden konnte, aber inzwischen wird ihr die ernste Aufmerksamkeit zuteil, die sie verdient.

Gimbutas nimmt zwei verschiedene Perioden in der Entwicklung der alteuropäischen Schrift an: eine frühe Phase (etwa 6000–5300 v. Chr.) und eine klimatische Phase (etwa 5300–4000 v. Chr). Haarmann machte die Objekte, die mit dieser Schrift versehen sind, für das Ende des 6. Jahrtausends bis um 3500 v. Chr. ausfindig, dem Zeitpunkt ihres Niedergangs und schließlichen Verschwindens, was er in Übereinstimmung mit Gimbutas der Vernichtung der alteuropäischen Zivilisation im Donautal durch die indogermanischen Horden zuschreibt. Mit der ständig zunehmenden Beherrschung des Kontinents durch Indogermanen waren die einheimischen Bevölkerungen vor zwei Möglichkeiten gestellt: Sie konnten bleiben, wo sie waren, und mussten sich der Herrschaft ihrer neuen Gebieter fügen, oder sie konnten auf Wanderschaft gehen und nach einem neuen Land suchen, um ihren alteuropäischen Lebensstil weiterzupflegen, wenn auch in veränderter Form. Es sieht so aus, als ob sie beides taten. Unter denen, die beschlossen, ihre alte Heimat zu verlassen, waren Gruppen, die eine Zuflucht im Süden fanden, an den Küsten der Ägäis und weiter weg. Haarmann beschreibt ihre Zerstreuung folgendermaßen:

Es gibt deutliche Anzeichen dafür, dass die alteuropäischen Lebensmuster an der Peripherie überlebten. Das Entstehen der Zykladen-Kultur, deren früheste Beweise ins Jahr 3200 v. Chr. zurückreichen, steht eindeutig in Bezug zu den Wanderungen der Präindogermanen, und auch Kreta wird im Verlauf des 3. Jahrtausends v. Chr. von einer Welle neuer Siedler erfasst. Die neolithische Kultur auf Kreta war auf Fundamenten aufgebaut worden, die für das südöstliche Europa typisch waren, und sie wurde verstärkt durch die Wanderung der präindogermanischen Flüchtlinge zu den Ägäischen Inseln.

Haarmann schreibt, dass es einige verblüffende Parallelen zwischen den verschiedenen Elementen der präindogermanischen kulturellen Erzeugnisse gibt – besonders jenen, die mit religiöser Symbolik und Mythologie verbunden sind. Zu diesen gemeinsamen Zügen gehört die Verwendung des Bullen und der Schlange als wichtige religiöse Symbole. Im Fall der Schlange ist es eine Form der Göttin, die innig mit dem Vogelmotiv der Göttin sowohl im alten Europa als auch in der späteren kretischen Ikonografie verknüpft ist. Die Biene und der Schmetterling sind ebenfalls geläufige göttliche Attribute; der Schmetterling wird durch das bezeichnende Motiv der Doppelaxt dargestellt. Haarmann sieht einen Reflex der Göttinnenmythologie des alten Europa in diesen Motiven, die auch einen herausragenden Platz in der alten Zivilisation Kretas einnehmen. Er geht dann den Verbindungen zwischen der alteuropäischen Schrift – wie sie in der Vina-Kultur gefunden wurde – und späteren Schriftsystemen, besonders dem kretischen, nach.

Wir wollen nochmals die Aufmerksamkeit auf den Kontrast zwischen dem Entstehen der Schrift in Mesopotamien und in Europa lenken. Wie wir an früherer Stelle deutlich gemacht haben, war die Verwendung der sumerischen Schrift für wirtschaftliche Zwecke ein Ergebnis einer langen Tradition der Rechnungsführung, die bis zu den Anfängen des Neolithikums in jener Gegend zurückreichte. Im alten Europa scheint die Hauptursache, die zum Gebrauch einer Schrift führte, eher religiöser denn materieller Art gewesen zu sein; das legt eine Sprunghaftigkeit der kulturellen Gewichtung nahe, zumindest hinsichtlich der Kommunikation durch ein Zeichensystem. Man darf die alteuropäische Schrift nicht einfach deswegen abtun, weil sie nicht dem sumerischen Muster folgt, das heißt, weil sie nicht aus ökonomischen Erfordernissen heraus entstanden ist.

Es gibt noch andere Fälle der Schriftentwicklung für magische Zwecke. Obwohl die Ursprünge der Schrift in China noch ziemlich rätselhaft sind – einige Gelehrte bemühen ein kulturelles Zentrum wie etwa den Nahen Osten als Ausgangspunkt; andere verstehen sie als einheimische Entwicklung –, steht immerhin zweifelsfrei fest, dass die Orakelknochen mit Inschriften aus der Shang-Dynastie, die ins 2. Jahrtausend v. Chr. zurückreichen, Beispiele einer Schrift sind, die nichts mit Wirtschaft zu tun hat, sondern mit der Praxis der Weissagung. Bevor wir zur Debatte um die alteuropäische Schrift zurückkehren, sei noch erwähnt, dass einige chinesische Wissenschaftler nach Vorläufern dieser Inschriften in prähistorischen Keramikzeichen suchen; dies könnte, wenn man sich des neolithischen Einflusses auf die sumerische Schrift erinnert, zur Lösung des Problems des Ursprungs der Schrift in China beitragen.

Die Form der Zeichen, welche die alteuropäische Schrift ausmachen, ist im Grunde linear, und dies hat Gimbutas veranlasst, die Schrift als »alteuropäische lineare Zeichen« zu bezeichnen. Dabei hatte sie deutlich das kretische Schriftsystem vor Augen, das unter dem Namen »Linear A« bekannt ist. Ob Linear A eine indogermanische, semitische oder »alteuropäische« Sprache ist, kann noch nicht gesagt werden; für Haarmann ist ihre nicht entzifferte Natur eine Stütze für seine Theorie, dass sie alteuropäisch ist. Laut Haarmann ist die gängige Auffassung über die Entwicklung der kretischen Schrift – dass sie aufgrund der Erfordernisse der Palastverwaltung zustande kam – irrtümlich. Auch hier stoßen wir wieder auf die Zählebigkeit des sumerischen Modells über den Ursprung der Schrift. Haarmann hält dagegen, dass Linear A eher ein Mittel für die priesterlichen Aktivitäten praktischer Art gewesen sei, während die kretische Hieroglyphenschrift Zeremonien diente. Selbstverständlich seien das lineare Wesen des Alteuropäischen und der Linear A, die offenbar religiöse Bedeutung beider und die angedeuteten Bevölkerungswanderungen aus der alten Heimat nach Kreta nicht ausreichend, um zu beweisen, dass beide miteinander verknüpft waren. Es gebe jedoch eine beträchtliche Anzahl von Parallelen bei der Bestandsaufnahme der beiden Zeichensysteme (siehe Abbildung 15). Haarmann hat fünfzig Zeichen gefunden, die beiden gemeinsam sind, und das seien zu viele, um sie einfach als Zufall abzutun. Er ist

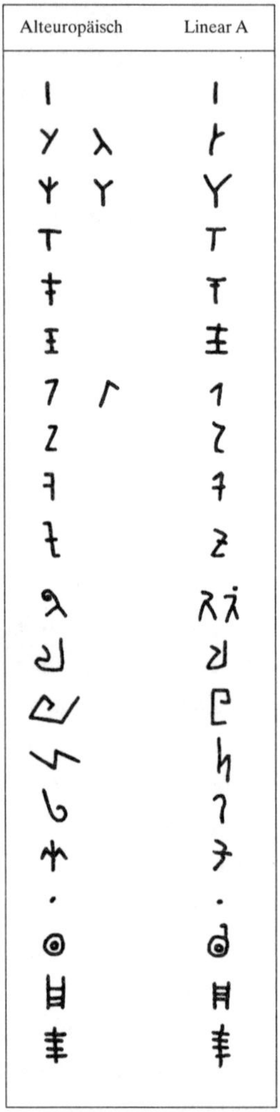

Abbildung 15

nichtsdestoweniger vorsichtig und lässt sich nicht zu voreiligen Schlussfolgerungen hinreißen:

> Es wäre eine Fehleinschätzung zu sagen, dass die kretische Linear A eine Ableitung von der alteuropäischen Schrift ist. Jedoch ist beinahe ein Drittel aller Zeichen der alteuropäischen Schrift in der Linear-A-Zeichenliste wieder zu finden, und diese Elemente machen beinahe die Hälfte ihrer Gesamtzahl aus. Kulturelle Kontinuität in dieser Hinsicht bedeutet eher eine fragmentarische Aufrechterhaltung der ursprünglichen Symbole, die ihre ursprüngliche Funktion als Zeichen eines Schreibsystems in der Kultur beibehalten, ... die sie übernommen hat, statt eine Übertragung eines vollständigen Schriftsystems aus einem kulturellen Komplex in den nächsten.

Das zentrale Problem für das Verständnis der kulturellen Rolle der nichtindogermanischen Schriften in allen Einzelheiten ist einfach, dass niemand, zumindest nicht bis heute, sie lesen kann. Selbst die relativ jungen kretischen Schriften Linear A und die Hieroglyphenschrift geben ihre Geheimnisse nicht preis. Solange nicht ein weiterer Rosetta-Stein mit einem zweisprachigen Text und einer Übersetzung in eine indogermanische Sprache gefunden wird, bleibt die Entzifferung ein Wunschtraum. Die viel ältere alteuropäische Schrift bereitet noch größere Schwierigkeiten; selbst wenn eine oder mehrere der späteren nichtindogermanischen Schriften entziffert würden, blieben die Probleme bestehen. Wenn die alteuropäische Schrift eine hoch entwickelte Form des Schreibens ist – und Gimbutas und Haarmann haben glaubwürdige Argumente geliefert, dass dies der Fall ist –, macht ihr bloßes Alter sie zu einem Buch, das dazu bestimmt zu sein scheint, für immer verschlossen zu bleiben.

Es gibt vielleicht Leute, die erleichtert sind, die Verfechter einer alteuropäischen Schrift auf der historischen Seite dessen, was eine unüberbrückbare Barriere zu sein scheint, festgefahren zu sehen. Wenn die Schrift nicht entziffert werden kann, ist es immer möglich, sie zu bestreiten. Wer sich jedoch vorurteilslos des Themas annimmt, wird ihre Parallelen zur kretischen Schrift und ihre eigene innere Ordnung und Verfeinerung als ausreichende Argumente betrachten, eine alteuropäische Schrift nicht von der Hand zu weisen. Die Annahme einer alteuropäischen Schrift läuft vielen der festgefahrenen Positionen der Archäologie und den traditionellen Ansichten über die Entwicklung der Zivilisation zuwider. Die Implikationen sind ungeheuer. Ihre allgemeine Anerkennung als eine Schriftform würde dazu führen, etliche grundlegende Vorstellungen infrage zu stellen. Es würde bedeuten, die Vorstellung zu verwerfen, dass die »Hoch«-Zivilisationen (wenn man das Wort in seinem mehr traditionellen und »akzeptablen« Sinn verwendet) des Nahen Ostens vor etwa fünftausend Jahren die Schrift erfanden; vielmehr müsste man annehmen, dass sie bei diesem Durchbruch weit ältere Vorläufer hatten und, schlimmer noch, in den »barbarischen« Steinzeiteuropäern. Noch bedeutungsvoller wäre, dass der Beginn der Geschichte (der sich durch Verwendung einer Schrift und folglich die Schöpfung geschriebener Wörter ankündigt) weit zurück in die »primitive« Finsternis der Steinzeitvorgeschichte geworfen würde. Die ideologische Mauer, die errichtet wurde, um die Vorgeschichte und die Geschichte zu trennen, das Primitive und das Zivilisierte, das Geschriebene und das Ungeschriebene, würde über Nacht einstürzen, wenn die alteuropäische Schrift zweifelsfrei bewiesen würde. Es würde nichts weniger als den Zusammenbruch der gegenwärtigen Vorstellung von Zivilisation bedeuten. Aber die Suche nach den Wurzeln der Schrift, die bereits in den neolithischen Perioden sowohl des Nahen Ostens als auch in Europa entdeckt wurden, führt uns noch weiter in der Zeit zurück, in noch entferntere Perioden der Vorgeschichte.

V.

Die paläolithischen Ursprünge der Schrift

Beim Versuch, das Entstehen der alteuropäischen Schrift zu erklären, brachte Gimbutas die Überlegung ins Spiel, dass sie Teil eines weitaus größeren Korpus von Zeichen sein könnte, die die kosmologischen und geistigen Weltanschauungen des neolithischen Zeitalters ausdrückten. Diese symbolischen Muster und Motive (Kreuze, Spiralen, Punkte, Rauten etc.) tauchen auf zahllosen Artefakten auf, die aus Knochen, Stein, Holz und Lehm hergestellt sind. Viele dieser noch vorhandenen Objekte aus der Periode wie Kultfigurinen, rituelle Gefäße, Lampen, Spindelquirle und Stempelsiegel sind mit Elementen dieser symbolischen Sprache verschönert. Gimbutas meint, dass derlei Muster nicht nur dekorativer Art, sondern auch Bestandteile »eines Alphabets des Metaphysischen« seien und uns als solche das religiöse Leben der Steinzeit erschließen könnten. 1989 beschrieb sie ihren Versuch, diese Symbole zu entziffern:

Vor etwa zwanzig Jahren, als ich erstmals begann, die Bedeutung der Zeichen und Muster zu untersuchen, die wiederholt auf Kultobjekten und bemalter Keramik des neolithischen Europa auftauchten, kam mir der Gedanke, dass sie Teile eines gigantischen Puzzles sein könnten – von dem zwei Drittel fehlten. Als ich an seiner Auflösung arbeitete, schälten sich die Hauptthemen der alteuropäischen Ideologie heraus, vor allem durch Analyse der Symbole und Bilder und durch die Entdeckung ihrer inneren Ordnung. Sie stellen die Grammatik und Syntax einer Art Metasprache dar, wodurch die gesamte Konstellation von Bedeutungen übermittelt wird. Sie enthüllen die grundlegende Weltauffassung der alteuropäischen (präindogermanischen) Kultur.

Die Wechselwirkung dieser Zeichen und ihre Fügung zu zahlreichen Kombinationen waren die Mittel, durch die die alteuropäischen Kulturen ihren metaphysischen Vorstellungen Ausdruck gaben. Vorstellungen von der Zeit, dem Raum und der Natur des Kosmos wurden durch eine Gruppe von Zeichen ausgedrückt. Wenn diese symbolische Sprache »gelesen« werden sollte, dann musste natürlich jede Zeichenkomponente ihren eigenen, festgelegten Platz im Gesamtsystem einnehmen. Gimbutas war überzeugt, dass ihre Forschungen die innere Funktionsweise dieses Systems enthüllten. Das alteuropäische System, das seinem Glauben über die Welt, das Leben, den Tod, Zeit und Raum und andere allgemein gültige Angelegenheiten der Menschheit Ausdruck verlieh, tat dies durch die Linse der neolithischen Kultur und ihrer Hauptbeschäftigungen.

Das Kreuzsymbol zum Beispiel und die davon abgeleiteten Symbole wie die Swastika verkörpern eine Anzahl von Prinzipien dieser prähistorischen Ideologie. Das Kreuz stellt die vier Ecken der Welt dar und war ein Symbol des kosmischen oder jährlichen Zyklus. Für die neolithischen Bauerngemeinschaften war dies natürlich mit den Tätigkeiten in der Landwirtschaft, mit der Geburt und dem Tod der Vegetation verknüpft. Das Kreuz ist ein Ideogramm für die Ganzheit, die zyklische Zeit und die Erneuerung des Lebens. Gimbutas zeigt, dass es ein Symbol ist, das insbesondere mit der Großen Göttin des Lebens und des Todes und der Göttin der Vegetation verbunden ist. Die Spirale, ein anderes Zeichen in dem System, symbolisiert die Schlange des Universums, die ihrerseits Dynamik, Lebenskraft und die sich erneuernden Kräfte der Natur verkörpert. Die dynamische Energie, die durch das Bild der Schlange und die Spirale repräsentiert wird, scheint eng mit dem Leben spendenden Element Wasser verbunden gewesen zu sein. Eine der wichtigsten Figuren des Pantheons in der alteuropäischen Ikonografie ist die Schlangengöttin. Sie wird entweder halb als

Schlange, halb als Mensch dargestellt oder einfach als eine menschliche Figur, die mit Spiralmotiven bedeckt ist. In der neolithischen Periode, genau wie im Altertum, ist das Symbol der Schlange auch mit Regen verknüpft – eine Erscheinung der Natur, die gewiss von größter Bedeutung für alle Bauern ist.

Ursprünglich entzifferte Gimbutas die Bedeutung des Kreuzes, der Spirale und vieler anderer Zeichen durch ihre Untersuchung der Tausende von Kultobjekten, die im südöstlichen Europa ausgegraben worden waren. Später entdeckte sie, dass es möglich war, deutliche Parallelen zu diesen symbolischen Traditionen in archäologischen Funden aus anderen Teilen des neolithischen Europa zu ziehen. Sie dehnte folglich den Begriff »Alteuropa« auf jene Bereiche aus. Sie setzte sogar die Begriffe »alteuropäisch« und »präindogermanisch« gleich. Sie begann, noch tiefer in die Materie einzudringen, um herauszufinden, welche der Zeichen in noch frühere Perioden der Steinzeit in Europa reichen könnten, in das Mesolithikum und das Paläolithikum. Das Studium solcher Symbole zeigt, dass, ebenso wie das Altertum Inspirationen aus dem Neolithikum bezog, auch die ersten Bauerngemeinschaften jener Periode Inspirationen aus den symbolischen Traditionen der Jäger und Sammler empfingen, die ihnen vorausgegangen waren.

Die Zickzack- oder Schlangenlinie ist ein beinahe universal benutztes Symbol für Wasser, und Gimbutas ist der Meinung, dass dem auch in der neolithischen und der paläolithischen Zeit so war. Wasser ist eines der Lebenselemente, ohne das kein Organismus überleben kann. Man kann sich nicht vorstellen, dass irgendeine menschliche Gesellschaft sich seinem großen Potenzial symbolischer Darstellungen gegenüber gleichgültig verhalten könnte. Zickzack- und Mäanderlinien, die die Vorstellung von Wasser hervorrufen, scheinen in sehr fernen Perioden der Steinzeit entstanden zu sein, selbst vor der Zeit, als menschliche Wesen nach Meinung vieler schon die Fähigkeit hatten, sich auf symbolische Weise auszudrücken. Die Entdeckung eines Knochenfragmentes an der Fundstätte Mousteri in Bacho Kiro in Bulgarien Anfang der Siebzigerjahre legt nahe, dass die Benutzung dieses Zeichens in die Zeit des Neandertalers zurückreichen könnte. Dieses Knochenfragment ist mit dem Zickzackmotiv versehen, und für Alexander Marshack, der die mikroskopische Analyse dieses Objektes durchführte, war klar, dass »in dem Augenblick, als die Hersteller der Zeichen an das Ende der eingeritzten Zickzacklinie kamen, ... er [oder sie] sein [ihr] Werkzeug nicht abhob, um die anschließende Linie in die andere Richtung zu machen, sondern stattdessen den Knochen drehte, wobei er [oder sie] den Eindruck des Drehens an der Ecke jedes Winkels hinterließ«. Marshack zieht daraus den Schluss, dass die Zickzacklinie nicht eine ziellose Aneinanderreihung von Markierungen durch Schnitte oder Abschaben des Knochens im Verlauf des Schlachtens oder einer anderen praktischen Tätigkeit war, sondern eindeutig das Ergebnis der Absicht, eine Zickzacklinie zu schaffen. Die Zickzacklinie ist ein sehr verbreitetes Motiv in der gesamten jungpaläolithischen Periode, und ihre wiederholte Verbindung mit Fischdarstellungen erhärtet das Argument, dass sie in erster Linie eine Glyphe zur Darstellung von Wasser ist. Eine gravierte Rentierrippe von der Cro-Magnon-Fundstätte Les Eyzies in Südfrankreich, etwa dreißigtausend Jahre alt und der Aurignac-Periode zugerechnet, zeigt eine menschenähnliche Figur mit einem Zickzackmotiv auf ihrem Körper.

Paul Bahn, einer der führenden Spezialisten paläolithischer Höhlenkunst, hat dargelegt, dass es eine bedeutsame Entsprechung zwischen den ausgeschmückten Höhlen in den Pyrenäen und dem östlichen Kantabrien sowie den Thermal- und Mineralquellen in der Nachbarschaft solcher Fundstätten gibt. Er ist der Meinung, dass dieser Befund mit der Mythologie jener Zeit in Verbindung zu bringen und die Wahl solcher Orte nicht nur auf praktische Erwägungen zurückzuführen sei. In einem bestimmten Gebiet der französischen Pyrenäen ist Höhlenkunst, die die wiederkehrenden Motive der Schlangenlinien aufweist, nicht auf das Jungpaläolithikum beschränkt, sondern wird auch wiederholt in Dekorationen gefunden, die dem chalkolithischen und Bronzezeitalter zugerechnet werden; sie könnten mit dem Muttergöttinnenkult in Verbindung gebracht werden. (Höhlen stehen in der Mythologie allgemein für den Mutterleib.) Bahn meint, dass dies eine Kontinuität der rituellen Themen durch die Jahrtausende der Vorgeschichte, zumindest in jener Region, andeuten könnte. Gimbutas macht symbolische Kontinuitäten von der Magdalénien-Periode bis zu den neolithischen Kulturen des alten Europa in der Darstellung der Zickzacklinie und den M-förmigen Zeichen in Verbindung mit weiblichen Symbolen, insbesondere Vulva und Uterus, aus. Sie vermerkt, dass geschmückte Vasen der alteuropäischen Kulturen Wasserbehälter seien; die Verzierungen sind sowohl Zickzacklinien als auch Symbole für Wasser und Gesichter, die die Göttin als die Quelle der Leben spendenden Flüssigkeit darstellen. Die Zickzacklinie findet sich auch unter den alteuropäischen Zeichen, die für Buchstaben einer Schrift gehalten werden, und ihre Bedeutung kann sogar im alten Ägypten aufgespürt werden, wo die Hieroglyphe ^ ^ oder *mu* »Wasser« bedeutet. Weiter östlich hat Marshack die Weiterentwicklung des Zickzackmotivs in der Steinzeitkunst der Russischen Ebene nachgewiesen; er fand, dass die bildlichen Darstellungen der jungpaläolithischen Periode sich in den neolithischen symbolischen Traditionen widerspiegeln.

Das einfache V und der Sparren (ein umgekehrtes V) gehören zu den häufigsten Motiven der Steinzeit. Das V ist natürlich ein sehr einfaches, augenfälliges Zeichen. Es ist eines der fünf Kernsymbole des Vina-Zeichensystems und kommt auch unter den Buchstaben der alteuropäischen Schrift vor. Es ist klar mit dem Zickzack- oder Mäandersymbol verknüpft, das aus miteinander verbundenen Vs und Sparren besteht. In der Lesart Gimbutas' ist das V häufig eine bildliche Darstellung der Vulva, hat aber noch eine zusätzliche Bedeutung: »… es ist erstaunlich, wie früh sich dieses ›Kürzel‹ herausbildete, um für Jahrhunderte das Kennzeichen der Vogelgöttin zu werden.« Obwohl wir selbst heute noch das V zur Darstellung von fliegenden Vögeln in zahllosen Kinderzeichnungen finden können – was die Universalität der Darstellung von Vögeln mittels V-Motiv beweist –, ist es schwer, Gimbutas darin zuzustimmen, dass die figurativen Bilder von Vögeln (besonders in Beziehung zu Abbildungen der Göttin) und Vs häufig genug in der Kunst und den verzierten Artefakten der Steinzeit gemeinsam auftreten, um diese Behauptung zu wagen. Außerdem ist eine weit verbreitete Beziehung schwer aufrechtzuerhalten, wenn Vs ohne Vögel auftreten und umgekehrt. Gimbutas' Interpretation des V als in erster Linie sich auf die Vulva beziehend ist ebenfalls zu hinterfragen. In steinzeitlichen Darstellungen der meisten oder aller weiblichen Körper werden die Genitalien gewöhnlich in Form eines Dreiecks und oft noch mit einer Mittellinie gezeichnet. Zu behaupten, dass einzelne Dreiecke die Vulva darstellen, ist schon kühn genug, weshalb einzelne Vs als Abbildungen der Vulva noch umstrittener sind. Die Frage der sexuellen Natur in der prähistorischen Symbolik wird genauer in Kapitel XIV aufgegriffen.

Ich habe bereits den Widerstand in akademischen Kreisen gegen eine unparteiische Untersuchung der Möglichkeit, dass die Schrift aus dem Neolithikum stammen könnte, beschrieben. An dieser Stelle verlassen wir kurz das Neolithikum, um die Untersuchungen noch weiter zurück in der Steinzeit vorzunehmen. Bei dem Versuch, die Suche nach den paläolithischen Ursprüngen der Schrift wiederzubeleben, betonen Allan Forbes und Thomas Crowder diese etablierte Untätigkeit:

Die Behauptung, dass Rentierjäger der Eiszeit die Schrift vor fünfzehntausend Jahren erfunden hätten, ist vollkommen unzulässig und nicht nachzuvollziehen. Alle Daten, die von Archäologen in den vergangenen hundert Jahren zusammengetragen wurden, stützen die Behauptung, dass die Sumerer und Ägypter die echte Schrift in der zweiten Hälfte des 4. Jahrtausends erfunden hätten. Das paläolithisch-mesolithisch-neolithische Fortschreiten zur Zivilisation ist ein beinahe ebenso grundlegender Glaubensartikel der zeitgenössischen Wissenschaftler wie der Heliozentrismus. Die Schrift ist das diagnostische Merkmal, der wesentliche Charakterzug der Zivilisation. Die Schrift, sagt I. J. Gelb, »unterscheidet den zivilisierten Menschen vom Barbaren«.

Wenn die Frankokantabrier (das heißt die Eiszeitbewohner von Teilen Frankreichs und Spaniens) tausende Jahre, bevor die Zivilisation im Nahen Osten entstand, die Schrift erfunden haben sollten, dann würden unsere liebsten Vorstellungen über die Natur der Gesellschaft und den Verlauf der menschlichen Entwicklung zerstört werden.

In der Frühzeit der prähistorischen Forschung, als die Dogmen dieser Disziplin noch wenig ausgeprägt und Spekulationen über den paläolithischen Menschen noch weit verbreitet waren, wurde der Gedanke, dass die Schrift in die Zeit der Höhlenmalereien zurückreichen könnte, von zahlreichen Prähistorikern ernst genommen. Edouard Lartet (1801–1873), ein Paläontologe, der später Archäologe wurde, und sein Kollege, der wohlhabende Kaufmann Henry Christy (1810–1865), arbeiteten bei der Ausgrabung einiger paläolithischer Fundstätten in Südfrankreich um 1860 zusammen. Zu ihren vielen Leistungen gehört, dass sie die ersten Archäologen waren, die systematische Untersuchungen der Fundstätten durchführten, an denen Objekte mit symbolischen Zeichen gefunden wurden. Sie meinten, dass die geschnitzten und gekerbten Knochen, die sie in den Felsüberhängen von Les-Eyzies-de-Tayac in der Dordogne entdeckten, Aufzeichnungen über Tiere seien, die von den Jägern erlegt worden waren. Weitere Untersuchungen dieser Objekte durch Professor T. R. Jones stützten ihre Interpretation der zielgerichteten Markierungen als »inschriftartig«. 1867 stellte Felix Garrigou die These auf, dass ein markiertes Artefakt, das an einer anderen französischen Fundstätte (La Vache) ausgegraben wurde, etwas darstelle, was vielleicht »die ersten Buchstaben waren, die dazu dienten, einen Gedanken durch Zeichen darzustellen«. 1905 ging Edouard Piette einen Schritt weiter mit der Vermutung, dass die jungpaläolithischen Bewohner dieser Region nicht nur eine, sondern zwei Formen des Schreibens kannten. Kurz nach Piettes kühner Annahme verlieh Armand Viré seiner Auffassung Ausdruck, dass die untersuchten Markierungen auf einem Magdalénien-Artefakt ebenfalls eine Schrift seien.

Diese frühen Ideen, dass der Mensch des Paläolithikums die Schrift erfunden haben könnte, wurden nicht anhand systematischer Studien entwickelt und blieben als solche einfache Vermutungen. Das lebhafte Interesse an dieser Möglichkeit schwand, als mit der Entdeckung der spektakulären Höhlenmalereien in der Region die meisten Prähistoriker ihre Aufmerksamkeit anderen, mehr greifbaren Themen zuwandten. Die Idee einer paläolithischen Genesis der geschriebenen Schrift starb aber nie völlig aus, sondern ist immer wieder von bedeutenden Archäologen bei verschiedenen Anlässen angeschnitten worden. Abbé Henri Breuil (1877–1961), einer der berühmtesten Prähistoriker seiner Generation, spekulierte über die Möglichkeit, dass abstrakte Markierungen an der Decke der spanischen Höhle in Altamira alphabetische Zeichen sein könnten. Er verwarf sie jedoch nach einer gründlicheren Untersuchung der Höhle wieder. Der große Romancier und Kritiker Georges Bataille war ebenfalls der Meinung, dass einige der Zeichen, die in den Höhlen gefunden wurden, Beispiele einer primitiven Schreibweise seien.

André Leroi-Gourhan, dessen Interpretation der Höhlenkunst während der Sechzigerjahre maßgeblich war, trug viel dazu bei, dass die früheren Interpretationen verdrängt wurden, die in den Malereien und Markierungen des jungpaläolithischen Menschen eine Form der Jagdmagie sahen. Durch Analyse zahlreicher Zeichengruppen, die auf den Flächen von Höhlen und Felsüberhängen entdeckt wurden (und die zusammen mit den naturalistischen Abbildungen von Tieren das ausmachen, was »Wandkunst« genannt wird) sowie auf kleinen verzierten Artefakten (die oft unter dem Namen »mobile Kunst« zusammengefasst werden), war er in der Lage zu zeigen, dass in diesen bildlichen Darstellungen eine Art System herrschte. Leroi-Gourhan hielt die prähistorischen Zeichen nicht für eine Form der Schrift, aber er glaubte, dass sie ein symbolisches Mittel der Kommunikation waren, das von den Völkern der jungpaläolithischen Epoche benutzt wurde. Obwohl er die These vertrat, dass die Zeichen ein komplexes System darstellten und ein beträchtliches

Abstrahierungsvermögen zum Ausdruck brächten, wich seine Ansicht über ihre soziale Funktion doch weit von den Interpretationen ab, die diesen Zeichen die Merkmale einer Schrift zuerkennen wollen. Peter Ucko und Andrée Rosenfeld umreißen die Art des »Lesens« der Zeichen entsprechend der Theorie Leroi-Gourhans:

> Auf der Basis einer eingehenden Inventur der »nicht naturalistischen« Zeichen … der paläolithischen Wandkunst hat Leroi-Gourhan eine evolutionäre Serie konstruiert, von der er glaubt, dass sie die Zeichen in zwei Gruppen unterteilen könne, die eine deutliche Ableitung entweder von der weiblichen Figur und den weiblichen Sexualorganen oder von den männlichen Sexualorganen aufweisen… Leroi-Gourhan sieht die beiden Zeichengruppen als entgegengesetzt, gepaart oder nebeneinander gestellt; jene der [Gruppe] »a« (Linien, Punkte etc.) stellen das Männliche und jene der [Gruppe] »b« (Eiform, Dreieck etc.) das Weibliche dar.

Bei dieser Lesart der Zeichen mit ihrer Unterteilung in männlich und weiblich können wir gewisse Ähnlichkeiten mit Marija Gimbutas' »Alphabet des Metaphysischen« erkennen, und tatsächlich beschrieb auch Leroi-Gourhan die Symbole als ein »metaphysisches System«. Aber die Ähnlichkeiten sind oberflächlich. Denn während die Lesart der neolithischen Symbole und ihrer paläolithischen Vorläufer Gimbutas' ein grundsätzlich weibliches Alphabet mit stark aufgeladenem emotionalen und seelischen Hintergrund ist, bietet die intellektuelle Herangehensweise Leroi-Gourhans ein stark strukturiertes und kaltes System, bei dem die Geschlechter harmonisch ausgeglichen sind, was mehr mathematisch als musikalisch, eher verkopft als seelisch ist. Aber es gibt Hinweise, dass er gegen Ende seines Lebens der Überzeugung zuneigte, dass die jungpaläolithischen Symbole weit fortgeschrittener waren, als er ursprünglich angenommen hatte. Laut Brigitte und Gilles Delluc »gab er bezüglich der Komplexität der Zeichen in Lascaux kurz vor

Abbildungen 16, 17 und 18

seinem Tod uns gegenüber zu: ›In Lascaux glaubte ich wirklich, dass sie einem Alphabet sehr nahe gekommen waren.‹« Das Gewicht dieser Aussage sollte nicht unterschätzt werden. Wenn Leroi-Gourhan, der einer der angesehensten Prähistoriker seiner Generation war, meinte, dass sie nahe daran gewesen seien, ein System der Schrift zu entwickeln, dann lohnt es sich, die Untersuchung der Möglichkeit, dass sie noch weiter gegangen sind und tatsächlich ein Alphabet erfanden, ins Auge zu fassen, weil diese Vorstellung nicht mehr so verrückt und abwegig ist. Es liefert zusätzlich Gründe, die neolithischen Beweise genauer unter die Lupe zu nehmen, wie jene aus dem alten Europa, um eventuelle Schriftsysteme zu entdecken. Wenn Leroi-Gourhan Recht hatte, dass die Eiszeitkulturen an die Schwelle der Entwicklung eines Alphabets gelangten, würde es überraschen, wenn bis zum Entstehen der sumerischen Schrift nicht weitere Entwicklungen stattgefunden haben sollten.

Forbes' und Crowders Rechtfertigung für die Wiederbelebung des Gedankens, dass die Schrift vielleicht in die Eiszeit zurückverfolgt werden könnte, beruht auf der Tatsache, dass eine beträchtliche Anzahl der bewussten Markierungen, die sowohl in der Wandkunst als auch in der mobilen Kunst aus der frankokantabrischen Region gefunden wurden, bemerkenswerte Ähnlichkeiten mit zahlreichen Buchstaben in alten geschriebenen Sprachen hat, vom Mittelmeer bis nach China. Abbildung 16 zeigt eine Auswahl der frankokantabrischen Zeichen, und Abbildung 17 liefert Beispiele von Buchstaben aus den folgenden Schriften: (a) hieroglyphische Determinative; (b) sumerische Bilderschrift; (c) Industal; (d) Linear A; (e) Linear B; (f) Zypriotisch; (g) Protosinaitisch; (h) Phönizisch; (i) Iberisch; (j) Etruskisch; (k) Griechisch (westlicher Zweig); (l) Römisch; (m) Runenschrift. Abbildung 18 zeigt einige Zeichen, die auf Orakelknochen gefunden wurden – die frühesten weithin anerkannten Beispiele des chinesischen Schriftsystems. Während die relativ häufigen Entsprechungen zwischen den Zeichen des Mittelmeerraums leicht durch den Hinweis erklärt werden können, dass manche Schriftsprachen sich unmittelbar von anderen inspirieren ließen (was zweifellos der Fall ist), widersetzen sich die verbreiteten Ähnlichkeiten über Zeit und Raum hinweg – von der Eiszeit bis in historische Zeiten und von Spanien bis China – einer so einfachen und direkten Erklärung.

Es ist nicht so leicht, wie es zunächst scheinen mag, diese offensichtlichen Entsprechungen als Zufall und einem glücklichen Zusammentreffen geschuldet abzutun. Man könnte sagen, dass es nur soundso viele Grundzeichen gibt, die Menschen erfinden können, und dass dies das »Wunder« irgendwelcher kultureller Verbindungsglieder erkläre, die zwischen Zeichengruppen verschiedener Zeiten und Orte bestehen sollen. Doch selbst in diesem Fall wäre die Tatsache, dass es eine erklärbare Grenze für die menschliche Bestandsliste »abstrakter« Zeichen gibt, unabhängig von der Kultur, eine Spur, die es wert wäre, verfolgt zu werden. Das könnte bedeuten, dass es irgendeinen kognitiven Mechanismus gibt, der hinter der Hervorbringung sichtbarer Formen und derartiger Zeichen steckt, hinter den verschiedenen Bedeutungen, welche die Zeichen auf verschiedenen kulturellen Hintergründen mitteilen. Wir können jedoch angesichts dessen, was wir gegenwärtig über unsere Vergangenheit wissen (insbesondere über die Vorgeschichte), die Möglichkeit nicht gänzlich ausschließen, dass gewisse Ähnlichkeiten zwischen Zeichensätzen, von denen allgemein angenommen wird, sie hätten keine kulturellen Verbindungen, letztlich doch miteinander verknüpft sind. Wir haben bereits gesehen, wie kein Geringerer als Sir Flinders Petrie einige Aspekte der nicht erklärten Verbindungen zwischen Zeichen des alten Mittelmeerraums verfolgte.

Forbes und Crowder haben die These vertreten, dass die frankokantabrischen Markierungen entfernte Vorfahren der vorgeschichtlichen Keramikmarkierungen in Ägypten wie auch in den frühen mediterranen Schriftsprachen seien. Angesichts der vorherrschenden Auffassung, dass die Menschen des Jungpaläolithikums zu »primitiv« waren, um die Schrift erfinden zu können, oder bestenfalls kein »Bedürfnis« hatten zu schreiben, ist eine ernsthafte Untersuchung eines solchen möglichen frühen

Ursprungs nicht durchgeführt worden. Wieder können wir feststellen, wie sich das Argument der Wirtschaftsform über den Ursprung des Sumerischen bemerkbar macht. Es gibt aber keine stichhaltigen Gründe für die Behauptung, dass die Schrift notwendigerweise als Folge ökonomischer Erfordernisse entstand. Wie bereits gesagt worden ist, verdanken die chinesischen Orakelknochen ihr Entstehen dem Interesse, Weissagungspraktiken durchzuführen, und nicht irgendwelchen Notwendigkeiten der Rechnungsführung. Dem restriktiven Modell ökonomischer Notwendigkeit zufolge hatten die Chinesen kein Bedürfnis, die Schrift für sich zu erfinden. Nichtsdestoweniger entwickelten sie eine, und das verbietet zu meinen, dass andere Kulturen – einschließlich jener der Eiszeit in Europa – kein Schriftsystem entwickelten für Weissagungs- oder andere »magische« Zwecke. Ich behaupte nicht, dass die Menschen der Eiszeit die Schrift erfunden haben müssen; ich sage nur, dass es keine stichhaltigen Gründe a priori gibt, die Möglichkeit von der Hand zu weisen. Weder ihr Jäger-Sammler-Dasein noch ihre Zugehörigkeit zur fernen Vorgeschichte sollten uns davon abhalten, unsere Versuche zu intensivieren, zu verstehen, wann, wie und warum die Schrift begann.

Paul Bouissac sieht den Widerstand gegen ernsthafte Untersuchungen der paläolithischen Schrift zum Teil in der fest verankerten Tradition begründet, die Eiszeitmalereien und andere Formen vorgeschichtlicher Kunst als einfache Darstellungen der Objekte, die sie abzeichnen, zu betrachten. Mit anderen Worten: »Die Zeichnung eines Bisons zum Beispiel deutet unzweifelhaft an, dass sein(e) Urheber sich auf einen Bison als solchen beziehen wollte(n). Das kann ein Gegenständlichkeitstrugschluss genannt werden.« In dieser gegenständlichen Art, die Dinge zu sehen, werden die abstrakten Zeichen der paläolithischen Kunst keineswegs als abstrakt gesehen, sondern als Verkörperungen von Jagdnetzen, Waffen etc. Auch wenn es wahrscheinlich ist, dass manches in der Kunst des Jungpaläolithikums tatsächlich rein gegenständlich war, muss dies nicht immer der Fall gewesen sein. Paul Bouissac meint, dass ein fruchtbareres Herangehen in der semiotischen Hypothese bestünde, wie er es nennt. Er beschreibt sie wie folgt:

> Die semiotische Hypothese kann in zwei Formen unterteilt werden, wie es oft in den Sozialwissenschaften geschieht: die weichere Hypothese (individuelle, erkennbare Zeichnungen oder ihre Zusammenhänge haben Bedeutungen, die zumindest bis zu einem gewissen Grad von einigen der Merkmale der dargestellten Tiere oder Werkzeuge bestimmt sind) und die stärkere Hypothese (derartige Ähnlichkeiten sind zufällig, historisch oder rein instrumental – das heißt für den Inhalt der Botschaft nicht relevanter, als es die Form des Keils in der Silbenkeilschrift Mesopotamiens ist hinsichtlich der Bedeutung der Botschaften, die dieses Schriftsystem übermitteln kann).

Bei dieser Betrachtungsweise wären das »Alphabet des Metaphysischen« Marija Gimbutas' (das sie als Vorläufer der alteuropäischen Schrift ansieht) und das System der sexuellen Symbolik, das von Leroi-Gourhan entwickelt wurde, Beispiele der weicheren Hypothese, da die beiden Interpretationen der Steinzeitzeichen das gegenständliche Element der verschiedenen Motive als einen wichtigen Faktor zum Verständnis der Botschaft betonen, die vorgeschichtliche Völker zu übermitteln versuchten. Die stärkere Hypothese, die im Wesentlichen Zeichengruppen daraufhin zu untersuchen versucht, ob sie vergleichbar sind mit dem, was allgemein als ein Schriftsystem verstanden und akzeptiert wird, ist die von Bouissac vertretene Herangehensweise. Er glaubt nicht, dass Schriftsysteme entschlüsselt werden können, wenn man sich der stärkeren Hypothese vermehrt bedient, sondern empfiehlt lediglich, dass die Hypothese geprüft werde. Der Durchführung dieser Forschung stehen viele praktische Hindernisse entgegen, da sie

> die Verfügbarkeit einer Datenbasis voraussetzt, mit deren Hilfe die morphologischen Charakteristika großer Zeichengruppen geprüft werden könnten, um erst einmal semiotische Grenzen über

Zeit und Raum hinweg feststellen zu können; zweitens, um Typen aus dem systematischen Studium der morphologischen Variationen herauszuarbeiten; und drittens, um … Zeichenketten kritisch zu prüfen, in welcher Richtung auch immer Abfolgen sich konstruieren lassen, um sich wiederholende Typenkombinationen herauszufinden. Dann könnten beständige formale Eigenschaften solcher Typenkombinationen auftauchen oder auch nicht. Im letzteren Fall wäre der Beweis reiner Zufälligkeit angetreten worden, und würde es uns folglich erlauben, zumindest für den Augenblick, die starke semiotische Hypothese zu verwerfen. Aber wenn ein hinreichendes Maß an formaler Folgerichtigkeit enthüllt würde, wäre eine neue Richtung für die Forschung erschlossen.

Bouissac bringt es auf den Punkt: Wenn ein hinreichend großer Korpus jungpaläolithischer Zeichen in einer Weise übertragen werden könne, die ihre ursprüngliche räumliche Anlage beibehält und zeigt, dass sie einer bestimmten Zeitperiode angehören (anstelle einer Mischung oder eines Durcheinanders von Zeichen, die zu verschiedenen Zeiten gemalt oder geritzt wurden), dann könne die Untersuchung beginnen, ob der Korpus eine Form des Schreibens sei oder nicht. Es sind viele Zeichenfolgen an den frankokantabrischen Fundstätten erhalten, aber ob sie ausreichen, um eine Analyse zu erlauben, wie sie Bouissac vorgeschlagen hat, ist unklar. Ob eine solche Hypothese jemals geprüft wird, um die Zeichensysteme des Jungpaläolithikums zu verstehen, muss abgewartet werden. Gegenwärtig scheinen sich die meisten Wissenschaftler damit zu begnügen, einen vorsichtigen Kurs bei der Interpretation der verschiedenen Zeichen zu verfolgen, und zwar im Sinne eines teilweise abstrakten, symbolischen Mittels der Kommunikation, aber nicht eines vollständig ausgebildeten Schriftsystems.

In den vorigen Kapiteln habe ich nur eine kleine Zahl komplexer Zeichensysteme ausgewählt, die aus prähistorischen Zeiten erhalten sind. Meine Konzentration auf den Nahen Osten und insbesondere auf Europa soll keineswegs bedeuten, dass solche Systeme nicht auch anderswo in der prähistorischen Welt

existierten. Weit gefehlt – Untersuchungen zahlreicher Zeichen-
sammlungen werden an so weit voneinander entfernt liegenden
Orten wie der Arabischen Halbinsel, China und Australien vorgenommen. Millionen prähistorischer Zeichen auf allen Kontinenten sind bereits registriert worden, und ständig werden neue
entdeckt. Die meisten Wissenschaftler würden zustimmen, dass
diese zahllosen Zeichen in der Hauptsache nicht einfach sinnlose Spielereien des prähistorischen Menschen sind; aber sie zu
interpretieren bleibt ein schwer fassbares und frustrierendes
Unterfangen. Es scheint nicht mehr ausreichend zu sein, an einer
vereinfachenden evolutionären Abfolge von Ereignissen festzuhalten, die zum sumerischen Durchbruch vor fünftausend Jahren führten.

Im Laufe meiner Auseinandersetzung mit den Theorien
Schmandt-Besserats bezüglich des neolithischen Einflusses auf
das Entstehen der sumerischen Schrift erwähnte ich ihre
Ansichten über die paläolithischen Vorläufer, von denen die
anfänglichen evolutionären Bausteine stammten, auf denen
das neolithische *Token*-System schließlich aufgebaut wurde.
Ihrer Auffassung nach waren die Kerbhölzer der jungpaläolithischen Periode ein recht rudimentäres Mittel, Informationen
aufzubewahren und zu handhaben. Während ihre Theorie zwar
die klare Trennung zwischen »zivilisierten« Kulturen, die sich
ihrer Schriftsysteme rühmen können, und den »primitiven«
prähistorischen Kulturen, die in dieser Hinsicht völlig unwissend waren, aufhob, hängt sie doch der ziemlich traditionellen
Auffassung von einer einfachen evolutionären Entwicklung
der Komplexität vom Paläolithikum zum Neolithikum an. Hinsichtlich der direkten Vorfahren der sumerischen Schrift können wir der Absegnung von Schmandt-Besserats Theorie durch
William W. Hallo, Professor für Assyrologie und babylonische
Literatur, und William M. Laffan, Kurator der babylonischen
Sammlung an der Yale-Universität, nur zustimmen:

Welche Einwände auch immer gegen diese These vorgebracht
worden sind oder vorgebracht werden – die Herausforderer müs-

sen eine ebenso systematische Alternative anbieten, um überzeugend zu sein. Das plötzliche Auftauchen einer ausgeklügelten Niederschrift der archaischen Texte von Uruk ex nihilo und de novo ist eine Behauptung, die weder von der Vernunft noch von der Beweislage gestützt wird. *Before Writing* liefert bis heute die zusammenhängendste Arbeitshypothese über die Vorgeschichte der geschichtlichen Erfindung, die »Schrift« genannt wird.

Doch die Mängel der früheren Herangehensweisen an die neolithischen Beweise (dass nämlich die neolithischen Völker nicht »fortschrittlich« genug waren, um irgendein komplexes Instrument zur Aufzeichnung und zum Umgang mit Informationen zu schaffen), die sie mit ihrer Entdeckung des *Token*-Systems fast im Alleingang überwunden hat, können auch in ihrer eigenen Behandlung der früheren Beweise gefunden werden. Ihr Herangehen an die vorhandenen Daten bezüglich der Fähigkeiten der paläolithischen Völker basiert auf einem Trugschluss des evolutionären Denkens: dass »früher« immer »einfacher« bedeutet. Nicht alle jungpaläolithischen symbolischen Systeme sind so unbedarft wie die Kerbhölzer, die sie als typisch für jene Periode hinstellt. In einer sehr differenzierten und strengen Analyse eines gravierten Rentierhorns der Magdalénien-Periode (auf ein Alter von mehr als vierzehntausend Jahren geschätzt), das in der Höhle La Marche bei Lussac-les-Châteaux in Westfrankreich gefunden wurde, hat Francesco d'Errico gezeigt, dass im Jungpaläolithikum mit Sicherheit komplexere Systeme existierten (siehe Abbildung 19). Er weist ausdrücklich die Vorstellung zurück, dass Artefakte aus jener Zeit nur Informationen eines Typs speichern konnten:

Die Markierungen auf dem La-Marche-Geweih scheinen anzudeuten, dass künstliche Gedächtnissysteme, die verschiedene Kategorien von Informationen speichern konnten, lange vor dem von Schmandt-Besserat nachgewiesenen *Token*-System existierten. Die Verwendung von komplexen künstlichen Gedächtniscodesystemen im Jungpaläolithikum wird durch die Untersuchung eines gravierten Pendants bestätigt, das in den abschließenden Schichten des Jungpaläolithikums in dem Felsüberhang Tossal de la Roca in der Nähe von Alicante in Spanien gefunden wurde. Auf diesem Objekt können wir, genau wie auf dem Stück aus La Marche, Veränderungen der Punkte und der Technik zwischen den Reihen von winzigen Einritzungen erkennen, die in Reihen nebeneinander angeordnet wurden… Das La-Marche-Horn deutet also an, dass die Frage des Ursprungs der Schrift von einem archäologischen Gesichtspunkt nicht korrekt angegangen werden kann, ohne die Evolution und die Veränderlichkeiten der paläolithischen künstlichen Gedächtnissysteme in Rechnung zu stellen. Es ist wahrscheinlich, dass der Verlauf dieser Evolution komplexer war, als wir uns früher vorstellen konnten.

Außerdem betont Francesco d'Errico, dass das La-Marche-Horn in kognitiver Hinsicht tatsächlich komplexer ist als das spätere und daher angeblich überlegenere neolithische *Token*-System. Er meint, dass die kognitive Evolution im Licht seiner Studien des La-Marche-Horns und analoger Artefakte aus der Eiszeit überdacht werden müsse, und er stellt auch die Frage, worum es eigentlich geht, wenn wir von der Schrift und ihren Ursprüngen sprechen. Bei der Definition der Schrift ist er anderer Meinung als die Traditionalisten, die automatisch Objekte wie das La-Marche-Horn der Vorläuferschriftphase in einem evolutionären Rahmen zuordnen würden. Ein ziemlich repräsentatives Beispiel konservativen Denkens, was die evolutionäre Position anbelangt, findet sich in *Writing* von David Diringer, einem Buch über die Entwicklung der Schrift:

Ohne Schrift würde Kultur, die als »eine mitteilbare Intelligenz« bezeichnet wurde, nicht existieren (außer in einer vielleicht so rudimentären Form, dass sie kaum zu erkennen wäre)… Wir können vielleicht sagen, dass jede Form grafischer Inschriften, wie unausgereift oder kompliziert auch, ihre Wurzeln in dem zentralen und universalen Bedürfnis des Menschen, *zu kommunizieren*

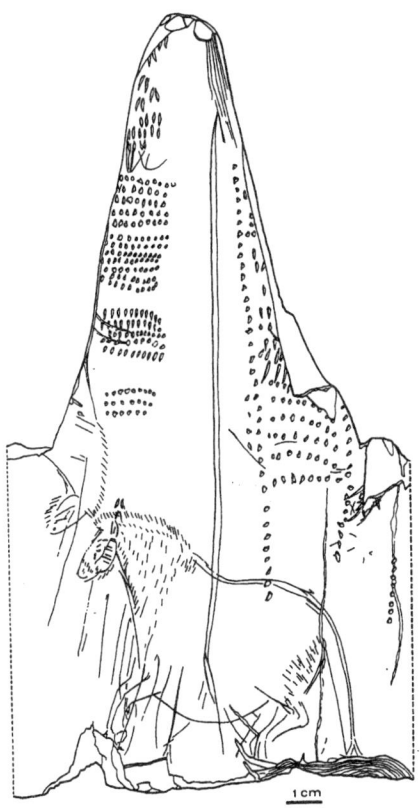

Abbildung 19

und *sich auszudrücken*, hat. Nichtsdestoweniger muss eine klare Unterscheidung getroffen werden, wenn unser Gegenstand überhaupt brauchbar sein soll, zwischen dem, was wir fortan »Embryoschrift« und »eigentliche Schrift« nennen wollen ... Eine Linie muss gezogen werden, und wir sollten nicht als Reaktion auf übermäßig vereinfachte Vorstellungen von »primitiven« und »rohen« Stufen der Zivilisation in das andere Extrem verfallen und in die Kategorie »Schrift« jede von Menschen benutzte Form grafischen Ausdrucks werfen ... Schrift, wie wir sie verstehen, ist eine bewusste Tätigkeit, kompliziert und untrennbar verbunden mit der relativ jungen Entwicklung des bewussten menschlichen Intellekts.

Diringer stellt selbst in diesem kurzen Abschnitt eine Reihe ziemlich fragwürdiger Behauptungen auf. Er behauptet, dass es in Gesellschaften – ob prähistorisch oder historisch –, die keine Schrift haben, kaum Kultur gibt. Kein einziger Anthropologe würde diese Position teilen, da weltweit akzeptiert ist, dass jede menschliche Gemeinschaft, wie angeblich »primitiv« sie auch sei, ein erkennbares kulturelles Erbe hat. Außerdem ist die Vorstellung, dass Menschen ein bewusster Intellekt fehlt, solange sie kein Schriftsystem haben, irrig und völlig absurd. Schließlich ist auch Diringers Forderung, dass eine Linie gezogen werden müsse, damit sein Gegenstand brauchbar werde, angreifbar. Die Tatsache, dass diese Aufgabe – nämlich die Beschreibung der Entwicklung der Schrift – erleichtert wird, wenn man die präpaläolithischen und viele andere Systeme als Embryoschrift außer Acht lässt, kann nicht geleugnet werden, aber man muss auch die Frage stellen, ob eine solche Trennung einen echten Wert hat, abgesehen davon, dass sie ihm das Leben erleichtert. Damit soll nicht gesagt werden, dass seine Auffassungen über die Definition der Schrift wertlos seien, denn er berührt einen wichtigen Punkt, wenn er anmerkt, dass nicht alle Formen grafischen Ausdrucks als Schrift in einen Topf geworfen werden sollten.

Von dieser Position aus gibt es zwei mögliche Wege. Der eine besteht darin, die geläufige Bedeutung des Begriffs »Schrift« auf zumindest einige Formen dessen, was als »Vorläuferschrift« oder »Embryoschrift« abgetan wurde, auszudehnen im Licht der Tatsache, dass die Evolutionstheorien der Schrift nicht hinreichend erklären können, was »wahre Schrift« ausmacht. Solange nicht einige der Zeichensysteme des Jungpaläolithikums und der alteuropäischen Schrift als Schriftarten nachgewiesen werden, die in das konventionelle Verständnis von »wahrer Schrift« hineinpassen (würde das für eine nachgewiesen werden, bräche natürlich die gesamte Evolutionsabfolge von der prähistorischen »Vorläuferschrift« zur zivilisierten »wahren Schrift« über Nacht zusammen), wäre es besser, nach einer anderen Methode zur Untersuchung der prähistorischen Zeichensysteme Ausschau zu halten, befreit von der ideologischen Zwangsjacke, die ein symbolisches Verhalten immer auf die untersten Sprossen der evolutionären Leiter verbannt. Und damit sind wir beim zweiten Weg, den d'Errico wählt. Er meint, dass die einzigartige menschliche Fähigkeit, Mittel zu entwickeln, durch die Informationen außerhalb der Begrenzungen des Körpers aufbewahrt, gehandhabt und mitgeteilt werden können, sich sowohl in der Vorgeschichte als auch der Geschichte in unzähligen Formen manifestiere, die künstliche »Gedächtnissysteme« (englische Abkürzung AMS = artificial memory systems) genannt werden könnten. Jungpaläolithische Kerbhölzer, das La-Marche-Horn, das neolithische *Token*-System, die sumerische Schrift, die Tartaria-Tafeln und selbst Computer sind sämtlich Beispiele für AMS. Mit der Verwendung dieses Begriffs wären wir in der Lage, vereinfachende und irreführende evolutionäre Doktrinen zu umgehen, die uns daran hindern, genau festzustellen, welche Art symbolischer Codes in der Vorgeschichte existierte und wozu sie dienten.

Marshack, Gimbutas und viele andere haben durch intensive und ausgedehnte Studien deutlich gemacht, dass die Steinzeitsymbolik nicht auf ein belangloses Gekritzel von einfachen Formen reduziert werden kann, die keine eigentliche Bedeutung haben. Die häufigen, im Wesentlichen ähnlichen Zeichen in ganz Europa (und natürlich darüber hinaus) und während der jungpaläolithischen, mesolithischen und neolithischen Periode stellen eine noch kaum verstandene Gruppe von Systemen symbolischer Kommunikation dar. Da diese Zeichen auf dem gesamten Kontinent über einen Zeitraum von mindestens fünfundzwanzigtausend bis dreißigtausend Jahren vorkommen, wäre es unsinnig anzunehmen, dass sie alle Teil einer »Metasprache« waren, die allgemein über Zeit und Raum hinweg benutzt und verstanden wurde. Damit wird nicht behauptet, dass Gimbutas' Interpretation einiger der Zeichen als Symbole einer Göttinnen verehrenden Religion oder Marshacks Erklärung zahlreicher Artefakte als Mondkalender (eine Theorie, die im folgenden Kapitel diskutiert wird) falsch ist. Diese bei-

den Forscher haben Aspekte des großen Korpus an Steinzeitzeichen ans Licht gebracht, aber die gewaltige Aufgabe ihrer
Entzifferung steht noch am Beginn. In den vorherigen Kapiteln
sind wir den Ursprüngen der Schrift vom Sumerischen ins eis-
zeitliche Europa gefolgt. Jetzt ist überdeutlich, dass die Schriftsysteme, die in Mesopotamien und andernorts vor fünftausend
Jahren auftauchten, ihre Entwicklung den Erfindungen verdanken, die bis in die neolithische Periode zurückverfolgt werden können und in mancher Hinsicht sogar noch weiter zurück,
bis in die jungpaläolithische Zeit.

VI.

Paläowissenschaft

Eines der grundlegendsten und wiederkehrenden Themen dieses Buches ist der Leitgedanke, dass es bei dem Versuch, die menschliche Geschichte zu verstehen, unmöglich ist, dies mit einem bestimmten Maß an Sorgfalt zu tun, ohne die Erfindungen und Entwicklungen, die in der Eiszeit stattfanden, in Rechnung zu stellen. Die Schrift und andere künstliche Gedächtnissysteme haben ihre Wurzeln in der Altsteinzeit, wie gezeigt wurde, und ich werde jetzt die Aufmerksamkeit auf die allerersten Ursprünge der Mathematik und die Wurzeln der Wissenschaft lenken. Die Geschichte der Wissenschaft wirft zwangsläufig ihre Schatten in die Steinzeit voraus, und daher ist es notwendig, in die Vorgeschichte zu blicken, um festzustellen, was auf diesem Gebiet menschlichen Strebens geschah vor der Ankunft dessen, was gemeinhin unter »Zivilisation« verstanden wird. Da die Schrift nachweislich das Ergebnis einer langen Tradition von Aufzeichnungen und symbolischen Zeichensystemen gewesen ist, wäre es töricht zu glauben, dass wissenschaftliches Bewusstsein über Nacht entstand. Daher muss die Geschichte der Wissenschaft um ein weiteres Forschungsgebiet erweitert werden, das »Vorgeschichte der Wissenschaft« genannt werden könnte. Trotz des offensichtlichen Erfordernisses, die Entwicklung des wissenschaftlichen Denkens zu begründen, wird allgemein angenommen, dass nichts oder wenig in den archaischsten Perioden geschah, und viele Wissenschaftshistoriker scheinen unter dem Eindruck zu stehen, dass alles vor fünftausend Jahren begann, wie die Zivilisation selbst auch, und dass davor nur die rudimentärsten und unbedeutendsten Tätigkeiten betrieben wurden.

Es gibt wenige Ausnahmen von der Regel, dass die Wissenschaft ausschließlich als Attribut der »wahren« Zivilisation angesehen wird. Die bemerkenswerteste Ausnahme ist das astronomische Wissen, von dem weithin angenommen wird, dass es Teil der geistigen Kultur der neolithischen Völker gewesen sei. Dies ist durch die beträchtliche Anzahl populärer Bücher über die astronomische Anlage oder Ausrichtung von Megalithmonumenten allgemein bekannt geworden. Astronomen zeigen seit langem Interesse an Stonehenge und anderen Fundstätten. Der Astrophysiker Sir Norman Lockyer stellte Anfang des 20. Jahrhunderts genaue Beobachtungen in Stonehenge an und kam zu dem Schluss, dass es ein Sonnentempel war, in dem astronomische Beobachtungen, die von seinen Erbauern angestellt wurden, den rituellen Rücksichten untergeordnet waren. Das Interesse an neolithischer Astronomie erreichte seinen Höhepunkt um 1960, zum größten Teil dank der Schriften des Ingenieurs Alexander Thom. Thom hatte seit den Dreißigerjahren in dieser Richtung geforscht, und die Ergebnisse seiner Prüfungen und Vermessungen, die er an einer beträchtlichen Zahl von Fundstätten vorgenommen hatte, wurden erstmals in den Fünfzigerjahren in Zeitungen veröffentlicht und 1967 in kürzerer und verständlicherer Form in *Megalithic Sites in Britain*, seinem ersten Buch zu diesem Thema. In seinem sorgfältig vorgehenden Buch behauptete Thom, dass die Errichter der Megalithsteine genaue Beobachtungen über die Bewegungen der Sonne und des Mondes vornahmen und ein beträchtliches Maß an Ingenieursfähigkeiten bei der praktischen Anwendung der Geometrie zeigten. Obwohl die Reaktionen auf das Buch gemischt waren, wurde es selbst von Skeptikern als ernsthafter Beitrag zur Untersuchung des Ursprungs der Wissenschaft anerkannt. In der Folgezeit erschienen zahlreiche Veröffentlichungen zu dem Thema, und die Auseinandersetzungen über das Ausmaß, die Genauigkeit und die Zwecke der Anordnungen der neolithischen Plätze (und aus der frühen Bronzezeit) halten bis heute an.

Es ist unstrittig, dass astronomische Beobachtungen in der

neolithischen Periode gemacht wurden, aber ob sie »Wissenschaft« waren, wie wir sie heute verstehen, scheint zweifelhaft. Dies schmälert in keiner Weise das Streben der Steinzeitvölker, den Lauf der Sonne und des Mondes zu beobachten, so genau, wie sie nur konnten. Man kann ihre Vorgehensweise nicht direkt mit dem Studium des Himmels durch moderne Astronomen vergleichen, denn die neolithischen Observationen waren engstens mit rituellen Handlungen verknüpft und folglich ein integraler Bestandteil ihres kulturellen Lebens auf eine Weise, die dem profanen Wissenschaftler fremd sein muss. Da die neolithischen Phänomene einem breiten Publikum bekannt gemacht wurden, will ich mich hier nicht näher mit ihnen befassen. Stattdessen werde ich weiter zurückgehen, in eine Zeit, in der die neolithischen Beiträge zur wissenschaftlichen Erkenntnis entschieden modern erscheinen, zurück zu dem ursprünglichen Funktionieren des Verstandes der paläolithischen Pioniere der Erkenntnis.

Die Prähistoriker haben seit langem verstanden, dass sogar Hominiden imstande waren, Wissen an die folgenden Generationen weiterzugeben; und indem sie das taten, schufen sie ihre eigenen Traditionen, über die wir nur weniges aus den Zeugnissen der großen Zahl von Steinwerkzeugen des Altpaläolithikums, die Hunderttausende von Jahren überdauert haben, zusammentragen können. Der Faustkeil ist das charakteristischste Werkzeug der technologischen Tradition des Acheuléen, das eine Million Jahre Bestand hatte. Viele Archäologen haben die Tatsache hervorgehoben, dass die Faustkeile in Größe und Form quer über den europäischen Kontinent, in Afrika und auch in vielen Teilen Asiens einander ziemlich ähnlich sind. Abgesehen von verschiedenen Faktoren wie den Eigenheiten des einzelnen Handwerkers, der sie herstellte, den verschiedenen Rohmaterialien, aus denen sie gehauen wurden, und regionalen Stilen, weisen sie ein bemerkenswertes Maß an Übereinstimmung auf. Offenkundig sind die relativ gleich bleibenden Formen und Ausmaße der Faustkeile des Acheuléen kein Zufall, sondern vielmehr der Vermittlung von Wissen zu verdanken. Dieser Grundstock an Wissen war größer und langlebiger als ein einzelner Handwerker und stellte daher eine soziale Form des Wissens dar. V. Gordon Childe bezeichnete die einheitlichen Werkzeuge als »eine fossile Idee«, die eine gewisse Fähigkeit zum abstrakten Denken seitens ihrer Hersteller erforderte. Das heißt, um ein standardisiertes Werkzeug immer wieder herstellen zu können, müssen die, die es anfertigten, irgendwie ein Bild von »einem Werkzeug im Allgemeinen« gehabt haben, statt jedes Werkzeug einzeln zu entwerfen. Es scheint, dass die Menschen des Acheuléen nicht nur über ein gewisses Vermögen, abstrakt zu denken, verfügten, sondern dass auch die Ursprünge einiger Aspekte mathematischen Denkens in die Zeit der Faustkeile zurückverfolgt werden können. Der Archäologe des Paläolithikums John Gowlett meint dazu Folgendes:

Faustkeile von vielen Fundstätten … zeigen, dass der frühe Mensch dieselbe »Schablone« für die Herstellung von Werkzeugen verschiedener Größe verwenden konnte. Mit anderen Worten: Der geistige Apparat, um grundlegende mathematische Umwandlungen ohne die Hilfe eines Stiftes, Papiers oder Lineals durchführen zu können, war bereits vorhanden. Die Fähigkeit, Faustkeile mit denselben Proportionen in verschiedenen Größen zu fertigen, stellt die früheste praktische Demonstration derjenigen Prinzipien dar, die Hunderttausende Jahre später Euklid in *Elemente* aufgestellt hat. Ähnliche Fähigkeiten sind grundlegend für die Ausübung visueller Kunst. Konnten solche Schablonen von einer Person an die nächste, von einem Geist an den nächsten durch Abschauen allein weitergereicht werden? Unsere gesamte gegenwärtige Erfahrung bei der Benutzung derartiger Fähigkeiten deutet darauf hin, dass dazu die Sprache erforderlich ist.

Um dies zu veranschaulichen, nahm John Gowlett eine ausführliche Untersuchung von Faustkeilen aus einer bestimmten Gegend bei der Kilombefundstätte in Kenia vor, die siebenhunderttausend Jahre zurückdatiert wird. Die Größe und die Form der verschiedenen Exemplare wurden in ein Diagramm eingetragen (siehe Abbildung 20), und wie die Unterschrift erläutert, entsprechen die meisten Werkzeuge der proportionalen Norm. Der russische Prähistoriker Boris Frolow hat ausführliche Studien zu den prähistorischen Wurzeln der Mathematik angestellt; dabei versuchte er, den Ursprung mathematischer Operationen in der Steinzeit, sogar bis ins Altpaläolithikum zurück, festzustellen. Wie Gowlett hat er die Standardisierung der Faustkeile als Beweis für ein Mindestmaß an abstraktem Denken angesehen, und er hält fest, dass die Symmetrie der Faustkeile ein wichtiges Merkmal sei, das den gröberen und frühesten Werkzeugen aus Bergkristall aus der Periode, die dem Acheuléen vorausging, fehle. Frolow meint weiter, dass die Werkzeugmacher der Präacheuléen-Periode sich der symmetrischen Formen, die in der Natur und natürlich auch im menschlichen Körper vorkommen, bewusst gewesen sein müssen und dass sie sich bemühten, diese Form bei ihrer Werkzeugherstellung zu erzeugen. Das Streben nach Symmetrie, das in der Acheuléen-Periode auftrat, war begleitet von einem ausgeprägteren und entwickelteren rhythmischen Sinn, der auf technische Verrichtungen angewendet wurde. Frolow betrachtet auch die technischen Verfeinerungen, die im Altpaläolithikum stattfanden, als von einem bewussteren Verständnis des Teilungsvorgangs begleitet, der dem Frühmenschen besonders im Bereich der Werkzeugherstellung klar wurde, der im Grunde die Spaltung und Abspaltung eines ganzen Steines in eine Anzahl von Teilen beinhaltete, bei dem das hergestellte Werkzeug und die beim Herstellungsprozess entstehenden Abfallflocken entstanden.

Das nächste Frühstadium der Mathematik wird von Frolow im mittleren Paläolithikum (mit seiner charakteristischen Steinwerkzeugherstellung, als Moustérien bekannt) angesiedelt und kündigt sich durch das Anbringen von parallelen Linien auf verschiedenen Knochenartefakten an. (Die Beispiele für nicht nützliche und symbolische Tätigkeiten während des

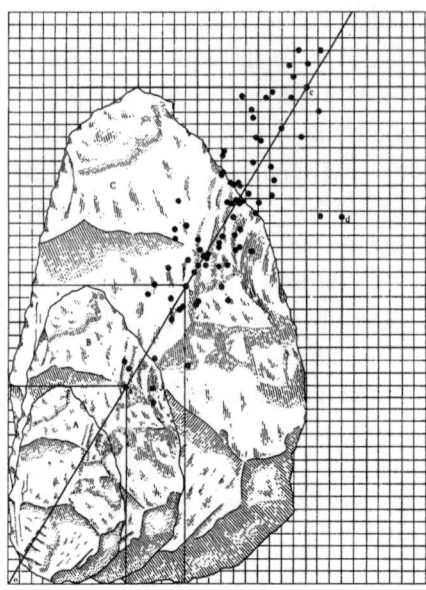

Abbildung 20

In diesem Diagramm stellt die Diagonale eine perfekte Wechselbeziehung zwischen Länge und Breite eines Faustkeils oder Spaltkeils dar. Die von der Linie am weitesten entfernten Punkte markieren die Exemplare, die die stärksten Abweichungen aufweisen. Alle Faustkeile kommen aus der Gegend der Kilombefundstätte, und die große Mehrzahl wurde proportional hergestellt, sodass die kleinen und die großen Exemplare dieselbe Form haben.

frühen und mittleren Paläolithikums werden in den Kapiteln XVI und XVII behandelt.) Ein wichtiger Schritt vorwärts wurde von Frolow in der Fähigkeit gesehen, gerade Linien zu ziehen und sie in Reihen anzuordnen, denn dies beweise nicht nur eine verbesserte Fähigkeit des Messens im Vergleich zur vorangegangenen Phase der Vorgeschichte, sondern zeige auch in konkreter Form die Abstraktion und Objektivierung eines bestimmten Elements an: der geraden Linie. Während der Acheuléen-Faustkeil des Altpaläolithikums andeutet, dass seine Hersteller zwar eine Vorstellung von einem Werkzeug im Allgemeinen gehabt haben müssen, konnten sie doch nicht diese abstrakte Vorstellung in eine konkrete Form gießen. Im Gegensatz hierzu war der Erzeuger der geraden Linie des Mousterien in der Lage, sein abstraktes Verständnis von »gerade« von seinem besonderen Vorkommen in einer konkreten Form zu unterscheiden. Nach Frolow benutzte der Mousterien-Schnitzer

> feinere und kompliziertere vergleichende Messungen als sonst jemand vor jener Periode; die Einheit solcher Vergleiche war zum ersten Mal ein von ihm unterschiedenes Element – eine gerade Linie, abstrakt in dem Sinn, dass sie isoliert wurde um jener geometrischen Eigenschaft willen von allen anderen Eigenschaften der Objekte, die bis dahin geschaffen wurden (zum Beispiel ein gerades Blatt eines Werkzeugs, ein gerader Griff usw.)… Das Objekt dieser vergleichenden Messungen war eine Serie von identischen und speziell geschaffenen Komponenten, die sich nur unterschieden (a) in ihrer Position entlang eines gegebenen Teils der Oberfläche des Knochens, (b) in ihrer Position relativ zum nächsten ähnlichen Element und (c) in der Zahl der Elemente in der Gruppe, in der sie eine Komponente sind.

In der Entwicklung der Begräbnispraktiken, die zum ersten Mal zur Zeit des mittleren Paläolithikums zu verzeichnen sind, sieht Frolow die ersten Andeutungen astronomischer Beobachtungen. Es gibt Anzeichen dafür, dass die Ausrichtung der Leichen nach Osten vom Neandertaler praktiziert wurde, und wenn dies tatsächlich der Fall war, dann würde dies ein Verständnis der vier Himmelsrichtungen und der Bewegung der Sonne verraten. Wenn diese Beobachtungen bestätigt werden könnten, dann würden sie auch ein klares Bewusstsein von Zeit und Raum andeuten, da der Wechsel von Nacht und Tag, von Dämmerung und Zwielicht notwendigerweise Teil der Beobachtungen des frühen Menschen zu jener Zeit gewesen ist. Eine Kenntnis der Jahreszeiten während des mittleren Paläolithikums wäre von beträchtlicher Bedeutung gewesen, da die Wanderungen des Wildes und die Vorbereitungen für das feindlichere Wetter des Winters Dinge waren, die nicht zu wissen sich die Menschen damals kaum leisten konnten. Inwieweit dieses Wissen, wie bei Tieren, instinktiv war und inwieweit es ein wachsendes Verständnis von Quantität und ein einzigartig menschliches Verständnis von der Welt reflektierte, ist auf der Grundlage der vorhandenen Beweise schwer abzuschätzen. Frolows Rekonstruktion der Wurzeln des mathematischen Denkens des älteren und mittleren Paläolithikums bleibt insgesamt notwendigerweise spekulativ, aber die Fertigkeiten in der Werkzeugherstellung des frühen Menschen übertreffen bei weitem diejenigen der anderen Tiere, und das Maß der Präzision, Symmetrie und Voraussicht, die in die Herstellung der Werkzeuge eingingen, deutet eine gehörige Portion Geschicklichkeit und abstrakten Denkens an.

Mit dem Beginn der jungpaläolithischen Periode, in der das Auftauchen des verhaltensmäßig modernen Menschen allgemein angesetzt wird, wird die Rekonstruktion der Ursprünge der Mathematik etwas leichter, da die archäologischen Funde reichhaltiger sind. Dies ist teilweise der Tatsache zu verdanken, dass geologische und andere natürliche Kräfte die Gegenstände aus der alten und mittleren paläolithischen Periode beinahe vollständig vernichtet haben, außer den härtesten und widerstandsfähigsten Artefakten, den Steinwerkzeugen. Die Kunst der jungpaläolithischen Periode gibt uns einen Einblick in die damalige Benutzung von Maßstäben und Proportionen. Sowohl in den Malereien als auch in den Figurinen aus jener Periode kann man erkennen, dass die Darstellungen von Menschen und Tieren in einer Vielzahl von Maßstäben auftraten. Das vielleicht extremste Beispiel eines kleinen Maßstabes, der häufig im jüngeren Paläolithikum benutzt wurde, ist die kleine Figur eines Mammuts, der aus einer Steinart gemacht wurde, die »Mergel« heißt. Diese winzige Figurine wurde an der Ausgrabungsstätte Kostenki XI in Russland gefunden und ist nur 10 mal 8 mal 5 Millimeter groß; der Maßstab gegenüber dem wirklichen Mammut wurde auf 1:400 berechnet. Frolow hat festgestellt, dass es im jüngeren Paläolithikum auch die Anwendung der dimensionalen Perspektive und »anderer Arten von

Perspektive gibt, wie sie von Leonardo da Vinci beschrieben wurden«. Aber die wichtigste Entwicklung, die er im jüngeren Paläolithikum ausgemacht hat und die es in keiner früheren Periode gab, ist die Konzeption der Zahl.

Um dem nächsten Schritt in Frolows Argumentation folgen zu können, ist es notwendig, ein wenig abzuschweifen und die Gepflogenheiten des Zählens in Stammesvölkern zu untersuchen, von denen er abgeleitet hat, wie die Völker des jüngeren Paläolithikums gezählt haben könnten, und auch, welche Art von künstlichen Erinnerungssystemen sie benutzt haben, um ein dauerhafteres Zeugnis solcher Prozeduren zu erreichen. Viele Leute glauben immer noch, dass Stammesvölker nicht in der Lage waren, Zahlen zu verstehen über die Grundstufe von Modellen hinaus, in denen es »eins«, »zwei« und »viele« gibt. Auch wenn einige von Stammesvölkern gesprochene Sprachen keine Wörter für Zahlen über zwei oder drei hinaus kennen, heißt das nicht, dass sie nicht weiterzählen konnten. Einige Kulturen hatten einfach kaum das Bedürfnis, über die ersten paar Zahlen hinauszuzählen, aber das spiegelt nicht einen Mangel an geistiger Kapazität wider. Die Finger und andere Teile des Körpers wurden benutzt, um relativ große Mengen zu berechnen; zum Beispiel benutzten die Rentierzüchter in Tschuktschen im nordöstlichen Sibirien (die das Bedürfnis hatten, ihre Herden zu zählen) ein Fünfer-Zwanzig-System; das heißt, man baute auf Einheiten von fünf und zwanzig auf. Die Finger einer Hand bildeten die Einheit fünf, und die Summe der Finger einer Person war die Einheit zwanzig. Fünf Personen stellten die Zahl hundert dar, und es wird berichtet, dass sie auf diese Weise bis tausend zählen konnten.

Eine sehr ähnliche Methode wurde von den Jukagirisch, die ebenfalls Rentierzüchter sind, verwendet; eine Herde von vierundneunzig Rentieren wurde mit »drei Personen, dazu eine Person und noch eine halbe Person sowie eine Stirn, zwei Augen und eine Nase« ausgedrückt. Andere einheimische Völker des nordöstlichen Asien hatten ein beträchtliches Repertoire an numerischen Ausdrücken. In den Sprachen der Kamchadal- und Koryakvölker gab es sogar Wörter bis hundert; unter dem Ainuvolk in Nordjapan und auf der südlichen Halbinsel Sachalin gab es Zahlwörter bis tausend. Die Aleuten auf den Aleuteninseln vor der Küste Alaskas konnten, wie ein früher russischer Besucher berichtete, bis über zehntausend zählen und angeblich sogar Mengen in Millionen ausdrücken! Während der Fall der Aleuten als äußerst bemerkenswert angesehen werden kann, war die Fähigkeit, große Mengen zu zählen, keineswegs auf die Völker des hohen Nordens beschränkt, sondern wurde auch in anderen Gegenden der Stammesvölker beobachtet.

Trotz der Tatsache, dass die Pomoindianer Kaliforniens gewöhnlich nicht dem Kreis der wenigen einheimischen amerikanischen Kulturen zugerechnet werden, die es nach allgemeiner Auffassung »verdienen«, »Zivilisationen« genannt zu werden, haben diejenigen, die sich mit ihrer Kultur eingehend beschäftigten, anders darüber gedacht. Der Anthropologe Edwin M. Loeb stellte fest, dass »die Geschicklichkeit der Pomo im Rechnen nur eine der vielen geistigen Entwicklungen der komplexen Pomozivilisation war«. Sie scheinen ihr Zwanzigersystem der Aufzählung weiterentwickelt zu haben, um die große Zahl von Perlen zu zählen, die für bedeutende zeremonielle Anlässe wie Beerdigungen und Friedensverträge eingesammelt wurden. Indem sie einfach Stöcke verwendeten, waren sie in der Lage, viele tausend Perlen zu zählen; Loebs Informant sagte, dass er persönlich Zählungen von mindestens zwanzigtausend Perlen gesehen habe, und das Pomowort *xai-di-lema-xai* beziehe sich auf die Zahl vierzigtausend. Diese wenigen Beispiele belegen klar, dass die Fähigkeit, große Mengen zu zählen und aufzuzeichnen, in der Stammeswelt keineswegs ungewöhnlich gewesen ist.

In Kapitel III haben wir gesehen, dass eindeutige Beweise für die Existenz eines Rechensystems in der gesamten neolithischen Periode im Nahen Osten vorliegen. Es bleibt nur noch, der Frage nachzugehen, ob es derlei arithmetische Vorgehensweisen auch in der jungpaläolithischen Periode gab. Es ist selbstverständlich ausgeschlossen, zu beweisen oder den Gegenbeweis zu führen, dass zu jener Zeit gezählt wurde, solange wir nicht konkrete Beweise für die Verwendung eines künstlichen Gedächtnissystems, gleich welcher Art, beibringen können. Kerbhölzer und andere AMS sind für Stammeskulturen in verschiedenen Teilen der Welt gut dokumentiert, und im vorherigen Kapitel habe ich kurz auf die Existenz von derlei Aufzeichnungen über einen längeren Zeitraum im Jungpaläolithikum hingewiesen. Darauf möchte ich nun ausführlicher zurückkommen. Es sind viele Artefakte aus jener Periode der Steinzeit gefunden worden, die als eine Art AMS angesehen wurden, aber um der Kürze willen erwähne ich nur drei besondere Funde – zwei aus Belgien und einen weiteren aus England –, die auf das Ende der jungpaläolithischen Periode datiert werden.

Die beiden belgischen Artefakte, die als AMS angesehen werden, wurden an derselben Ausgrabungsstätte, in La Grotte de Remouchamps in der Provinz Lüttich, von zwei verschiedenen Personen, dem Archäologen E. Rahir 1902 und Michel Dewez 1970, gefunden. Die Radiokarbonmethode datiert das Alter der Fundstätte auf zehntausend Jahre. Beide Stücke sind Fragmente von Tierknochen mit eingeritzten Markierungen, die Dewez als Beweis für die Existenz eines numerischen Systems identifizierte. Die Markierungen auf dem ersten Knochen werden auf Tafel 9 (Maßstab in Zentimetern) gezeigt. Sieben Gruppen von fünf Löchern (in einem Muster, das identisch mit dem moderner Würfel ist) sind deutlich sichtbar, und links finden sich weitere Gruppierungen, die unglücklicherweise nur bruchstückhaft überlebt haben. Dewez hat auf der linken Seite (von unten gerechnet) sechs Gruppen von fünf Markierungen ausgemacht, gefolgt von einer mit acht und den beiden oberen, die zu fragmentarisch sind, um sie zählen zu können. Wie auf dem rechten Foto dieses Objekts zu sehen, findet sich auch eine Anzahl von Kerben entlang der Kante des Knochens. Der zweite Knochen (siehe ebenfalls Tafel 9) ist etwas mehr als sieben Zentimeter lang – ein schmaler, polierter Knochensplitter, auf den beidseitig Linien graviert wurden. (Das linke Foto stellt die Vorderseite des Objekts dar und das rechte die Rückseite; man muss sich aber vergegenwärtigen, dass die Bezeichnung der Vorder- und Rückseite willkürlich ist, da sich unmöglich sagen lässt, aus welcher Perspektive dieses Teilstück des Objekts von seinem Hersteller gesehen wurde; die Bezeichnungen werden einfach benutzt, um das Artefakt zu erläutern.) Die Vorderseite ist mit vier Gruppen von Markierungen unterschiedlicher Zahl versehen. Diese Gruppen sind im Diagramm (a) der Abbildung 21 deutlich zu erkennen und können wie folgt gezählt werden:

$$A1: 14$$
$$A2: \ 8$$
$$A3: 11$$
$$A4: \ 7$$

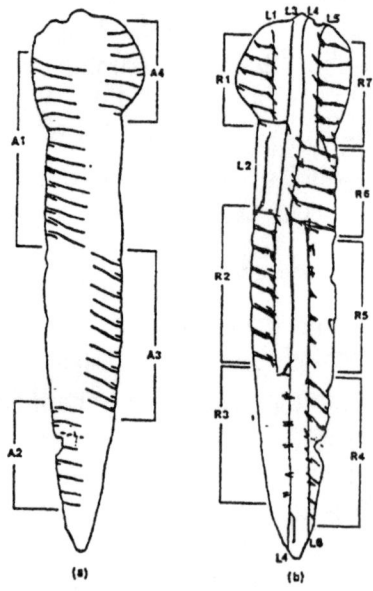

Abbildung 21

Die Rückseite des Knochens hat eine komplexere Anordnung der Markierungen, und sie sind auf dem Foto (Tafel 9) ziemlich schwer, auf der Abbildung 21(b) dagegen leicht zu erkennen. Wie man sieht, hat Dewez sieben Gruppen von horizontalen Markierungen und sechs von vertikalen bestimmt. Die Zahl der Markierungen in jeder dieser Gruppen ist für die sieben Gruppen mit horizontalen Markierungen wie folgt:

$$R1: 5 + 1$$
$$R2: 8$$
$$R3: 6$$
$$R4: 8$$
$$R5: 6$$
$$R6: 5$$
$$R7: 6$$

Bei der Errechnung der Zahl der horizontalen Linien, die an die vertikalen Linien anstoßen, erhalten wir:

$$L1: \quad 5$$
$$L2: \quad 0$$
$$L3: \quad 9$$
$$L4: 11$$
$$L5: \quad 6$$
$$L6: 14$$

Dewez vermutete, dass beide Knochen Ausdruck irgendeiner Art von numerischem System seien, vielleicht derselben Art. Beginnend mit dem ersten Knochen, der die Wichtigkeit der Fünfergruppe besonders hervorhebt, benutzte er diese Tatsache bei seinem Versuch, den zweiten Knochen zu deuten. Dewez führte dies in zwei verschiedenen Operationen durch. Im ersten Fall dividierte er einfach die Zahl in jeder Gruppe durch fünf, zu der er die übrig gebliebenen Einheiten zählte. Diese Operation führt zur folgenden Zerlegung der Markierungen auf der Vorderseite:

A1: 5 + 5 + 4
A2: 5 + 3
A3: 5 + 5 + 1
A4: 5 + 2

Und auf der Rückseite:

R1: 5 + 1
R2: 5 + 3
R3: 5 + 1
R4: 5 + 3
R5: 5 + 1
R6: 5
R7: 5 + 1

Die zweite mögliche Lesart bekommt man, wenn man die Fünfergruppe auf der Rückseite des Knochens nicht mit der horizontalen Gruppe, sondern mit dem Knotenpunkt der horizontalen und vertikalen Linien verbindet:

L1: 5
L2: –
L3: 5 + 4
L4: 5 + 5 + 1
L5: 5 + 1
L6: 5 + 5 + 4

Nach Aufstellung der Markierungen stellte Dewez, basierend auf der Hypothese, dass sie Beispiele des paläolithischen Gebrauchs des Fünfersystems sind, fest, dass die Vorderseite des zweiten Objekts zwei relevante Muster aufweist. Das erste ist das Auftreten von 1, 2, 3 und 4 jeweils einmal in den vier Gruppen von Markierungen, unter Verwendung des Fünfersystems. Eine zweite mögliche bedeutende Ordnung sind die zwei »Doppelfünf«-Zahlen und die zwei »Einzelfünf«-Zahlen, in die die vier Gesamtgruppen eingeteilt werden können:

Doppelt	*Einzeln*
5	
+ 4 (A1)	5 + 3 (A2)
5	
5	
+ 1 (A2)	5 + 2 (A4)
5	

In dieser Anordnung beträgt die Summe der »Doppelfünf«-Zahlen fünfundzwanzig und die der »Einzelfünf«-Zahlen fünfzehn, wobei beide Gruppen natürlich ein Vielfaches von fünf ergeben.

Hinsichtlich der Markierungen auf der Rückseite des Objektes ergibt sich bei Anwendung der zweiten möglichen Interpretation bei derselben Anordnung der Gruppen in »doppelte« und »einfache« Fünfen Folgendes:

Doppelt	*Einfach*	*Genau fünf*
5		
+ 4 (L6)	5 + 1 (L5)	5 (L1)
5		
5		
+ 1 (L4)	5 + 4 (L3)	
5		

Die Summe der »Doppelfünf«-Zahlen würde, genau wie auf der Vorderseite des Objektes, fünfundzwanzig ergeben; und genauso würde die Summe der »Einzelfünf«-Zahlen ebenfalls fünfzehn ergeben. Die fehlende »Gruppe« (L2) wurde als möglicher Beweis für die Existenz der Zahl Null zu jener Zeit vorgeschlagen. Es scheint, dass die Analyse Dewez' nicht auf ein einfältiges Jonglieren mit Zahlen reduziert werden kann, vielmehr scheint der Beweis für die Verwendung des numerischen

Fünfersystems in der jungpaläolithischen Periode erbracht zu sein. Das sollte uns eigentlich nicht überraschen, da es keine Anhaltspunkte für die Vermutung gibt, dass die Völker der jungpaläolithischen Zeit den modernen Menschen geistig in irgendeiner Weise unterlegen waren, zumal wir auch gesehen haben, dass die Zählsysteme, die bis in die jüngste Zeit in Stammeskulturen Verwendung fanden, ebenfalls ziemlich komplex sind. Für unsere gegenwärtigen Zwecke ist das tatsächliche Vorhandensein eines numerischen Systems, das durch die Analyse dieser Knochen bewiesen zu sein scheint, der wichtigste Aspekt dieser Artefakte. Aber sie müssen noch eine speziellere Bedeutung gehabt haben; das soll heißen, dass sie benutzt worden sind, um etwas zu zählen, aber was das gewesen sein könnte, das können wir nur vermuten.

Dewez äußert die plausible Vermutung, dass sie benutzt wurden, um ein Glücksspiel zu spielen, indem er ganz richtig argumentiert, dass Spiele der verschiedensten Art zum Leben in der jungpaläolithischen Zeit gehörten – ebenso wie in der ganzen Welt und in der ganzen Geschichte. Er sieht andere Artefakte, die in der Höhle gefunden wurden, am besten als weitere Bestandteile eines Spielezubehörs erklärt. Eine Gruppe von fünfundvierzig versteinerten Muscheln an der Ausgrabungsstätte könnten Zähler oder Spielchips gewesen sein, und ein weiterer Knochen ist als vierkantiger Würfel interpretiert worden. (Unser sechskantiger Würfel ist keineswegs die einzige Art; der vierkantige Würfel wurde von zahlreichen Völkern benutzt, die Römer und mehrere einheimische amerikanische Völker eingeschlossen.) Deshalb vertrat Dewez die Auffassung, dass das Fünfersystem auch mit diesem Objekt in Verbindung stehen könnte, wenn die Zahlen 1, 2, 3 und 4 auf den vier Seiten mit der 1 gegenüber der 4 und der 2 gegenüber der 3 angeordnet würden.

Einen ähnlichen Beweis für die Existenz eines numerischen Fünfersystems liefert eine englische Entdeckung Ende der Zwanzigerjahre in Gough's Cave in Somerset. Eine Anzahl von Werkzeugen, aus Beinknochen von Hasen gefertigt (geschätz-

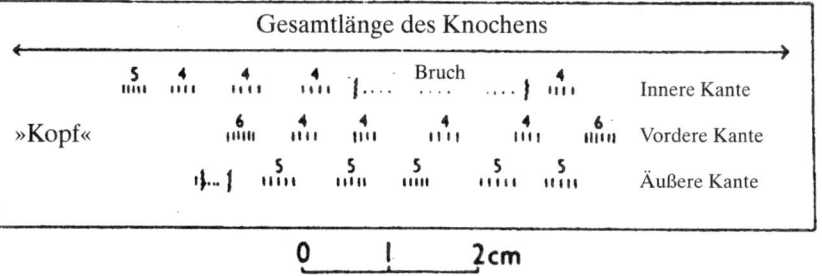

Abbildung 22

tes Alter: zwölftausend Jahre), wurde an der Ausgrabungsstätte gefunden; eines war mit einer Reihe von Kerben versehen worden. Obwohl dieses besondere Artefakt einen polierten Eindruck machte, kam die »Polierung« vor seiner Verwendung als AMS zustande und muss entweder Teil des Herstellungsprozesses gewesen sein, oder sie entstand im Verlauf seiner Verwendung als Werkzeug. Zu diesem Schluss kam E. K. Tratman nach einer genauen Untersuchung des Artefaktes in den Siebzigerjahren aufgrund der Tatsache, dass an den Kerben selbst keine Anzeichen der Abnutzung erkennbar waren, im Gegensatz zu der übrigen Oberfläche des Objektes. Was dies zu bedeuten hat, wird weiter unten klar werden. Die natürliche Form dieses Hasenknochens bedeutet, dass er der Länge nach drei Kanten (oder Grate) hat, und das prähistorische Individuum, das den Knochen markierte, brachte die Markierungen im rechten Winkel zu den drei Kanten an. Tratman bezieht sich auf die drei Kanten als vordere, innere und äußere Kante. Abbildung 22 zeigt Tratmans schematische Rekonstruktion der Gruppierung der Kerben auf dem Knochen. Die innere Kante zeigt deutlich – vom »Kopf« des Knochens beginnend – Gruppen von fünf, vier, vier und vier Kerben und dann, nach einem beschädigten Bereich, eine weitere Vierergruppe. Er vermutet, dass die beschädigte Stelle wahrscheinlich aus drei Vierergruppen bestand. Die Kerben auf der vorderen Kante sind unversehrt und haben eine Gruppenfolge von sechs, vier, vier, vier,

vier und sechs. Die äußere Kante ist, wie die innere, beschädigt; fünf Gruppen mit je fünf Kerben sind deutlich erkennbar, während die Zahl der Kerben am Kopfende nicht auszumachen ist. Tratman vermutet, dass die eine sichtbare Kerbe am äußersten Ende des Kopfes wahrscheinlich von vier weiteren begleitet wurde, wodurch folglich insgesamt sechs Gruppen von fünf Kerben gebildet wurden (obwohl er zugibt, dass auch andere Rekonstruktionen dieser bestimmten Gruppe von Kerben denkbar sind).

Hinsichtlich des Zwecks der Kerben verwirft Tratman eine spielerische Verwendung von der Art, wie sie für das belgische Artefakt von Dewez vorgeschlagen worden ist, weil an dem Gough's-Cave-Knochen kein Verschleiß festzustellen ist. Vielleicht diente er zur Aufzeichnung des Spiels – als prähistorische Punktekarte –, da dies keine ständige Benutzung erfordert und deshalb auch keine Abnutzung hervorruft. Dies ist natürlich nur eine Vermutung, und es gibt zahlreiche andere plausible Erklärungsmöglichkeiten für die Kerbung des Knochens, aber Tratman glaubt, dass er – was immer seine spezifische Funktion gewesen sein mag – im Wesentlichen ein Beispiel für die Verwendung eines Zahlensystems ist, und er bezieht sich darauf sogar als auf einen »Rechner« und kommt zum Schluss, »dass eine relativ komplexe Form der Nummerierung dargestellt ist. Wenn [dem so ist], dann hatte das jungpaläolithische Volk eine viel größere Fähigkeit bei der Verwendung von Zahlen, als ihm im Allgemeinen zugeschrieben wird, woraus folgt, dass es gleichzeitige Begriffe in ihrer Sprache (ihren Sprachen) gegeben haben muss, um den Gebrauch des Systems (der Systeme) zu erklären.«

Die Zeit ohne Zuhilfenahme irgendeiner Art von AMS zu zählen stellt einen der schwierigsten Akte dar, doch auch die Existenz von Kalendern für die jungpaläolithische Periode ist in die Diskussion gebracht worden. Die Menschen der Altsteinzeit waren sich offenbar der Bewegungen von Sonne und Mond bewusst, und es ist der letztere dieser Himmelskörper, der mit hoher Wahrscheinlichkeit Hauptbezugspunkt der paläolithischen

Zeitrechnung gewesen ist, weil er eine kleinere numerische Folge erfordert, als sie für die Aufzeichnung des Sonnenzyklus oder des Jahres erforderlich ist. Frolow glaubt, dass es die Beobachtung des Mondzyklus durch die jungpaläolithischen Völker ist, die den Schlüssel für das Verständnis der Natur der archaischen Kosmologie liefert:

Der Mond ist der größte Himmelskörper, den ein Bewohner der Erde mit bloßem Auge beobachten kann. Darüber hinaus durchläuft kein anderer leuchtender Himmelskörper so markante Veränderungen in seiner sichtbaren Form wie der Mond. Im Mondzyklus ist es möglich, mehrere offenbare Grenzen zu identifizieren, Scheidelinien, die die Aufmerksamkeit des frühen Menschen eher als andere auf sich gezogen haben. Alle siebenundzwanzig Tage, sieben Stunden und dreiundvierzig Minuten kehrt der Mond zu seiner früheren sichtbaren Position unter den Gestirnen (der Sternmonat) zurück. Die Wiederkehr des Vollmondes, des Neumondes und anderer Phasen geschieht im Abstand von neunundzwanzig Tagen, zwölf Stunden, vierundvierzig Minuten (der synodische Monat). Nach dem Neumond erscheint der erste Viertelmond nach sieben Tagen, zehn Stunden, der zweite nach vierzehn Tagen, achtzehn Stunden (Vollmond), der dritte nach zweiundzwanzig Tagen, drei Stunden, und der vierte ist der folgende Neumond. Während des Neumondes kann dieser Himmelskörper für ein oder zwei Tage am Himmel nicht gesehen werden. Der Mondmonat wird folglich auf achtundzwanzig Tage festgelegt... Der Mond zieht die Aufmerksamkeit als universale »Uhr« durch die signifikantesten Aspekte seiner Verwandlungen auf sich, durch seinen doppelten Charakter: die Tatsache, dass er zu einer vollen Scheibe zunimmt und in der zweiten Hälfte bis zum völligen Verschwinden abnimmt. Der »Wendepunkt« kommt gewöhnlich am vierzehnten Tag nach seinem Erscheinen, und nach weiteren vierzehn Tagen verschwindet er wieder. Die wichtige Zahl Vierzehn in Form von Kerben, Einschnitten usw. mag identifiziert worden sein, lange bevor ein abstraktes Modell vorhanden war.

Wenn Frolow Recht hat, dass die Beobachtung des Mondes für die jungpaläolithischen Völker von zentraler Bedeutung gewesen ist, dann müsste ihre Aufzeichnung dieses Zyklus in der konkreten Form eines Kalenders unter den vorhandenen Artefakten aus jener Periode zu finden sein. Er bringt eine gekerbte Kelle vom Fundort Avdeevo in Russland als Beweis für die gezielte Aufzeichnung des Mondzyklus ins Spiel. Dieses Artefakt hat vier plus acht Kerben an seinem Griff, acht plus sieben am Kopf und weitere zwei an der Verbindungsstelle von Kopf und Griff: insgesamt neunundzwanzig – die Zahl der Tage im Mondmonat. Gegen die Interpretation der Zahl der Kerben auf diesem Artefakt als Aufzeichnung des Mondmonats könnte man einwenden, dass nicht erklärt werden kann, weshalb die Einteilung vier, acht, acht, sieben, zwei von ihrem Urheber vorgenommen wurde. Es gibt nichts im Mondzyklus, was eine solche Unterteilung der neunundzwanzig Tage rechtfertigt, und die Kerben auf der Kelle könnten zufällig auf neunundzwanzig ergänzt worden sein. Unter diesem Gesichtspunkt könnte man sagen, dass die Kerben keinerlei Bedeutung für ihren Urheber hatten, und wenn doch, dann stellten sie etwas anderes dar als den Mondmonat.

Doch Frolow steht mit seiner Interpretation gleichartiger Artefakte als Darstellungen von Mondkalendern nicht allein da. 1963 wurde ein Kalksteinobjekt aus dem Jungpaläolithikum an der Fundstätte Bodrogkeresztur in Nordungarn gefunden, das ebenfalls ein Beweis für die Existenz von Mondkalendern in der Altsteinzeit sein könnte. Das Objekt ist 56 mal 56 mal 17 Millimeter groß und ist verschiedentlich von dem Archäologen László Vértes beschrieben worden als »geformt wie ein Halbmond oder Hufeisen«, das »Mond- oder Sonnengestalt« hat. Das Objekt (siehe Abbildung 23) war ursprünglich von Vértes als Darstellung des Uterus interpretiert worden, aber nachdem er sich mit dem Werk des amerikanischen Forschers Alexander Marshack befasst hatte (siehe später Seite 166 ff.), meinte er, dass es vielleicht auch einen Mondkalender darstellen könnte. Wie man auf der Abbildung erkennen kann, ist das Objekt am

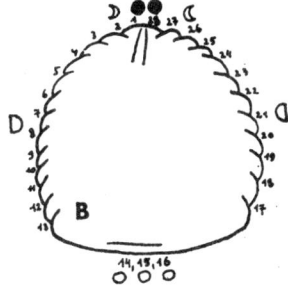

Abbildung 23

Rand künstlich gekerbt. Obwohl man nicht mit absoluter Sicherheit sagen kann, welche Seite nach oben gehört, ist die von Vértes vorgeschlagene Positionierung die plausibelste. Danach kann man oben zwei beinahe senkrecht gekerbte Linien erkennen; rechts gibt es elf Kerben, links zwölf Kerben, und am unteren Ende findet sich eine einzelne horizontale Linie. In dem Diagramm wird die Interpretation des Objektes als Mondzyklus gezeigt.

In dieser versuchsweisen Rekonstruktion wird die linke Linie oben als ein Zeichen für den Neumond angesehen (daher das Zeichen der schwarzen Scheibe und der Zahl 1, die von Vértes verwendet wurden); die zwölf Kerben auf der linken Seite des Objektes stellen jeweils einen Tag des zunehmenden Mondes dar (dreizehn Tage einschließlich Neumond); das untere Ende ohne Kerben könnte die drei Tage des Vollmondes (vierzehnter, fünfzehnter und sechzehnter Tag des Mondzyklus) mittels der horizontalen Linie angeben und die elf Kerben auf der rechten Seite die Phase des abnehmenden Mondes (siebzehnter bis siebenundzwanzigster Tag); schließlich wäre die rechte Linie an der Spitze der letzte Tag des Zyklus (achtundzwanzigster Tag), wenn der Mond wieder verschwindet. So einfallsreich und interessant diese Interpretation ist, sind andere Deutungen nicht ausgeschlossen, insbesondere weil Kerben für den vierzehnten, fünfzehnten und sechzehnten Tag fehlen, die in der Rekonstruktion mit einer einzelnen horizontalen Linie symbolisiert werden. Für Vértes schlossen sich die Deutungen des Objektes als Uterus und als Mondkalender keineswegs aus, denn beide könnten plausibel mit der Vorstellung einer Großen Göttin verknüpft werden, deren symbolische Attribute sowohl den Mond als auch den Uterus beinhalten.

Ein anderer Wissenschaftler, der die archaischen Wurzeln astronomischer Beobachtung oder Paläoastronomie, wie er es nennt, erforscht hat, ist Witalij Larichew, der den Spuren Frolows folgte und zu der Überzeugung gelangte, dass die jungpaläolithischen Bewohner Sibiriens sich einen nicht unbeträchtlichen Schatz wissenschaftlicher Prinzipien angeeignet hatten. In einem Artikel über dieses geheimnisvolle Thema, den er mit zwei Kollegen vor einigen Jahren schrieb, hat er seine Forschung dargestellt und klar gesagt:»Larichews Arbeit ist in die geheimste Bedeutung der alten Kunstobjekte eingedrungen und hat sie als Träger von Informationen enthüllt.« Zu diesen Informationsträgern zählt er die symbolischen Artefakte von der zentralsibirischen Fundstätte Mal'ta auf denen unter anderem sowohl das Sonnenjahr als auch die Mondphasen aufgezeichnet sind; und er glaubt, dass die Kalender der jungpaläolithischen Bewohner von Mal'ta vor vierundzwanzigtausend Jahren eigens angefertigt wurden, um Sonnen- und Mondfinsternisse vorauszusagen. Er nimmt außerdem an, dass ein Objekt, das an der Ausgrabungsstätte Malaya Siya in Westsibirien aus noch älterer Zeit gefunden wurde (etwa 34000 v. Chr.), ein außerordentlich archaisches, aber nichtsdestoweniger ziemlich komplexes astronomisches Instrument vom Kalendertyp ist und dass ein Stab aus Mammutelfenbein von der Fundstätte

Achinsk, einer weiteren aus dem Jungpaläolithikum, nicht in dekorativer Absicht graviert wurde, sondern »als ein numerisches Piktogramm über drei Jahre eines komplexen Sonnen-Mond-Kalendersystems«.

Frolow hat eine seltsame Parallele entdeckt, die in verschiedenen Teilen der Welt vorkommt und die Plejaden betrifft. Er hält fest, dass sie als die »Sieben Schwestern« bei einheimischen Völkern Nordamerikas, Sibiriens und Australiens bekannt sind, eine Tatsache, die er keinesfalls als Zufall ansehen kann. Unter dieser Prämisse ist die einzige Erklärung für dieses weit verbreitete Vorkommen ein gemeinsames Erbe. Dann aber muss es seinen Ursprung einige Zeit vor der Besiedlung der Neuen Welt haben (die von den meisten Archäologen auf etwa 12 000 v. Chr. datiert wird) und sogar noch vor der ersten Besiedlung des australischen Kontinents (etwa 40 000 v. Chr.). Folglich müsste nicht nur die eigentliche Beobachtung der Plejaden, sondern auch der malerische Name »Sieben Schwestern« für diese Sterne vierzigtausend Jahre alt sein. Die meisten Wissenschaftler neigen dazu, aus dem Rahmen fallende Ergebnisse wie dieses zu ignorieren, da sie einfach nicht mit den allgemein akzeptierten Auffassungen übereinstimmen. Wenn das Vorkommen des Bildes von den »Sieben Schwestern« in drei verschiedenen Weltteilen kein Zufall ist, dann bleibt nichts anderes als die von Frolow beschriebene Alternative: nämlich eine Tradition von mitteilbaren Kenntnissen des Himmels, die vor über vierzigtausend Jahren existierte, zu einem Zeitpunkt, der grob mit dem Beginn des Jungpaläolithikums zusammenfällt. Das verträgt sich nun gar nicht mit vielen weithin akzeptierten Ansichten über die Geschichte der Kenntnisse und der Wissenschaft. Kurz gesagt: Für die meisten Leute ist es viel zu früh, die genannte Alternative zu akzeptieren. Nichtsdestoweniger würde uns eine Periode der Formierung an die Hand gegeben, in der sich – nach Larichews Lesart – gewisse Objekte aus dem frühen Jungpaläolithikum als vergleichsweise fortgeschrittene Beispiele von Kalendern, die sowohl auf Sonnen- als auch auf Mondbeobachtungen basieren, entwickelt haben könnten.

Unter den Wissenschaftlern, die die Wurzeln astronomischer Beobachtung und die Manifestationen solchen Wissens in Notationssystemen im Jungpaläolithikum erforscht haben, ragt Alexander Marshack hervor, sowohl wegen seiner beständigen Beschäftigung mit diesen Dingen über fünfunddreißig Jahre als auch wegen seiner zahlreichen Einsichten zu dem Thema. Tatsächlich stützen sich viele der Betrachtungen Frolows, Larichews, Vértes' und anderer Wissenschaftler sehr stark auf Marshacks Entdeckungen und Analysen zahlreicher Artefakte aus jener fernen Zeit. Marshack begann seine Suche nach den Wurzeln der Zivilisation, wie er es nannte, 1962, als er als Wissenschaftsjournalist den Auftrag erhielt, zusammen mit dem NASA-Wissenschaftler Robert Jastrow ein Buch zu schreiben, um den Hintergrund der geplanten Mondlandung zu erklären, die damals für möglich gehalten wurde. Ein Teil des Buches sollte eine Zusammenfassung des historischen Hintergrunds liefern, der eine Mondlandung ermöglichte. Bei der Suche nach den prähistorischen Wurzeln der Wissenschaft und Zivilisation bemächtigte sich Marshacks ein tiefes Staunen, und er fand die vorhandenen Erklärungen zu dem Thema nicht befriedigend. Er fühlte, dass es irgendwo ein fehlendes Glied gebe: nicht im biologischen Sinne, sondern in einem kulturellen Sinn. Er schrieb:

Bei der Durchsicht der historischen Aufzeichnungen über die Ursprünge der entstandenen Zivilisationen war ich verwirrt von dem ständigen »Plötzlich«. Wissenschaft, das heißt formelle Wissenschaft, hatte »plötzlich« mit den Griechen begonnen; in einer minder philosophisch kohärenten Weise waren Stücke von Beinahewissenschaft, Mathematik und Astronomie »plötzlich« bei den Mesopotamiern, den Ägyptern, den alten Chinesen und viel später in beiden Amerikas aufgetaucht; die Zivilisation selbst hatte offenbar »plötzlich« im großen Bogen des Fruchtbaren Halbmonds im Nahen Osten begonnen; die Schrift (Geschichte beginnt mit der Schrift) war »plötzlich« mit der Keilschrift in Mesopotamien und den Hieroglyphen in Ägypten aufgetaucht;

Landwirtschaft, die ökonomische Basis jeder entwickelten Zivilisation, hatte offenbar »plötzlich« vor etwa zehntausend Jahren begonnen, mit einer relativ kurzen Anfangsphase oder Beinahelandwirtschaft, die ihr vorausging; der Kalender war »plötzlich« zusammen mit der Landwirtschaft aufgetreten; Kunst und Verzierung hatten »plötzlich« vor etwa dreißigtausend bis vierzigtausend Jahren in der Eiszeit eingesetzt, scheinbar zu dem Zeitpunkt, als der moderne *Homo sapiens* – einer Theorie zufolge – nach Europa einwanderte, um den Neandertaler zu verdrängen.

Marshacks wachsende Unzufriedenheit mit den Standarddarstellungen der alten Geschichte und der Vorgeschichte veranlasste ihn, nach einer plausibleren Darstellung der Ereignisse zu suchen. Der Wendepunkt kam, als er einen kurzen Artikel las, in dem ein gravierter Knochen beschrieben wurde, der an der mesolithischen Ausgrabungsstätte Ishango im Kongo gefunden worden war und auf 8500 v. Chr. datiert wurde. Er glaubte, dass die Markierungen auf dem Knochen nicht nur gezielt vorgenommen worden waren, sondern auch eine ganz bestimmte Bedeutung beinhalteten. Jahre bevor er irgendein Interesse an Vorgeschichte gehabt hatte, hatte ihn die Tatsache verblüfft, dass die verschiedenen Methoden der Forschung, die von modernen Wissenschaftlern angewendet werden – ob in Ozeanografie, Meteorologie, Astronomie oder der Raumfahrt selbst –, einen »Zeitfaktor« hatten und die Aufzeichnung der Messungen und anderer Daten in ihrer chronologischen Abfolge erforderten. Er ahnte, dass dieses bescheidene Artefakt aus der Steinzeit auch einen »Zeitfaktor« haben könnte; er verglich die Gruppierung der Markierungen auf dem Knochen mit den Mondphasen und fand, dass sie recht gut übereinstimmten. Bald merkte er, dass dieses Knochenartefakt der Beweis für eine Mondaufzeichnung war, bei der die Tage nicht der Reihe nach gezählt und berechnet, sondern durch ihre Einfügung in Gruppen mit Zwischenräumen oder besonderen Markierungen gekennzeichnet wurden, die die Phasen des Mondzyklus angaben.

Marshack war gefesselt, sein Leben lang. Er tauschte die Pioniere des Raumzeitalters, die kurz vor der Landung auf dem Mond standen, gegen die Pioniere der Steinzeit, die vor Tausenden und Abertausenden von Jahren regelmäßig Aufzeichnungen über ihre Mondbeobachtungen gemacht hatten, indem sie Markierungen oder Kerben über einen gewissen Zeitraum hinweg zusammentrugen. Dadurch wurde Marshack zum Pionier der Untersuchungen über die kognitiven Aspekte der Vorgeschichte und hat bis zum heutigen Tag zweifellos mehr zu unserem Verständnis der markierten Knochen und anderer ähnlicher Artefakte aus der jungpaläolithischen und mesolithischen Periode beigetragen als irgendjemand sonst. Er hat erfolgreich zur Zufriedenheit vieler Prähistoriker – doch keineswegs aller – die Existenz von Aufzeichnungen über den Mond während des ganzen Jungpaläolithikums festgestellt, von der frühesten Periode, dem Aurignacien, und weiter; dabei untersuchte er buchstäblich Tausende von Artefakten. Im Gegensatz zu dem, was einige seiner Kritiker behaupten, hat er nicht in allen und nicht einmal in den meisten der markierten Artefakte, die er untersucht hat, Mondkalender gesehen. Viele der »Zeitfaktor«-Markierungen hat er nach gründlicher Prüfung verworfen.

Wir haben zuvor gesehen, dass Menschen numerische Systeme von einiger Komplexität nicht ohne Notwendigkeit entwickeln. Das trifft auch auf die Mondaufzeichnungen zu. Marshack sieht diese Art der Beschäftigung in der Steinzeit nicht als Ergebnis eines extrem frühen und unparteiischen geistigen Interesses am Funktionieren der Natur. Wenn es kein elementarer Prototyp moderner wissenschaftlicher Praxis ist, was ist es dann? Für Marshack war die Notwendigkeit, wenn auch nicht angetrieben von rein ökonomischem und praktischem Interesse, nichtsdestoweniger eng mit der Beobachtung der jahreszeitlichen Veränderungen des Klimas, der Vegetation, der jahreszeitlichen Wanderungen der Herden und des biologischen Zyklus – insbesondere Menstruation und Schwangerschaft – verknüpft. Aber die »Zeitfaktor«-Interessen der prähistorischen Völker, die sich in diesen Aufzeichnungssystemen zeigen, betrafen ebenso sehr auch die mythologischen und rituellen Aspekte der Kultur. Anthropologen haben deutlich gemacht, dass die verschiedenen Bereiche des Lebens, die für uns heute so klar getrennt sind (wie etwa der ökonomische, der religiöse und der wissenschaftliche), in Stammesgesellschaften nicht entfernt in ähnlicher Weise unterschieden wurden. Dasselbe gilt uneingeschränkt für die Gesellschaften des Jungpaläolithikums. Der kulturelle Wissensbestand in solchen Gesellschaften kleinen Maßstabs war nicht in die Welt der Kunst, des Geschäfts und der Wissenschaft zerrissen. Ihr Wissensbestand war noch unversehrt und ganzheitlich; Kunst, Wissenschaft, Religion und die ökonomischen Angelegenheiten waren eng und unlösbar miteinander verbunden. Marshack meint, dass die Beobachtung des Mondes die Grundlage der »Zeitfaktor«-Angelegenheiten der Völker des Jungpaläolithikums bildete und dass sie den Rahmen darstellte, in den ihre verschiedenen praktischen und geistigen Angelegenheiten eingefügt wurden.

Die sorgfältigste Untersuchung entsprechender Objekte führte Marshack bei seiner Entzifferung der Taï-Plakette durch, die als das »in vieler Hinsicht komplexeste einzelne Artefakt aus dem europäischen Jungpaläolithikum« bezeichnet wurde. Obwohl sie weniger als neun Zentimeter lang ist, ist diese gravierte Knochenplakette höchst kompliziert, wie aus der verwirrenden Anordnung der Markierungen und ihrer Anzahl hervorgeht. Dieses Artefakt wurde 1969 in der Grotte du Taï im westlichen Frankreich gefunden und auf das Ende des Jungpaläolithikums vor etwa zehntausend bis elftausend Jahren datiert. Marshack verbrachte zwanzig Jahre damit, den Code zu knacken, wobei er sowohl das Mikroskop als auch das bloße Auge benutzte. Er schrieb, dass sein späterer Erfolg ohne das Studium »aller jungpaläolithischen symbolischen Traditionen sowie aller bekannten Aufzeichnungstraditionen, die in den Kulturen ohne schriftliche Überlieferung gefunden wurden«, nicht möglich gewesen wäre. Einen detaillierten Schritt-für-Schritt-Bericht der Entzifferung der Markierungen auf diesem Objekt an dieser Stelle zu liefern, ist einfach nicht möglich. Wer mehr erfahren möchte, wird auf

Marshacks ausführliche Darlegungen auf fünfunddreißig Seiten in einem 1991 veröffentlichten Artikel (siehe Literatur) verwiesen. Für unsere Zwecke ist es ausreichend, die wesentlichen Merkmale des Objektes und Marshacks Schlussfolgerungen hinsichtlich seiner fundamentalen Bedeutung wiederzugeben.

Die Plakette ist der Teil eines Rippenknochens, der von einem Eiszeitgraveur für seinen Zweck in eine passende Form und Größe zugeschnitten wurde. Seine Transportierbarkeit ist bei seiner Auswahl ein Schlüsselfaktor gewesen, da sein Besitzer wahrscheinlich zu einer nicht sesshaften Bevölkerung gehörte. Marshacks frühere Untersuchungen vergleichbarer, wenn auch einfacherer Artefakte aus dem Jungpaläolithikum halfen ihm bei der Entdeckung, wie die Folge der Markierungen in diesem speziellen Fall »gelesen« werden muss. Er sah sie als ein Beispiel für eine Art von Markierungen an, die als »schlangenförmiger« oder »bustrophedoner« Typ bezeichnet wird, der zu Zeiten des Aurignacien benutzt wurde, das heißt seit Beginn des Jungpaläolithikums. Der Begriff »bustrophedon« wird gewöhnlich im Zusammenhang mit Schriften benutzt und beschreibt ein System, bei dem in einer Reihe geschrieben und von einer Seite gelesen wird (von links nach rechts oder von rechts nach links), woraufhin die nächste Zeile in entgegengesetzter Richtung geschrieben wird und so weiter abwechselnd den ganzen Text hindurch. Wendet man diese Methode auf die Taï-Plakette und andere Systeme der Aufzeichnung an, die keine Schrift sind, bedeutet das, dass die Abfolge der Linien entweder von rechts nach links begonnen wurde oder von links nach rechts und dann abwechselte, genau wie bei der Schrift. In manchen Fällen wurden die Linien nicht voneinander getrennt, sondern »liefen um die Ecke«, wodurch ein schlangenförmiges Muster entstand. Marshack verweist auch auf die Möglichkeit, dass die schlangenförmige Anordnung dieses Systems der Aufzeichnung »unbeabsichtigt ein abstraktes Bild der Periodizität« gewesen sein könnte. Er fand heraus, dass die Abfolge der Markierungsgruppen auf der Plakette eindeutig das Ergebnis von Mondbeobachtungen ist.

Marshack hatte zuvor schon Mondbeobachtungen auf mehreren anderen Artefakten festgestellt, weshalb dieser Zug der Taï-Plakette an sich nicht bemerkenswert ist. Verblüffend war, dass er im Verlauf seiner Analyse eine bestimmte Unterbrechung in der Abfolge der Mondbeobachtung bemerkte, und zwar nach der Aufzeichnung von sechs Mondmonaten. Dieser Bruch war offenbar auf die Beobachtung eines »Zeitfaktors« zurückzuführen, der außerhalb der Mondaufzeichnung selbst lag. Obwohl es möglich ist, dass irgendwelche Sternbeobachtungen die Ursache dieser Unterbrechung waren, war doch die wahrscheinlichste Erklärung die, dass sie das Eintreten der Sonnenwenden oder Äquinoktien anzeigte. Marshack folgerte: Wenn man von der unwahrscheinlichen Alternative der Sternenbeobachtung absehe, deute diese Art von Unterbrechung in der Abfolge eindeutig auf die Beobachtung der Sonne hin. Die besondere Bedeutung dieser Plakette bestand also darin, dass die Aufzeichnungen Beobachtungsdaten der Sonne und des Mondes kombinierten, dass sie ein Sonnen-Mond-Kalender war. Das komplizierte Wesen der Taï-Knochenplakette ist für Marshack das Ergebnis einer Wissenssammlung, die in das Aurignacien zurückverfolgt werden kann und zu den vergleichsweise einfachen Mondaufzeichnungen, die er für jene Periode auf Artefakten identifiziert hatte. Mit dieser Auffassung von der Entwicklung der jungpaläolithischen astronomischen Aufzeichnungen ist er in bester Gesellschaft Larichews, der, wie ich zuvor erwähnte, behauptet hat, dass der Mond-Sonnen-Kalender auf sibirischen Artefakten gefunden wurde, die um zweiundzwanzigtausend oder sogar vierunddreißigtausend Jahre zurück in die frühe jungpaläolithische Periode datiert werden. Ob Larichews Thesen breite Anerkennung finden werden, bleibt abzuwarten; im Augenblick sind Marshacks Darstellungen insgesamt überzeugender.

Die Bedeutung der Taï-Aufzeichnungen beruht nicht nur auf der Tatsache, dass sie das entwickelte Wesen der menschlichen Beobachtung der Sonne und des Mondes in der jungpaläolithischen Epoche zeigen. Sie füllen auch die Lücke, die früher vor der scheinbar plötzlichen Entwicklung der astronomischen Beobachtungen in der neolithischen Periode im nordwestlichen Europa bestanden zu haben scheint, wie sie durch die Anordnungen megalithischer Monumente wie Stonehenge repräsentiert werden. Mit der Taï-Plakette entfällt die Notwendigkeit, die Wurzeln der neolithischen astronomischen Kenntnisse in Europa in den weiter »fortgeschrittenen« Kulturen des Nahen Ostens zu suchen. Diese Kenntnisse können organisch aus der einheimischen Tradition erwachsen sein, wie Marshack glaubt:

Dass eine nicht arithmetische astronomische Beobachtungsfähigkeit und -kunde in Europa vor dem Neolithikum existierte, deutet an, dass die Übernahme der landwirtschaftlichen Lebensform von dem jahreszeitlichen ökonomischen und rituellen Kalender der paläolithischen Jäger und Sammler vorbereitet oder unterstützt wurde. Wenn dem so ist, dann ist möglicherweise das astronomische Wissen des europäischen Neolithikums im Wesentlichen einheimisch gewesen und muss nicht mit den Ackerbautechnologien und dem Saatgut aus dem Nahen Osten auf diesen Kontinent gekommen sein. Die Ackerbautechnologien könnten in eine bereits bestehende europäische Kunde von den Jahreszeiten und dem Jahr assimiliert worden sein. Es gibt einen wahren Schatz europäischer Folklore, der die Beibehaltung einer vorneolithischen Mythologie andeutet. Die Anordnungsastronomie des westeuropäischen Neolithikums deutet an, dass ein auf Beobachtung beruhender Mond-Sonnen-Kalender, wie er in den Taï-Aufzeichnungen dargestellt wird, die Grundlage für Mond-Sonnen-»Kalender« der megalithischen Kulturen geliefert haben könnte. Diese europäische Beobachtungsastronomie scheint nicht aus dem Nahen Osten oder Ägypten übernommen worden zu sein, sondern aus der paläolithischen Tradition, wie sie von den Taï-Aufzeichnungen dokumentiert wird.

Die Theorie, dass das Neolithikum und die megalithischen Monumente der frühen Bronzezeit im nordwestlichen Europa mittelbar oder unmittelbar von mehr »entwickelten« Zivilisationen inspiriert wurden, erhielt einen empfindlichen Dämpfer, als die Entwicklung der Radiokarbonmethode zeigte, dass viele der Megalithen in Wirklichkeit viel älter waren, als man zuvor geglaubt hatte. Die berühmtesten der astronomisch angeordneten Orte auf den Britischen Inseln, wie Stonehenge und Newgrange in Irland, wurden einst auf Einflüsse aus »zivilisierteren« Kulturen aus dem Osten zurückgeführt, und der Gedanke, dass die Barbaren Nordeuropas derartige Monumente aus eigenem Ansporn geschaffen haben sollen, war für einige Leute tabu. Da diese beiden Orte nachweislich etwa fünftausend Jahre alt sind, ist jetzt offenkundig, dass die Megalithkulturen des nordwestlichen Europa mehr auf ihr eigenes Wissen bauten als auf geliehene »zivilisierte« Vorstellungen. Was Marshack zu diesem Bild einer unabhängigen Entwicklung derartiger architektonischer Traditionen beigetragen hat, ist nichts anderes, als zu zeigen, dass das astronomische Wissen, das die Megalithen verkörpern, ebenfalls ein Ergebnis einheimischer Kultur ist. Er hat damit den Weg dieser wissenschaftlichen Kenntnis nicht von Osten nach Westen zurückverfolgt, wie frühere Denker vorgeschlagen haben, sondern zu ihren Wurzeln in den westlichen Traditionen der alten Steinzeit. Im folgenden Kapitel enthüllen die Schlüssel, die zu einem anderen alten Pfad wissenschaftlichen Denkens führen, dass die frühen Jäger sich auf mehr verließen als nur einen scharfen Speer und einen starken Arm, um ihre Beute zu verfolgen.

VII.

Von Fußspuren und Fingerabdrücken

In einem aufschlussreichen Essay mit dem Titel »Clues: Roots of an Evidential Paradigm« hat der bekannte italienische Historiker Carlo Ginzburg eine sehr wichtige, aber wenig verstandene Reihe von Methoden beschrieben, die von Forschern in einigen Untersuchungsbereichen verwendet werden. Diese analytischen Herangehensweisen beinhalten ein genaues und sorgfältiges Studium scheinbar trivialer oder unbedeutender Details, die sich tatsächlich als äußerst wichtig erweisen. Dies wird am besten durch relativ junge Beispiele illustriert, die Ginzburg auf die Spur der Art des Denkens brachten, die bis in die ferne Vergangenheit zurückverfolgt werden kann. Er beginnt mit der Methode, Gemälde zu identifizieren, die von dem Italiener Giovanni Morelli um 1870 entwickelt wurde. Morelli bemerkte, dass viele Gemälde in Kunstmuseen nicht signiert und daher anhand konventioneller Methoden nur schwer einem bestimmten Künstler mit Sicherheit zuzuweisen waren. In einer Kunstwelt, in der Fälschungen, Kopien und falsche Zuordnungen gang und gäbe waren, glaubte Morelli, dass die Konzentration auf die offensichtlichsten und berühmtesten Aspekte eines Gemäldes nicht der richtige Weg sei, um den Geist der Verwirrung zu vertreiben. Er schlug vielmehr vor, die offenkundig trivialen Details eines Gemäldes, etwa die Art, wie Ohrläppchen, Fingernägel, Aureolen usw. gestaltet sind, als differenzierendes Mittel zu wählen, da die ins Auge fallenden Merkmale eines Gemäldes von einem Kopisten leicht imitiert werden könnten. Wenn man sich auf die nebensächlichen Aspekte der Gemälde konzentriere, die von Kritikern wie auch

Kopisten nicht wahrgenommen würden, könnte die Identität des Malers, so Morelli, enthüllt werden.

Ginzburg stellt eine ähnliche Vorgehensweise im Bereich der Verbrechensaufdeckung fest, verdichtet in den Methoden, deren sich Sherlock Holmes in den Büchern von Sir Arthur Conan Doyle bedient. Holmes führt, anders als der weniger begabte und eher langweilige Denker Dr. Watson, ungewöhnliche Untersuchungen durch und analysiert scheinbar bedeutungslose Details wie Zigarettenasche, um sein Wild zur Strecke zu bringen. Wie Ginzburg hervorhebt, wird die Ähnlichkeit zwischen dem Vorgehen des Detektivs und dem Morellis in einer bestimmten Geschichte deutlich sichtbar, die *The Cardboard Box* heißt. In diesem Fall ist Holmes fähig, aus der Form zweier abgetrennter Ohren, die einer unglücklichen Frau geschickt werden, nicht nur auf das Geschlecht des Opfers, sondern auch auf seine enge Verwandtschaft mit der Frau, die sie erhalten hat, zu schließen. Das dritte Beispiel des Gebrauchs solcher Techniken entstammt dem Werk Sigmund Freuds. Ginzburg hebt hervor, dass die Parallelen zwischen Morelli und Freud von dem großen Psychologen selbst gezogen wurden, als er schrieb: »Es scheint mir, dass seine [Morellis] Methode der Untersuchung eng mit der Technik der Psychoanalyse verwandt ist. Auch sie hat damit zu tun, geheime und verborgene Dinge aus unbemerkten und nicht bedachten Details zu erraten, aus dem Abfallhaufen unserer Beobachtungen.«

Indem er diese Parallelen zwischen den Untersuchungen von Gemälden durch Morelli, der Suche nach verbrecherischen Spuren durch Holmes und der Symptomenerkennung durch Freud aufgespürt hat, erweist sich Ginzburg selbst als Jäger einer Beute in dem dichten Unterholz der historischen Archive. Er betont die Notwendigkeit dieser Art des Denkens beim Studium der Medizin und Geschichte (wir können »Vorgeschichte« hinzufügen) wie auch anderer Disziplinen, die unausweichlich mit individuellen Fällen, Ereignissen und Dokumenten zu tun haben. Er nennt auch ein besonders verblüffendes Beispiel der praktischen Anwendung solcher Methoden bei der Entwicklung der Fingerabdrucktechnik, bei der ein offenbar unbedeutender Aspekt der Physiognomie eines Individuums sich als das beste Mittel der Identifizierung des Eigners herausstellt. 1823 war J. E. Purkynê der Erste, der beobachtete, dass die Fingerabdrücke einer jeden Person einzigartig waren, doch dauerte es noch bis zum Ende des Jahrhunderts, bis die Fingerabdrücke als Mittel der Identifikation verwendet wurden. Ginzburg schreibt diesen Analysemethoden einen fernen Ursprung in der Vorgeschichte zu:

> Der Mensch ist jahrtausendelang ein Jäger gewesen. Im Verlauf zahlloser Jagden lernte er, die Formen und Bewegungen seiner unsichtbaren Beute aus den Spuren auf dem Boden, zerbrochenen Zweigen, Exkrementen, Haarbüscheln, hängen gebliebenen Federn, in der Luft hängenden Gerüchen zu rekonstruieren. Er lernte, so winzige Spuren wie Speichelfäden zu erschnüffeln, im Gedächtnis zu behalten, zu deuten und einzuordnen. Er lernte, wie schwierige geistige Operationen in Sekundenschnelle in der Tiefe des Waldes oder auf der Prärie ausgeführt wurden.

Und weiter:

> Hinter diesem wahrnehmenden und vorausahnenden Muster erkennen wir das, was vielleicht die älteste Handlung in der geistigen Geschichte der menschlichen Rasse ist: Der Jäger kauert auf dem Boden und untersucht die Spuren seiner Beute.

Ginzburg verfolgt die prähistorische Spur nicht selbst, aber seine Entdeckung ihrer Spuren in wichtigen Aspekten modernen Denkens ist äußerst aufschlussreich. Die Verwendung von Spurentechniken ist wesentlich für erfolgreiche Jägerstrategien. Während es immer noch einige Prähistoriker gibt, die behaupten, dass systematische Jagd erst in der Zeit des verhaltensmäßig modernen Menschen begann, etwa vor vierzigtausend Jahren, und dass der Mensch davor nicht mehr als ein niederer Aasfresser war, sind die Beweise für die Jagd mit geworfenen

Speeren vor Hunderttausenden von Jahren, lange sogar vor dem
Neandertaler (zu Details siehe Kapitel XI), heute erdrückend.
Wir können sagen, dass die zur Verfolgung erforderlichen geistigen Schritte tatsächlich zu den ersten überhaupt gehörten und
vielleicht sogar, wie von dem Anthropologen Louis Liebenberg
vorgeschlagen, letztlich den Ursprung wissenschaftlichen Denkens darstellen. Wenn wir uns die Verfolgungstechniken der San
anschauen, eines heute in der Kalahariwüste im südlichen Afrika
(bekannter unter dem Namen »Buschmänner«) noch lebenden
Jäger-Sammler-Volks, wird klar, wie verblüffend die Ähnlichkeiten mit dem mutmaßlichen Muster sind, das von Ginzburg in
seinen modernen westlichen Ausprägungen erforscht wurde.
Liebenberg, der seine Beobachtungen ohne die Kenntnis von
Ginzburgs Forschungen durchführte, arbeitete die gleichen
grundlegenden Gesichtspunkte zum Denkprozess der Kalahari-
jäger heraus, die Ginzburg bezüglich Morelli, Sherlock Holmes,
Freud und der Erfindung der Fingerabdrücke genannt hatte:

> Der moderne Spurensucher [der Kalahari] schafft fantasiereiche
> Rekonstruktionen, um zu erklären, was die Tiere taten, und auf
> dieser Basis trifft er überraschende Voraussagen unter außerge-
> wöhnlichen Umständen. Die theoretische Spurensuche beinhaltet
> einen ständigen Prozess der Mutmaßung und des Umdenkens, um
> mit den komplexen, dynamischen, ständig sich ändernden Varia-
> blen fertig zu werden.

Die Spurensuche hat also, genau wie die Psychologie und die
historische Forschung, mit individuellen (einzigartigen) Umständen zu tun, die Deutungen erfordern, um bei der Verfolgung der jeweiligen Beute erfolgreich zu sein. Liebenberg
glaubt ebenfalls, dass wir in der Kunst der Spurensuche den
Ursprung des wissenschaftlichen Strebens finden könnten. Er
nimmt für die Entwicklung der Kunst der Spurensuche drei
Stufen an. Die erste, die er »schlichtes Spurensuchen« nennt, ist
die Verfolgung der Fußabdrücke des Tiers unter idealen Bedingungen, bei denen die Spur leicht zu erkennen ist. Die zweite,

das systematische Suchen, umfasst im Wesentlichen denselben Denkprozess, erfordert aber das Sammeln von Daten unter schwierigeren Bedingungen. Die dritte, die theoretische Spurensuche, verlangt vom Jäger, eine Arbeitshypothese zu entwickeln unter Verwendung unterschiedlichen Datenmaterials: Kenntnis der Verhaltensmuster des Tieres, des Geländes usw. Von dieser hypothetischen Rekonstruktion der Aktivitäten des Tieres ausgehend, sucht der Jäger dann nach dem wahrscheinlichsten Ort, um Spuren oder andere Zeichen zu finden. Bei flüchtiger Betrachtung mag es ziemlich unwahrscheinlich sein, dass traditionelle Jäger und Sammler wirklich wissenschaftliche oder quasiwissenschaftliche Methoden bei der Verfolgung des Wildes benutzen. Wir sind geneigt zu glauben, dass wissenschaftliche Methoden und geistige Analyse in Laboratorien, Vorlesungssäle und Bibliotheken gehören statt zu den Aktivitäten des Jägers. Die Jagd wird gewöhnlich als eine praktische Handlung angesehen, bei der Spekulationen nicht nur unangebracht, sondern vielleicht sogar von Nachteil zu sein scheinen. Doch Anthropologen, die eng mit den Jägern der Kalahari und andernorts zusammengearbeitet haben, fanden heraus, dass die Jagd nicht nur ein instinktives Tun ist, sondern auch beträchtliches und gelegentlich sehr umfangreiches Wissen und geistige Einsicht erfordert; die so genannten »Primitiven« – auch die prähistorischen »Primitiven« – können nicht als gedankenlose »Wilde« angesehen werden. Der Gegenstand, den der Jäger studiert, sind nicht atomare Teilchen, historische Dokumente, Verbrechen oder Malerei, sondern Spuren und andere Zeichen der Aktivität von Tieren. Eine genaue Kenntnis der Spur ist von großer Wichtigkeit für den Jäger. Obwohl das Wort oft nur in Bezug auf Fußspuren benutzt wird, hat es eine weitere Bedeutung, die sich auf Zeichen bezieht, die das Tier auf dem Boden und in der Vegetation hinterlässt. Liebenberg erklärt, dass es für den Jäger viele Datenquellen gibt:

Geruch, Urin und Kot, Speichel, Kügelchen, Fraßspuren, Stimmen und andere hörbare Zeichen, sichtbare Zeichen, zufällige Zeichen,

Wildwechsel, Ruheplätze und Zufluchtsorte. Spuren sind nicht auf lebende Wesen beschränkt. Blätter und Zweige, die sich im Wind bewegen, langes Gras, das über den Boden fegt, oder weggetretene Steine, die einen steilen Hang hinunterrollen, hinterlassen deutliche Spuren. Eindrücke, die von Werkzeugen, Waffen oder anderen Objekten hinterlassen werden, können Aufschluss über die Aktivitäten von Personen geben, die sie benutzten, und Fahrzeuge hinterlassen ebenfalls Spuren.

Wir sehen also, dass der Jäger über eine Vielzahl von Daten verfügt, die im Zusammenhang geprüft und erwogen werden müssen. Genau wie der Detektiv einen Kriminellen verfolgt, indem er die ihm zur Verfügung stehenden verschiedenen Spuren und Beweise auswertet, muss dies auch der Jäger bei der Verfolgung der Beute tun. Diese Parallele zwischen Jagd und Verbrechensaufklärung wird noch offenbarer, wenn wir die Kunst des Spurensuchens detaillierter betrachten. Der geübte Leser von Spurenzeichen hat nur selten Gelegenheit, einer einfachen Reihe vollständiger Fußspuren zu folgen; er muss in der Lage sein, die Tierart anhand unvollständiger Abdrücke zu bestimmen; Gras, das von vorbeiziehenden Tieren niedergetreten wurde, kann wichtige Informationen über die Bewegungsrichtung liefern. Wie ich bereits mehrfach dargelegt habe, widmen sich Archäologen oft experimenteller Forschung. Experimentelle Archäologie umfasst häufig Experimente mit Reproduktionen prähistorischer oder sehr alter Artefakte oder technischer Prozesse, um die Objekte besser verstehen zu können, die ausgegraben wurden. Auch Jäger müssen ihre Experimente machen, allerdings einfache, »lebendige«. Abgebrochene Zweige und Äste, die bei der Spurensuche auf dem Boden gefunden werden, können neu sein oder auch nicht. Um den Unterschied herauszufinden, nimmt der Jäger manchmal gleiche Zweige und zerbricht sie, um Vergleiche anstellen zu können. Ein alter Bruch zeigt Anzeichen der Verwitterung im Gegensatz zu einem frischen. Wenn der Bruch eines Zweiges oder Astes frisch ist, kann dies eine wichtige Information für die Jagd sein.

Verschiedene zusätzliche Faktoren, wie die Jahreszeit, das Wetter, das Terrain, die Art und der Zustand des Bodens usw., müssen alle vom Jäger bei der Bewertung einer Spur in Betracht gezogen werden. Jäger in der Kalahariwüste sind in der Lage, selbst in lockerem Sand die Spuren zahlreicher Lebewesen zu unterscheiden, von Käfern und Tausendfüßlern (siehe Abbildung 24) bis hin zu denen von Schlangen und Mungos. Sie sind sogar in der Lage, verschiedene Arten von Mungos allein aufgrund der Spur zu bestimmen.

Die Untersuchung des Tierkots kann dem Jäger ebenfalls wichtige Informationen liefern, da er nicht nur die Art des Tieres anzeigt, sondern auch Bestandteile seiner Nahrung, wann das Tier vorbeigekommen ist und in manchen Fällen – anhand der Größe des Kotes – sogar, ob das Tier jung oder alt war. Urinspuren geben ähnlich Aufschluss. Eine Antilope zum Beispiel uriniert mit gespreizten Hinterbeinen, und dieses Wissen erlaubt dem Jäger, genauestens festzustellen, wo das Tier zu dem Zeitpunkt gestanden hat. Die Urinentleerung der männlichen und der weiblichen Antilope erzeugt einen Urinfleck in jeweils anderer räumlicher Beziehung zu den jeweiligen Hufspuren. Beim Männchen ist er zwischen den Spuren der Vorder- und Hinterhufe, beim Weibchen zwischen oder hinter den Spuren der Hinterhufe. Obwohl der menschliche Geruchssinn dem der Raubtiere unterlegen ist, kann ein erfahrener Sanjäger doch die verschiedenen Gerüche einer ganzen Anzahl von Tieren unterscheiden, etwa von Elefant, Zebra und Büffel, wenn er nah genug dran ist. Blutspuren von Tieren, die entweder von Jägern oder einem Widersacher verursacht wurden, können ebenfalls eine nützliche Quelle von Informationen sein. Wenn das Blut klar ist und Luftbläschen enthält, weist dies auf eine Verwundung der Lunge hin; stammt es aus einer Bauchwunde, dann enthält es Magenreste. Blutflecken am Boden oder an anderen Örtlichkeiten in der Natur können helfen, den Grad der Verwundung eines Tieres festzustellen. Eine Spur, die aus über größere Abstände verteilten kleinen Tropfen besteht, deutet an, dass die Wunde oberflächlich und die Lauf-

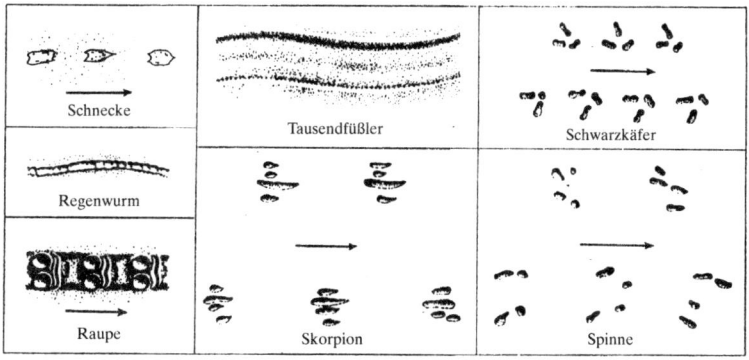

Abbildung 24

fähigkeit des Tieres nicht beeinträchtigt hat. Dagegen wird die Geschwächtheit eines Tieres durch starken Blutverlust und die dichte Folge der Blutflecken angedeutet. Flecken von Speichel und Wasserspritzern sind Anzeichen der kürzlichen Anwesenheit eines Tieres, da beides sehr schnell trocknet.

Die Spurensuchkunst der Jäger ist keineswegs darauf begrenzt, eine Vorstellung von seiner Beute und dessen Aufenthaltsort allein aufgrund sichtbarer Zeichen im Geiste zu entwerfen. Auch verschiedene Geräusche können einen Jäger zu seiner Beute führen. Die Anwesenheit eines Rivalen aus dem Tierreich kann dem Jäger durch einen Vogel kund getan werden, der einen Warnschrei ausstößt, aber der kann auch die Beute des Jägers auf dessen Gegenwart aufmerksam machen. Die Schnelligkeit und die Größe eines Tieres werden manchmal durch unterschiedliche Geräusche angekündigt, wie Bewegungen in der Vegetation, das Brechen von Zweigen oder Ästen und das Platschen von Wasser. Selbst das Fehlen von erwarteten Geräuschen – wie das Zirpen der Grillen – kann eine nützliche Informationsquelle sein. Viele Tiere haben ihr eigenes Netzwerk von Wildwechseln und Wegen, die sich oft von den Wasserlöchern in viele Richtungen zu den bevorzugten Äsungsstellen verzweigen, und natürlich ist deren Kenntnis für den Jäger wichtig. Den verschiedenen Aufenthaltsorten der

Tiere, wie Nestern und Höhlen, schenkt der Spurensucher besondere Aufmerksamkeit. Wer in einer Höhle Quartier bezogen hat, kann aus ihrer Lage und Eingangsgröße geschlossen werden sowie aus der Art und Weise, wie die Erde bei deren Bau beiseite geräumt wurde. Wenn sie noch benutzt wird, deutet sich das durch Spuren oder Kot am Eingang oder in unmittelbarer Umgebung an. Wenn sie aufgegeben wurde, wird der Eingang voller abgestorbener Blätter, teilweise überwachsen und von Spinnweben bedeckt sein.

Viele weitere Beispiele von Informationsquellen der Jäger könnten aufgezählt werden, aber allein die genannten zeigen, wie viele Faktoren bei der Ausarbeitung einer Hypothese über das Beutetier miteinander verknüpft werden müssen. Es ist leicht zu verstehen, warum die Jagdtechniken mit den Methoden, die sowohl in fiktiven Kriminalgeschichten als auch in echten Kriminalfällen beschrieben werden, übereinstimmen, denn es geht um dieselbe Art von geistigen Prozessen. Nicolas Blurton Jones und Melvin J. Konner, die 1970 als Mitglieder einer Harvard-Kalahari-Forschungsgruppe gemeinsam mit den Kungjägern die Feldarbeit verrichteten, sehen ebenfalls Parallelen zwischen dem westlichen geistigen Streben und der Kungjagd:

Ein derartiger geistiger Prozess ist uns aus Detektivgeschichten bekannt und auch aus der Wissenschaft selbst. Offensichtlich ist er ein grundlegender Zug des menschlichen geistigen Lebens. Es wäre wirklich überraschend, wenn die wiederholte Aktivierung von Hypothesen, ihr Ausprobieren anhand von neuen Informationen, ihre Eingliederung mit zuvor bekannten Fakten und Verwerfung von solchen, die nicht haltbar sind, Geistesgewohnheiten wären, die nur westlichen Wissenschaftlern und Detektiven zu Eigen sind. Das Verhalten der Kung deutet im Gegenteil an, dass die Lebensform selbst, für die das menschliche Gehirn entwickelt wurde, dies erfordert. Dass sie zu beeindruckenden Ergebnissen durch die Technologie von Wissenschaftlern und den Fleiß von Romanschriftstellern gebracht wurden, sollte uns nicht erlauben, uns einzureden, dass wir sie erfunden hätten. Der Mensch ist das einzige Jäger-Säugetier mit einem so rudimentären Geruchssinn, dass er nur durch geistige Evolution zum erfolgreichen Jagen gelangen konnte.

Die große Mehrheit der modernen menschlichen Bevölkerung hat seit langem die Jäger-Sammler-Lebensform zugunsten anderer ökonomischer Systeme aufgegeben, die auf Landwirtschaft und Industrie basieren. Die Jagd steht nicht mehr an erster Stelle, um das Nahrungsbedürfnis und andere Lebensbedürfnisse zu stillen. Die Praxis des Jagens ist jedoch weiterhin eine Freizeitbeschäftigung und ein Mittel zur Kontrolle der Raubtiere. Viele Sportjäger rechtfertigen ihre Freizeitbeschäftigung als ein Mittel gegen die Beschränkungen und Zwänge der Zivilisation, da sie eine Möglichkeit biete, zurück zur Natur zu kommen, in den frühesten Zustand des Menschen. Viele Menschen finden die ganze Angelegenheit des Jagens zum Vergnügen barbarisch und sinnlos, eine Haltung, die sich besonders unter der städtischen Bevölkerung findet. Es muss gesagt werden, dass sie Recht haben, zumindest in vielen Fällen. Große Geschäftsleute, die in Länder wie Alaska fahren, um Tiere bequem von Helikoptern aus mit hochkalibrigen Gewehren abzuknallen, gehen wohl nicht »zurück zur Natur« oder testen wirklich ihre Jagdfähigkeiten. Ihre Motive sind eindeutig eher viszeraler Art, und das Töten der Tiere ist einfach ein Machogehabe, sich in Vorstandskreisen zu brüsten. Solche Geschäftsleute sind die üblen Erben der Kolonialjäger, die die Jagdfähigkeiten ihrer ethnischen Untertanen ausnutzten, um Tiger, Löwen und anderes Großwild zu jagen und Trophäen zu sammeln. Das ziemlich entleerte Ritual der Fuchsjagd der britischen Oberklasse zeigt, dass die uralte Verbindung zwischen Adel und Jagd – die bis in die alten Gesellschaften Ägyptens, Mesopotamiens und Persiens zurückverfolgt werden kann – selbst heute noch aufrechterhalten wird. Eindeutig beruht der Gegensatz zwischen der modernen Jagd und der der traditionellen Jäger und Sammler auf unterschiedlichen Motiven: Jagd um der Nahrung und Jagd um des Vergnügens willen.

Ein weiterer Unterschied, der oft zwischen den beiden Arten des Jagens gesehen wird, ist der, dass der traditionelle Jäger größeren Respekt vor dem Beutetier hat und sogar ein wenig Reue verspürt, dass er das Tier überhaupt töten muss. Liebenberg fragte einen der Sanjäger, von dem er die traditionellen Verfolgungstechniken lernte, was er empfinde, wenn er die Tiere töte. Der Jäger antwortete, dass er für sie eine gewisse Sympathie verspüre, sie aber trotzdem töten müsse, um essen zu können. Die erwachsene Antilope wecke weniger Sympathie als die jüngere, da die ältere »das Spiel kenne« und sich der Gefahr bewusst sei, die der Jäger darstelle. Die junge hingegen sei unerfahren und naiv, und wenn eine in des Jägers Schlinge gerate, mache ihn das traurig. Selbst ein Käfer mit gebrochenem Beinchen konnte sein Mitleid erwecken, aber es tat ihm nicht Leid, wenn er einen Skorpion tötete, der ihn nur zu gerne stechen würde, hätte er Gelegenheit dazu. Liebenberg zitiert einen weiteren Fall von Sympathie für die Beute, diesmal aus dem Buch *The Forest People*, Colin Turnbulls Bericht über die Pygmäen in Zentralafrika; man könnte zahllose Beispiele von Empathie und selbst Verehrung von Tieren unter den Jägervölkern Nordkanadas und andernorts hinzufügen. Aufgrund dieser Haltung in traditionellen Jägergesellschaften ist die These aufgestellt worden, dass gezielte Grausamkeit gegenüber Tieren einer späteren Phase menschlicher Entwicklung vorbehalten war und dass, trotz der Notwendigkeit, um der Nahrung willen zu töten, die Jäger und Sammler in gegenseitigem Respekt und in Harmonie mit ihren tierischen Nachbarn lebten. So anziehend ein derartiges Porträt eines Jäger-Sammler-Gartens Eden ist, gibt es doch auch Berichte über Grausamkeit in solchen Gesellschaften. Selbst in Turnbulls Buch, das Liebenberg als Beweis dafür zitiert, dass Jäger wie die Pygmäen gegenüber Tieren zartfühlend und voller Mitleid waren, gibt es Berichte, wie sie über ein verwundetes Tier lachen und es treten oder wie sie lebenden Vögeln die Federn absengen.

Während diejenigen Leute, die heute auf die Jagd gehen, eine sehr kleine Minderheit darstellen, werden Jagdmetaphern und -techniken weiterhin häufig benutzt, selbst in der sehr unnatürlichen Umgebung einer modernen, brodelnden Großstadt. Die Menschen haben neunzig Prozent ihrer Entwicklungsgeschichte als Jäger zugebracht; deshalb ist es kaum überraschend, dass derlei Metaphern unsere kollektive Psyche durchtränken; das Neolithikum und die darauf folgenden Perioden bis heute sind nur die Spitze des Eisbergs. Wir haben zum Beispiel gesehen, wie der Modus operandi des Detektivs auf einer ganzen Reihe von Schritten und Einsichten beruht, die letztlich von der Jagd herrühren, und das zeigt sich auch in Ausdrücken wie »einen Mörder aufspüren«, »eine Falle stellen«, »einen Lockvogel benutzen«, »seine Spuren verwischen« usw. Doch die Redewendungen beinhalten konkrete Handlungen, durch die der Detektiv wirklich seine menschliche Beute aufspüren kann. Während der Jäger sich an seine Tierbeute am Wasserloch heranpirscht, wird der Detektiv die Kriminellen an ihren »Tränken« (Bars) aufsuchen; während der Jäger wichtige Informationen aus dem Ruf eines Vogels erhält, der die Anwesenheit eines Tieres verrät, kann dem Detektiv ein Informant solche Hinweise geben.

Das Problem des Historikers ist häufig, dass er eine riesige Menge von Textinformationen durchgehen und sich einen Weg durch das dichte Unterholz der Archivinformationen schlagen muss, um an die erforderlichen Daten heranzukommen. Dagegen sind dem Archäologen der Vorgeschichte die Informationsgrundlagen durch den Zahn der Zeit abhanden gekommen, sodass er die Ereignisse der fernen Vergangenheit unter Benutzung oft winzigster Überbleibsel archaischer Kulturen irgendwie rekonstruieren muss. Während der Historiker manchmal wichtige Durchbrüche bei der Arbeit durch Ausgraben scheinbar unbedeutender, kleiner Fakten erzielt, die ihn zu bedeutenden Entdeckungen führen, ist der Archäologe der Vorgeschichte oft *gezwungen*, sich einer solchen Methodik zu befleißigen, weil die Spuren menschlicher Aktivität nach Tausenden von Jahren gewöhnlich von kleiner und unvollständiger Art sind. Folglich ist die Benutzung dieser Methodik für den Historiker eine Frage der Wahl, für den Prähistoriker jedoch eine Notwendigkeit. Freud benutzte, wie zuvor zitiert, das Bild vom »Müllhaufen unserer Beobachtungen«, um die Quelle wichtiger Schlüssel in der Psychoanalyse zu beschreiben. Der Archäologe verfolgt eine ähnliche Aufgabe, aber buchstäblich. Alte und prähistorische Müllhaufen sind für alte Völker einfach Orte gewesen, wo sie ihre Sachen, die sie als Abfall betrachteten, hinwerfen konnten, aber für den Archäologen kann der Abfall ebenso wichtig sein wie für den Detektiv oder den Geheimdienstler. Dieser kulturelle Abfall liefert Schlüssel zu allen Aspekten des kulturellen Lebens. Wie der Jäger innehält, um den Tierkot auf dem Wechselpfad zu untersuchen, analysiert der Archäologe Koprolithen (versteinerte Fäzes) auf Essgewohnheiten hin.

Doch da sind nicht nur die vom Prähistoriker benutzten Methoden, die einige der geistigen und praktischen Schritte der archaischen Jagdtechniken widerspiegeln. Die vorgeschichtliche Ära selbst wird immer noch als von marginaler Bedeutung im Vergleich zur historischen Ära angesehen. Die meisten Darstellungen der Menschheitsgeschichte widmen der prähistorischen Phase wenig Aufmerksamkeit; sie wird als kaum mehr denn ein Auftakt für die eigentliche Handlung und Aufregung angesehen, die die Geschichte und die großen bedeutenden Ereignisse der Zivilisationen bieten. Meiner Ansicht nach sind solche Berichte nichts anderes als grobe Verzerrungen. Wenn wir stattdessen die Methoden benutzen, die in den Werken von Morelli, Conan Doyle und Freud beschrieben werden, und die Menschheitsgeschichte in deren Licht betrachten, dann entsteht ein anderes Bild. Wir finden, dass die scheinbar unbedeutenden Teile der Menschheitsgeschichte – nämlich die prähistorische Ära – der Schlüssel der zugrunde liegenden Realität sind. Kurzum: Wir finden, dass die historischen Zivilisationen keinen Quantensprung darstellen über die »wilden«, stümperhaften und unwissenden Gesellschaften der Steinzeit hinaus, sondern vielmehr eine Entfaltung, Akkumulation und Erweiterung der Einsichten und Schöpfungen der prähistorischen Vorfahren.

Anthropologen haben scharfsinnig darauf hingewiesen, dass es so etwas wie eine »natürliche« Gesellschaft nicht gibt, da selbst die kleinsten Jägergemeinschaften ihr eigenes kulturelles Leben haben. Nichtsdestoweniger haben die Mitglieder solcher Gesellschaften einen direkteren täglichen Kontakt zur natürlichen Welt um sich herum als ihre Ebenbilder in der städtischen Welt. Ihre Nutzung der geistigen Prozesse, die in diesem Kapitel diskutiert wurden, ist auf die Jagdtechniken ausgerichtet wie etwa das Spurensuchen statt auf Aktivitäten wie historische und Archivarbeit, die Erstellung von Persönlichkeitsprofilen von Serienmördern oder die Verfolgung am Radarschirm. Doch in der Kalahari und in Harvard laufen dieselben grundlegenden Denkprozesse ab, wie Blurton Jones und Konner bei der Beurteilung der Kenntnisse des Tierverhaltens (Ethologie) und der Spurensuche unter den Kung deutlich machen:

Die Genauigkeit der Beobachtung, die Geduld und die Erfahrungen des Lebens in der Wildnis, das sie führten und schätzten, sind beneidenswert. Die reine, elegante Logik der Ableitungen aus Spuren würde den eifrigsten Kreuzworträtselfan oder Leser von Detektivgeschichten entzücken. Die Objektivität wird auch von Wissenschaftlern beneidet, die glauben, dass sie sie identifizieren können und dass der Fortschritt der Wissenschaft von ihr ganz und gar abhängt. Selbst bei dem schwachen Theoretisieren unserer Kung wird einem unwohl; ihre »Fehler«, die Fehler der »Steinzeitwilden«, sind genau die gleichen, die noch heute von vielen bestens ausgebildeten Wissenschaftlern gemacht werden... Wir haben wenig oder nichts an geistigen Anlagen oder intellektueller Brillanz seit der Steinzeit gewonnen; unser Gewinn liegt ausschließlich in der Akkumulation der Aufzeichnungen unserer geistigen Errungenschaften. Jeder von uns klettert auf den Schultern eines anderen höher; wir wissen mehr und verstehen mehr, aber unser Intellekt ist nicht besser. Es ist ein Fehler, die dokumentierte Geschichte der geistigen Errungenschaften mit der Geschichte des Geistes gleichzusetzen. Es ist ein Irrtum anzunehmen, dass die Veränderungen in etwa siebentausend Jahren städtischer Zivilisation die Endstufe eines Fortschritts darstellen, der abwärts in unsere vorstädtische Vergangenheit extrapoliert werden könnte. So, wie das primitive Leben nicht mehr als abstoßend, brutal und kurz gekennzeichnet werden kann, kann man es auch nicht als einfältig, unwissend oder von Aberglauben beherrscht bezeichnen.

VIII.

Unter dem Messer

Wir haben bereits gesehen, dass die Jägervölker ein feines Verständnis und eine detaillierte Kenntnis der sie umgebenden Welt hatten, und wie wir von den jüngsten Stammesgesellschaften wissen, war die tägliche Erfahrung des Schlachtens und des Pflanzensammelns mit Grundkenntnissen der Anatomie und des Gebrauchs von Heilpflanzen verbunden. Während die Behandlung von Wunden, das Aderlassen und Knocheneinrichten in Stammeskulturen allgemein bekannt sind, scheinen andere chirurgische Operationen zu medizinischen Zwecken offenbar eher selten gewesen zu sein. In vielen Fällen scheint dies nicht an der unzureichenden Fähigkeit, das Messer zu führen, zu liegen. Dies wird deutlich an den verschiedenen rituellen Verstümmelungen oder Veränderungen des menschlichen Körpers, die in zahlreichen kleinen Völkern auf der ganzen Welt nahezu selbstverständlich durchgeführt werden. Die Amputation eines oder mehrerer Finger bei Initiationsriten und anderen Ritualen wird vielfach aus Afrika, Ozeanien sowie Nord- und Südamerika berichtet, und die Entdeckung von Handumrissen in einigen bemalten Höhlen Frankreichs und Spaniens, bei denen Teile der Finger fehlten, ist als Beweis für diese Praxis in jungpaläolithischer Zeit gewertet worden, obwohl die mehr prosaische Ansicht, dass der Verlust von Fingern auf Frost oder Krebs zurückzuführen sei, auch als plausible Erklärung vorgebracht worden ist.

Die Durchführung der Beschneidung, besonders bei Juden und Muslimen, ist allgemein bekannt und eine alte Praxis, aber Operationen an Genitalien von eher ritueller als medizinischer

Art werden in den verschiedensten Teilen der Welt ausgeführt. Eine andere Praxis ist die Subinzision, die Öffnung des männlichen Harnleiters durch einen Schnitt von gut zwei Zentimetern oder in manchen Fällen des ganzen Harnleiters bis zum Skrotum. Obwohl auch andernorts bekannt, ist sie doch eine Besonderheit der Aborigines in Australien, wo sie traditionell im Zusammenhang mit Initiationsriten auf etwa drei Vierteln des Kontinents ausgeübt wurde. Die weibliche Initiation in Australien ist ebenfalls oft von entsprechenden Schnitten in der Genitalregion begleitet, vom einfachen Aufschlitzen des Hymens bis zur »weiblichen Beschneidung« oder Klitorektomie, der Entfernung des Kitzlers. Es sind verschiedene Theorien über den Zweck der Subinzision aufgestellt worden, und die völlig unbegründete und bizarre Vorstellung, dass sie eine Verhütungsmaßnahme sei, ist seit langem verworfen worden. Es scheint, dass in Australien das Bluten des Penis beim Einschneiden ein ritueller Akt ist, der dem natürlichen Prozess der weiblichen Menstruation nachempfunden ist, um symbolisch weibliche Kräfte zu erhalten und um »schlechte Launen« aus dem Körper zu vertreiben, wie es angeblich auch die Menstruation bewirkt.

Ähnliche symbolische Gründe für das Aderlassen am Penis sind auch aus Teilen Neuguineas bekannt. Von den wenigen anderen Völkern, die ebenfalls die Subinzision praktizieren, glauben die Fidschileute und Tonganer, dass es ein therapeutisches Mittel sei; der Zweck bei einigen Amazonasvölkern Brasiliens war, zumindest Reiseberichten aus dem 19. Jahrhundert zufolge, winzige Fische zu entfernen, die manchmal in die Harnleiter argloser Badender eindrangen. Jene Fische galten als ebenso gefährlich wie die legendären Piranhas! Monorchie, die Entfernung eines Hodens, ist eine Operation, die in jüngerer Zeit sowohl in der Südsee als auch in verschiedenen Teilen Afrikas praktiziert wird. Die inzwischen allgemein bekannte Infibulation der Frau (die Verschließung der weiblichen Genitalien durch Zunähen oder andere Mittel; die männliche Infibulation wurde von den Römern praktiziert, um die sexuelle

Aktivität zu vermindern) wird ebenfalls praktiziert, am auffälligsten in Ostafrika.

Die Praxis des Skalpierens, die gewöhnlich mit den Ureinwohnern Nordamerikas in Zusammenhang gebracht wird, ist auch aus anderer Zeit und von anderen Orten bekannt; sie wird erstmals von dem griechischen Historiker Herodot im 5. Jahrhundert v. Chr. als Praxis der Skythen erwähnt. Wenig bekannt ist auch, dass das Skalpieren von weißen Amerikanern an Indianern verübt wurde und auch in Westafrika üblich war. Beim Skalpieren wird ein Ringschnitt entweder ober- oder unterhalb der Ohren durchgeführt und anschließend die Schädelhaut entfernt. Es wurde sowohl an Lebenden als auch an Toten vorgenommen, und es gibt eine ansehnliche Zahl von Berichten über Überlebende, die eine solche Qual überstanden. Sir Richard Burton, der große Linguist und Entdecker, der ein geradezu lüsternes Interesse an allen Formen von Verstümmelungen hatte – oder ein hohes Maß an wissenschaftlicher Objektivität –, sammelte 1860 auf seiner Reise nach Salt Lake City, um die damals neuen Mormonengemeinden zu besuchen, eifrig Berichte über die verschiedenen Methoden des Skalpierens (oft euphemistisch als »die Haare aufstellen« bezeichnet), die von den einheimischen Nordamerikanern angewendet wurden. Ohne einen ähnlich grusligen Katalog aufzustellen, muss doch erwähnt werden, dass es Beweise für das Skalpieren in prähistorischer Zeit gibt, wie aus deutlichen runden Einschnitten auf den Schädelknochen zu erkennen ist. Obwohl es verschiedene Erklärungen für Einschnitte am Schädel gibt, deuten runde Einschnitte im Allgemeinen an, dass ein rundes Stück der Kopfhaut entfernt wurde, wenn die Einschnitte bis zum Schädelknochen gedrungen sind. Bewusste Deformationen des Kopfes wurden an zahlreichen Orten der Welt vorgenommen und, zumindest im präkolumbischen Chile, durch Vorrichtungen zu Gesichtsveränderungen ergänzt.

Eindeutig war die Menschheit niemals im Unwissenden über die verschiedenen Möglichkeiten, durch die der menschliche Körper mittels Entfernung oder Umbildung seiner Teile verändert werden kann. Amputationen sind sogar schon aus Jäger-

Sammler-Gesellschaften bekannt. Stephen Webbs kürzlich veröffentlichter Überblick über pathologische Bedingungen unter den prähistorischen Aborigines enthält Details von Skeletten, die deutliche Spuren von Amputationen aufweisen. Er glaubt, dass diese Praxis auf dem australischen Kontinent eine Art letzter Ausweg war und nicht regelmäßig vorgekommen ist. Er zitiert auch einen recht bemerkenswerten Fall vom Ende des vorigen Jahrhunderts, der von dem Geistlichen H. Wollaston, einem Kolonialarzt, bekannt gemacht wurde:

In King George's Sound [Westaustralien] hatte Herr Wollaston Besuch von einem Mann mit nur einem Bein; er war über einhundertzehn Kilometer in diesem verkrüppelten Zustand gelaufen. Das Glied war direkt unterhalb des Knies abgenommen und die Wunde mit Feuer ausgebrannt worden, und etwa [fünf Zentimeter] ausgeglühter Knochen ragte aus dem Fleisch heraus. Dieses Knochenstück wurde sofort mit der Säge entfernt und ein präsentabler Stumpf gemacht… Auf Befragung erzählte der Eingeborene ihm, dass bei einer Stammesauseinandersetzung ein Speer sein Bein getroffen und unter dem Knie den Knochen durchschlagen habe… Er und seine Kameraden hätten ein Feuer gemacht und ein Loch in die Erde gegraben, groß genug, dass sein Bein hineinpasste, und tief genug, dass der verwundete Teil mit der Bodenhöhe auf einer Ebene war. Das Glied wurde dann mit glühenden Kohlen beziehungsweise Holzkohlen umgeben, die nachgefüllt wurden, bis das Bein buchstäblich abgebrannt war.

Ob alle Einzelheiten des Falles stimmen oder nicht – klar ist, dass die Amputation im Busch stattfand und Kauterisieren einschloss, das heißt Brennen oder Versengen. Es gibt auch zahlreiche Fälle von Amputation und Verstümmelung verschiedener Körperteile als Strafe für Überschreitungen oder Verbrechen. Selbst dieser kurze Überblick macht klar, dass grundlegende chirurgische Eingriffe in vielen Teilen der Welt durchgeführt wurden, allerdings nicht nur in medizinischer Absicht.

Von allen kleinen Völkern der Welt scheinen die Bewohner der Aleuten die größte Kenntnis der menschlichen und vergleichenden Anatomie zu haben. William Laughlin, ein Anthropologe, der den größten Teil seines Berufslebens dem eingehenden Studium der Aleutenkultur gewidmet hat, bekam nicht weniger als zweihundertvierunddreißig einheimische anatomische Begriffe von einem einzigen Menschen mit Namen Mike Lokanin genannt, der nur siebenunddreißig Jahre alt und nicht einmal einheimischer Doktor war! Andere Informanten überboten diese Zahl, indem sie insgesamt dreihundertsechzig verschiedene Namen für Körperteile angeben konnten, einschließlich Tränendrüsen, verschiedene Zähne, Halssehnen, Achselhöhlenhaare, Perikardium (Herzbeutel beziehungsweise Haut um das Herz herum), Milz, Blinddarm, Isthmus (Bereich zwischen Genitalien und Anus), jeden einzelnen Wadenmuskel, um nur einen beliebigen Querschnitt dieser ungewöhnlichen Bestandsaufnahme der aleutischen anatomischen Kenntnisse zu geben. Es sei noch angemerkt, dass im Gegensatz zu den Anatomen in Europa, die für ihr System auf Entdeckungen und die Terminologie älterer Traditionen zurückgreifen konnten – vor allem die der Griechen und Römer –, die anatomische Terminologie der Aleuten allein auf ihren eigenen, unabhängigen Erkenntnissen aufgebaut ist. Wenn man dies bedenkt und die geringe Größe ihrer Gemeinschaften berücksichtigt, dann ist das Wissen der Aleuten, verglichen mit den Ländern Europas, umso beeindruckender.

Es gibt verschiedene Quellen, die erklären können, wie die Aleuten ein so genaues und komplexes Bewusstsein von dem Aufbau des menschlichen Körpers gewannen. Erstens brachte sie das Schlachten verschiedener Tiere darauf, Säugetiergewebe zur Herstellung von Kleidung und Behältern zu benutzen; derlei Gewebe wurden in anderen Teilen der Welt nicht beachtet, und das deutet ebenfalls auf die genaue Kenntnis der Aleuten vom potenziellen Nutzen der Tiere hin, die sie jagten. Sie häuften ihr Wissen nicht nur als Nebenprodukt des Schlachtens, um Nahrungsmittel und Material für Kleidung und praktische Bedürfnisse zu erhalten, an, sondern führten auch Sezierungen sowohl von Menschen als auch von Tieren, insbesondere Seeottern, durch, um anatomischen und verhaltensmäßigen Ähnlichkeiten auf die Spur zu kommen. Ihre traditionellen medizinischen Fachleute sezierten manchmal Seeotter und andere Tiere, um die besten Methoden für Operationen bei Menschen ausfindig zu machen. Erst als die Regierung der Vereinigten Staaten 1911 das Töten der Seeottern verbot, ging die Praxis des vergleichenden Sezierens unter den Aleuten zurück. Auch Autopsien wurden von den einheimischen Fachleuten vorgenommen, wenn die Todesursache unklar war.

Noch weitere Behandlungen des menschlichen Körpers sowohl zu Lebzeiten als auch nach dem Tode waren fester Bestandteil der aleutischen Kultur. Über tausend Mumien sind auf den Aleuten gefunden worden. Auf der Insel Kagamil in den östlichen Aleuten wurden zweihundertvierunddreißig Mumien gefunden, beiderlei Geschlechts und aller Altersgruppen, von Babys bis zu Achtzigjährigen, die in Höhlen aufbewahrt wurden; das zeigt, dass alle Arten von Personen – und nicht nur Häuptlinge oder hoch gestellte Persönlichkeiten – auf den Aleuten mumifiziert wurden. Ihre Praxis der Mumifizierung beruhte auf dem Glauben, dass die Kräfte des verstorbenen Menschen zum Wohl der lebenden Gemeinschaft wirken würden und dass die Erhaltung des Leibes diese Kräfte bewahre. Die Leichen von Feinden und anderen Außenstehenden wurden genau auf entgegengesetzte Weise behandelt. Durch deren Zerstückelung glaubten sie, unheilvolle Kräfte für die Gemeinschaft abwenden zu können. Die Russen, die schließlich die Kontrolle über die Aleuten gewannen, erinnerten sich mit Schrecken an die Verstümmelungen ihrer Landsleute. Zwei im Gegensatz zueinander stehende Ereignisse, die von aleutischen Informanten berichtet wurden, beleuchten die Tatsache, dass Verstümmelung ebenso fundamental für ihren sozialen Code war wie die Mumifizierung.

Beide Berichte betreffen Begegnungen mit »Menschen von draußen«, wie man einzelne Personen nannte, die es vorzogen, außerhalb des Dorfes und der Gemeinschaft zu leben, um sich kümmerlich mit Überfällen allein oder in kleinen Gruppen am Leben zu erhalten. William Laughlin zufolge gab es im 19. Jahrhundert einen Mann namens Iliodor Sokolnikoff, der mit einem »Mann von draußen« zusammenstieß und ihn dann im Kampf tötete. Dann ging er daran, alle Glieder des Mannes systematisch an den Gelenken abzuschneiden und sie ins Meer zu werfen. Dadurch befreite er sich von den negativen Kräften des Toten, die in der unversehrten Leiche lebendig geblieben wären und Sokolnikoff Ungemach bereitet hätten. Das zweite Ereignis betrifft ein junges Mädchen von der Insel Umnak, das allein unterwegs war, um Orchideenwurzeln auszugraben, und das von einem »Mann von draußen« angegriffen wurde, der sie, versteckt im hohen Gras, beobachtet hatte. Sie schlug ihn so heftig mit ihrem Wurzelgraber aus Walknochen auf den Kopf, dass er tot war, aber in ihrem Schreck rannte sie nach Hause in ihr Dorf, ohne seine Leiche zu zerstückeln. Deswegen, heißt es, habe sie in späteren Jahren an entzündeten Gelenken gelitten, ein Leiden, das hätte vermieden werden können, hätte sie die traditionelle Praxis der Zerstückelung des Angreifers befolgt.

Obwohl gewisse chirurgische Operationen von aleutischen Ärzten durchgeführt wurden, beruhte ihre medizinische Praxis großenteils auf einem System der Therapie, das der traditionellen chinesischen Medizin in wesentlichen Punkten bemerkenswert ähnlich ist. Wie die Chinesen glauben die Aleuten, dass viele Krankheiten mit Akupunktur behandelt werden können. Bei dem aleutischen System werden in der Akupunktur zwei grundlegende Techniken angewendet. Bei der ersten werden zwei Markierungen auf der Hautoberfläche über dem inneren Organ gemacht, das behandelt werden muss; dann wird die Haut zwischen diesen Markierungen hochgezogen und mit einer Lanzette, in der Regel aus Feuerstein, durchstochen. Dem russisch-orthodoxen Bischof Iwan Weniaminow zufolge, der Anfang des 19. Jahrhunderts mehrere Jahre bei den Aleuten zubrachte, wurden beinahe alle Teile des Körpers auf diese Weise behandelt. Bei der zweiten Technik stößt man die Lanzette direkt in die Haut; sie erfordert mehr Geschicklichkeit, soll aber sehr effektiv sein. Laughlin hält es für möglich, dass die Aleuten einst eine Theorie des Blutkreislaufs und der Körperströme hatten, die mit der chinesischen verwandt ist. Diese Tradition sei vielleicht durch den Kontakt mit den Europäern verloren gegangen. Die Massage ist eine weitere therapeutische Methode, die die Aleuten mit der traditionellen chinesischen Medizin gemeinsam haben; durch sie werden die inneren Organe beeinflusst. Massage wurde und wird hauptsächlich von Frauen ausgeübt, und sie kommt am häufigsten bei der Geburtshilfe zur Anwendung. Noch weitere verblüffende Parallelen zur ostasiatischen Kultursphäre gibt es, zum Beispiel was die Kampftechnik der Aleuten anbelangt, die sowohl beim Ringkampf als auch in kriegerischen Auseinandersetzungen angewendet wurde. Laughlin schreibt:

Sie wissen, dass Druck oder ein scharfer Schlag auf den brachioradialen Muskel des oberen seitlichen Vorderarms den Arm zeitweilig lähmt. Diese Stelle bezeichnen sie als *cam analii* (»das Tageslicht der Hand/des Vorderarms«), und sie haben festgestellt, dass Hunde und Seelöwen, wenn sie miteinander kämpfen, ebenfalls versuchen, einander in diese Stelle zu beißen. Es wird von einem starken Mann berichtet, der drei Gegner mit einer einzigen Bewegung tötete, indem er die Köpfe zweier Männer an den Schläfen aneinander schmetterte, während er die Schläfen des dritten Manne zwischen den Knien zermalmte. Der Ringkampf der Aleuten umfasst verschiedene Arten von Bewegungen aus dem Stand heraus, mit denen der Gegner aus der Balance geworfen oder gestoßen werden muss; auch werden elementare Formen des Judo angewendet, das eine genaue Kenntnis des menschlichen Körpers voraussetzt, wie die Empfindlichkeit des Brachioradialis und der Schläfen.

Dass die Kampftechniken der Aleuten teilweise von ihren Beobachtungen kämpfender Tiere abgeleitet waren, hat Parallelen mit den Gymnastikübungen orientalischer Zivilisationen.

Viele der Stellungen und Bewegungen des chinesischen wie
auch des japanischen Kampfsports (wie Tai Chi Chuan, Kung-Fu
und Ninjitsu) orientieren sich ausdrücklich an Kampftechniken
aus dem Tierreich. In der indischen Yogatradition sind viele
der Asanas oder Körperstellungen nach Tieren benannt (zum
Beispiel Hahn, Löwe etc.). Die Parallelen zwischen den aleutischen und chinesischen therapeutischen Techniken der Massage und, noch verblüffender, der Akupunktur zeigen in Verbindung mit den Ähnlichkeiten der Kampftechniken deutlich,
dass dies kein bloßer Zufall sein kann. Laughlin hält es für
plausibel, dass die Aleuten und die alaskischen Eskimogruppen
mit den Chinesen eine gemeinsame Tradition haben, deren
Wurzeln in der prähistorischen Zeit liegen, in einem gemeinsamen mongolischen Vorfahrenvolk, das den nordöstlichen Teil
Asiens bewohnte. Der Ursprung und die Entwicklung der orientalischen Kampfsportarten sind ein Thema, dem zu wenig
Aufmerksamkeit geschenkt wurde; dabei ist es eine faszinie-
rende Forschungslinie, die sehr aufschlussreich sein könnte.
Laughlins Theorie von einem prähistorischen Ursprung der
Akupunktur und Kampfsporttechniken scheint durch die große Popularität der Ringkämpfe unter den Mongolen und
verschiedenen Völkern Nordostsibiriens, wie dem Kamtschak-
tavolk, bestätigt zu werden. Es ist möglich, dass die Kampfsporttechniken, die wir mit den taoistischen und buddhisti-
schen Traditionen zu verbinden pflegen, ihren Vorläufer in den
Schamanenpraktiken haben. Wir wissen, dass die Schamanen
als medizinische Fachleute in Stammesgesellschaften eine herausragende Stellung einnehmen. Sie fallen unter anderem in
Trance, wobei sie die Geräusche und das Verhalten von Tieren
nachahmen und auf diese Weise Kampfsportlern das Vorbild
für die spätere Aneignung der Tierbewegungen liefern. Die Parallelen zwischen dem chinesischen und dem aleutischen System in puncto Kampf, Medizin und Anatomie deuten, wenn sie
tatsächlich aus einer gemeinsamen kulturellen Quelle stammen, nicht nur den Zeitraum an, der für diese Traditionen in jener Region der Welt zu gelten hat, sondern liefern auch indi-

rekte Informationen über das Wissen entsprechender Praktiken in prähistorischer Zeit.

Ein anderer Teil der Welt, der mit einer Reihe bemerkenswerter medizinischer Praktiken – insbesondere chirurgischen Operationen – aufwarten kann, ist Ostafrika. Die einheimischen Ärzte der Gegend sind derart geschickt bei der Behandlung von Wunden, dass sie Berichten zufolge sogar in der Lage gewesen sein sollen, Eingeweide, die von Speeren oder Pfeilen verletzt wurden, erfolgreich zu nähen. Sie praktizieren auch die Technik der Trepanation, einer Operationsmethode, die ausführlich in Kapitel IX behandelt wird. Aber ihre wahrscheinlich beeindruckendste chirurgische Errungenschaft ist ihr häufiger Erfolg bei der Durchführung des Kaiserschnitts. Laut Erwin Ackerknecht stammen, trotz vieler früher Erwähnungen dieser Operation in der westlichen Literatur, die ersten authentischen Berichte über den echten Kaiserschnitt (der von der Praxis der Entnahme des Fötus bei einer toten Mutter zu unterscheiden ist) aus dem 16. Jahrhundert. Auch wenn viele Berichte über den Kaiserschnitt in Afrika Gerüchte sind oder auf Hörensagen beruhen, sind einige absolut verlässlich. Robert Felkin gibt einen Augenzeugenbericht aus dem 19. Jahrhundert:

Soweit ich weiß, ist Uganda in Zentralafrika das einzige Land, in dem der Bauchschnitt praktiziert wird in der Hoffnung, sowohl die Mutter als auch das Kind zu retten. Die Operation wird von Männern ausgeführt und ist manchmal erfolgreich; auf jeden Fall kam mir eine Operation unter die Augen, bei der beide überlebten… Sie wurde 1879 in Kahura ausgeführt. Die Patientin war eine vornehme, gesund aussehende junge Frau von etwa zwanzig Jahren. Es war ihre erste Schwangerschaft. Mir wurde nicht erlaubt, sie zu untersuchen; ich betrat die Hütte erst, als die Operation gerade beginnen sollte. Die Frau lag auf einem geneigten Bett, dessen Kopfende an die Seitenwand stieß. Ihr wurde reichlich Bananenwein gegeben, wodurch sie in einem Zustand halber Betäubung war. Sie war völlig nackt. Mit einem Band aus Mbugu oder Rindenstoff war ihr Brustkorb an das Bett gebunden, mit einem weiteren waren ihre Hüften festgebunden, und ein Mann hielt ihre Fesseln. Ein weiterer Mann, der auf der rechten Seite stand, hielt ihren Unterleib fest [siehe Abbildung 25]. Der Operateur stand, als ich die Hütte betrat, auf der linken Seite und hielt in seiner rechten Hand ein Messer hoch, wobei er eine Zauberformel murmelte. Als er damit fertig war, wusch er sich die Hände und der Patientin den Unterleib, zuerst mit Bananenwein und dann mit Wasser. Dann ging er, nachdem er einen schrillen Schrei ausgestoßen hatte, der von einer kleinen Menschenmenge vor der Hütte aufgenommen wurde, daran, einen schnellen Schnitt auf der Mittellinie zu machen, ein wenig oberhalb der Schamhaare beginnend und direkt unterhalb des Bauchnabels endend. Die ganze Bauchwand und ein Teil der Gebärmutterwand wurden durch diesen Schnitt getrennt, und der Liquor amnii [das heißt das Fruchtwasser] floss heraus; ein paar blutende Stellen an der Bauchwand wurden von dem Gehilfen mit einem rot glühenden Eisen berührt. Der Operateur führte danach sehr schnell den Schnitt in der Gebärmutterwand zu Ende; sein Gehilfe hielt mit beiden Händen die Bauchwand geöffnet, und sobald die Gebärmutterhaut durchschnitten war, hakte er sie auch mit zwei Fingern hoch. Das Kind wurde schnell herausgenommen und einem weiteren Gehilfen gereicht, nachdem die Nabelschnur durchtrennt war, und dann ließ der Operateur das Messer fallen, packte mit beiden Händen die zusammenfallende Gebärmutter und drückte sie ein- oder zweimal. Als Nächstes steckte er seine rechte Hand in die Gebärmutter durch den Schnitt und löste mit zwei oder drei Fingern die Cervix uteri. Danach säuberte er den Uterus von Blutklumpen und nahm die Plazenta, die inzwischen ganz gelöst war, durch die Bauchwunde heraus. Sein Gehilfe bemühte sich, allerdings nicht sehr erfolgreich, zu verhindern, dass die Eingeweide nach draußen drangen. Das rot glühende Eisen wurde dann benutzt, um ein paar weitere Blutungen an der Bauchwand zu stillen, aber ich bemerkte, dass es nur sparsam angewendet wurde. Die ganze Zeit über presste der Chef-»Chirurg« den Uterus fest zusammen, so lange, bis er ganz zusammengezogen war. An der Gebärmutterhaut wurden keine Nähte angebracht. Der

Gehilfe, der die Bauchwand auseinander gehalten hatte, ergriff jetzt die beiden Enden der Wunde und hielt sie fest. Die Bänder, die die Frau am Bett festhielten, wurden durchtrennt, und sie wurde vorsichtig zum Rand des Bettes gerollt und dann in die Arme von Gehilfen, sodass die Flüssigkeit aus der Bauchhöhle auf den Boden rinnen konnte. Dann wurde sie wieder in ihre vorherige Lage gebracht, und nachdem die Matte entfernt worden war, wurden die Ränder der Wunde dicht aneinander gepresst, wozu sieben dünne Eisenhaken, gut poliert wie Akupressurnadeln, verwendet wurden, die mit Fäden aus Rindenstoff verbunden wurden. Eine Paste aus zwei verschiedenen Wurzeln, die gekaut und in eine Schale gespuckt wurde, wurde dick auf die Wunde aufgetragen, ein Bananenblatt, über dem Feuer angewärmt, wurde darüber gelegt, und schließlich wurde die Operation mit einer festen Bandagierung aus Mbugu-Stoff beendet.

Bis die Haken angebracht wurden, hatte die Patientin keinen Laut von sich gegeben, und eine Stunde nach der Operation schien sie in recht guter Verfassung zu sein. Ihre Temperatur stieg, soweit ich weiß, zu keinem Zeitpunkt über 37,6°C, außer in der zweiten Nacht nach der Operation, als sie sich auf 38,4°C erhöhte, bei einem Puls von 108.

Erwin Ackerknecht, der einen kurzen Bericht über diese Operation liefert, war, obwohl er zugibt, dass es keine improvisierte Angelegenheit, sondern eindeutig ein in Uganda bekannter Vorgang war, ziemlich erstaunt, dass es diese Operation bei afrikanischen Völkern gab; es scheint, dass seine rassistischen Vorurteile erschüttert wurden und sein naiver Glaube an die Überlegenheit der Weißen einen empfindlichen Dämpfer erhielt, und er entschuldigt sich beinahe, dass er nicht erklären könne, wie ein schwarzer Chirurg jener Zeit in der Lage war, eine solche Operation sicher und, wie er selbst zugibt, in mancher Hinsicht besser als zeitgenössische weiße Ärzte auszuführen. Alkohol war nicht das einzige Betäubungsmittel, das den einheimischen Völkern in Afrika oder anderen Teilen der Welt zur Verfügung stand. Die Zuniindianer in New Mexico benutz-

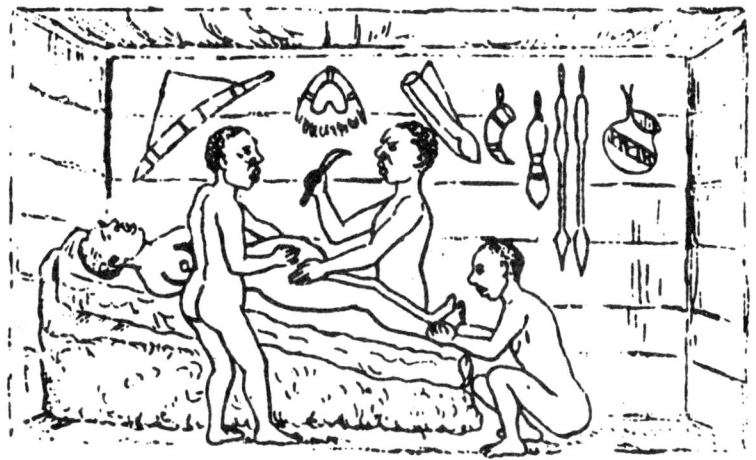

Abbildung 25

ten den medizinisch und psychoaktiv sehr nützlichen Stechapfel als äußerst effektives Mittel zur Betäubung bei verschiedenen Operationen, einschließlich der erfolgreichen Entfernung von Brustgeschwüren.

Auf dem Südseeatoll Vaitupu, das zu den Elliceinseln (Tuvalu) gehört, besitzt das einheimische polynesische Volk eine bemerkenswerte medizinische Tradition, zu der eine Reihe chirurgischer Eingriffe gehört. Anderswo im Pazifik wurden Schneideinstrumente typischerweise aus gespaltenem Bambus gefertigt und auf vulkanischen Inseln aus Obsidian (einem natürlichen vulkanischen Glas mit sehr scharfen Kanten). Beides stand den Bewohnern von Korallenatollen wie Vaitupu nicht zur Verfügung; stattdessen wurden Muscheln für viele Zwecke benutzt. Zur Herstellung von medizinischen Geräten aber verwendeten die einheimischen Ärzte der Insel ein effektiveres Material: die Zähne verschiedener Haifischarten. Sie wurden mit hölzernen Griffen versehen und zu vier verschiedenen Lanzetten gearbeitet. Deren Benutzung wurde, wie die gesamte einheimische Medizin, 1892 verboten, als die Elliceinseln britisches Protektorat wurden. Nichtsdestoweniger wurden die Haifischzähne von den Inselbewohnern weiterhin verwendet, und die einheimischen Chirurgen erfreuten sich weiterhin der Wertschätzung und bekamen sogar von entfernten Inseln Besuch. Einige bestimmte chirurgische Eingriffe sind mit einer der Lanzetten gemacht worden, die »*ponga kiva*« heißt. Dieses chirurgische Instrument wurde aus einem breiten, sägeartigen Haifischzahn hergestellt. Solche Lanzetten eigneten sich besonders für lange Schnitte, wenn sie während des Eingriffs mit einem Schlegel leicht geschlagen wurden. Das *ponga kiva* wurde benutzt, um lepröses Gewebe oder Schwellungen, die von der ansteckenden Krankheit Yaws (syphilisähnliche, endemische Hautkrankheit) herrührten, Tuberkeldrüsen im Nacken, subkutane Lipome (Fetttumor) und elephantoides Skrotum zu entfernen. Einige Operationstechniken wurden von dem Anthropologen Donald Kennedy beschrieben:

Die Entfernung eines subkutanen Lipoms ging folgendermaßen vor sich. Ein Gehilfe des operierenden Chirurgen bekam ein Paar abgerundete rechteckige Streifen aus Schildkrötenschale *(fau)*. Er hielt jeweils einen in der Hand zu beiden Seiten des Lipoms, drückte nach unten und einwärts, sodass der Tumor nach oben gepresst wurde, weit über das umgebende Gewebe hinaus. Das diente auch dazu, die Haut über dem Tumor zu straffen und das Schneiden mit der Lanzette zu erleichtern.

Der Einschnitt wurde quer über dem Tumor gemacht, sodass die Haut und das Oberflächengewebe auseinander fielen und der Kern bloßgelegt wurde. Das Blut wurde von dem Gehilfen entfernt, der die *fau* hielt. Diese Person beugte sich von Zeit zu Zeit über die Wunde und blies das Blut weg, das den Lauf der Lanzette unsichtbar machte. Als der ganze Umfang des Lipoms sichtbar war, wurde ein Angelhaken [tatsächlich ein spezielles Operationsbesteck, das ursprünglich nach dem Modell eines örtlichen Angelhakens aus Holz gemacht wurde] an einer Schnur hineingesteckt, und die Schnur wurde einem dritten Gehilfen gereicht, der sie gespannt hielt, wodurch er das Lipom hochzog, während der Meisterchirurg *(tufunga)* es unten mit dem *ponga kiva* abschnitt, bis es ganz gelöst war. Die Wunde wurde dann mit weichen Streifen geschlagener Kokosfaser bedeckt, die mit Streifen aus Pandanusblättern befestigt wurden, wodurch eine Bandage entstand… Anormale Schwellungen der Tuberkeldrüsen im Nacken wurden im Wesentlichen ähnlich behandelt.

Bei der Entfernung des elephantoiden Skrotums wurde die *fau* nicht verwendet. Die Testikel wurden mit den Fingerspitzen zurückgehalten, und das Geschwür wurde entfernt, indem mit der *Ponga-kiva*-Lanzette ein kreisförmiger Einschnitt gemacht wurde. Die folgende Behandlung der Wunde war die gleiche wie die eben beschriebene. Es ist interessant festzustellen, dass in der Folge niemals der Tod eintrat, wie mein Informant mit Bestimmtheit versicherte. Die Sterblichkeitsrate bei Operationen unter modernen Bedingungen wird mit nicht weniger als fünf Prozent angegeben.

Der Ende der Zwanzigerjahre niedergeschriebene Bericht Kennedys über die höhere Erfolgsquote der polynesischen Chirurgen im Vergleich zu ihren westlichen Kollegen bei der Durchführung der zuletzt genannten Operation ist wie ein Echo auf die Fähigkeit des ugandischen Chirurgen bei der Ausführung des Kaiserschnitts. Stammeschirurgen waren zweifellos in der Lage, zumindest einige Operationen ohne die verfeinerte westliche chirurgische Ausrüstung durchzuführen, und zwar genauso gut oder besser als die »zivilisierten« Chirurgen jener Zeit. Nach Kennedys Meinung konnte das anatomische Wissen der Chirurgen und auch der Massagespezialisten von Vaitupu nicht ohne Post-mortem-Untersuchungen erworben worden sein, obwohl die Praxis, Autopsien durchzuführen, ausgestorben war. Wie bei den Aleuten war auch hier die Massage ein fester Bestandteil der einheimischen medizinischen Praktiken (insbesondere bei der Geburtshilfe). Die Massage bediente sich einer Reihe von Techniken wie Zwicken, Pressen, Kneten etc. und wurde vom Masseur sowohl mit den Händen als auch den Füßen ausgeführt; sie soll einen hohen therapeutischen Wert gehabt haben.

IX.

Steinzeitchirurgie

Die bekannteste größere chirurgische Operation ist zweifellos die Trepanation, die, wie gleich deutlich werden wird, auch in der Steinzeit bekannt war. Bei dieser Operation geht es um die Entfernung von einem oder mehreren Teilen der Schädelkapsel, ohne die Blutgefäße, die drei Membranen, die das Gehirn umgeben – die Dura mater, die Pia mater und die Arachnoidea –, oder das Gehirn selbst zu beschädigen. Es überrascht nicht, dass ein solcher Eingriff sowohl Geschicklichkeit als auch Sorgfalt seitens des Chirurgen erfordert. Das Wort »Trepanation« ist von dem griechischen Wort »*trypanon*« abgeleitet, das »Bohrer« oder »Bohrmeißel« bedeutet, womit der Bezug zum Trepan oder zu der Trephine, dem Operationsinstrument, das bei einem der Operationsverfahren benutzt wird, hergestellt ist. Den Arzt Dr. Thomas Wilson Parry (1866–1945) faszinierte die Trepanation außerordentlich, besonders die Weise, wie sie in der Steinzeit ausgeführt wurde (siehe Tafel 10), und er befasste sich in zahlreichen Berichten mit seinen Forschungen über diese merkwürdige Praxis und ihren prähistorischen Ursprung. 1918 veröffentlichte er sogar eine humorvolle Ballade über die neolithische Trepanation, die, auch wenn ihr die lyrische Vollendung fehlt, doch einige Details der Operation heraufbeschwört, wie sie vor sich gegangen sein mag (um – wie Parry meinte – einen Dämon auszutreiben, der angeblich die Ursache für Epilepsie war). Die folgenden Strophen enthalten die wichtigsten chirurgischen Vorgänge, angefangen von der Ankündigung des neolithischen Medizinmannes:

204

»Dieser Patient muss *jetzt* trepaniert werden,
Schickt alle anderen weg;
Morgen, wenn die Sonne aufgeht,
Werde ich ihnen meine Zauberkunst zeigen.«

Zwei Männer trugen den Epileptiker herbei
Und legten ihn auf einen Sockel,
Und als der Unglückliche da lag,
Zeigte er Zeichen von Angst.

Keine Fragen stellten sie dem Mann;
Der Arzt räusperte sich,
Dann holte man Flintgeräte aus der Hütte
Und nahm ihm den Pelzumhang ab.

Eine Menge versammelte sich rundumher,
Um die blutige Handlung zu sehen;
Ihre Neugier war angeregt:
Man wollte den Teufel herausspringen sehen.

Mit scharfem Flint machte der Chirurg
Einen kreuzförmigen Einschnitt;
Das Blut spritzte, die Wunde schmerzte,
Die Menge lachte spöttisch.

Die beiden Gehilfen pressten die Hautlappen,
Um das Blut zum Stillstand zu bringen;
Der Medizinmann überlegte und plante,
Sein Wissen war außerordentlich.

Er schabte das Perikranium weg,
Bis die Schädeldecke blank war;
Dann ritzte er den Knochen mit scharfem Stein,
Gleichgültig, wo.

Er schabte den Knochen und kratzte –

Die Kratzer wurden zur Mulde,
Die Mulde zu einem elliptischen Krater,
Der Patient regte sich nicht.

Es war einfach so: Als man ihn herbeitrug,
Fühlte er sich so elend,
Dass er das Bewusstsein verlor,
Inmitten all des Wirbels.

Die Höhlung wurde zum Loch,
Dass man schon sehen konnte
Die Diploe, die schwammige Substanz
Zwischen den Schädelknochen.

Das weiche Hirn wurde nur noch
Von der harten Gehirnhaut geschützt,
Noch ein Ritzer, und das Loch
Wurde zu einem Fenster.

Der Teufel starrte aus dem Schädel,
Und mit ängstlichem Schrei
Floh er aus seinem Gefängnis
Zurück in seine Hölle.

In ernsthafter Weise hingegen machte Parry nicht nur die verschiedenen Verfahren der Trepanation aus, sondern führte auch eigene Experimente an Schädeln durch, bei denen er die alten Operationsbestecke benutzte, um sich selbst ein Bild von ihrer Brauchbarkeit zu machen. Es erübrigt sich zu sagen, dass die Trepanationsexperimente an Schädeln von Toten und nicht von Lebenden durchgeführt wurden. Parry führte etwa fünfzig Experimente an neueren und älteren (folglich trockeneren) Menschenschädeln durch, wobei er Instrumente aus Obsidian, Flint, Schiefer, Glas, Muschel und Haifischzahn (von denen einige auf Tafel 11 gezeigt werden) verwendete. Er stellte vier verschiedene Trepanationsmethoden fest.

Bei der ersten Methode, die in neolithischer Zeit die gebräuchlichste gewesen zu sein scheint, wurde mit einem Kratzinstrument in Form eines kleinen Splitters aus Obsidian, Feuerstein oder eines anderen Materials, das zwischen Daumen und Zeigefinger gehalten wurde, ein Loch in den Schädel gekratzt. Der Eingriff begann mit einem V- oder Y-förmigen Einschnitt; durch wiederholtes Schaben wurde eine Furche herausgebildet. Dann wurden die Ränder der Furche mit kreisförmigen Bewegungen bearbeitet, bis eine ellipsenförmige Einbuchtung entstanden war (wie im obigen Gedicht erwähnt). Die Einbuchtung wurde weiter ausgeschabt, bis sie kreisrund war und die innere harte Gehirnhaut erreicht wurde; nun konnte das runde Knochenstück (das so genannte Rondelle) herausgenommen werden. Parry berichtet, dass es bei einem frischen Erwachsenenschädel durchschnittlich eine halbe Stunde dauerte, um eine Trepanation nach der Schabmethode durchzuführen. Er fand heraus, dass Obsidian und Flint ausgezeichnetes chirurgisches Arbeitsmaterial waren. Er meinte auch, dass Muscheln – die für derartige Operationen in Ozeanien benutzt wurden – höchst effektiv seien: Den Schädel eines neunmonatigen Kindes habe er in fünfundzwanzig Minuten mit einer am Strand gefundenen Muschel trepaniert, und für den Schädel eines erwachsenen Maori habe er mit einer größeren und widerstandsfähigeren Muschel nur dreizehneinhalb Minuten gebraucht.

Die zweite Trepanationsmethode verbindet Bohren und Sägen. Mit dem Trepan werden einige eng beieinander stehende Löcher in Form eines Kreises gebohrt; dadurch wird die Entfernung des runden Knochenstücks erleichtert. Die Anwendung dieser besonderen Technik durch Steinzeitchirurgen kann mühelos abgelesen werden an der zerfransten Form und der unebenen Oberfläche der Kreiskante (durch den Wechsel zwischen Löcherbohren und dem Furchengraben dazwischen verursacht), die auf dem Schädel zurückbleibt, wenn das runde Knochenstück entfernt wurde. Parry fand heraus, dass dieses Bohr- und Sägeverfahren viel zeitaufwendiger ist als die Schabmethode; allerdings hatte sie den Vorteil, dass man viel größere

Löcher als mittels der ersten Operationstechnik machen konnte. Das anstrengende und zeitraubende Bohren eines Kreises von Löchern per Hand wird sehr viel einfacher und schneller erledigt, wenn ein Bogenbohrer verwendet wird (zur Beschreibung des Bogenbohrers und seiner Anwendung siehe Kapitel XI). Da Reste von neolithischen Bogenbohrern gefunden wurden (denen derartige Bohrer in der Maglemose-Kultur der mesolithischen Periode vorausgingen), ist offensichtlich, dass die Steinzeitvölker sich dieser mechanischen Erfindung auf verschiedene praktische Weise bedienten und sie daher auch bei einigen chirurgischen Operationen – einschließlich der Trepanation – zur Anwendung gekommen sein könnten. Parry fand heraus, dass zum Bohren von Löchern in Knochen ein mit einem Griff versehener Haifischzahn am effektivsten ist, sieht man von Metallbestecken ab. Er bevorzugte den Haifischzahn wegen seiner Schärfe sowie der Härte seiner Spitze und seiner gezahnten Kanten, aber auch wegen seines natürlichen Flansches. Die letztere Eigenschaft ist besonders nützlich bei der Verwendung als Trepan, weil das Instrument so benutzt werden kann, dass die Spitze nicht zu tief in den Schädel eindringt und man folglich keinen irreparablen Schaden an den Membranen oder dem darunter liegenden Gehirn riskiert.

Die dritte Methode nennt Parry »Druck-Pflüg-Methode«, die seiner Ansicht nach mit einem schnabelförmigen Flintinstrument ausgeführt wurde, das wiederholt auf der Schädeloberfläche in einer ovalen oder kreisrunden Spur hin und her geschoben wird. Der Ritzer wurde zu einer Rinne, dann zu einer Furche; sobald sie tief genug war, konnte das Knochenstück hochgehebelt werden. Diese Methode, so heißt es, sei besonders gut für die Entfernung großer Platten von der Gehirnschale geeignet. Die vierte vorhistorische Methode, die im alten Peru angewendet wurde, bestand in einem Herausschneiden einer rechteckigen Platte durch vier gerade Schnitte – eine besonders schwierige und gefährliche Methode, da der geringste Fehler das Leben des Patienten gefährdet. Parry zufolge gibt es keinen Beweis, dass diese Methode in der neolithischen und jüngeren prähistorischen Zeit in Europa benutzt worden ist.

Nach der Beschreibung der Durchführung von Trepanationen bleibt noch zu klären, warum die Operationen in verschiedenen Teilen der Welt und zu verschiedenen Zeiten durchgeführt wurden. Es ist aus historischen und ethnografischen Quellen bekannt, dass Trepanation bei Epilepsie, Geisteskrankheiten, Dämonenbesessenheit, Brüchen, schweren und ständigen Kopfschmerzen, Schwindel und Taubheit angewendet wurde, aber auch zur Entfernung von Fremdkörpern und um das Leben zu verlängern. Die Gründe, weshalb man sich ihrer in vorhistorischen Zeiten bediente, bleiben notwendigerweise im Dunkeln, aber einige der genannten betreffen sicherlich auch die steinzeitlichen Trepanationen. Der Leser verbindet eine Operation gewöhnlich mit starken Schmerzen, aber erstaunlicherweise sind die Leute, die die Trepanation studiert, beobachtet oder am eigenen Leib erfahren haben, nicht dieser Meinung. Der Operationsschock ist ziemlich unerheblich. Parry erwähnt einen polnischen Arzt, der Versuchstrepanationen an Katzen und Hunden durchführte, um das Ausmaß des Schocks an Tieren festzustellen, das sich jedoch als sehr gering herausstellte. Hilton-Simpson, der Forschungen über die Praxis der Trepanation bei Algeriern durchführte, war persönlich bei der Operation eines kleinen Mädchens anwesend; »als es zappelig und laut wurde, konnte es zur erforderlichen Operationsruhe nur durch einen schrecklichen Schwall von Flüchen und üblen Worten des Chirurgen gebracht werden«. Es wird anderweitig berichtet, dass die Algerier keine antiseptischen und betäubenden Mittel benutzen, wenn sie die Trepanation durchführen. Ein anderer Wissenschaftler, der diese Praxis untersucht hat, ist der Meinung, dass Anästhesie überflüssig sei, da die meisten Patienten schon vor der Trepanation ins Koma fallen würden. Dies scheint im Fall des algerischen Mädchens und der weiter unten zitierten ostafrikanischen Trepanationen nicht korrekt zu sein.

Trepanation wird immer noch regelmäßig bei den Kisii in Kenia praktiziert, einem Bantuvolk mit einer Bevölkerung von

einer Million – vielleicht die letzte noch übrig gebliebene Ausübung dieser Operation auf traditionelle Weise. Heute wird sie
hauptsächlich bei Unfallverletzungen ausgeführt (besonders in
Gegenden, die weitab von einem Krankenhaus liegen), doch
früher ging es oft um Wunden, die in gewaltsamen Konflikten
mit Nachbarvölkern entstanden. Rolf Meschig, der in jüngster
Zeit die Kisiitrepanation eigens untersucht hat, erfuhr, dass
einer der einheimischen Chirurgen – oder »Kopföffner«, wie
sie genannt werden – etwa fünfzig derartige Operationen im
Jahr durchgeführt hat. Meschig war bei einer Operation anwesend, die elf Stunden dauerte; während der ganzen Zeit war der
Patient bei vollem Bewusstsein und ertrug alle Schmerzen
ohne Linderung mittels irgendwelcher Betäubungsmittel. Heil-
kräuter werden von den Kisiichirurgen sowohl zur Blutstillung
als auch zur Säuberung der Wunden verwendet. Da die Mehrzahl der Trepanationen erfolgreich verläuft, scheinen einige der
benutzten Pflanzen eine effektive antiseptische Wirkung zu haben. Ein Antiseptikum ist noch viel wichtiger als ein Betäubungsmittel. Frühere Untersuchungen der Kisiichirurgie ergaben, dass die *omobari omotwe* oder Chefchirurgen für ihre
Dienste sehr gut bezahlt wurden, wie viele Ärzte in unserer Gesellschaft auch. Über einen Patienten wird berichtet, dass er
nicht nur eine beträchtliche Summe Geldes bezahlt, sondern
dem Chirurgen auch ein Schaf, eine Ziege, drei Hühner und
drei 20-Liter-Behälter mit einheimischem Bier gegeben hatte.

Der bemerkenswerteste Fall von Trepanation bei den Kisii ist
der eines örtlichen Polizisten, der sich 1940 den Kopf unglücklicherweise an einem Türsturz geschlagen hatte. Die folgenden
Jahre litt er unter heftigen Kopfschmerzen, und 1945 unterzog er
sich der ersten einer Reihe von Trepanationen, um seinen Zustand zu bessern. Das Ergebnis kann man auf Tafel 12 sehen; die
Fläche ohne Schädelknochen ist knapp zweihundert Quadrat-
zentimeter groß. Dieser bedauernswerte Mensch soll bei seinen
Operationen unter beträchtlichen Schmerzen gelitten haben, im
Gegensatz zu der Operation, bei der Rolf Meschig Zeuge war
und die vergleichsweise schmerzfrei gewesen zu sein scheint.

Offenbar hängt es von mehreren Faktoren ab, ob eine Trepanation mit Schmerzen verbunden ist oder nicht: dem Gesundheitszustand des Patienten, dem Geschick des Chirurgen, der Größe des trepanierten Feldes usw. Ein gutes Beispiel für die Erfolgsquote bei den Kisii ist der *omobari omotwe*, der den Polizisten operiert hat. Er hatte die Schabetechnik von seinem Vater gelernt (die Sägetechnik missbilligte er) und sie mehr als hundertmal erfolgreich angewendet; er sagte, dass er niemals einen Patienten verloren habe. Seiner großen Erfahrung zufolge war der einzige Grund für eine Trepanation chronischer Kopfschmerz, dem ein Schlag auf den Kopf vorausgegangen war. Zahlreiche Trepanationen werden auch aus dem südpazifischen Raum gemeldet. Eine Person aus Neubritannien (eine große Insel in Papua-Neuguinea) hat nach Berichten acht verschiedene Löcher in ihrem Schädel. Auf den Loyaltyinseln (Teil des französischen Überseeterritoriums Neukaledonien) werden aus Kokosnussschale hergestellte Platten benutzt, um diese Löcher zu bedecken; von einem Mann heißt es, dass er fünf solcher Platten auf dem Kopf habe.

In Amerika war Trepanation die Spezialität der Präinka- und Inkabevölkerung im alten Peru. Sie wurde mit dem Schabeinstrument *tumi* ausgeführt, das aus Obsidian und in manchen Fällen aus Metall hergestellt wird. Die Untersuchung eines präkolumbianischen Schädels mit fünf Trepanationslöchern aus Patallacta im peruanischen Hochland ergab, dass nur eines von ihnen auf eine mögliche Infektion hinwies. Das scheint anzudeuten, dass zumindest die ersten vier Trepanationen erfolgreich waren, und wenn dem so ist, dann müssen die alten peruanischen Chirurgen irgendein effektives Antiseptikum gekannt haben. Wenn man sich die wichtige Rolle des Kokastrauches in ihrer Kultur vergegenwärtigt, ist es wahrscheinlich, dass die Peruaner sich der kokainhaltigen Blätter als Betäubungsmittel bei Operationen bedienten. Tatsächlich hat die systematische Analyse einer großen Zahl von alten trepanierten Inkaschädeln eine bemerkenswert hohe Erfolgsquote bei dieser schwierigen Operation ergeben. Eine Untersuchung von zweihundertvierzehn solcher Schädel, über die T. D. Stewart berichtet, zeigte, dass 55,6 Prozent nach der Trepanation vollständig verheilt waren, 16,4 Prozent sich im Anfangsstadium des Verheilens befanden (als die Personen starben – nicht notwendigerweise, weil sie operiert worden waren) und 28 Prozent keine Zeichen von Heilung aufwiesen. Eine ähnliche Studie von vierhundert Schädeln durch Rytel ergab, dass 62,5 Prozent (zweihundertfünfzig) Anzeichen von Heilung erkennen ließen.

Verglichen mit den Erfolgsquoten in Europa, kann gesagt werden, dass die Trepanation selbst zu Beginn des 19. Jahrhunderts hier nur zögerlich angewendet wurde, weil die Erfolgsquote so niedrig war. Erst mit Einführung moderner Anästhesiemethoden, mit antiseptischer und aseptischer Wundbehandlung Mitte des vorigen Jahrhunderts sank die Sterblichkeitsrate bei Trepanationen von dreiundvierzig auf vierzehn Prozent. F. P. Lisowski ist noch pessimistischer in Bezug auf die Effizienz der europäischen Trepanationen und behauptet: »Lange Zeit bezweifelte die medizinische Wissenschaft die Existenz von verheilten prähistorischen Trepanationen, da die Chirurgen des 19. Jahrhunderts aus der vorantiseptischen Ära diesen Eingriff wegen der beinahe hundertprozentigen Sterblichkeit ablehnten.«

Folglich war die alte peruanische Chirurgie – zumindest hinsichtlich der Trepanation – effizienter als die hoch »zivilisierte« Chirurgie des 19. Jahrhunderts. Untersuchungen sowohl von trepanierten Inkaschädeln als auch entsprechenden aus dem neolithischen Europa deuten an, dass in beiden Fällen die Heilung die Regel war. Es zeigt sich, dass die Trepanationen, die in Europa in neolithischer Zeit durchgeführt wurden, manchmal dieselben Erfolgschancen hatten wie jene im frühen 19. Jahrhundert. Das ist also der Fortschritt! Die Erfolge in der Steinzeit sind nur zu erklären, wenn man die Anwendung eines effektiven Antiseptikums in Rechnung stellt. Außerdem müssen die Chirurgen jener Zeit dessen Unverzichtbarkeit erkannt haben. 1940 meinte der prähistorische Archäologe Stuart Piggott, dass die Chirurgie im Neolithikum eine Angelegenheit aufs Geratewohl und manchmal »zufällig erfolgreich« gewesen sei, wobei er zugab, dass Trepanation eine gefährliche und schwierige Operation sei. Doch inzwischen muss man zur Kenntnis nehmen, dass sich hinter der Erfolgsquote der Operation im Neolithikum eine größere Kompetenz verborgen haben muss, als Piggott eingestehen wollte.

Wie ich bereits gesagt habe, glaubte man nicht, als die ersten prähistorischen trepanierten Schädel auftauchten, dass sie Beweise für Schädelchirurgie seien, weshalb verschiedene mehr oder weniger plausible alternative Deutungen gesucht wurden, um die Ursache und Funktion der Löcher zu erklären. Ein Allgemeinarzt namens Prunières entdeckte seinen ersten trepanierten neolithischen Schädel 1865 in Lozère in Frankreich. Für ihn war klar, dass das Loch in den Schädel gezielt gemacht worden war, da seine Kanten glatt waren und poliert zu sein schienen. Er vermutete, dass er eine Trinkschale gewesen und das Loch die Öffnung gewesen sei, die an den Mund geführt wurde. Bei anderen trepanierten Schädeln vermutete man Verletzungen, die von Schwertern und anderen Waffen oder durch Unfälle verursacht worden waren. Um 1870 wurde sich der hoch geschätzte französische Chirurg und Humananthropologe Paul Broca der wahren Natur sowohl der Löcher in verschiedenen neolithischen Schädeln als auch der runden Knochenstücke, die daraus entfernt worden waren, bewusst. Doch andere Öffnungen von mehr ungewöhnlicher Form verwunderten gelegentlich die Anthropologen sehr. 1960 entdeckte Kathleen Kenyon in Palästina einige Schädel aus dem 6. Jahrhundert v. Chr., an denen kleine viereckige Teile entfernt worden waren. Zunächst vermutete sie schreckliche Experimente an Gefangenen, später jedoch identifizierte sie die Veränderungen als Folgen der Trepanation von Kriegswunden.

Früher glaubte man auch, dass die Praxis der Trepanationen im Neolithikum im Bereich der Veterinärchirurgie begonnen haben könnte und erst später der Anwendung am menschlichen Objekt angepasst wurde. Die Operation ist an Zuchtschafen bis in die moderne Zeit hinein durchgeführt worden, vor allem zur Heilung der Drehkrankheit, bei der die Schafe sich wegen der Larven des Bandwurmes unter der Schädeldecke drehen und taumeln. In Rumänien zum Beispiel trepanierten die Hirten ihre Schafe, um sie von den Larven, die sie befallen hatten, zu befreien, offenbar mit wenig Erfolg in vielen Fällen, wenn die Larven bereits in das Gehirn des Tieres eingedrungen waren. Lisowski glaubt, dass entsprechende an Menschen vorgenommene Eingriffe den Ursprung verschiedener Legenden des Volkstums markieren, die auf dem Balkan etwa über die Entfernung von Käfern aus dem menschlichen Schädel vermittels Trepanation verbreitet sind, oder von Tausendfüßlern in alten medizinischen Texten aus Tibet.

Es gibt auch eine alte chinesische Quelle, die berichtet, dass die Ta-Chhin (das sind die Bewohner des römischen Syrien) in der Lage seien, das »Gehirn« zu öffnen, um Würmer herauszuholen, die angeblich Blindheit verursachen. Joseph Needham, der führende Forscher auf dem Gebiet der chinesischen Wissenschaftsgeschichte, zitiert dies als einziges Beispiel irgendwelchen Interesses der Chinesen an westlichen medizinischen Praktiken, doch andere sehr alte Quellen deuten an, dass die Chinesen selbst in alten Zeiten die Trepanation anwendeten. Obwohl die Menschen sich seit dem Neolithikum bis heute zahlreiche Krankheiten von ihren Haustieren zugezogen haben (die jüngste Kontroverse über BSE oder »Rinderwahnsinn« in England und andernorts wird schwerlich das letzte der gefährlichen Nebenprodukte der Tierhaltung thematisiert haben), ist die menschliche Trepanation zu verbreitet, um als von veterinären Eingriffen der gleichen Art herstammend erklärt werden zu können; eine solche Erklärung des Ursprungs der Trepanation dürfte nur teilweise stimmen. In Melanesien und anderen Teilen Ozeaniens wird die Trepanation bei Völkern angewendet, die niemals Schafe, Ziegen oder andere Wiederkäuer, die für die Drehkrankheit empfänglich sind, züchteten und wo sie folglich auch nicht dem veterinären Bereich entsprungen sein kann.

Der älteste trepanierte Schädel gehört zu einem Skelett, das unter einem Tumulus in Colombres in Spanien gefunden und auf etwa 8000 v. Chr. in die mesolithische Periode datiert wurde; er wird der Asturien-Kultur jener Region zugeordnet. Ein ovales Loch von der Größe einer kleinen Münze deutet auf eine Trepanation, obwohl nicht klar ist, ob es vor oder nach dem Tod der Person gemacht wurde. Im zweiten Fall wäre es kein Bona-fide-Fall für Trepanation. Wenn das Loch zu Lebzeiten gemacht wurde, dann war die Operation ein Fehlschlag, weil an dem Schädel keine Anzeichen von Heilung festgestellt wurden. Der älteste eindeutige Fall von Trepanation wird durch einen erst kürzlich gemachten Fund auf dem neolithischen Friedhof von Ensisheim im Elsass im September 1996 dokumentiert; er wird auf zwischen 5100 und 4900 v. Chr. datiert. Unter den verschiedenen menschlichen Überresten, die an der Ausgrabungsstätte gefunden wurden, waren die eines fünfzigjährigen Mannes (als Grabstätte 44 bekannt), dessen Schädel zwei Löcher aufweist, die beide unstrittig das Ergebnis von Trepanation waren. Sie zeigen deutliche Anzeichen eines Heilungsprozesses; Kurt Alt und seine Kollegen, die den Schädel untersucht haben, sehen in diesem Fund die älteste in der Welt bekannte neurochirurgische, geheilte Operation belegt. Sie merken an, dass »ihre technische Durchführung Zeugnis von dem hohen Geschick und den gut fundierten anatomischen Kenntnissen des Chirurgen ablegt«. Es gibt Hunderte, wenn nicht Tausende von trepanierten Schädeln aus dem ganzen prähistorischen Europa (so entfernt voneinander wie England, Schweden, Italien und Russland), die zeigen, dass diese Praxis bestens bekannt war und nicht nur das Ergebnis sporadischer Entdeckungen Einzelner ist. Auch gibt es Beispiele trepanierter Schädel mit mehreren Löchern, und bei einem neolithischen Schädel aus Deutschland ist ein großer Teil chirurgisch entfernt worden, ähnlich wie bei dem bereits erwähnten Polizisten.

Merkwürdigerweise geht die Praxis der Trepanation nach der neolithischen Periode in Europa zurück, und obwohl es Beispiele der Operation aus der Bronzezeit, der Eisenzeit, der Zeit der Römer, Wikinger, Merowinger und aus dem Mittelalter gibt, sind sie relativ selten und weit zerstreut. Desgleichen gibt es eine durchgehende, wenn auch unbedeutende Spur von trepanierten Schädeln und Berichten über das »Herausschneiden des Idiotensteins«, wie die Operation im 17. Jahrhundert genannt wurde; sie führt bis in die moderne Zeit. Daraus ersehen wir, dass die große Blüte der Trepanation vor der modernen Ära der Chirurgie eindeutig in die neolithische Zeit zurückverfolgt werden kann. War sie eine Erfindung jener Zeit, oder entwickelte sie sich aus irgendeinem mesolithischen oder gar jungpaläolithischen chirurgischen Wissen heraus? Es muss auch gefragt werden, ob Trepanationen als chirurgische Maßnahme unabhängig voneinander in den verschiedenen Teilen der Welt, in denen sie praktiziert worden sind (das heißt im vorkolumbischen Peru, in Melanesien und im neolithischen Europa), entwickelt wurden oder ob sie zuerst an einem Ort entstanden, von dem aus sie sich allmählich verbreitet haben. Kurz gesagt: Ist das frühe Auftauchen der Trepanationen einer jeweils eigenständigen Entdeckung in den drei Gebieten zu verdanken oder der Verbreitung von einem gemeinsamen Zentrum aus?

Bei der Diskussion dieser Fragen in einem Papier kam Stuart Piggott 1940 zu dem Schluss, dass die seltsame Praxis der Trepanation ein unwahrscheinliches Beispiel für eine unabhängige Erfindung in mehr als einem Gebiet wäre (dahinter stand die Vorstellung, es sei merkwürdig genug, dass man auf sie überhaupt gekommen sei). Professor Brothwell von der Universität York in England hat kürzlich diese Frage überprüft und sieht drei mögliche Erklärungen für die Ausbreitung der Praxis der Trepanation. Erstens könnte sie, wie Piggott glaubte, auf drei voneinander unabhängige Entdeckungen zurückgehen; allerdings hält er dies für höchst unwahrscheinlich. Zweitens könnte sie auf die paläolithische Zeit zurückzuführen sein, was implizieren würde, dass die Paläoindianer, die über die Beringlandbrücke als erstes Volk die beiden Amerikas betraten, schon einige chirurgische Kenntnisse dieser Praxis mit sich brachten, wodurch sie der Neuen Welt eine Anfangstradition für die Trepanation lieferten, auf die die alten peruanischen Chirurgen zurückgegriffen haben. Aber nicht nur das vollständige Fehlen trepanierter paläolithischer Schädel lässt Brothwell diese Option verwerfen. Er stellt auch die Frage, warum – gesetzt den Fall, dass die Praxis tatsächlich ein paläoindianisches Wissen war – keine trepanierten Schädel außerhalb der so genannten fortgeschrittenen Gesellschaften Perus und in geringerem Ausmaß Mexikos gefunden wurden

Brothwell glaubt, dass eine dritte Möglichkeit die extrem begrenzte Verteilung der Trepanation in der Neuen Welt besser erklärt. Er stellt die These auf, dass die Trepanationstradition der Neuen Welt durch eine frühzeitige historische Verbreitung entweder über den Pazifik oder über den Atlantik plausibler ist. Diese These verdankt sich den ketzerischen Theorien und Aufsehen erregenden Unternehmungen der experimentellen Archäologie Thor Heyerdahls. Heyerdahl glaubt, dass die Navigations- und Bootsbaufähigkeiten der Alten Welt mehr als ausreichend waren, um den Ozean zu überqueren; er baute Boote nach alten Mustern und segelte los, um seine Theorie zu beweisen. Er überquerte den Atlantik mit dem Papyrusboot »Ra II« und den Pazifik mit dem Balsa-Floßboot »Kon-Tiki«. Die erfolgreiche Durchführung der ungewöhnlichen Reisen empörte einige Lehnstuhltheoretiker, die ein Gelingen für ausgeschlossen gehalten hatten. Zweifellos nagten auch die weltweite Beachtung durch die Medien und die Bestseller, die Heyerdahl produzierte (vom »Oscar« für seinen Film über die »Ra«-Expedition gar nicht erst zu reden), an vielen in der akademischen Gemeinde. Obwohl die Kritiker hinsichtlich der Plausibilität solcher Reisen zum Schweigen gebracht worden sind, glauben wenige Leute, dass es wirkliche Beweise gibt, dass derlei Ozeanüberquerungen in den alten Zeiten unternommen wurden; die Möglichkeit ist eine Sache, zu beweisen, dass es geschehen ist, ist eine andere Sache. Wie passt das also mit der Verbreitung der Trepanation zusammen? Nicht besonders gut, wie sich zeigen wird.

Wenn wir zunächst die Möglichkeit der Einführung der Trepanation in die Neue Welt über den Pazifik in Betracht ziehen, muss gefragt werden, wer sie eingeführt haben sollte. Obwohl es Theorien gibt, dass die alten chinesischen Seefahrer mit den beiden Amerikas Kontakt aufnahmen, ist das keineswegs eine allgemein akzeptierte Tatsache; obendrein sind solche Theorien hauptsächlich auf den angeblichen Kontakt mit den einheimischen Amerikanern des Nordpazifiks beschränkt und nicht mit den Kulturen viel weiter südlich. Der Beweis für die Existenz der Trepanation im alten China ist auch im besten Fall dürftig, weshalb das Ganze ein ziemlich unwahrscheinliches Szenario darstellt. Das einzige andere Gebiet im Bereich des Pazifiks, das eine bedeutende Trepanationstradition hat, ist Melanesien, aber niemand hat meines Wissens jemals behauptet, dass von dort aus jemals Kontakt mit den beiden Amerikas hergestellt worden ist. Außerdem ist die melanesische Trepanation eher aus ethnografischen als archäologischen Berichten bekannt, sodass wir nicht einmal sicher sein können, ob sie in prähistorischen Kulturen der Region praktiziert wurde, obwohl es nicht überraschend wäre, sollte es der Fall sein. Der Gedanke, dass die Trepanation in die Neue Welt über den Pazifik in vorkolumbischen Zeiten eingeführt wurde, entbehrt also jeder Grundlage.

Die zweite Möglichkeit, nämlich die Theorie der Atlantiküberquerung, ist genauso unhaltbar. Obwohl es Berichte über ein oder zwei trepanierte Schädel aus dem alten Ägypten gibt, ist klar, dass diese chirurgische Operation von geringer oder gar keiner Bedeutung in der Medizin des alten Ägypten war. Selbst wenn also die alten Ägypter die Neue Welt erreichten, ist es unwahrscheinlich, dass sie eine chirurgische Praxis eingeführt haben, die sie kaum – wenn überhaupt – selbst kannten! Ob die Phönizier oder andere seefahrende Völker, die als Kandidaten für Atlantiküberquerungen genannt worden sind, jemals großes Interesse an Trepanation zeigten, ist ebenfalls höchst zweifelhaft. Die Theorie, dass die Trepanation in die Neue Welt in frühen historischen Zeiten importiert wurde, hat keine Beweise zu ihrer Stützung, und folglich kann die dritte Erklärung Brothwells für die Verbreitung der Trepanation entschieden zurückgewiesen werden; es bleiben nur die ersten beiden Optionen.

Bis vor kurzem war man der Meinung, dass Trepanation im Australien der Aborigines nicht praktiziert worden sei, aber die kürzliche Entdeckung von prähistorischen Schädeln mit Trepanationslöchern lässt das Gegenteil vermuten. Die genauen Daten für die Schädel sind nicht bekannt; man nimmt an, dass sie nicht mehr als ein paar tausend Jahre alt sind. Obwohl sich herausstellen könnte, dass den Australiern die Trepanation von den Melanesiern weitergereicht wurde, gibt es bislang keine Beweise dafür, und dies scheint, bei dem gegenwärtigen Stand des Wissens, das Modell der eigenständigen Entwicklungen statt einer Verbreitung in paläolithischer Zeit zu stützen. Nichtsdestoweniger zeigen die australischen Funde, dass die Jäger und Sammler auch die Trepanation praktizierten und dass die Operation nicht auf die Ankunft des Ackerbaus warten musste, um im prähistorischen Europa oder andernorts durchgeführt zu werden. Welche der beiden Theorien über die weite Verbreitung der Trepanation sich auch als die richtige herausstellen wird – eindeutig nachgewiesen werden kann, dass die chirurgischen Fähigkeiten bereits in prähistorischen Zeiten in verschiedenen Teilen der Welt vorhanden waren. Wir können Thomas Parrys Loblied auf dieses ungewöhnliche Beispiel prähistorischen Entdeckergeistes nur zustimmen:

> Ich denke, wir schulden allen waghalsigen Pionieren, in welchem Bereich auch immer sie sich hervorgetan haben, sehr viel ... Also: Im Gedenken an jene kühnen Empiriker, die in der Morgendämmerung der Welt zu *tun* wagten und die die Ersten waren, welche die Grundlagen für unsere heutige Gehirnchirurgie legten, erhebe ich mein Glas in Bewunderung für ihren Mut und ihre Ausdauer zu einem schweigenden, aber ehrfurchtsvollen Toast.

So bemerkenswert eine chirurgische Operation wie die Trepanation auch ist, so ist ihr einzigartiger Rang in der Liste der Steinzeitchirurgie wahrscheinlich stark übertrieben. Die meisten chirurgischen Praktiken und rituellen Veränderungen am Körper, die als Repertoire bei verschiedenen Stammesgesellschaften bekannt sind, liegen durchaus im Bereich der Fähigkeiten der prähistorischen Völker (wie durch Trepanationsbeweise aus der Steinzeit bewiesen); nur haben sie wenige Beweise hinterlassen, mit denen die Archäologen und Paläopathologen arbeiten können. Da es gewöhnlich nur die Knochen von Steinzeitmenschen sind, die überdauert haben und von Archäologen entdeckt werden können, entziehen sich andere Operationen, die an den Weichteilen des Körpers durchgeführt wurden, der Beobachtung und Erforschung. Es ist wahrscheinlich, dass verschiedene Operationen zumindest seit der neolithischen Zeit, vielleicht schon früher, durchgeführt wurden; zu glauben, dass sie sich auf die vergleichsweise schwierige Trepanation von Schädeln beschränkten, wäre außerordentlich kurzschlüssig.

Eine andere Art medizinischer Praxis, von der wir wissen, dass sie in der neolithischen Zeit in Europa gepflegt wurde, ist die Zahnheilkunde. Ein Besuch beim neolithischen Zahnarzt mag ein ähnliches Maß an Furcht und Zögern hervorgerufen haben wie bei einem heutigen. Wir neigen dazu, die frühe historische Zahnheilkunde mit höllischen Schmerzen zu verbinden. In Karikaturen wird der Zahnarzt aus früheren Zeiten mit Gehilfen dargestellt, die den unglücklichen Patienten festbinden oder sonst wie festhalten; seine Zähne werden, ohne Betäubung, mit einer ungewöhnlich großen Zange gezogen – ein grausames Bild, das obendrein mit reichlich Blut koloriert ist. Doch wie wir sehen werden, gab es selbst in neolithischer Zeit verschiedene Betäubungsmittel, weshalb die prähistorische Zahnheilkunde vermutlich mit weit weniger Schrecken verbunden war, als unsere Vorstellung uns glauben machen will. Während auf Zahnheilkunde vor dem Neolithikum selbst nichts hinweist, gibt es jedoch Beweise, dass die Menschen in der mesolithischen Zeit auf ihre Zähne achteten. Die Analyse einiger dänischer Skelette, die aus jener Zeit stammen, hat Furchen zwischen den Backenzähnen ausmachen können, die vom Gebrauch von Zahnstochern herrühren. Sofern Kaugummi der

Gesundheit der Zähne dient, kann der prähistorische Gummi, der aus der inneren Rinde von Birke hergestellt wurde und der an der mesolithischen Ausgrabungsstätte Star Carr im englischen Yorkshire gefunden wurde, auch unter dem Aspekt der Steinzeithygiene gesehen werden. Neolithischer »Kaugummi« mit Zahnabdrücken ist in der Schweiz gefunden worden.

Pia Bennike, die paläopathologische Studien an dänischen Skeletten aus verschiedenen prähistorischen und frühen historischen Zeiten durchführte, entdeckte überraschend ein rundes, konisches Loch in einem der oberen Backenzähne, der noch in situ des Kiefers eines männlichen neolithischen Schädels saß, der 1960 an der Fundstätte von Galeriegräbern in Hulbjerg auf Langeland in Dänemark ausgegraben wurde. Die Überreste von mehr als fünfzig Menschen wurden dort gefunden, und obwohl dieser besondere Schädel der einzige war, der Zeichen einer Zahnoperation aufwies, stieß man auch auf einen Fall von Trepanation, was zeigt, dass unterschiedliche Arten von Operationen in der neolithischen Gesellschaft vorgenommen wurden. Bennike hatte den Eindruck, als wäre das Loch in dem Backenzahn mit einem Bogenbohrer gemacht worden, und wir können ihn als einen prähistorischen Prototyp der gefürchteten Bohrer des Zahnarztes unserer Zeit ansehen. Eine sorgfältige Untersuchung ergab, dass der wahrscheinliche Grund für die Behandlung die Infektion eines tiefen Lochs im Zahn war, das wahrscheinlich zu einem schmerzvollen Abszess geführt hatte. In einem erhellenden und ungewöhnlichen Akt experimenteller Archäologie wurde, um zweifelsfrei zu beweisen, dass das Loch in dem Zahn auf die genannte Weise zustande kam, ein entsprechender Bohrer nachgebaut und damit ein Loch in einen frisch gezogenen Zahn gebohrt. Eine vergleichende Untersuchung des neolithischen Lochs (siehe Tafel 13) und des Lochs in dem neuen Zahn unter dem Scanning-Elektronen-Mikroskop (SEM) zeigte, dass beide sich verblüffend ähnelten. Es wurde auch klar, dass das Loch in dem neolithischen Zahn zu Lebzeiten des Besitzers gemacht wurde und nicht nach seinem Tode, da eine kleine Menge Zahnstein darin gefunden wurde, die sich nicht gebildet hätte, wäre der Mann schon tot gewesen, als das Loch gebohrt wurde. Neben seiner Verwendung in der neolithischen Zahnheilkunde fand der Bohrer auch Verwendung zum Bohren von Löchern in anderen Materialien; ferner diente er zur Erzeugung von Feuer, worauf im folgenden Kapitel näher eingegangen wird.

Obwohl einige, die sich mit Trepanation befasst haben, gemeint haben, sie sei relativ schmerzlos, so hat doch der Kisiipolizist (der mit seinen zahlreichen Operationen in dieser Sache als repräsentativ angesehen werden muss) erhebliche Schmerzen erlitten. Zahnoperationen sind, wie wir alle wissen, schmerzhaft, und wenn die prähistorische Trepanation nicht immer eine Betäubung erforderte, dann sicher das Bohren eines Zahns. Es gibt eindeutige Beweise, dass Pflanzen mit betäubender Eigenschaft in alten Zeiten weithin verwendet wurden. Alkohol wurde gewiss auch zur Betäubung verwendet, oft in Verbindung mit anderen psychoaktiven Substanzen. Dioskurides, der im 1. Jahrhundert n. Chr. wirkte, erwähnt Wein gemischt mit dem Extrakt der Alraune *(Mandragora)* als Standardanästhetikum der Chirurgie zu seiner Zeit. In der Mythologie des alten Ägypten gibt es das Beispiel des Gottes Ra, der die Göttin Hathor überwältigt, indem er sie mit Alraunebier betäubt. Bier wurde sowohl von den prädynastischen Ägyptern als auch von den frühen Sumerern gebraut; Bier und Wein haben beide ihren Ursprung in neolithischer Zeit bis in das 4. Jahrtausend v. Chr. zurück.

In dem Zeitraum zwischen 3500 und 3000 v. Chr. genossen die Menschen der Bronzezeitkulturen des östlichen Mittelmeerraums Wein aus metallenen Gefäßen. Ihre Nachbarn im Norden (die noch der neolithischen Lebensweise folgten) bekehrten sich zu den gemischten Wohltaten der alkoholischen Getränke und imitierten die Form dieser Metallgefäße in den Mustern ihrer eigenen Keramik. Der Alkoholkonsum verbreitete sich über das ganze neolithische Europa und ersetzte allmählich den Gebrauch anderer psychoaktiver Substanzen. Anfangs wurde der Alkohol, als er sich in den verschiedenen

Teilen des Kontinents auszubreiten begann, anscheinend mit sinnesverändernden Pflanzen wie Opiummohn *(Papaver somniferum)* und Kannabis *(Cannabis sativa)* genossen. Als sich das neue Rauschmittel durchsetzte, ging der Gebrauch der anderen Substanzen zurück. Obwohl das Trinken eine »Erfindung« der Steinzeit war, war es doch ein späteres Phänomen als der Gebrauch von Opium.

Der Mohn, aus dem Morphin und Heroin gewonnen werden, scheint von den alteuropäischen Bauern im westlichen Mittelmeerraum seit etwa 6000 v. Chr. angebaut worden zu sein. Dass sich der Opiumanbau in der neolithischen Zeit westwärts verbreitete, ist durch zahlreiche spätere Funde des Saatguts in der Schweiz, Deutschland und andernorts bewiesen. In der Eisenzeit war er auch in nördlicheren Regionen wie den Britischen Inseln und Polen bekannt. Der Same der Opiumpflanze mag wohl – allerdings seltener – auch beim Backen verwendet und ihr Öl zum Kochen und Beleuchten gepresst worden sein; das Hauptinteresse der Steinzeit galt jedenfalls ihren psychoaktiven und medizinischen Eigenschaften. In vielen nicht westlichen Kulturen sind Magie und Medizin oft die zwei Seiten ein und derselben Medaille, und in prähistorischer Zeit wurde Opium wahrscheinlich benutzt, um sowohl Schmerzen zu lindern als auch einen veränderten Bewusstseinszustand für göttliche Einsichten herbeizuführen. Opium scheint eine wichtige Rolle im religiösen Leben des alten Europa gespielt zu haben. Die Cueva de los Murciélagos (Höhle der Fledermäuse) ist eine neolithische Fundstätte bei Albuñol in der Provinz Granada, die auf etwa 4200 v. Chr. datiert wird. In Taschen aus gewobenem Gras, die in Grabkammern gefunden wurden, lagen große Mengen von Mohnkapseln, und diese Entdeckung deutet die Verwendung des Opiums im Rahmen von Beerdigungsfeierlichkeiten an. Die Platzierung der Kapseln bei den Leichen macht auf die Verbindung zwischen Opium, verändertem Bewusstseinszustand und Todesreich aufmerksam. Das bedeutet, dass der Gebrauch des Opiums in der Alten Welt (zum Beispiel im Ritual des minoischen Kreta) auf einer alteuropäischen Praxis beruht.

Der Gebrauch von Kannabis oder Hanf kann ebenfalls in die Steinzeit zurückverfolgt werden. Die Hanfpflanze ist in Zentralasien heimisch, hatte sich aber bereits über die Alte Welt verbreitet, bevor die Geschichte begann. Die Pflanze hat nicht nur psychoaktive Eigenschaften, sondern besitzt auch eine außerordentlich starke Faser, die seit urdenklichen Zeiten benutzt worden ist. Ihre sinnesverändernden Eigenschaften hat man in neolithischer Zeit genutzt. Die Steinzeitkulturen in der Steppe benutzten sie für rituelle Zwecke mindestens schon im 3. Jahrtausend v. Chr. In einer Begräbnisstätte in Rumänien, die dem Kurganvolk zugerechnet wird (das von Gimbutas als protoindoeuropäisch identifiziert wurde), entdeckten Archäologen eine kleine rituelle Kohlenpfanne, die noch Reste verkohlter Hanfsamen enthielt. Dies deutet, wie der Gebrauch von Opium im alten Europa, auf eine Art der Verwendung hin, die Vorläuferin jener Praktiken ist, die aus historischen Quellen bekannt sind. Im 5. Jahrhundert v. Chr. gibt der griechische Historiker Herodot den folgenden Bericht über die skythischen Nomaden nördlich des Schwarzen Meeres:

> Auf den Rahmen von drei Stöcken, die sich oben treffen, spannen sie Stücke von wollenem Stoff. In dieses Zelt stellen sie eine Schale mit heißen Steinen darauf. Dann nehmen sie Hanfsamen, kriechen in das Zelt und werfen den Samen auf die heißen Steine. Er beginnt sofort Rauch zu entwickeln und gibt einen Dampf von sich, der von keinem Dampf, wie er in Griechenland zu finden ist, übertroffen wird. Die Skythen genießen es so sehr, dass sie vor Freude laut heulen.

Herodot ist oft als unzuverlässige Quelle bezeichnet worden, aber zumindest in diesem besonderen Fall hat sich sein Bericht als zutreffend erwiesen – bis auf einen Punkt. Sowjetische Archäologen haben am anderen Ende der Skythenwelt Beweise gefunden, die Herodots Bericht bestätigen. Die Ausgrabung skythischer Gräber in Pazyryk im Altaigebirge im südlichen Sibirien (auf das 5. Jahrhundert v. Chr. datiert) brachte die metal-

I Die Platte von Narmer, Hierakonpolis, Ägypten

II + III Die Megalithtempel von Hagar Qim, Malta, 3500 bis 3000 v. Chr.

IV Die »Maltesische Venus«
aus Hagar Qim;
Höhe 12,5 Zentimeter

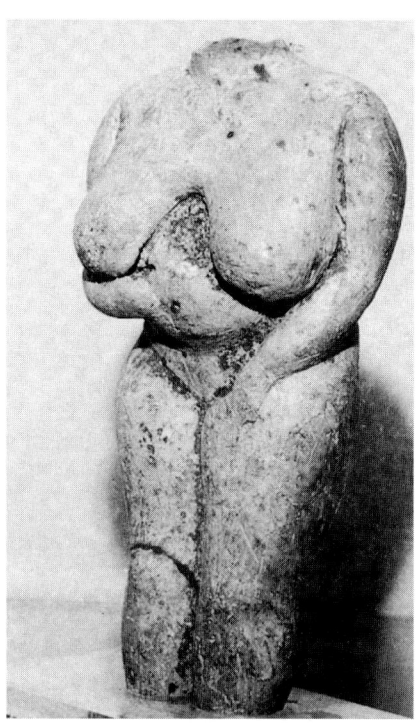

V Die »Schlafende Dame« aus
Hal Saflieni Hypogäum, Malta;
Länge 12 Zentimeter

VI Haupthalle eines unterirdischen Tempels in Hal Saflieni, Malta, 3. Jahrtausend v. Chr.

VII Skulpturen vom Fundort Lepenski Vir, Serbien, etwa 6000 v. Chr.

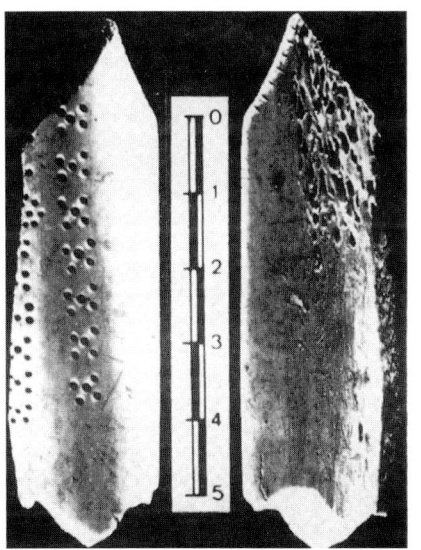

VIII Der »Neue Rosetta-Stein«, Nuzi, Irak, 2. Jahrtausend v. Chr.

IX 10000 Jahre alte geritzte Knochen, Remouchampshöhle, Belgien

X Szene mit neolithischer Schädeloperation (Diorama, Science Museum, London)

XI Ein Set von drei Bohrern, die von Dr. T.W. Parry zu Experimenten für neolithische Schädeloperationen benutzt wurden

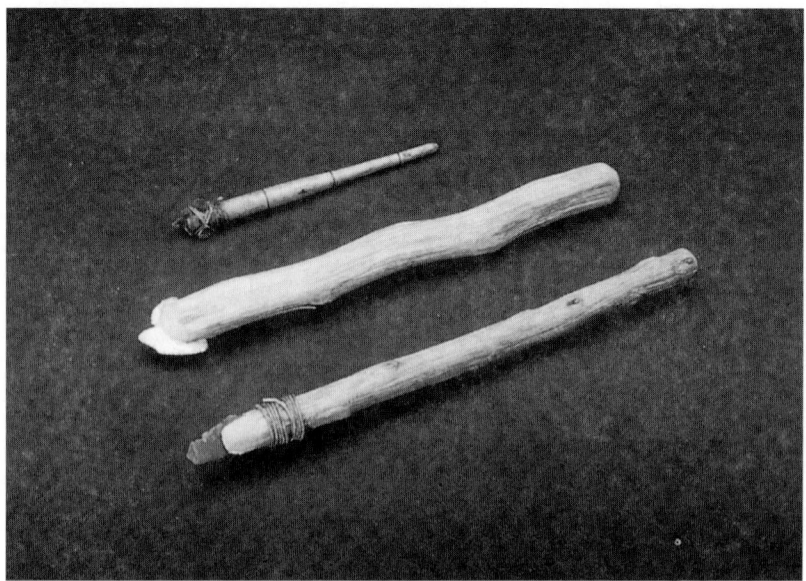

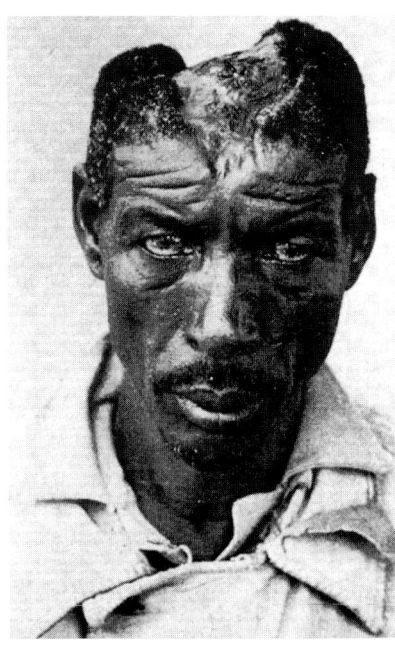

XII Trepanierter Kisiimann, Kenia

XIII Ein von einem neolithischen Zahnarzt gebohrtes Loch, Hulbjerg, Dänemark

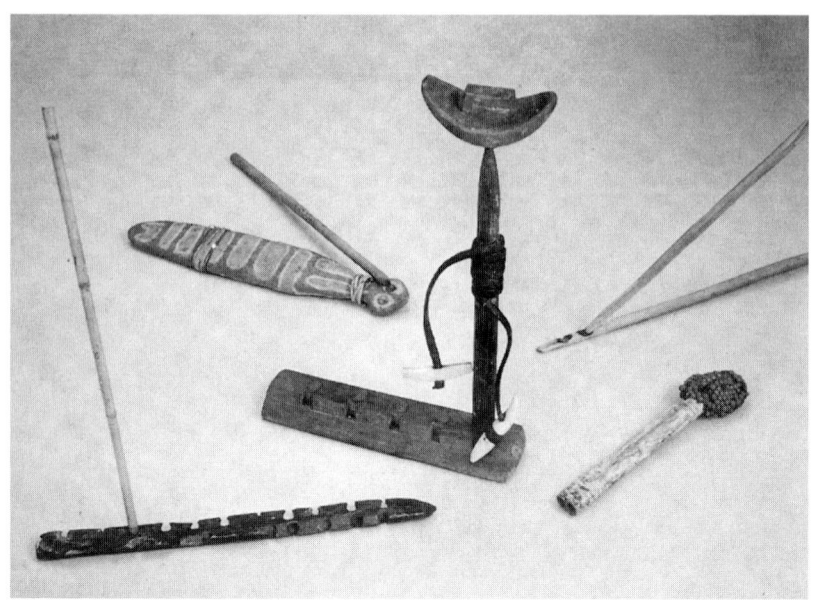

XIV Eine Auswahl traditioneller Feuerbohrer

XV Prähistorische Bogenbohrer zum Feuermachen, Kahun, Ägypten,
4. Jahrtausend v. Chr.

XVI Göttinnenfigurine,
Grimes Graves, Norfolk,
England; Höhe 10 Zenti-
meter

XVII Basis eines
Schachtes in einem
neolithischen Flintberg-
werk, Grimes Graves,
Norfolk, England

XVIII Die »Venus von Laussel«, Dordogne, Frankreich (Jungpaläolithikum);
Höhe 44 Zentimeter

XIX Elfenbeinfigurine eines
jungen Mädchens, Laugerie Basse,
Frankreich (Jungpaläolithikum);
Höhe 7,7 Zentimeter

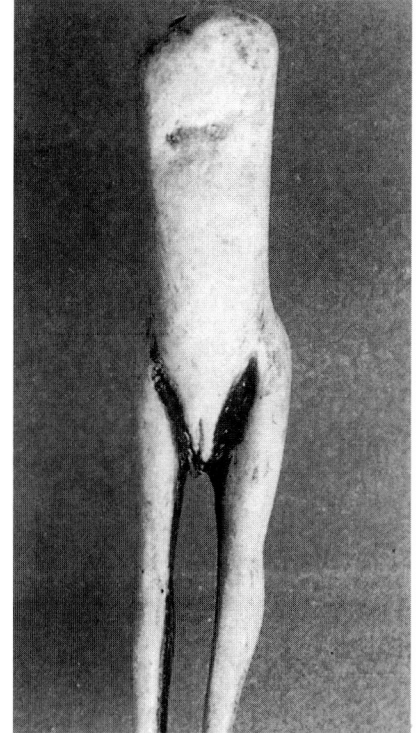

XX Weibliche Figurine,
aus Mammutzahn geschnitzt,
in der Hand ihres Entdeckers
Lew Tarasow aus Gagarino,
Russland (Gravette-Periode,
Jungpaläolithikum);
Höhe 12,7 Zentimeter

XXI Die »Venus von Willendorf«, Willendorf, Österreich (Gravette-Periode, Jungpaläolithikum); Höhe 11 Zentimeter

XXII Grab eines
erwachsenen Mannes,
Sungir, Russland
(Jungpaläolithikum)

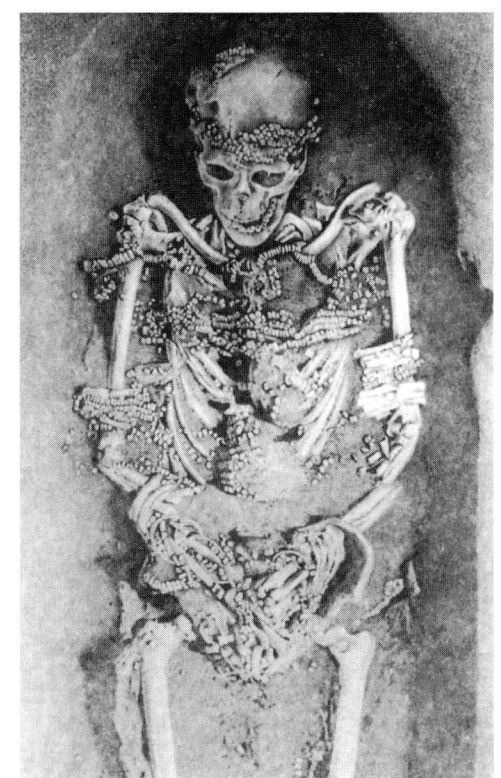

XXIII Speerschleuder,
mit zwei geschnitzten
kämpfenden Bisons
verziert, Le Mas d'Azil,
Arriège, Frankreich
(Jungpaläolithikum)

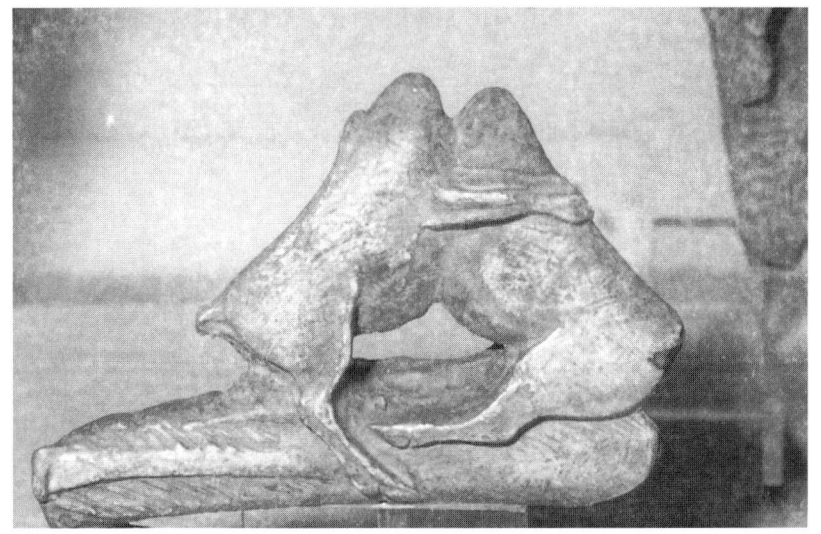

XXIV 30000 Jahre alte Tiermalerei, Chauvethöhle, Ardèche, Frankreich
(Aurignacien, Jungpaläolithikum)

XXV Rekonstruktion
einer Neandertalerszene

XXVI Faustkeil mit
fossiler Muschel, West
Tofts, Norfolk, England
(Altpaläolithikum);
Länge 13,5 Zentimeter,
Breite 7,8 Zentimeter

XXVII »Die Perle der jakutischen Archäologie« – die archäologische Grabungsstätte Diring-Ur'akh, Sibirien

XXVIII 3 Millionen Jahre alter Stein, Makapansgathöhle, Nordtransvaal, Südafrika; Durchmesser 6 Zentimeter

lenen Kohlebecken ans Licht mit verbrannten Resten von Kannabis und sogar die Zeltpfähle! Dies zeigt nicht nur, dass Herodot Recht hatte, sondern auch, wie groß das Gebiet war, in dem der Kannabiskult praktiziert wurde. Der einzige Punkt, in dem Herodot Unrecht hatte, ist die Behauptung, dass die Skythen die Hanfsamen auf die Glut warfen. Das hätte freilich nicht den gewünschten Effekt ergeben, da der Same der einzige Teil der Pflanze ist, der nicht psychoaktiv wirkt. Das Vorhandensein der verkohlten Samen sowohl in den Kurgangräbern als auch in den Skythengräbern zeigt, dass die brennbaren (und psychoaktiven) Teile der Pflanze – nämlich die Blüten und Blätter – verzehrt wurden und die harten Teile übrig blieben.

Kannabis verbreitete sich nicht nur von seinem Stammland in den Steppen nach Westen, sondern auch nach China. Linguistische Untersuchungen des chinesischen Wissenschaftlers Hui-Lin Li ergaben, dass den alten Chinesen sowohl der technologische als auch der psychoaktive Nutzen der Pflanze bekannt war. Im Chinesischen wird Hanf als »ta-ma« bezeichnet, was »große Faser« (*ma* = Faser) bedeutet. Li verweist auch darauf, dass in archaischer Zeit das Wort »*ma*« zwei Bedeutungen hatte. Die erste war »chaotisch« oder »zahlreich«, ein Hinweis auf Aussehen und Zahl der Fasern. Die zweite Bedeutung war »Taubheit« oder »Bewusstlosigkeit«, womit seine betäubende Wirkung angesprochen ist, deren man sich offenbar für medizinische oder rituelle Zwecke bediente. Der gegenwärtige Stand des Wissens bezüglich des vorhistorischen Gebrauchs von Kannabis besagt, dass die Pflanze zuerst in Nordostasien angebaut wurde, sowohl wegen ihrer Faser als auch wegen ihrer ekstatisierenden Wirkung, die sich die Schamanen zunutze machten. In alten chinesischen Schriften gibt es mehrere Hinweise auf den Gebrauch von Kannabis durch Magier und Taoisten, und es scheint, dass er auf die schamanischen Vorläufer zurückgeht.

In Südostasien beruht der älteste bekannte Gebrauch von psychoaktiven Substanzen auf dem Betelkauen. Man schätzt, dass dieses Stimulans von zehn Prozent der Weltbevölkerung konsumiert wird. Es ist besonders beliebt in Indien, auf dem südostasiatischen Festland, in Indonesien und Melanesien, und wird gewöhnlich in Form eines Priems (ähnlich wie der Kautabak) zu sich genommen. Bei der Grundzubereitung nimmt man ein Blatt der Betelpflanze *(Piper betle)*, in die die Nüsse der Arekapalme *(Areca catechu)* gewickelt werden. Um die stimulierenden Eigenschaften des Präparats freizusetzen, wird ein alkaliner Zusatz wie gelöschter Kalk unter die Arekanuss gemischt. Viele Konsumenten haben fast immer einen Priem im Mund, und durch häufigen und starken Gebrauch werden die Zähne schwarz. Auf den Philippinen bedeuten schwarze Zähne (das heißt ein großer Genießer von Betel) traditionell einen hohen sozialen Status. Der früheste archäologische Beweis für diese Praxis kommt aus der Spirit Cave (Geisterhöhle) in Nordwestthailand, wo *Piper*-Samen in Schichten gefunden wurden, die auf 5500 bis 7000 v. Chr. datiert werden. Einen direkten Beweis für den tatsächlichen Gebrauch von Betelmischungen liefert die Duyonghöhle auf Palawan auf den Philippinen. In dieser Höhle wurde das Skelett eines Mannes gefunden (auf 2680 v. Chr. datiert), der zusammen mit einem halben Dutzend zweischaliger Muscheln mit Kalk begraben war und dessen Zähne wie die eines großen Betelkauers gefärbt waren.

Andere psychoaktive Substanzen, die mit alkalinen Zusätzen zubereitet wurden, sind Koka, Tabak und Pituri. In Südamerika ist die Kokapflanze *(Erythroxylum coca)*, aus der Kokain gewonnen wird, seit Tausenden von Jahren wegen ihrer stimulierenden und betäubenden Eigenschaften benutzt und wohl auch bei Trepanationen im alten Peru angewendet worden. Die australischen Aborigines machten sich verschiedene einheimische Arten des Tabaks und eine andere nikotinhaltige Pflanze zunutze, die sie Pituri *(Duboisia howoodii)* nennen. Pituri wurde in früheren Zeiten hoch geschätzt und über weite Entfernungen gehandelt. Die Aborigines benutzten die *Acacia salicina* als ihre Alkaliquelle, um das Nikotin aus der Pituripflanze freizusetzen. Die Tatsache, dass *Acacia* einen extrem hohen Alkaligehalt aufweist, deutet darauf hin, dass sehr viele Versuche unternommen worden sind, um die beste verfügbare Quelle herauszufinden. Es gibt auch noch andere Hinweise, dass die Aborigines über ein genaues Wissen der Chemie der Pituri verfügten, denn sie entwickelten ein komplexes Verfahren, um sie zu ernten und haltbar zu machen, um ihre psychoaktiven Eigenschaften zu maximieren.

Vor der Ankunft der Weißen haben die Aborigines keinesfalls mit der Landwirtschaft auf ihrem Kontinent begonnen. Doch die Tatsache, dass sie der Pituri eine übermäßige Aufmerksamkeit widmeten, berührt den Ursprung der Landwirtschaft grundsätzlich. Was in Australien als der erste Schritt zur Landwirtschaft angesehen werden kann, betrifft nicht eine Nährpflanze, sondern eine psychoaktive Pflanze; und das ist höchst bedeutsam. Die Standardtheorie betreffs des Ursprungs der Landwirtschaft lautet, dass diese Änderung des Lebensstils in erster Linie mit der Nahrungsmittelerzeugung zusammenhing. Die australische Wirklichkeit könnte uns zu anderen Schlussfolgerungen veranlassen. Der Oxford-Archäologe Andrew Sherratt hat die Theorie aufgestellt, dass die Landwirtschaft im Nahen Osten eine ähnliche Genesis hatte, und merkt insbesondere mit Hinweis auf das neolithische Jericho an, dass die ersten kultivierten Pflanzen vielleicht gar nicht Getreide waren, sondern wertvollere und leicht zu transportierende Waren. Er führt eine Reihe narkotischer Pflanzen wie Alraune, Bilsenkraut und Belladonna (die tödliche Tollkirsche) als mögliche Beispiele an.

Es gibt Beweise aus der Neuen Welt, die die Überlegung untermauern, dass zumindest in einigen Teilen der Welt die ersten kultivierten Pflanzen nicht Grundnahrungsmittel waren, sondern psychoaktive Arten. Viele einheimische nordamerikanische Völker wie die Schwarzfußindianer verabscheuten Landwirtschaft und machten nur eine Ausnahme: nämlich bei Tabak. Dieses Muster wird auch durch den prähistorischen Ursprung des Tabakgebrauchs bestätigt. Die Heimat des Tabaks sind die Niederungen Patagoniens, die Pampas und der Gran Chaco, also der südliche Teil Südamerikas. In dieser Region wurde von Indianern in ihren Gärten vor achttausend Jahren erstmals Tabak kultiviert. Anscheinend wurde in jenem Gebiet die Praxis des Gartenanbaus überhaupt erst begonnen, um einen regelmäßigen Nachschub an Tabak statt an Nahrungsmitteln zu haben.

Obwohl die Einführung der Garten- und Landwirtschaft teilweise durch den Wunsch nach psychoaktiven Substanzen bestimmt zu sein scheint, geht der Gebrauch von sinnesverändernden Pflanzen zweifellos auf Urzeiten zurück. Mit der möglichen Ausnahme des Gebrauchs der stimulierenden Pflanze *Ephedra* durch den Neandertaler (siehe Kapitel XVI) gibt es keinen konkreten Beweis für den Gebrauch von psychoaktiven Pflanzen in paläolithischer Zeit. Einige Forscher haben behauptet, dass manche der Bilder der jungpaläolithischen Höhlenkunst in Frankreich und Spanien von halluzinatorischen Erfahrungen inspiriert seien; aber dies zu beweisen ist schwierig, wenn nicht gar ausgeschlossen. Es tauchen keine eindeutigen Bilder von psychoaktiven Pflanzen oder Pilzen in der Kunst der jungpaläolithischen Zeit auf, und paläobotanische Reste solcher Arten aus jener Periode sind an archäologischen Ausgrabungsstätten nicht gefunden worden. Die sehr wanderfreudigen Jäger-Sammler-Gesellschaften der jungpaläolithischen Periode hinterließen natürlich keine deutlichen Spuren ihres Gebrauchs solcher Pflanzen wie die späteren neolithischen Bauern, die in dauerhaften Siedlungen wohnten. Zweifellos wird die Verfeinerung der paläobotanischen Methoden und Techniken bald Beweise für die Verwendung sinnesverändernder Pflanzen im Jungpaläolithikum vorlegen. Der letztliche Ursprung des Gebrauchs solcher Substanzen bleibt im Dunkel, aber Louis Liebenberg hat die Theorie aufgestellt, dass die Praxis des Rauchens vielleicht auf die Zähmung des Feuers durch den frühen Menschen zurückzuführen sei. Viele Stammesvölker haben traditionell das Feuer in kleinen Behältern wie Muscheln oder Holzrohren mit sich geführt. Vielleicht hat das Brennen eines duftenden Grases oder anderer Pflanzen in einem solchen Behälter zu der Entwicklung des Pfeiferauchens in irgendeiner fernen Vergangenheit der Vorgeschichte geführt. Es spricht einiges dafür, dass das bewusste Einatmen von Rauch eine sehr alte Gewohnheit ist, vielleicht so alt wie die menschliche Kontrolle des Feuers.

X.

Pyrotechnologie

Der Gebrauch des Feuers ist etwas so Elementares in der menschlichen Kultur, dass er einem selbstverständlich erscheint. Dies hat teilweise mit dem großen Alter seiner Verwendung zu tun, was uns zu der Annahme verleitet, es sei schon immer von Natur aus da gewesen und deshalb nicht eine kulturelle Errungenschaft. Dies ist freilich falsch. Denn es gab eine Zeit, als unsere hominiden Vorfahren das Feuer noch nicht gezähmt hatten und sich des Feuers nur vereinzelt bedienen konnten, wenn natürlich auftretende Feuer die Gelegenheit dazu boten. Derartige unerwartete Begegnungen mit dem Feuer können die Lebensweise dieser Hominiden nur am Rande beeinflusst haben; in jenem Stadium war es kein zentraler Bestandteil ihrer Technologie. Marx und Engels hatten zweifellos Recht, wenn sie die Zähmung des Feuers und die Nutzbarmachung seiner Energie für menschliche Zwecke als eine »wunderbare Entdeckung, beinahe unmessbar in seiner Bedeutung« bezeichneten. In diesem Kapitel werde ich zeigen, wie viele der technologischen Durchbrüche der Menschheit, die oft als dramatische Neuerungen späterer Zeitalter angesehen werden, Wurzeln haben, die bis in die Altsteinzeit zurückverfolgt werden können. Die Rolle des Prometheus, dem in der griechischen Mythologie die Ehre gebührt, das Feuer im Himmel gestohlen und die Menschheit das Handwerk gelehrt zu haben, gleicht sehr der des Menschen in der Steinzeit, der lernte, das Feuer zu kontrollieren und zu nutzen, um Technologien zu entwickeln, die die Grundlagen bildeten, auf denen die folgenden Entwicklungen aufbauen konnten. Die Pyrotechnologie oder Technologie der Feuernutzung der Stein-

zeit zeigt, dass sowohl experimentelle Neugier als auch Erfindergeist damals genauso lebendig waren wie heute.

Wann die Zähmung des Feuers begann, ist immer noch eine
erhebliche Streitfrage. Das liegt vor allem an den unterschiedlichen Meinungen darüber, was als wirklicher Beweis für eine
kontrollierte Nutzung des Feuers durch die Hominiden angesehen werden kann. Einst glaubte man, dass der Gebrauch des
Feuers eine Errungenschaft der frühesten Hominidenart, des
Australopithecus, vor zwei bis drei Millionen Jahren gewesen
sei. Der australische Anatomist Raymond Dart wertete ge-
schwärzte Knochen, die in einer Höhle in Makapansgat in Südafrika gefunden wurden, als Beweis dafür und nannte folglich
die dort gefundenen fossilen Überreste *Australopithecus prometheus.* Obwohl sich dies in der Folgezeit als Wunschdenken
denn als Tatsache erwies, gibt es immer noch viele Leute, die an
einem sehr frühen Datum für den Gebrauch des Feuers durch
die Hominiden festhalten. Die Ansichten reichen gegenwärtig
von 1,7 Millionen Jahren bis zu den eher konservativen Schätzungen, die sogar bezweifeln, dass der Neandertaler das Feuer
richtig beherrschte. Dies kann dem Leser eine Vorstellung davon geben, wie groß die Meinungsverschiedenheiten über
einen der wichtigsten technologischen Durchbrüche sind. Die
Angelegenheit wird noch erschwert, wenn wir uns vergegenwärtigen, dass der »Gebrauch« des Feuers, die »Kontrolle« des
Feuers und das »Machen« und die »Zähmung« des Feuers nicht
einfach verschiedene Weisen sind, ein und dieselbe Sache auszudrücken. Es erscheint außerordentlich vernünftig anzunehmen – wie ich es oben getan habe –, dass die ersten Wechsel-
wirkungen mit Feuer rein zufälliger Art waren, als die frühen
Menschen die Gelegenheiten ergriffen, die natürlich auftretende Feuer boten. Das wurde erst in der Folge zu einem festen
Bestandteil des Lebens. Sehr frühe Daten für den Gebrauch
des Feuers sind unter anderem für manche Orte in Afrika und
China vorgeschlagen worden.

Mindestens dreizehn afrikanische Orte liefern sehr frühe
Beweise für das Vorkommen von Feuer in archäologischem

Zusammenhang, aber das beweist nicht automatisch, dass das Feuer von den Hominiden, die sich dort aufhielten, genutzt wurde. Natürlich auftretende Buschfeuer oder Feuer infolge Blitzeinschlags können ohne weiteres die Ursache dafür gewesen sein, was nur allzu bereitwillig als bewusstes Tun der Hominiden hingestellt wird. Die Veränderung von Werkzeugen und Knochen durch Temperatureinwirkung und das Vorkommen von verbrannten Gesteinsschichten müssen nicht unbedingt von Lagerfeuern herrühren, sondern können auch natürlichen Ursachen zugeschrieben werden. Das soll nicht heißen, dass alle Fälle offenkundiger Feuernutzung in Afrika und andernorts unter Berufung auf derlei Gründe abgetan werden können; es zeigt nur, dass wir nicht blind auf echten Feuergebrauch der Hominiden schließen dürfen. In manchen Fällen ist dieser wahrscheinlicher als in anderen; ich will kurz ein Beispiel aus Afrika erwähnen. Der Archäologe John Gowlett und seine Kollegen haben geäußert, dass der Gebrauch des Feuers an der Ausgrabungsstätte Chesowanja in Kenia handfest nachgewiesen sei. Dieser Fundort, der auf 1,42 Millionen Jahre datiert wird, enthält Tierknochen, die zusammen mit Oldowan-Werkzeugen und gebranntem Lehm gefunden wurden, was sie nach Ansicht der genannten Forscher in den Zusammenhang mit der Tätigkeit des *Homo erectus* bringt. Über fünfzig Stücke gebrannten Lehms wurden gefunden, und die Forscher sind überzeugt, dass in diesem Fall das Feuer durch die Hominiden erzeugt worden und nicht durch ein Naturereignis entstanden ist. Die Anordnung mancher Steine wurde als Überrest eines Herdes interpretiert, und viele der größeren Lehmbrocken wurden tatsächlich neben dem Herd gefunden. Zu den Gründen, die die Forscher zur Stützung ihrer Behauptung vorbrachten, gehört die Tatsache, dass der gebrannte Lehm in direkter Verbindung mit den Werkzeugen und den verbrannten Knochen gefunden wurde und nicht außerhalb des hominiden Tätigkeitsbereichs. Klar ist: Wenn der Nachweis eines Brandes an diesem archäologischen Fundort einem natürlichen Feuer zugeschrieben wird, dann müsste es auch außerhalb des Grabungsortes gebrannt haben, was offenbar nicht der Fall war. Untersuchungen eines Lehmstücks ergaben, dass es bei etwa 400° C gebrannt wurde – ein für Lagerfeuer typischer Temperaturbereich. Beide Seiten – die Verfechter und die Bestreiter des Feuergebrauchs an diesem und anderen Orten – haben Argumente vorgebracht, die schwer zu fundieren sind. Kürzlich haben John Gowlett und sein Team von der Universität Liverpool ihrer Ansicht nach an einer Ausgrabungsstätte nahe Bury St. Edmunds im englischen Suffolk die Überreste eines Kochherdes gefunden. Die Stätte wird auf ein Alter von vierhunderttausend Jahren geschätzt, und diese Entdeckung wird wahrscheinlich bei denjenigen, die meinen, dass Feuer in so ferner Zeit nicht auf diese Weise genutzt wurde, ebenfalls auf beträchtliche Skepsis stoßen.

Manchmal haben jene Leute, die die verschiedenen möglichen Fälle des Gebrauchs von Feuer mit natürlichen Ursachen zu erklären versuchen, Argumente benutzt, die ebenso und mitunter noch stichhaltiger sind als die ihrer Gegner. Während kein Fall aus dieser frühen Periode als wasserdicht gelten kann, sind die Orte, wo Werkzeuge in Verbindung mit Spuren von Feuer gefunden wurden, so zahlreich, dass Glyn Isaac, eine der großen Autoritäten auf dem Gebiet der jungpaläolithischen Archäologie in Afrika, äußerte, dass die Kontrolle des Feuers wohl seit dem Oberen Pleistozän nachweisbar sei.

Die berühmteste archäologische Fundstätte in Verbindung mit dem Gebrauch des Feuers ist die von Choukoutien nicht weit von Peking, wo nach Auffassung vieler Leute der *Homo erectus* vor etwa einer halben Million Jahre das Feuer benutzt hat. Hier ist die Beweislage ausgesprochen günstig, da verbrannte Knochen und Steine, Asche und Holzkohle in jeder einzelnen Schicht der Ausgrabungsstätte gefunden wurden. Lewis Binford und Chuan Kun Ho haben versucht, ihre Kollegen zu überzeugen, dass dieser klassische Fall von Feuergebrauch mehr als ausreichend durch natürliche Faktoren erklärt werden könne. Binford ist bekannt dafür, dass er jede Art von Behauptung über die Fähigkeiten der Hominiden »zu Kleinholz macht«, und dies ist nur eines von vielen Beispielen seiner grundsätzlichen Einstellung. Seine Ansichten haben einen großen Einfluss auf die Archäologie gehabt und viele Neubewertungen bewirkt. Auch wenn manche Archäologen seine Meinung zu Choukoutien akzeptiert haben – manchmal, so vermutet man, nur aufgrund seines Renommees –, sehen Spezialisten für das Paläolithikum im Fernen Osten die Sache anders, unter anderem Geoffrey Pop:

> Binfords Hypothese der minimalen kulturellen Fähigkeiten der Hominiden des Pleistozäns: Er fordert ein unerfüllbar rigoroses Maß an Beweisen für archäologische Anordnungen und postuliert ausgeklügelte natürliche Alternativen (vom Blitz verursachte Feuer in Höhlen, spontane Entzündung, chemische Verfärbung etc.), um Phänomene zu erklären, die nach dem Gesetz der hinreichenden Begründung als Ergebnis hominider Aktivität angesehen werden müssen.

Binford und seine Anhänger haben gewiss nicht chinesische Archäologen davon abhalten können, Behauptungen über eine noch viel frühere kulturelle Entwicklung aufzustellen, einschließlich des Gebrauchs des Feuers. Berichten zufolge weist sogar die früheste Ausgrabungsstätte in China Anzeichen der Feuernutzung durch Hominiden auf. Der Fundort Xihoudu in der Provinz Shanxi wird auf ein Alter von ein bis 1,8 Millionen Jahren geschätzt. Steinwerkzeuge (und möglicherweise Hornwerkzeuge, obwohl dies umstritten ist) sind dort in Verbindung mit verbrannten Tierresten gefunden worden, einschließlich Hirschknochen und Pferdezähnen. In einem Kommentar zu diesen Funden hält Jia Lanpo es für unwahrscheinlich, dass der Brand auf ein wildes Feuer zurückgeht, und wertet ihn folglich als Hinweis auf hominide Aktivität. Andere, spätere Fundorte in China enthalten auch verkohlte Knochen und sind als weitere Beweise dafür angeführt worden, dass der Gebrauch des Feuers sehr alten Datums ist.

Der Gebrauch des Feuers durch den Neandertaler ist weniger umstritten. Jüngste Berichte über Ausgrabungen, die in Grotte XVI in der französischen Dordogne gemacht wurden, liefern stichhaltige Beweise, dass die Neandertaler, die die Höhle benutzten, Feuer entzündeten.

Die Analyse verbrannter Sedimente aus jenen Feuerstellen zeigt, dass sie vor etwa sechzigtausend Jahren benutzt wurden. Der Neandertaler scheint gezielt Flechten als Brennmaterial benutzt zu haben. Er muss sie in ausreichenden Mengen gesammelt und getrocknet haben, um über eine brauchbare Energiequelle zu verfügen. Experimente der Forscher mit Flechten vor Ort haben ergeben, dass sie ein brauchbarer Brennstoff sind und ausreichend Hitze erzeugen. An dieser Fundstätte gibt es keine Beweise, dass gekocht wurde, und man nimmt an, dass das Feuer in erster Linie gemacht wurde, um Licht und Wärme zu gewinnen. Alles deutet darauf hin, dass die Höhle nur vorübergehend als Schutz aufgesucht wurde, da Anzeichen längerer Nutzung fehlen. Verglichen mit den von Steinen umgebenen Herden und Feuerlöchern, die von jungpaläolithischen Völkern gemacht wurden, sind diese Feuerstellen eher einfach.

Eine andere Entdeckung, die erheblichen Einfluss auf unser Verständnis der Feuerbeherrschung durch den Neandertaler haben kann, ist in vieler Hinsicht noch aufregender. 1990 entdeckte ein französischer Speläologe eine Höhle in Bruniquel in Südfrankreich. Bald danach untersuchte ein Team französischer Archäologen unter Leitung von François Rouzaud diese tiefe Kaverne. Mehrere hundert Meter vom Eingang entfernt stießen sie auf einen rechteckigen Raum von etwa vier mal fünf Meter Größe aus Stalakmiten und Stalaktiten. Die verkohlten Knochen, die innerhalb dieses Gevierts gefunden wurden, werden auf ein Alter von mindestens siebenundvierzigtausendsechshundert Jahren geschätzt. Bevor dieser Raum entdeckt wurde, glaubte man, dass tiefe Höhlen erst in jungpaläolithischer Zeit bewohnt wurden, und zwar deshalb, weil es keine natürliche Lichtquelle in solchen Tiefen gibt; man war also der Ansicht, dass es ohne eine hinreichende Kontrolle des Feuers für die früheren Menschen unmöglich war, sich im Stockfinstern aufzuhalten. Sowohl der Raum tief in der Höhle als auch die verkohlten Knochen geben deutlich zu verstehen, dass Feuer, vielleicht sogar Lampen oder Fackeln, von allen, die die Höhlen aufsuchten, als Lichtquelle benutzt worden sind. Die Datierung platziert sie mit Sicherheit in die Zeit des Neandertalers. Die Untersuchungen dieses Fundortes gehen weiter, und es steht zu hoffen, dass noch viel mehr Informationen gewonnen werden, die Licht auf die Fähigkeiten und Aktivitäten der Neandertaler werfen, die die Höhle benutzten.

In Europa und insbesondere in Frankreich sind Objekte, die Berichten zufolge als Lampen identifiziert wurden, allen Perioden des Jungpaläolithikums seit dem Aurignacien zugewiesen worden. Die Artefakte aus dem Aurignacien werden als zweifelhaft angesehen, und laut Sophie de Beaune, die die Lampen eingehend untersucht hat, stammen die ältesten zweifelsfrei identifizierten Lampen aus dem Périgordien. Zahl und Vielfalt der Lampen nehmen im Magdalénien dramatisch zu, was auf einen wachsenden Gebrauch in jener Zeit hinweist und auch der Tatsache zu verdanken ist, dass jüngere Exemplare besser überdauert haben. Die große Mehrzahl der Lampen ist in Frankreich gefunden worden, seltener in Spanien, Deutschland, Tschechien und der Slowakei, erstaunlicherweise zumeist nicht in tiefen Höhlen, wie man vermuten könnte, sondern an Fundstätten im Freien, in Felsüberhängen und Höhlen von geringer Tiefe. Die meisten Lampen sind von ziemlich einfacher Machart, einige wenige haben geschnitzte Handgriffe. Von einer kontinuierlichen Entwicklung von schlichten zu feiner gearbeiteten Lampen kann nicht gesprochen werden, da die einfacheren und besseren Typen nebeneinander vorkommen.

Beaune hat die Theorie aufgestellt, dass die Lampen mit Griffen einem zeremoniellen Zweck dienten, aber dies ist keineswegs sicher. Sie verwirft die Interpretation dieser besonderen Lampen als Weihrauch- oder Parfümlampen, verweist aber darauf, dass Laboranalysen der organischen Spuren an einigen der Lampen ergaben, dass Dochte aus verschiedenen Substanzen wie Wacholder, Koniferen und nicht näher bestimmbaren

Grassorten sowie anderen nicht hölzernen Stoffen hergestellt wurden. Wenn Wacholder verbrannt wird, steigt ein Duft auf, der ihn in vielen Teilen der Welt in historischen Zeiten zu einem beliebten Räucherwerk gemacht hat. Das könnte ein Hinweis darauf sein, dass seine Duftqualität im Jungpaläolithikum nicht unbemerkt geblieben ist. Beaune führte auch eigene Experimente mit Dochten aus verschiedenen Materialien durch, um herauszufinden, welche die effizientesten sind und daher mit größerer Wahrscheinlichkeit in den Lampen der Eiszeit verwendet wurden. Flechten und Moos standen an erster Stelle, weil sie am einfachsten zu handhaben sind. Flechte war auch das beliebteste Dochtmaterial der Eskimos für ihre Lampen. Die Möglichkeit, dass Flechte in prähistorischen Lampen benutzt wurde, liefert eine interessante Verbindung zu ihrem Gebrauch als Brennmaterial durch den Neandertaler.

Selbstverständlich hatte die Zähmung des Feuers nicht nur Vorzüge als Wärme- und Lichtquelle. Ohne Feuer konnte man natürlich auch nicht kochen. Hier kündigen sich nicht nur die frühesten Anfänge der kulinarischen Kunst an, auch die Zahl der Pflanzen für den Speiseplan, die ungekocht ungenießbar sind, darunter viel Gemüse und Getreide, wächst. Wir können nur spekulieren, ob der Gebrauch des Feuers – und besonders die Entzündung und der Unterhalt des Feuers – von Ritualen begleitet war und Gegenstand der Mythologie des Steinzeitmenschen wurde. Jedenfalls ist nicht sicher, dass das Feuer seit Menschengedenken verehrt wurde und der griechische Mythos um Prometheus nur eine von vielen solcher heiligen Geschichten über den geheimnisvollen Ursprung des Feuers ist. Die alten indoiranischen Völker verehrten das Feuer seit den prähistorischen Zeiten, wie aus entsprechenden Hinweisen in den ältesten heiligen Büchern der Inder und Iraner deutlich wird. Anhänger des Parsismus, der von Zarathustra gestifteten altpersischen Religion, haben aus Tradition ein ständig brennendes Herdfeuer unterhalten, eine Praxis, die ihre Wurzeln in der Vorgeschichte hat, als die nomadischen Vorfahren glühende Kohlen über die Steppen ihrer alten Heimat trugen.

Der Religionshistoriker Mircea Eliade hat gezeigt, wie in der ganzen Welt Schamanen, Töpfer, Schmiede und Alchemisten als »Herren des Feuers« dargestellt wurden. Die Macht des Feuers, im Fall des Töpfers Lehm und im Fall des Schmiedes Metalle zu verwandeln, wurde nicht nur als technologische Errungenschaft angesehen, sondern auch als eine Handlung, die mit Magie durchsetzt war. Im folgenden Kapitel werde ich zeigen, wie das Handwerk sowohl des Töpfers als auch des Schmiedes sich aus einer bereits weit fortgeschrittenen Technologie entwickelte, die den Gebrauch des Feuers umfasste. Vielleicht war auch diese allererste Handhabung des Feuers vom Mantel der Magie umgeben. Auch wenn die frühen pyrotechnischen Aktivitäten rituelle Aspekte gehabt haben mögen, schmälert das keineswegs die technologischen Erfolge, die in der Vorgeschichte erzielt wurden, wie Theodore Wertime verdeutlicht:

Die Steinzeitmenschen benutzten das Feuer auf vielfach begabte Weise schon vor fünfundzwanzigtausend Jahren. Die Methoden reichten vom Härten hölzerner Speerspitzen, von der Oxidation solcher Farbstoffe wie Ocker, dem Härten von Wurfsteinspitzen, dem Feuersetzen in Steinbrüchen (woraus der Kalkofen und möglicherweise der Metallschmelzofen hervorging) bis zur Entwicklung von Techniken für den Kochherd. Als das Brennen von Erden für Keramik-, Abbinde-, Glas- oder Metallurgiezwecke vor achttausend bis zehntausend Jahren richtig begann, standen die Handwerker bereits mitten in der Chemie und Physik der Materialien... Man kann die Pyrotechnologie nicht länger als eine Bewegung vom Einfachen zum Komplexen betrachten, sondern muss sie als Abtrennung einzelner Bereiche neuer Handwerke (wie etwa Glasuren) von komplexen Strängen bestehender durch Feuer erzeugter Chemie und Physik verstehen.

Die in diesem Abschnitt von einem der führenden Geister der Rekonstruktion der frühen Stadien der Technologie genannten zahlreichen Aktivitäten lassen uns verstehen, dass die prähistorische Periode bei weitem nicht untätig in diesem Bereich menschlichen Lebens war. Tatsächlich können wir sehen, wie lebendig und kraftvoll der technologische Geist in jenen frühen Zeiten gewirkt hat und wie geduldig und beobachtend die Ausübenden bei der Verfolgung der Perfektionierung ihrer verschiedenen Handwerke gewesen sind. Einige der von Wertime umrissenen Entwicklungen werden in späteren Kapiteln dieses Buches noch behandelt. In diesem Kapitel werde ich mich auf die Hitzebehandlung verschiedener Arten von Steinen konzentrieren, die zur Herstellung von Werkzeugen benutzt wurden, um nicht nur die Fähigkeiten der prähistorischen Techniker zu zeigen, sondern auch das beträchtliche Vermächtnis zu verdeutlichen, das sie für spätere Entwicklungen in der Pyrotechnologie, besonders in der Töpferei und Metallurgie, hinterließen.

Moderne Forschungen über die archaische Kunst, Flint und andere Materialien, die zur Werkzeugherstellung benutzt wurden, mit Hitze zu behandeln, wurden in den Anfängen von äußerst irreführenden Reiseberichten beeinträchtigt, die sich als Augenzeugenberichte über solche Aktivitäten darstellten. Viele der einheimischen Kulturen beider Amerikas benutzten derlei Techniken noch bis in die jüngste Zeit. Ein früher Bericht zweifelhafter Art, der eine Reihe von Forschern ins Grübeln brachte, erwähnt eine Technik, die von dem Serivolk Sonoras in Mexiko benutzt wurde, um Pfeilspitzen herzustellen. Sie bestand hauptsächlich im Erhitzen des Flints in einem Bett von heißen Kohlen und dann, während er noch heiß war, im Beträpfeln mit Wasser durch Schilfrohre unterschiedlicher Größe, um ihn zu einem Werkzeug zu formen. Im letzten Stadium, zu dem das Schärfen, Zuspitzen und Glätten der Pfeilspitze gehörten, wurden sehr feine Tröpfchen Wasser auf die Oberfläche des Flints von zarten Grashalmen gegeben.

Dieser Bericht schien weit hergeholt zu sein, insbesondere weil ein so zeitaufwendiges und heikles Verfahren offenbar völlig überflüssig war; eine konventionellere Methode, eine gleich gute Pfeilspitze herzustellen – unter Benutzung eines Hammersteins und eines Abspaltgerätes aus Knochen –, wäre schneller und leichter zu handhaben gewesen. Flintschneiderexperten, die versucht haben, diese Technik nachzuahmen, fanden sie sehr mangelhaft. Erstens zersplittert Flint in der Regel, wenn man ihn in direkten Kontakt mit Feuer bringt. Außerdem bewirkt man, wenn man Wassertropfen verwendet, nichts weiter, als dass die Tropfen verdampfen, sobald sie mit der Oberfläche des Flints in Berührung kommen. Die seltenen Gelegenheiten, wenn das Wasser Plättchen vom Flint abspaltet, kann man in keiner Weise voraussehen und nicht steuern. Folglich ist diese Technik völlig untauglich.

Jeremiah Epstein hat dargelegt, dass es einige frühere Berichte gibt, die echte Methoden der Wärmebehandlung in der Steintechnologie beschreiben, die aber größtenteils nicht beachtet wurden, bis die Experimente des bekanntesten der modernen Flintschneider, Professor Crabtrees, bestätigten, dass sie gut waren. In den Dreißigerjahren, als Crabtree im Steinlaboratorium des Ohio-Staatsmuseums arbeitete, überraschte ihn der Unterschied zwischen dem Aussehen der Flintwerkzeuge, die von den Indianern der Hopewell-Kultur (die in Ohio zwischen 200 v. Chr. und 400 n. Chr. blühte) hergestellt wurden, und den örtlichen unbearbeiteten Feuersteinen, die sie als Rohmaterial benutzten. Die Hopewell-Flintwerkzeuge unterschieden sich darin, dass sie nach den Worten von Crabtree einen »fettigen Glanz« hatten. Er mutmaßte, dass die Wärmebehandlung der Faktor sei, der das unterschiedliche Aussehen hervorrufe. Dank seiner beträchtlichen Erfahrung bei der Herstellung von Werkzeugen aus verschiedenen Quarzmaterialien wusste er sehr gut, dass mit einigen leichter zu arbeiten war als mit anderen. Obsidian, Achat und Jaspis waren eher leichter zu bearbeiten unter Benutzung der Technik, die »Druckabspaltung« genannt wird, als Horn- und Feuerstein sowie andere Materialien, die größere Probleme aufwarfen. Wärmebehandlung der letzteren Quarzmaterialien (wobei die Hitze indirekt einwirkt, indem man sie zum Beispiel in einem Sandbad erhitzt, statt sie unmittelbar dem Feuer auszusetzen) hat gezeigt, dass

mit ihnen einfacher zu arbeiten ist. Die Erhitzung von Stein-
materialien muss stufenweise erfolgen, da eine zu schnelle
Temperaturveränderung einen Thermalschock hervorruft, der
die Quarzmaterialien zersplittert; dasselbe passiert, wenn man
sie nicht ganz allmählich abkühlen lässt, nachdem sie erhitzt
worden sind. Crabtree führte im Laufe der Jahre zahlreiche Experimente durch, um ein besseres Verständnis der Feinheiten
der Hitzebehandlung von Steinen zu gewinnen. 1964 veröffentlichte er seine Ergebnisse. Durch Ausprobieren hatte er herausgefunden, dass

> sich Quarzmaterialien beträchtlich in Bezug auf die Zeitdauer
> und die notwendige Hitze unterscheiden, um die gewünschte Ver-
> änderung zu erzielen. Für jeden Quarztyp gibt es eine kritische
> Temperatur, unter der keine Veränderung eintritt, egal, wie lange
> man ihn der Wärme aussetzt, und oberhalb deren sie zerbrechen
> und splittern. Andererseits müssen manche Materialien länger als
> andere der kritischen Temperatur ausgesetzt werden, um die ge-
> wünschte Veränderung zu erzielen.

François Bordes, ein führender französischer Spezialist für
paläolithische Steinwerkzeuge, der auch ein geschickter Flintschneider war, erkannte die Bedeutung von Crabtrees Einsichten in das, was ein wenig verstandener Aspekt der prähistorischen Technik war. 1969 berichtete Bordes, dass einige
jungpaläolithische Artefakte aus dem Solutréen (etwa achtzehntausend bis einundzwanzigtausend Jahre alt) eindeutig der
Hitzebehandlung unterworfen worden seien. Dies verlegte die
technologische Erfindung der Steinhitzebehandlung zweifelsfrei in die Altsteinzeit. Aus Crabtrees obiger Äußerung geht
hervor, dass die Nutzung von Hitze bei der Zubereitung von
Rohmaterialien für die handwerkliche Produktion keine einfache Sache war. Der paläolithische Mensch musste, um diese Pyrotechnologie erfolgreich zu nutzen, verschiedene Fertigkeiten
beherrschen. Wichtig waren genaue Kenntnis einer Reihe von
Materialien sowie ein sehr feines Gespür für Timing und Kon-

trolle sowie Aufrechterhaltung der Temperatur. In diesen drei grundlegenden Aspekten der Steinzeitpyrotechnologie kann man die Schlüsselelemente sehen, die man auch in den nachfolgenden handwerklichen Tätigkeiten des Töpferns und Metallschmelzens findet.

Die meisten Detailstudien und Experimente der Steinhitzebehandlung sind seit der Pionierarbeit von Professor Crabtree in Nordamerika durchgeführt worden. Da man weiß, dass diese Praxis in Stammeskulturen weit verbreitet ist, konnte man auch genaue Vergleiche mit den großen Sammlungen indianischer Steinwerkzeuge und Waffen anstellen. Barbara Purdy hat eine Reihe von Experimenten mit einer besonderen Art von Quarzmaterial namens Hornstein durchgeführt. (Flint- oder Feuerstein ist die bekanntere Art.) Sie unterzog Hornstein aus Florida der Hitzebehandlung, und im Licht ihrer Ergebnisse konnte sie feststellen, dass ähnliche Verfahren bei der Herstellung zahlreicher Hornsteinwerkzeuge der Vorzeit aus jener Gegend angewendet worden sind. Ihre Experimente zeigten, dass beim Hornstein zwischen 240 und 260°C eine Farbveränderung eintritt, er sich aber nicht wirklich verändert, bevor 350°C erreicht sind. Diese Temperatur stellte sie als die kritische Temperatur zur Veränderung des Hornsteins fest; danach testete sie die relative Festigkeit von erhitztem und nicht erhitztem Hornstein. Zwei Arten der Stärke wurden geprüft: die Druckfestigkeit und die Dehnfestigkeit an der Spitze. Sie fand heraus, dass die Druckfestigkeit der erhitzten Hornsteine um vierzig Prozent größer ist als die der nicht erhitzten Exemplare, dass aber an der Spitze die Dehnfestigkeit von erhitztem Hornstein um fünfundvierzig Prozent *geringer* ist als die von nicht erhitztem Hornstein. Purdy erklärt dieses Paradox:

> Dieser scheinbare Widerspruch ist leicht zu erklären. Die Bindung der Mikrokristalle, die bei der Erhitzung des Steins stattfindet, erhöht die Druckfestigkeit durch die Kohäsion. Die Zunahme der Uniformität, die die Festigkeit unter Druck erhöht, ist genau der Faktor, der die Dehnfestigkeit an der Spitze vermin-

dert. Die einzelnen Mikrokristalle werden fester aneinander gebunden. Deshalb tritt, wenn eine Blase entsteht, was der erste und
notwendige Schritt für eine Fraktur ist, leichter ein Riss ein, weil
diese Art eher wie Glas reagiert und nicht wie ein gewöhnlicher
Stein.

Mit anderen Worten: Wenn man Hornstein durch Hitzebehandlung verändert, kann man leichter Plättchen abschlagen
und daher unter geringerem Aufwand Werkzeuge besserer
Qualität herstellen. Das Erhitzen von Hornstein verändert dessen Struktur und gleicht ihn leichter an zu bearbeitende Materialien wie Obsidian (natürlich vorkommendes vulkanisches
Glas) an. Erhitzter Hornstein hat den zusätzlichen Vorzug
einer scharfen Schneidekante. Die Hitzebehandlung scheint
besonders nützlich für die Herstellung von Werkzeugen zu
sein, die Symmetrie und Gleichgewicht verlangen, besonders
Pfeilspitzen und andere Wurfgeschossspitzen. Nachdem Purdy
herausgefunden hatte, wie man die Hitzebehandlung richtig
einsetzt und welche Vorteile sie hat, untersuchte sie eine
Sammlung von mehr als zweitausend Wurfgeschossspitzen, die
in der Fundstätte Senator Edwards Chipped Stone Workshop
in Marion County in Florida entdeckt worden waren. Diese
Gegenstände werden einer kulturellen Phase zugerechnet, die
»präkeramisch-archaisch« genannt und auf ein Alter von fünftausend bis neuntausend Jahren geschätzt wird. Die Sammlung
enthält sowohl fertige Wurfgeschossspitzen als auch viele un-
vollendete in verschiedenen Stadien der Fertigung. Purdy
konnte aus ihrem bloßen Aussehen und ihrer Farbe schließen,
dass mindestens siebenhundertfünfzig Projektile thermischer
Veränderung unterworfen worden waren. Die meisten der
Exemplare, die eindeutige Zeichen der Hitzebehandlung aufwiesen, waren in einem fortgeschrittenen Zustand der Fertigung. Dies verleitete sie zu der Schlussfolgerung, dass die Hitzebehandlung nicht vor dem Herstellungsprozess eingesetzt
wurde, sondern irgendwann zwischendrin. Es zeigte sich auch
deutlich, dass unterschiedliche Arten von Wurfgeschossspitzen

in verschiedenen Stadien des Herstellungsprozesses mit Hitze behandelt worden waren.

Zweifellos verfügten die prähistorischen Indianer, die diese Artefakte herstellten, über ein großes Wissen, das ihnen ermöglichte, alle Vorzüge der Rohmaterialien, deren sie sich bedienen konnten, auszunutzen. Der Gebrauch der Hitzebehandlung in der Steintechnologie hielt bei den einheimischen Amerikanern bis ins 20. Jahrhundert an. Berichte von Anthropologen und Reisenden enthalten Beschreibungen, wie Naturvölker der Prärie und Bergregionen Amerikas Obsidian und andere Mineralien für vierundzwanzig Stunden oder länger in feuchte Erde begruben, um sie für die Herstellung von Werkzeugen vorzubereiten. Derlei Beschreibungen haben den Archäologen geholfen, eine Reihe von ansonsten verwirrenden Funden an prähistorischen indianischen Ausgrabungsstätten zu verstehen. Folgendes Beispiel illustriert dies:

1894 machte Dr. J. F. Snyder am Mount No.1 der Baehr Group auf der Westseite des Illinois knapp zwanzig Kilometer unterhalb von Beardstown und gegenüber der Mündung des Indian Creek (Illinois) Ausgrabungen. Am Grunde des Hügels fand sich ein Oval aus Lehm, in dem viele schwarze Hornsteinwerkzeuge lagen, die offenbar in Mengen von jeweils sechs bis zehn hineingeworfen worden waren, mit Sand darüber in der Weise, als ob man sie voneinander trennen wollte. Dieses Lager von sechstausendeinhundertneunundneunzig Flintsteinen wurde mit einer fünfundzwanzig Zentimeter dicken Lehmschicht bedeckt; darüber war eine Zeit lang ein Feuer unterhalten worden... Die Flinte, die im Zentrum der Mulde liegen, sind sehr ... grob zugehauen; manche sind fast fertig gestellt, aber die große Mehrzahl ist nur grob abgeschlagen und schlecht geformt.

Bevor Crabtree und andere die Wärmebehandlung in der prähistorischen Steintechnologie wieder entdeckt hatten, waren die Archäologen einigermaßen ratlos bei der Erklärung solcher Funde. Es wurde unter anderem vermutet, dass diese Funde Grabbeigaben seien oder ein Versteck vor Feinden beziehungsweise einfach Werkzeuge in Bearbeitung, die von ihren Herstellern aus unbekanntem Grund aufgegeben wurden. Die letzte Erklärung kam der Wahrheit am nächsten, aber die Rolle der Hitzebehandlung war, wie ich schon sagte, zur damaligen Zeit noch nicht bekannt. Die Fundstätte in Illinois ist ein klares Zeugnis der Wärmebehandlung in großem Maßstab. Inzwischen zeichnet sich auch ab, dass die Wärmebehandlung im Nordamerika der Ureinwohner bis zu den Paläoindianern zurückverfolgt werden kann, die als die frühesten Bewohner der Neuen Welt gelten. In Verbindung mit der Tatsache, dass die Praxis der Hitzebehandlung aus jungpaläolithischer Zeit in Frankreich bekannt ist und in Australien, Südamerika und Japan nachgewiesen wurde, zeigt dies, dass sie eine weithin benutzte und sehr alte Technik ist. Ob die Wärmebehandlung in der Steintechnologie der in der Keramiktechnologie vorausgeht, ist bis zum heutigen Tag noch nicht geklärt.

Wir haben in einem früheren Kapitel besprochen, wie die Töpferkunst zuerst in Japan und Teilen des ostasiatischen Festlandes vor etwa zwölftausendfünfhundert Jahren auftauchte, aber es ist außerhalb des archäologischen Kreises wenig bekannt, dass die Erfindung der Töpferei nicht der früheste Beweis für die Existenz der Keramiktechnologie ist. Die Entdeckung von sehr alten Töpferwaren in Japan zeigte, dass eine solche technologische Errungenschaft nicht nur lange vor dem Auftreten des Ackerbaus existierte (die Töpferei wurde lange als eine der bedeutendsten Erfindungen der neolithischen Periode angesehen), sondern dass sie auch schon einen sehr hohen Standard in einer mesolithischen Gesellschaft erreicht hatte. Doch selbst der sehr frühen ostasiatischen Töpferei ging eine noch frühere Tradition der Keramiktechnologie voraus. Es gibt eine ganze Anzahl von Berichten über gezielte Feuerhärtung von Tongegenständen aus verschiedenen Teilen der Welt, zu denen nicht nur Japan, sondern auch Sibirien, Russland, Nordafrika, die Pyrenäen und – mit den allerältesten Funden – Tschechien mit Dolni Vestonice und benachbarte Fundstätten in Mähren gehören, was die bekannten Ursprünge der Keramiktechnologie weitere fünfzehntausend Jahre vor den frühesten japanischen Töpfereien datiert, weit zurück in die frühe jungpaläolithische Periode.

Die mährischen Ausgrabungsstätten von Dolni Vestonice I und II, Predmosti, Pavlov I und II sowie Petrkovice haben Keramikartefakte freigegeben, die in die Gravette-Periode des Jungpaläolithikums datiert wurden. Die sechsundzwanzigtausend Jahre alten Keramikartefakte aus Dolni Vestonice umfassen mehr als sechstausendsiebenhundertfünfzig gebrannte Tonfragmente, von denen mehr als die Hälfte zerbrochene Tier- und einige wenige Menschenfigurinen sind. Vor etwa zehn Jahren wurde diese wichtige Ausgrabungsstätte erneut von einem Forscherteam in Augenschein genommen, das Aufschlüsse über die technischen Verfahren in jungpaläolithischer Zeit zu gewinnen versuchte. Wie Crabtree und Purdy Experimente mit örtlichen Rohmaterialien angestellt hatten, um die Rolle der Wärmebehandlung in der Steintechnologie zu verstehen, versuchte das Team (das aus Jiri Svoboda, Olga Soffer, Bohuslav Klima und Pamela B. Vandiver bestand) in Dolni Vestonice die Keramiktechnologie zu verstehen, indem es Repliken der Figurinen aus den Erden vor Ort herstellte. Sie bauten auch den Ofen anhand der Muster nach, die in Dolni Vestonice als prähistorische Öfen identifiziert wurden. Ihre Ergebnisse waren überraschend, denn obwohl viele der prähistorischen Keramikfragmente offenbar mit einem Knall explodiert waren, nachdem man sie gebrannt hatte (bei Temperaturen zwischen 500 und 800°C), scheint das nicht eine Folge unzureichender technologischer Fähigkeiten gewesen zu sein. Die Forscher fanden durch ihre eigenen Experimente mit dem Brennen örtlichen Materials heraus:

Bestimmte Eigenschaften des Dolni-Vestonice-Lössbodens, wie etwa der Schwund von beinahe null beim Trocknen und Brennen, die geringe thermische Ausdehnung und die relativ hohe Porosität, machen einen thermalen Schock beim Brennen unwahrscheinlich. Die erfolgreiche Wiederholung des thermalen Schokks erforderte, dass Stücke größer als einen Zentimeter gebrannt wurden, die so nass waren, dass sie kaum ihre Form behielten, und die in die heißeste Stelle des Feuers gelegt wurden. Ein Thermalschock trat nicht zufällig auf, sondern erforderte gezielte Bemühungen… Bei der Wiederholung des Thermalschocks durch Erzeugung starker Hitze hatten wir mit verzweigten Brüchen Erfolg; der zweite Erfolg, der auch am unmittelbarsten festgestellt werden konnte, war, sobald die Figurinen ins Feuer gelegt wurden, die Erzeugung von Dampf, häufig mit Zischen verbunden. Daraufhin zersplitterte die Figurine mit einem Knall, wobei manchmal Stücke durch die Luft flogen. Angesichts der physischen Eigenschaften des Lösses, die sein Verhalten und diese experimentellen Beobachtungen erzwingen, glauben wir, dass zielgerichtete Anstrengungen erforderlich waren, um die in Dolni Vestonice gefundenen kleinen Keramikteile durch Thermalschock zu erzeugen.

Wenn die Leute also, die diese Figurinen brannten, auf die Seite gehen mussten, wenn sie explodierten, was waren dann ihre Gründe? Es sieht so aus, als wäre ihre Steuerung der vorhandenen Technologie einem anderen als dem rein praktischen Zweck untergeordnet gewesen. Es scheint, als ob sie es sich, wenn sie tatsächlich Figurinen hätten brennen und herstellen wollen, leichter hätten machen können. Die wahrscheinlichste Antwort ist, dass die beinahe unmittelbare Zerstörung der Figurinen einen rituellen Sinn hatte. Die meisten der Figurinenfragmente wurden nicht in dem Hauptsiedlungsraum von Dolni Vestonice gefunden, sondern bei zwei Öfen, die etwa achtzig Meter weiter oben am Hang lagen. Nach Meinung des Forscherteams könnte dies darauf hindeuten, dass die rituelle Zerstörung der Figurinen nur von einer Minderheit der prähistorischen Gemeinde von Dolni Vestonice vorgenommen wurde. Wenn es eine solche Minderheit gab, dann bestand sie sehr wahrscheinlich aus einer Art Geistlichkeit, wie etwa Schamanen, Priestern oder Priesterinnen, die die Figurinen bei magischen Jagdriten »opferten«. Offenbar gab es in Dolni Vestonice und den anderen mährischen Fundstätten den Wunsch, »Kunstwerke« en masse herzustellen.

Der Einsatz der Keramiktechnologie zu rituellen Zwecken ist von ihren Erforschern mit dem frühen prähistorischen Gebrauch des Metalls verglichen worden; die Verarbeitung von Kupfer (die im Nahen Osten zehntausend Jahre zurückverfolgt werden kann) wurde ursprünglich vorgenommen, um Schmuckstücke herzustellen, und erst viertausend Jahre später wurde es auch zur Herstellung nützlicher Gegenstände verwendet. Folglich würden sowohl im Fall des gebrannten Lehms als auch der Kupfertechnik nicht utilitaristische Absichten der praktischen Anwendung um Jahrtausende vorausgehen. Es gibt gleichermaßen Ähnlichkeiten und Unterschiede zwischen der Stein- und der Keramiktechnologie, die in diesem Kapitel behandelt worden sind. Soweit wir wissen, wurde die Wärmebehandlung von Feuer- und Hornstein und anderen derartigen Materialien im Wesentlichen aus Nützlichkeitserwägungen durchgeführt, denn es gibt keine Anhaltspunkte dafür, dass die bewusste Zerstörung solcher Materialien jemals zu rituellen Zwecken vorgenommen wurde, obwohl dies für eine ferne Vergangenheit nicht ausgeschlossen werden kann. Während die Keramiktechnologie in Dolni Vestonice ihrem Charakter nach nicht utilitaristisch war, erforderte sie, wie die Wärmebehandlung von Stein, eine Menge praktischen Wissens, um die verschiedenen Ziele zu erreichen. Im Licht des oben Gesagten sollte die Entwicklung der Töpferei nicht als eine Neuerung angesehen werden, die keine Vorläufer hatte. Sie sollte vielmehr als die Anwendung der Keramiktechnologie auf die Herstellung von Gefäßen und Behältern betrachtet werden (die zuvor aus verschiedenen anderen Materialien wie Stein, Leder, Rinde und natürlich in Form von Körben hergestellt wurden, von denen viele Töpferwaren nicht nur ihrer Form nach, sondern auch in ihrer Verzierung abgeleitet sind).

XI.

In die Tretmühle

Die Verwendung von irgendwie gearteten Behältern ist zweifellos eine sehr frühe Form materieller Kultur, obwohl das Studium solcher Objekte aus der paläolithischen Periode ziemlich vernachlässigt wurde. Einer der Gründe ist die Tatsache, dass Körbe, Lederbeutel und andere Gefäße, die aus vergänglichen Materialien hergestellt wurden, einfach nicht tausende Jahre überdauern wie die Keramikgegenstände. Obwohl die über Tage liegende Fundstätte Pavlov I in Mähren (nicht weit von Dolni Vestonice) 1950 ausgegraben wurde, ist erst vor kurzem bei einer erneuten Untersuchung der Keramikfragmente durch die Archäologin Olga Soffer aufgedeckt worden, dass Eindrücke von verwobenen Fasern auf einigen wenigen der Tongegenstände zu sehen sind. Vier Stücke von gebranntem Lehm haben solche Negativeindrücke, die zeigen, dass sie vor etwa sechsundzwanzigtausend Jahren in unmittelbarem Kontakt mit irgendeiner Art von Textilien oder Korbflechterei gewesen sind. Das Forscherteam, das diese Entdeckungen zufällig machte, kam aufgrund seiner Analyse zu folgendem Schluss:

Da die Kett- und Schlussfäden im Tauwerk-Produktionsverfahren hergestellt sind, kann … mit Gewissheit angenommen werden, dass sowohl Schnüre als auch Seile in Pavlov I verwendet wurden… Die Pavlov-I-Eindrücke stellen technisch gut ausgeführte Gegenstände dar; sie sind kaum »Erstversuche in diesem Handwerk«. Außerdem legen die allgemeine Regelmäßigkeit und die relative Dichte des für [diese] Gegenstände benutzten Materials eine bedeutende vorherige Entwicklung nahe, nicht nur was diese spezifischen Techniken anbelangt, sondern auch das vergängliche Handwerk oder Handwerke im Allgemeinen... Wenn es Teile von Körben oder Matten sind, können sie die »gewöhnliche« Rolle dieser Gegenstände gespielt haben – das heißt als Sitz- oder Schlafunterlagen auf dem Boden im Fall von Matten oder als Aufbewahrungs- oder Transportbehälter im Fall von Körben. Wenn sie andererseits Teile von Stofferzeugnissen sind, können sie Decken oder Kleidungsstücke wie Schals, Hemden, Röcke, Schärpen etc. gewesen sein... Die Eindrücke vergänglicher Gegenstände von Pavlov I können die bewusste Verwendung von Ton als »Außenhülle« für biegsame Behälter anzeigen, um eine einfache Form von Matritze zu bilden, nicht unähnlich jenen, wie sie für manche frühe nordamerikanische Keramikerzeugnisse nachgewiesen wurden.

Wenn Lehm bewusst auf Körbe oder andere Behälter aufgetragen wurde, dann könnte dies eine sehr frühzeitige Vorwegnahme der ersten Töpfereitradition in der Welt sein, nämlich der Dschomon-Kultur in Japan vor dreizehntausend Jahren, denn die Textileindrücke in Pavlov I sind doppelt so alt: sechsundzwanzigtausend Jahre. Damit sind diese Textileindrücke die weltältesten bekannten Beispiele für die Existenz einer Technologie auf Faserbasis. Zudem sind die damals hergestellten Textilien, wie das Team feststellte, offenbar von Leuten gemacht worden, die sich auf eine gut eingeführte Technologie stützten und nicht erst tastende Versuche unternehmen mussten, um Kleidung oder Körbe herzustellen. Dies macht deutlich, dass die Textilindustrie sehr viel früher begonnen haben muss. Obwohl die Muster aus Pavlov I, technisch gesehen, ohne die Benutzung eines Webstuhls erzeugt worden sein können, ist es ziemlich wahrscheinlich, dass irgendeine Art Rahmen verwendet wurde.

Nur unter besonderen Umständen können Beweise für den frühen Gebrauch solch vergänglicher, organischer Stoffe gefunden werden. Obwohl Beweise für die Verwendung von Gefäßen und Behältern in Kulturen mit Töpferei reichhaltig und in Prätöpferwaren-Kulturen spärlich sind, sollten wir natürlich nicht annehmen, dass Letztere wenig Gebrauch von solchen Dingen machten. Es ist in der Tat einsichtig, dass keine Kultur ohne Behälter auskommt, in denen man Dinge tragen oder aufbewahren kann. Im vorherigen Kapitel sind die Lampen aus der jungpaläolithischen Periode, die eine besondere Form von Behältnis darstellen, schon erwähnt worden, aber sie sind schwerlich die einzige in jenen Zeiten bekannte Art. Die meisten aus jenen Zeiten erhaltenen Behälter sind aus Stein hergestellt, wie etwa das ovale Kalksteingefäß aus dem Aurignacien, das in La Ferrassie in der französischen Dordogne von Denis Peyrony gefunden wurde. Er mutmaßte, es könnte als Mörser benutzt worden sein, aber die nachfolgende Untersuchung hat ergeben, dass Spuren von Stößeln fehlen, die bei einer derart heftigen Benutzung zweifelsohne zu erkennen sein müssten. Es gibt Anzeichen, dass der Rand des Gefäßes künstlich geformt wurde, aber man konnte nicht herausfinden, was es enthielt. Es gibt viele Verwendungsmöglichkeiten für ein solches Gefäß, die dem Archäologen keine Spuren hinterlassen; man kann einfach nicht ermitteln, ob es Nahrungsmittel, Wasser oder etwas anderes enthielt.

Es gibt aus paläolithischen archäologischen Funden viele andere Gegenstände, die Gefäße irgendwelcher Art gewesen sein könnten. Es ist vermutet worden, dass Teile menschlicher Schädel, die an mehreren jungpaläolithischen Stätten gefunden wurden (einschließlich Dolni Vestonice), als Trinkschalen gedient haben könnten. Obwohl es viele Beispiele solcher Praktiken aus jüngerer Zeit gibt – zum Beispiel die Verwendung von Totenschädeln als rituellen Trinkgefäßen bei den Tibetern oder zum Wassertransport bei den Ureinwohnern Tasmaniens –, lässt sich nicht beweisen, dass paläolithische Völker Schädel jemals auf die genannte Weise benutzten. Der Gegenstand, den die »Venus von Laussel« (siehe Tafel 18) in der Hand hält, ist als Trinkhorn bezeichnet worden und sogar als Beweis für die Kenntnis von fermentierten alkoholischen Getränken! Allerdings gibt es auch andere Erklärungsversuche: So glaubt Marshack, dass er mit der Beobachtung des Mondes in Beziehung steht, und Dirk Huyge erkennt ein Musikinstrument darin (siehe Kapitel XV). Tierhörner liefern zweifellos fertige Gefäße, die auch in paläolithischer Zeit benutzt worden sein *könnten* (wie auch in historischen Zeiten), aber daraus zu schlussfolgern, dass Alkohol im Spiel war, ist mehr als kühn. Ein Stück Kalkstein, ebenfalls aus Laussel, ist als ein Behältnis für Ocker identifiziert worden – ein eisenhaltiges Mineral, das in der paläolithischen Periode sehr geschätzt wurde (siehe Kapitel XIII).

In der Fundstätte Hostim in Zentralböhmen die dem Magdalénien zugeordnet wird, hat der Archäologe Slavomil Vencl achtundvierzig Stücke aus Sandstein und anderem Gestein entdeckt, die er als Fragmente von mehr als siebenundzwanzig Schüsseln identifizierte. Er fand auch Quarzit- und andere Rohmaterialfragmente von elf Platten. Doch die Anzahl solcher Behälter aus jungpaläolithischen Fundstätten ist eher gering, was bedeuten kann, dass diese Art von Objekten großenteils von Archäologen nicht bemerkt wurde wegen der geringfügigen oder gar fehlenden Anzeichen menschlicher Bearbeitung. Wahrscheinlich sind die meisten Behälter aus der jungpaläolithischen Periode auch aus vergänglichen Materialien hergestellt worden, und viele waren natürlicher Art wie große Blätter, Bambus, Flaschenkürbisse, Straußeneier, Tiermägen usw., die wenig oder keine menschliche Bearbeitung erforderten, damit man sie gebrauchen konnte. Derlei Objekte würden, selbst wenn sie überdauerten, kaum eindeutige Hinweise darauf geben, dass sie als Gefäße oder Behälter benutzt worden sind.

Wenn man sich die mageren Beweise für den Gebrauch von Gefäßen im Jungpaläolithikum vergegenwärtigt, ist es kaum überraschend, dass man wenig Anzeichen für den Gebrauch solcher Gegenstände in noch früheren Perioden findet. Ein in der Grotte de Néron bei Soyons in der Ardèche entdecktes Gefäß, das zerstoßenen Ocker enthielt, wird von Sophie de Beaune herangezogen, um die Existenz mittelpaläolithischer Behälter zu bezeugen; es ist einer der wenigen dokumentierten

Fälle von derlei Gegenständen. Nichtsdestoweniger kann das Vorkommen von Behältern sogar in der altpaläolithischen Periode ohne konkrete Beweise angenommen werden. Der Amateurarchäologe R.J.MacRae hat nach dem Rohmaterial für die Herstellung von Flintwerkzeugen gesucht, die in manchen Gegenden von Oxfordshire (England) in altpaläolithischer Zeit betrieben wurde. Nachdem er herausgefunden hatte, dass sowohl das Rohmaterial selbst in Form von unbearbeiteten Flintrohlingen als auch die fertigen Werkzeuge über beträchtliche Entfernungen transportiert werden mussten, stellte er die Frage, ob der altpaläolithische Mensch vielleicht eine bequemere Methode des Transports für den Flint gefunden hatte, als ihn in der Hand zu tragen: Dies hätte ihn nicht nur ermüdet, sondern auch verhindert, dass er die Hände unterwegs für andere Aufgaben frei hatte. Wahrscheinlich war der altpaläolithische Mensch so gescheit, sich eine passendere Alternative auszudenken; MacRae stellt die Theorie auf, dass ein Korb, eine Schlinge aus Rohleder, eine Hängetasche aus Fasern oder eine Schultertasche aus Tierhaut damals benutzt worden sein könnte.

Ganz ähnlich hat Tim Taylor für den Gebrauch der Babyschlinge in ferner Vergangenheit plädiert, auch ohne das Vorhandensein direkter Beweise. Während ein Schimpansenbaby sich am Pelz der Mutter festklammert und so deren Glieder für andere Aufgaben frei lässt, würde, so mutmaßt er, das Menschenbaby (dessen Mutter aufrecht stand und den Pelz verloren hatte) ohne die Erfindung der Babyschlinge eine unerträgliche Belastung gewesen sein. Er nennt die Babyschlinge eine weibliche Erfindung und »das erste typisch menschliche Erzeugnis«. Eine solche Schlinge könnte auch eine einfache Schultertasche aus Tierhaut gewesen sein, ähnlich derjenigen, die MacRae für den Transport von Flint annimmt. Folglich scheint die Entwicklung von einfachen, von Männern (oder Frauen) gemachten Behältern eine Erfindung zu sein, die den altpaläolithischen Menschen nicht nur das Leben erleichterte, sondern für ihr Überleben von entscheidender Bedeutung war.

Die Menschen der Altsteinzeit machten nur begrenzt Gebrauch von mechanischen Vorrichtungen, nicht aus Mangel an Erfindergeist oder weil ihnen die notwendigen geistigen Voraussetzungen fehlten. Ihr Jäger-und-Sammler-Lebensstil erforderte in der Regel ein hohes Maß an Beweglichkeit, sodass es für sie sehr unpraktisch gewesen sein dürfte, sich an die Herstellung und den Unterhalt von »Maschinen« zu binden. Als allgemeine Regel gilt, obwohl es davon einige Ausnahmen gibt: Ein Objekt, das nicht tragbar ist, war nutzlos für sie. Grundlegende mechanische Tätigkeiten waren großenteils auf den Bereich der Nahrungserzeugung und Nahrungsbeschaffung beschränkt: das heißt auf Mittel zum Zerschlagen, Zerstampfen und Mahlen für die Bereitung von Pflanzennahrung (und auch für die Herstellung von Farbstoffen), zum Feuermachen und zur Verbesserung der Waffen für die Tierjagd. Darauf will ich im Folgenden eingehen.

Große Betonung wurde auf die Rolle der Jagd in der Altsteinzeit gelegt, wobei das Sammeln von Pflanzennahrung viel weniger Aufmerksamkeit erfahren hat, als es verdient. Die genaue Untersuchung zeitgenössischer Jäger und Sammler durch Anthropologen hat gezeigt, dass gesammelte Nahrung (insbesondere essbare Pflanzen, aber auch Eier und sessile Lebensformen wie Schaltiere) oft bis zu achtzig Prozent der Nahrung einer Gemeinschaft ausmacht, während Fleisch aus der Jagd den Rest bestreitet. Der Jagd wurde sowohl von Archäologen als auch von den Jägervölkern selbst eine unangemessen wichtige Rolle zugewiesen. Im letzteren Fall beruht dies auf der Tatsache, dass es die Männer sind, die an der Jagd den Löwenanteil haben und sich deshalb oft ihrer eigenen Taten zur Fleischversorgung rühmen, während sie andererseits dazu neigen, den beträchtlichen Beitrag der Frauen herunterzuspielen. Prähistoriker werden auch mit den archäologischen Funden konfrontiert, die über die Jagd viel mehr Informationen hergeben als über das Sammeln. Tierknochen werden häufig in großer Zahl an Steinzeitwohnorten gefunden, während Pflanzenüberreste und andere Belege des Sammelns spärlich sind, weil botanische Arten lange Zeiten nur schlecht überdauern. Dies hat verständlicherweise zur einseitigen Ausrichtung auf die verfügbaren Daten geführt, was den falschen Eindruck erwecken kann, dass die Jagd die wichtigste Form der Nahrungsbeschaffung in der paläolithischen Periode darstellte.

Es gibt jedoch verschiedene Arten paläolithischer Artefakte, die zeigen, dass die Nahrungszubereitung ein wichtiger Aspekt des Lebens für die Menschen war – lange vor den ersten sesshaften Ackerbausiedlungen der neolithischen Periode. Das Interesse der Archäologen an solchen prälandwirtschaftlichen Werkzeugen war im Großen und Ganzen auf ihr Vorkommen in der Natufian-Kultur der Levante (etwa 10500 bis 8000 v. Chr.) beschränkt, weil in jenem Gebiet die Landwirtschaft sozusagen ihr »Weltdebüt« feierte. Die Natufian-Kultur hatte, obwohl sie dem Ende der spätsteinzeitlichen Periode zugerechnet wird, bereits viele der Wesenszüge angenommen, die für die späteren Ackerbaukulturen des Neolithikums kennzeichnend sind: Gebrauch von Mörser und Stößel zur Zubereitung von Getreide, Sicheln zum Ernten, Leben in dauerhaften Siedlungen und Einlagern von Nahrungsmittelüberschüssen. Wer sich mit der Natufian-Kultur näher befasst, stößt unweigerlich auf die ersten Formen der Landwirtschaft in diesem Teil der Welt, doch Gegenstände zur Bereitung und Verarbeitung von Nahrungsmitteln sind auch weit entfernt von der Levante gefunden worden und können bis in die paläolithische Periode zurückverfolgt werden; folglich können sie nicht einfach als Wegbereiter der Landwirtschaft angesehen werden, vielmehr müssen sie auch ein fester Bestandteil des Jäger-Sammler-Lebensstils gewesen sein. Die elektrischen Küchenmaschinen von heute sind das jüngste Ergebnis einer technologischen Tradition, die bis zu den Steinzeitmethoden des Zerschlagens, Zerstampfens und Mahlens von Nahrungsmitteln zurückreicht.

Selbst heute noch wird der Mühlstein als Sinnbild für harte und sich wiederholende Arbeit benutzt. Für uns sind Ausdrücke wie die »Tretmühle« und der »Mühlstein um den Hals« nur noch Metaphern (obwohl die tägliche Arbeit vieler Menschen genauso monoton und hart ist wie in prähistorischen Zeiten, trotz der Behauptung, dass die moderne Technologie uns davon befreit hat), aber für zahllose Generationen war das Mahlen des Weizens und anderer Getreidearten eine tägliche Aufgabe. Der Vorgang des Zerstoßens und Zermahlens erfordert einen oberen und einen unteren Mühlstein. Die unterschiedlichsten Namen sind den beiden Arten von Steinen für diese Verfahren gegeben worden. Beim Zerstoßen wird der untere Stein als »Amboss« oder »Mörser« bezeichnet und der obere als »Hammer«, »Stößel« oder »Schlagstein«. Beim Mahlen wird der untere Stein als »Mühlstein«, »Sattelmühle« oder einfach »Mahlstein« bezeichnet, der obere als »Läufer«, »Reiber«, »Mehlstein« oder »Schleifer«.

Anzeichen für den Gebrauch dieser einfachen Nahrungszubereitungswerkzeuge lassen sich weit in die Vorgeschichte zurückverfolgen. Der amerikanische Archäologe George Carter hat behauptet, dass mindestens achtzigtausend Jahre alte Artefakte zum Mahlen in Form von Ober- und Untersteinen in Kalifornien gefunden worden sind; allerdings wird dies weithin zurückgewiesen, weil die meisten Archäologen nicht der Meinung sind, dass es genügend Beweise für die Besiedelung der Neuen Welt vor 10 500 v. Chr. gibt. Steinartefakte, die Abnutzungserscheinungen durch Mahlen aufweisen, sind im südafrikanischen Florisbad gefunden worden; sie werden auf 48 900 v. Chr. datiert. Mahlsteine aus dem Buschmann-Felsüberhang im östlichen Transvaal, die zum Bearbeiten von Ocker verwendet wurden, schätzt man auf ein Alter von dreiundvierzigtausend bis siebenundvierzigtausend Jahren. In der Olieboomspoorthöhle in Transvaal fand man fünf Mahlsteine, ebenfalls für die Ockerbehandlung, die etwa dreiunddreißigtausend Jahre alt sind. Jüngste Funde von dreißigtausend Jahre alten Mahlsteinen in Cuddie Springs im australischen New South Wales durch Richard Fullagar und Judith Furby beweisen den frühen Gebrauch der Ausrüstung für die Pflanzenbehandlung auf dem Kontinent; diese Arten von Artefakten sind auch von modernen Aborigines benutzt worden, wie im Folgenden beschrieben wird. Eine mikroskopische Untersuchung der Mahlsteine von Cuddie Springs hat ergeben, dass sie zur Behandlung von Samen benutzt wurden. Mahlsteine und Stößel aus den Moustérien-Schichten in Molodova I in der Ukraine sind mehr als vierundvierzigtausend Jahre und ähnliche Artefakte aus der nahe gelegenen Fundstätte Molodova V wenigstens vierzigtausend Jahre alt. Große Mahlsteine aus dem Moustérien, die sehr wahrscheinlich zur Nahrungsherstellung benutzt wurden, sind auch in der Cueva de Castillo in Spanien entdeckt worden.

Diese Funde aus Afrika, Europa und Australien deuten an, dass es lange vor der neolithischen Periode solche prälandwirtschaftlichen Geräte in verschiedenen Teilen der Welt gab. Es ist anzunehmen, dass viele Ober- und Untersteine und Stößel übersehen worden sind oder im besten Fall von den Archäologen nicht beschrieben wurden, weil sie mehr am Sammeln und Beschreiben von Werkzeugen interessiert sind, die mit der glänzenderen und männerorientierten Jagd zu tun haben. Dies hat wiederum zu dem Gesamteindruck geführt, dass die Werkzeuge zur Nahrungsbereitung in der prähistorischen Technologie eine untergeordnete Rolle spielten. Die Wichtigkeit der männlichen Werkzeuge für die Jagd und das Schlachten wird überbewertet zu Lasten der Gerätschaften, die sehr wahrscheinlich von Frauen benutzt worden sind. Während die Zeugnisse für das Mahlen etwa fünfzigtausend Jahre zurückreichen, scheint das Stampfen noch viel älteren Datums zu sein. Nancy Kraybill meint, dass verschiedene Steinartefakte von altpaläolithischen Fundorten – darunter die Olduvaischlucht – als Stampfsteine identifiziert werden müssten, dass vielleicht sogar in jenen frühen Zeiten bereits eine Art geschlechtsspezifische Arbeitsteilung herrschte, dergestalt, dass die Männer auf die Jagd, die Frauen dem Sammeln nachgingen. Bevor ich auf die in der Steinzeit verwendeten Jagdwaffen eingehe, will ich zuerst die Methoden beschreiben, mit denen die frühen Menschen das Wichtigste von allem zustande brachten: nämlich das Feuer.

Es gibt zwei grundsätzliche Methoden, Feuer zu machen, die

vor der Erfindung des Streichholzes im 19. Jahrhundert zur Verfügung standen: durch Schlagen und durch Holzreibung. Bei der ersten werden Funken erzeugt, indem man Flinte oder andere Steine (wie Hornstein oder Quarz) gegen Eisenkies schlägt. In späteren Zeiten ersetzten Eisen und Stahl den Eisenkies. Damit diese Methode funktioniert, müssen die Funken auf ein Material fallen, das leicht entzündlich ist. Zu den beliebtesten Zundermaterialien gehörten Zunderholz (durch Pilzeinwirkung verfaultes Holz), eine bestimmte Sorte Bovist und der Feuerschwamm *(Fomes fomentarius)*. Letzterer wurde am zehntausend Jahre alten mesolithischen Fundort Star Carr im englischen Yorkshire nachgewiesen, was wahrscheinlich mit seiner Verwendung zum Feuermachen in Zusammenhang steht. Direktere Beweise für den Gebrauch der Schlagmethode zum Feuermachen kommen ebenfalls aus Yorkshire: in Form eines Flintes zusammen mit einem Klumpen Eisenpyrit aus der neolithischen Fundstätte Rudstone.

Obwohl das Feuer mittels Holzreibung auf unterschiedliche Weise entzündet werden kann, ist das zugrunde liegende Prinzip immer dasselbe. Wenn zwei Holzstücke aneinander gerieben werden, entsteht ein kleines Häufchen Holzstaub, das zu schwelen beginnt und zu einer Glut angeblasen werden kann, um dann den Zunder zu entzünden. Wie beim Mahlen und Stampfen erfordert das Feuermachen durch Holzreibung ein Ober- und ein Unterteil. Das Unterteil aus Holz steht fest und wird »Herd« genannt, während das Oberteil »Säge«, »Pflug« oder »Drillbohrer« heißt, je nach Verfahren. Die Feuersäge arbeitet wie folgt: An der Unterseite des Herdes wird ein Ritz geschnitten, in dem die Säge schnell hin und her bewegt wird, bis der heiße Staub den Zunder, der direkt unter dem Herd liegt, in Flammen setzt. In manchen Aborigineskulturen Australiens, in denen es wegen des nicht sesshaften Lebensstils besonders auf die Tragbarkeit von Vorrichtungen ankam, hatten die Instrumente unterschiedliche Funktionen. Eine Behelfsfeuersäge wurde gemacht, indem man einen Schild als Herd verwendete und eine Speerschleuder als Säge. (Darauf komme ich gleich noch zurück.) Der Feuerpflug funktioniert, indem man *mit* der Körnung des Herdes reibt statt auf ihr wie mit der Feuersäge; ansonsten sind die Verfahren gleich. Der Feuerbohrer hat verschiedene Formen; der einfachste besteht aus einem Bohrstock, der senkrecht zwischen beiden Händen gehalten und mit Druck auf einer Unterlage gedreht wird, um Reibung in einer Vertiefung (oder einem Loch) im Herd zu erzeugen. An der Seite des Loches wird oft eine Kerbe angebracht, um den Holzstaub zum Zunder austreten zu lassen, und viele diese Feuerbohrer haben Herde mit mehreren Löchern und Kerben.

Alle bislang beschriebenen Methoden erfordern lediglich Muskelkraft, um genügend Reibung zum Feuermachen zu erzeugen, während die anderen Varianten des Drillens – mittels Lederbohrer, Bogenbohrer und Drillbohrer – dem Anwender mechanische Unterstützung geben (siehe Tafeln 14 und 15). Da man sich der dritten Art zum Feuermachen selten bediente, will ich hier ihre Funktionsweise nicht beschreiben. Wie die erste funktioniert, wird von H. S. Harrison beschrieben:

Der Lederbohrer wird von einer Schnur angetrieben, die einfach um ihn herumgeschlungen wird und deren beide Enden gewöhnlich hölzerne oder knöcherne Handgriffe haben, um ihn leichter bedienen zu können. Die beiden Hände des Anwenders ziehen den Lederriemen so, dass der Stock ständig seine Drehrichtung ändert, wenn die Hände sich hin und her bewegen. Offensichtlich ist es hier notwendig, den Drill senkrecht von oben gegen den Herd gedrückt zu halten. Ein kleiner, eingedellter Halter aus Holz, Knochen oder Stein oder auch das abgeschnittene Ende einer Kokosnuss dient diesem Zweck. Dieser Halter oben auf dem Drill kann von einem Helfer niedergedrückt werden, oder er kann, falls seine Form – wie gewöhnlich bei der Eskimovariante – es erlaubt, vom Mund des Feuermachers gehalten werden. Der Drillbohrer wird vor allem von den Eskimos verwendet, aber er wurde auch in Nordasien sowie verschiedentlich in Indien und Indonesien gefunden.

Der Bogenbohrer arbeitet in ähnlicher Weise wie der Drillbohrer, außer dass die beiden Enden des Riemens miteinander verbunden werden. Der Riemen wird an beiden Enden des Bogens befestigt und ist locker genug, um um den Drill geschlungen zu werden. Der Vorzug des Bogenbohrers gegenüber dem Drillbohrer ist, dass nur eine Hand erforderlich ist, um den Riemen zu bewegen, wodurch die zweite Hand frei ist, die Halterung niederzudrücken. Diese Vorrichtung ist in Kulturen weltweit benutzt worden, von den Eskimos in der Arktis bis zu den Aborigines in Australien und auch von den alten Ägyptern, wie wir durch einen vollständig erhaltenen Bogenbohrer aus dem Grab Tutanchamuns wissen. Es ist nicht nur diese weite Verbreitung des Bogenbohrers, die andeutet, dass er eine Erfindung der Steinzeitperiode ist, da auch einige wenige dieser Artefakte aus der Zeit erhalten geblieben sind. Abbildung 26 zeigt einen Bogenbohrer mit einer Handstütze aus Stein, einen Typ, der in der Maglemose-Kultur Skandinaviens in der mesolithischen Periode verwendet wurde. Zu den Drillartefakten, die an Maglemose-Ausgrabungsstätten gefunden wurden, gehören ein Steinhalter, ein Hornhalter und ein aus einer Rippe hergestellter Bogen. Aber die reichen Funde an Eisenpyrit an jenen Orten machen es wahrscheinlich, dass die verbreitetste Art des Feuermachens die des Feuerschlagens war und dass der Bogenbohrer im Allgemeinen benutzt wurde, um Löcher für verschiedene praktische und ornamentale Zwecke zu bohren, statt Feuer damit zu machen. Obwohl vergleichsweise wenige Drillbohrer aus der Steinzeit entdeckt wurden, zeigt die große Anzahl der gefundenen Objekte mit Drilllöchern, dass die Praxis des Drillens damals alltäglich war.

Da das meiste der materiellen Kultur früherer Epochen leider dem Zahn der Zeit zum Opfer gefallen ist, sind viele Aspekte der Technologie des frühen Menschen nur durch die wenigen zufällig erhaltenen Artefakte bekannt, und wir können annehmen, dass andere Entwicklungen in jenen fernen Zeiten keine greifbaren Spuren hinterlassen haben. Steinwerkzeuge haben in großer Zahl überdauert, aber wir wissen zum Beispiel,

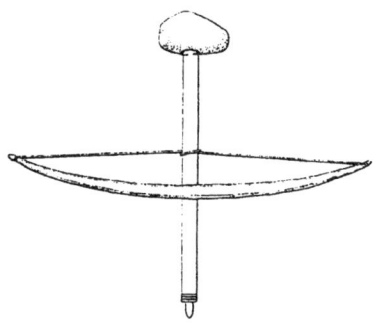

Abbildung 26

dass Holz schon seit dem Altpaläolithikum verwendet wurde, obwohl es nur wenig erhaltene und weit verstreute Exemplare gibt, aus dem einfachen Grund, weil organische Stoffe wie Holz nicht die beinahe unverwüstliche Natur des Steins besitzen. Der Gebrauch von Holz wird indirekt durch Mikroskopanalysen von Steinwerkzeugen aus jener Zeit nachgewiesen. Lawrence Keeley konnte zeigen, dass Steinwerkzeuge, wenn sie unter dem Mikroskop betrachtet werden, unterschiedliche Arten von Glätte aufweisen, die mit bloßem Auge nicht zu erkennen sind. Er konnte die verschiedenen Glättearten, die durch moderne Reproduktionen von alten Steinwerkzeugen für die Bearbeitung unterschiedlicher Materialien wie Leder, Pflanzenfasern und Holz erzeugt wurden, mit denen auf den Originalen vergleichen. Dank dieser Verfahren war es möglich, zumindest in manchen Fällen die Art des Materials zu nennen, die mit einem bestimmten Steinwerkzeug bearbeitet wurde, selbst wenn sie aus dem Altpaläolithikum stammt.

Direktere Beweise in Form hölzerner Artefakte sind in verschiedenen Teilen der Welt gefunden worden. Die Clactonspeerspitze, die 1911 in Clacton, Essex (England), entdeckt und auf ein Alter von dreihundertsechzigtausend bis vierhundertzwanzigtausend Jahre datiert wurde, ist sicher einer der ältesten bislang gefundenen hölzernen Gegenstände. Da die Fähigkeit des frühen Menschen, ein erfolgreicher Jäger zu sein, von Binford und anderen in Zweifel gezogen wurde – sie meinten, der menschliche Werdegang umfasste eine sehr lange Lehrzeit als Aasfresser (dem das traurige Los beschieden war, mit Hyänen und ähnlichen Tieren um das tägliche Essen zu ringen) –, wurde der Clactonspeer umgedeutet in einen Grabstock oder Schneeprüfer, da es für ausgeschlossen gehalten wurde, dass es zu einem so frühen Datum Jagdspeere gab. Heute kann man jedoch getrost zur ursprünglichen Interpretation als Speer zurückkehren, da Hartmut Thieme eine analoge Entdeckung von drei Speeren, die Wurfspießen ähneln, in einer Kohlenmine bei Schöningen in Deutschland gemacht hat. Diese Speere werden für vierhunderttausend Jahre alt gehalten, und es scheint, dass es sich eher um Wurf- als Stoßspeere handelt. Der längste ist 2,3 Meter lang. Jüngste Analysen eines runden Lochs in einem Pferdeschädel, der eine halbe Million Jahre alt ist, durch den Gerichtspathologen Sir Bernard Knight deuten darauf hin, dass es von einem Speer stammen könnte, vielleicht einem Wurfspeer. Wenn dieses Loch von einem Speer verursacht wurde, dann würde dies der Beweis für den Gebrauch solcher Jagdwaffen schon hunderttausend Jahre vor dem Clacton- und dem Schöningenfund sein.

Jagdwaffen sind nicht die einzigen hölzernen Artefakte, die aus jener fernen Vergangenheit überdauert haben. Am paläolithischen Fundort von Nischijagi bei Akaschi (Japan) ist ein Maulbeerbaumartefakt entdeckt worden, das zwischen fünfzigtausend und siebzigtausend Jahre alt ist; es wurde als Planke identifiziert, wobei sein Zweck im Dunkeln liegt. Noch bemerkenswerter ist ein äußerst früher Fund aus dem Acheuléen in Gesher Benot Ya'aqov im Jordantal (Israel). Eine Weidenplanke, die allem Anschein nach auf der einen Seite poliert gewesen ist, wurde 1989 an der dortigen Fundstätte ausgegraben. Das Team Naama Goren-Inbar, Ella Werker und S. Belitzky, das dieses Artefakt untersucht hat, schätzt sein Alter auf zweihundertvierzigtausend bis siebenhundertfünfzigtausend Jahre. Selbst wenn es eher jüngeren Datums sein sollte (dann wäre es nicht so alt wie der Clacton- und der Schöningenfund), würde das nicht seine Bedeutung mindern. Das Polieren von Holz scheint in der Geschichte der Technologie eine marginale Angelegenheit zu sein, aber wenn wir die extrem frühe Periode, der dieses Artefakt angehört, bedenken, dann gewinnt diese Entdeckung weit größeres Gewicht. Es gewährt einen flüchtigen Blick auf eine technologische Tradition, von der wir so wenig wissen, und man kann dem Kommentar derjenigen, die es gefunden haben, nur beipflichten: »Es ist möglich, dass wir die Fähigkeiten des Hominiden des Mittleren Pleistozän unterschätzt haben, und künftige ›unkonventionelle‹ Entdeckungen bringen uns vielleicht dazu, unsere Meinung über ihre Fähigkeiten zu revidieren.« Der Gebrauch von Holz und anderen vergänglichen Materialien spielte zweifellos eine größere Rolle bei den praktischen Aktivitäten des frühen Menschen, doch die Schlüsse, die aus den wenigen vorhandenen Spuren dieser großenteils verlorenen technologischen Traditionen gezogen werden können, sind sehr begrenzt.

Die Erfindung der Speerschleuder gegen Ende des Jungpaläolithikums (vielleicht viel früher) bedeutete, dass sowohl das erforderliche Geschick als auch die Kraft, die zum Werfen eines Speers notwendig war, beträchtlich verringert wurden. Diese mechanische Hilfe ist ein Stock, gewöhnlich kürzer als ein Meter, mit einem Zapfen oder Haken an einem Ende, der in das untere Ende des Speers passt, und einem Fingerloch an dem anderen Ende. Die Speerschleuder funktioniert wie die Verlängerung des Wurfarmes und vergrößert auf diese Weise die verfügbare Hebelkraft und vermindert die erforderliche Kraftentfaltung des Handgelenks. Obwohl die Speerschleuder natürlich in erster Linie ein praktisches Gerät ist, haben einige der Exemplare aus dem Jungpaläolithikum reiche Verzierungen. Einige der künstlerischen Muster sind absolut einzigartig und im Fall eines bestimmten Stückes aus dem Magdalénien aus Le Mas d'Azil in Ariège (Frankreich) sogar bizarr. Diese Speerschleuder ist aus einem Geweih hergestellt und fein gearbeitet. Dargestellt werden ein junger Steinbock, der den Darm entleert, und zwei Vögel, die auf den Fäzes hocken! An derselben

Ausgrabungsstätte wurde ein weiteres verziertes Exemplar gefunden (siehe Tafel 23). Dieses Gerät wurde bis in die moderne Zeit bei mehreren Stammesvölkern in vielen Teilen der Welt benutzt, von Südamerika bis Neuguinea und Australien. Brian Cotterell und Johan Kamminga, die die Funktion einer Reihe von prähistorischen technischen Erfindungen untersucht haben, stellen zur Speerschleuder Folgendes fest:

> Vom mechanischen Gesichtspunkt aus muss ihre Masse so gering wie möglich sein, übereinstimmend mit der Notwendigkeit, ihre Steifigkeit zu behalten, damit beim Spannen so wenig Energie wie möglich verloren geht. Die steifste und folglich effektivste Speerschleuder hat einen runden Querschnitt, der sich vom Handgriff (wo das Spannungsmoment von größtem Nutzen ist) aus zum Haken an der Spitze verjüngt. Manche australische Speerschleudern, wie diejenigen vom zentralaustralischen Typ, weichen erheblich von dieser idealen mechanischen Form ab. Die Aborigines der Zentralwüste mussten sehr beweglich sein und waren daher nur leicht ausgerüstet. Ihre Speerschleuder war ein Mehrzweckgerät, das außer für seine Hauptaufgabe auch als Stiel für ein Steinmeißelblatt, als flacher Behälter für Farben und Blut bei Zeremonien, als Feuerstock, Grabstock, Speerablenker und sogar als Musikinstrument taugte. Eine amerikanische Kuriosität ist der Bannerstein, ein Gewicht, das auf die Speerschleuder gesetzt wurde (*atlatl* – unter diesem Namen ist die Speer- oder Messerschleuder in beiden Amerikas bekannt). Das Vorkommen dieser Steine hat manche Archäologen zu der Vermutung veranlasst, dass die Effektivität der Speerschleuder erhöht werden könnte, wenn ihre Masse erhöht wird. Welchen Zweck auch immer der Bannerstein gehabt haben mag – mit einem mechanischen Vorteil hatte er nichts zu tun, [weil] eine schwere Speerschleuder ineffizient ist.

Der Zweck der Steine, die auf dem *atlatl* benutzt wurden, wurde um 1980 von den beiden Ingenieurstudenten von der Montana-State-Universität W. R. Perkins und P. Leininger enthüllt. Obwohl Cotterel und Kamminga Recht hatten, wenn sie sagten, dass zusätzliches Gewicht keinen mechanischen Vorteil geboten hätte, einfach deswegen, weil es die Speerschleuder schwerer gemacht hätte, scheint es, dass der mechanische Vorteil woanders lag, nämlich in der Koordinierung der Freisetzung der Energie vom *atlatl* und vom Geschoss selbst. Der Grund für das »Überstülpen« der Speerschleuder mit dem Stein, statt ihn fester mit ihr zu verbinden, besteht darin, dass die Position des Steines angepasst werden konnte, um die Energien der Speerschleuder und des Speers bei jeder Gelegenheit am besten zu koordinieren. Perkins und Leininger stellten auch fest, dass die mechanischen Prinzipien, die beim Gebrauch des *atlatl* wirkten, denen von Pfeil und Bogen vergleichbar sind.

Beim gegenwärtigen Wissensstand über prähistorische Waffen ist es unmöglich zu sagen, ob sich das Pfeil- und Bogensystem aus der Speerschleuder entwickelte oder nicht. Zwar sind Speerschleudern aus Geweihen aus dem Magdalénien bekannt, aber es ist denkbar, dass das Gerät schon viel früher existierte, vermutlich in hölzerner Form, und dass diese leicht vergänglichen Artefakte einfach nicht für die Archäologen überdauert haben. Manche Leute haben behauptet, dass sein Gebrauch in das frühe Jungpaläolithikum zurückreichen könnte, aber viele Prähistoriker sind nicht bereit, die kleinen Geschossspitzen aus der jungpaläolithischen Periode »Pfeile« zu nennen ohne die bekräftigenden Beweise der Überreste eines Bogens oder wenigstens der Pfeilschäfte. Es gibt einige erhärtende Belege für den Gebrauch von Pfeil und Bogen aus früher jungpaläolithischer Zeit. Experimente mit Kopien von Geschossspitzen aus dem Aurignacien, die in der Levante gefunden wurden, zeigten beim Gebrauch als Pfeilspitzen, dass sie beim Aufprall genauso zerbrachen wie die Originale. Anders gesagt: Die Bruchmuster der nachgemachten Pfeilspitzen waren von derselben Art wie die der benutzten Pfeilspitzen aus dem Aurignacien; das bedeutet, dass prähistorische Geschosse mit einem Bogen abgeschossen worden waren. Ohne das relative Alter von Speerschleuder und Pfeil und Bogen zu kennen, ist es nicht möglich zu verstehen, wie die Mechanik des einen sich aus den mechanischen Prinzipien des anderen entwickelt haben soll. Daher bleibt dieses frühe Kapitel in der Geschichte der Mechanik vorerst noch ein Geheimnis.

Obwohl die in diesem Kapitel beschriebenen Artefakte im Wesentlichen praktische Funktionen gehabt haben, waren ihnen sowohl in prähistorischer als auch in moderner Zeit gleichzeitig symbolische Bedeutungen zu Eigen, die sie über die profane Ebene hinausheben. Die Speerschleuder aus dem Magdalénien mit dem merkwürdigen, aber doch wunderschönen Bildnis des defäzierenden Steinbocks zeigt deutlich einen beträchtlichen künstlerischen Einsatz für dieses Objekt an. Man kann sich schlecht vorstellen, dass diese Speerschleuder nicht von ihrem Eigner hoch geschätzt wurde, und die Symbolik, so bizarr und rätselhaft sie sein mag, weist mit Sicherheit auf die kulturelle Bedeutung dieser frühen Erfindung aus dem Magdalénien hin. In vielen Teilen der Welt sind die verschiedenen Typen von Feuerbohrern in symbolischer Beziehung zum Geschlechtsverkehr gesehen worden: der Bohrer als weithin benutzte Metapher für den Penis und der Herd als Symbol für die Vagina, wobei ihr Zusammenkommen das Feuer der sexuellen Leidenschaft auslöst.

Unter den Aborigines im Ostteil der westlichen Wüste Australiens spielten die verschiedenen Arten von Artefakten, die einen nur sehr geringen technologischen Stand verraten, eine ganz offensichtliche Rolle bei der Bestimmung der traditionellen Arbeitsteilung zwischen den Geschlechtern. Die meisten Artefakte waren entweder aus Holz oder Stein gemacht. Von den Steinartefakten wurden die Mahlsteine zur Zubereitung essbarer Grassamen unausweichlich mit Frauen verknüpft, während die kleinen Mahlsteine für die Aufbereitung des Ockers oder Tabaks sowohl von Männern als auch von Frauen benutzt wurden. Artefakte aus Steinsplittern, die oft ein Heft in Form einer Breitaxt hatten, wurden mit Männern verknüpft, während einfachere Steingeräte in Form von Hackmessern oder Faustkeilen häufig von beiden Geschlechtern benutzt wurden.

In anderen Teilen der westlichen Wüste war es den Frauen

verboten, bestimmte Arten von Steinwerkzeugen aus Horn- und Feuerstein zu benutzen; sie waren allein den Männern vorbehalten. Unter den Holzgeräten waren der Jagdspeer und die Speerschleuder männlich; sie wurden nicht nur ausschließlich von Männern hergestellt, sondern die Frauen durften sie nicht einmal berühren; selbst die Orte, an denen die entsprechenden Holzsorten wuchsen, durften sie nicht betreten. Der Grabstock und hölzerne Schalen waren die häufigsten hölzernen Gegenstände, die mit Frauen verknüpft wurden. Der Grabstock erfüllte mehrere Aufgaben (einschließlich des Ausgrabens von tierischer und pflanzlicher Nahrung aus dem Boden), ebenso die Schalen, die als Vielzweckbehälter zur Aufnahme von Nahrungsmitteln, zum Transport von Wasser oder gar zum Tragen von Babys dienten. Die Anthropologin Annette Hamilton hat eine eingehende Untersuchung der sozialen Bedeutung der Technologie in jener Region vorgenommen und stellt folgende These auf:

> Der technologische Apparat und die Fähigkeiten, die von Frauen zur Herstellung ihrer hölzernen Gegenstände eingesetzt werden, sind eine Fortsetzung der älteren Tradition des »Entkernungs- und Kratzwerkzeuges« [der Steinzeittechnologie], die archäologisch in vielen Teilen Australiens vor etwa 4000 bis 3000 v. Chr. auftritt. Die Speerschleuder, die mit dem Breitbeilstein verknüpft ist, stellt vielleicht eine jüngere Erfindung dar, und sie stand auf jeden Fall nicht den Frauen zur Verfügung. Aus mehreren Gründen ist es wahrscheinlich …, dass technologische Neuerungen in der Steinbearbeitung allein den Männern zuzurechnen sind. Frauen machten in den älteren technologischen Traditionen weiter, wie … sie auch die älteren rituellen Traditionen fortsetzten, nicht weil sie aus Veranlagung »konservativ« sind, sondern weil die Neuerungen auf beiden Gebieten im Kontext von ausschließlich *männlichen* Ritualen eingeführt und entwickelt werden.

Die größeren Mahlsteine, die von Frauen benutzt wurden, waren gewöhnlich zu schwer, um von einem Ort zum anderen transportiert zu werden; sie wurden an bestimmten Orten zurückgelassen, zu denen man immer wieder zurückkehrte. Das Mahlen von Samen war ein so wichtiger Teil ihrer Arbeit in der westlichen Wüste, dass von den Frauen jener Region eine ganze Reihe von Mythen und Liedern darüber erzählt und gesungen wurde. Das Mahlen wurde jedoch nicht wie andere tägliche Arbeiten als angenehmer Zeitvertreib empfunden; es war für sie wirklich eine Tretmühle. Es scheint, dass der Widerwille gegen das Mahlen nicht nur daher rührt, dass der eigentliche Vorgang zeitraubend und hart war, sondern auch damit zu tun hatte, dass der Überschuss an Nahrung, den sie auf diese Weise erwirtschafteten, sich für sie kaum auszahlte. Denn die Bereitung vieler Samenkuchen gab den Männern die Freiheit, zeitweilig von der intensiven Jagd abzulassen und sich auf die Nahrungsmittel zu verlassen, die von den Frauen erzeugt wurden, und umfangreiche Zeremonien durchzuführen, die sich über Tage und sogar Wochen hinzogen und nur von Männern besucht wurden.

Wenn man die dreißigtausend Jahre alte Geschichte des Samenmahlens in Australien bedenkt, muss man sich fragen, ob diese Aneignung der Früchte der weiblichen Arbeit, die aus jüngster Zeit bekannt ist, auch in der fernen Vergangenheit galt und ob das reiche zeremonielle Leben der australischen Aborigines etwa in dem Mahlstein sein Fundament hatte. Wir können sehen, dass sogar einige der frühen Erzeugnisse der prähistorischen Technologie, wie die Speerschleuder, der Mahlstein, der Feuerbohrer und selbst die einfachsten Steinwerkzeuge, nicht einfach unbeseelte Gegenstände waren, sondern eine aktive, soziale Rolle spielten und mit symbolischen Attributen behaftet waren, die wir selten aus der unergründlichen Natur der archäologischen Funde gewinnen können.

XII.

Der Bergbau der Steinzeit

Obwohl Bergbau heutzutage gewöhnlich mit dem Abbau von Kohle oder wertvollen Metallen verbunden ist, wurden die frühesten prähistorischen Bergwerke angelegt, um ganz andere Rohmaterialien zu gewinnen. Der Bergbau der Steinzeit diente zum großen Teil der Gewinnung von Feuerstein hoher Qualität, der nicht den schädlichen Einflüssen des Wetters ausgesetzt war, was den Feuerstein, den man an der Erdoberfläche fand, zu einem minderwertigen Material für die Herstellung von Steinwerkzeugen machte. Der Abbau von Feuerstein verschwand mit dem Übergang zum Metallabbau, der in der jüngeren Vorgeschichte stattfand, nicht vollständig. Selbst in unserem Zeitalter wurde Feuerstein aus dem Boden geholt, um Feuersteine für Gewehre herzustellen. In Britannien ist das berühmteste Überbleibsel dieser sehr alten Tradition die Feuersteinindustrie in Brandon, die bis weit in das 20. Jahrhundert betrieben wurde. Ihre Blütezeit scheint sie im frühen 19. Jahrhundert gehabt zu haben, als der bloße Umfang der Abfallberge, die sich am Ende der napoleonischen Kriege angesammelt hatten, den Besuchern der Gegend auffiel.

1879 veröffentlichte B. J. Skertchly einen Sonderbericht über die Brandonindustrie mit dem Titel *On the Manufacture of Gun-Flints*. In diesem lesenswerten Werk stellte er die Theorie auf, dass diese Industrie seiner Meinung nach eine unmittelbare, wenn auch entfernte Fortsetzung des neolithischen Flintbergbaus sein könnte, die bereits seit der Entdeckung von Englands größtem prähistorischen Flintbergwerk Grimes Graves in der Nähe der Grafschaft Norfolk bekannt war. Der Name

»Grimes Graves« kommt wahrscheinlich von einem Epitheton für den Teufel (Grim) und bedeutet so viel wie »Die Höhlen des Teufels« oder »Schürforte des Teufels«. Dieser Name wurde dem Ort ursprünglich von den Angelsachsen gegeben, die viele englische Bergwerke, deren Herkunft ihnen unbekannt war, »Grim« oder »Grime« nannten. Obwohl es schon lange als etwas anderes als das Werk des Teufels angesehen wurde, begannen die modernen Untersuchungen der Grimes Graves erst 1852. In diesem Jahr zeigte der Geistliche S. T. Pettigrew Interesse für das Werk des Teufels und öffnete zwei der Schächte. In den folgenden Jahren untersuchten andere Geistliche die Fundstätte, darunter Francis Bloomfield, C. R. Manning und William Greenwell. Danach fanden mehrere Ausgrabungen statt, von denen die umfangreichste ein Großprojekt des Britischen Museums in den Siebzigerjahren war.

Das Gebiet der Fundstätte ist etwa siebenunddreißig Hektar groß und hat wegen seiner dreihundertsechzig schüsselähnlichen Vertiefungen auf der Oberfläche ein ungewöhnliches Aussehen. Diese Vertiefungen sind die Orte von prähistorischen Schächten, die nach und nach aufgefüllt wurden. Dass es dort über dreihundertsechzig Schächte gab, macht deutlich, dass es eine Anlage großen Umfangs war. Überflüssig zu sagen, dass das Gebiet reich an Flint ist; die drei Adern sind von unterschiedlicher Qualität. Die oberste Ader (»Oberstein« genannt) besteht aus Flintklumpen, die wegen der Witterungseinflüsse von niedrigster Qualität waren und daher für den Flintschläger nur geringen Wert hatten. Die mittlere Schicht (Wandstein) wurde ebenfalls als minderwertig angesehen. Etwa zweieinhalb Meter unter dem Wandstein lag das eigentliche Ziel der Bergleute: der Bodenstein, nicht verwitterter tafelförmiger schwarzer Flint, ideal für die Herstellung von Werkzeugen. Um an den Flint heranzukommen, gruben die neolithischen Bergleute nicht nur Schächte in die Erde, sondern auch horizontale Tunnel an der Sohle der Schächte – später unter dem Namen »Strecken« bekannt geworden –, um größere Mengen Flint aus den Flözen herausholen zu können

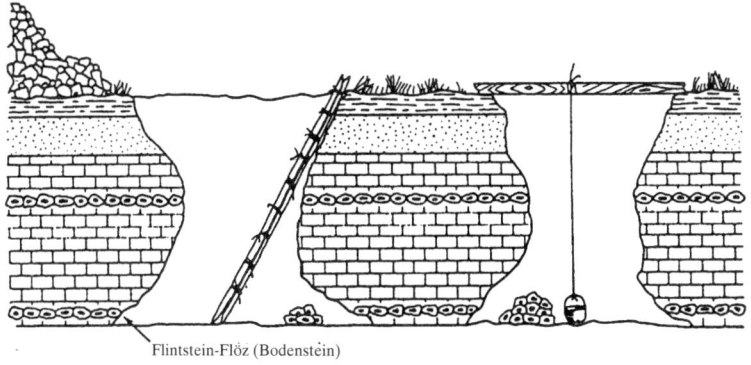

Flintstein-Flöz (Bodenstein)

Abbildung 27

(siehe Tafel 17). Der Bau von Glockenschächten war eine andere Methode, die in verschiedenen prähistorischen Bergwerken angewendet wurde; sie stellt eine Weiterentwicklung des einfachen Grabens von Schrammen dar, um eine Flintmine zu öffnen. Zum Bau eines Glockenschachtes gehörte das Untergraben an der Sohle des Schachtes, um so viel wie möglich von dem Bodenfeuerstein zu gewinnen, ohne dass der Schacht einstürzte (siehe Abbildung 27). Die Bergbauaktivitäten scheinen in Grimes Graves zuerst im jüngeren Neolithikum eingesetzt zu haben (etwa 1800 v. Chr.), und bis in die frühe Bronzezeit wurde weiterhin Flint abgebaut. Danach wurden diese Minen anscheinend aufgegeben, obwohl das Gebiet später in der Bronzezeit erneut in Betrieb genommen wurde, vielleicht weil so viel Flint, der von den früheren Bergleuten zurückgelassen worden war, an der Oberfläche herumlag und sich zur Herstellung von Werkzeugen als nützlich erwies. Von 1971 bis 1972 leitete Roger Mercer, Inspekteur der Altertümer, die Ausgrabung eines Schachtes in Grimes Graves. Er resümierte:

Die bei der Ausgrabung und den anderweitigen experimentellen Kalkgrabungen gemachten Erfahrungen ... ermöglichten ein paar annähernde Berechnungen über die Arbeit beim Graben des Schachtes. Bei einem Schacht von begrenzten Ausmaßen ist natürlich die Zahl der grabenden Bergleute ebenfalls ziemlich begrenzt. Sechs oder sieben Leute scheinen aufgrund der Erfahrungen die Höchstzahl zu sein, die effektiv im Inneren des Schachtes arbeiten konnte. Wenn man diese Zahl zugrunde legt, sind weitere sechs bis sieben Personen erforderlich, die das Herausbefördern des Abraums besorgen. Diese Anzahl von Arbeitern würde zweiunddreißig fortlaufende Arbeitstage benötigt haben, um den Schacht von 1971 in Grimes Graves auszuheben. Die Schrammen würden zusätzliche dreizehn Tage erfordern. Nach dem Fortschaffen von achthundert bis tausend Tonnen Kalkstein und Sand wären acht Tonnen Flintstein produziert worden – bei Beendigung der Arbeit. Die zutage geförderten Blöcke Flint wurden zu verschiedenen Werkzeugen verarbeitet, insbesondere zu scheibenförmigen Messern und einigen Faustkeilen.

Die beachtliche Menge Flint von hoher Qualität übertraf natürlich die Menge, die für den eigenen Bedarf der Bergleute nötig war, sodass in neolithischer Zeit höchstwahrscheinlich Handelsnetze zur Vertreibung des begehrten Flints bestanden haben. Die Ausmaße des Bergwerks in Grimes Graves legen nahe, dass es eine Arbeitsteilung gegeben hat. Das wichtigste Werkzeug der Bergleute war die Picke aus dem Geweih des Rothirsches; mit ihr wurde der Flint ausgegraben (siehe Abbildung 28). Wahrscheinlich benutzten sie auch hölzerne Leitern, Ledertaschen oder -körbe, um Abraum und Flint hochzuholen, sowie verschiedene andere Werkzeuge wie etwa Schaufeln. Eine genaue Untersuchung der Geweihpicken (sie sind in Grimes Graves zahlreich erhalten – die Gesamtzahl der vor Ort benutzten Picken wird auf vierzigtausend geschätzt) hat ergeben, dass die große Mehrzahl aus abgeworfenen Geweihen, die am härtesten und dauerhaftesten sind, gemacht ist. Zahl und Qualität der Geweihpicken haben Mercer zu der These veranlasst, dass dieser besondere Werkzeugtyp von einem Dienstleistungsgewerbe an die Bergleute extra zu diesem Zweck geliefert wurde. Juliet Clutton-Brock, die zu dem archäologischen Team von 1970 gehörte, führte eine Spezialanalyse der Geweih-

picken durch und verglich Wahl und Bearbeitung der Geweihpicken aus Grimes Graves mit Exemplaren von anderen Fundstätten in Südengland. Die Höherwertigkeit der Picken aus
Grimes Graves sowohl hinsichtlich des verwendeten Rohmate-
rials als auch der Bearbeitung der Werkzeuge war für sie
ein Anzeichen, dass die dortigen Bergleute vielleicht »eine ge-
werbliche Elite dargestellt haben«.

Einheimische Völker in Bolivien, Australien und Melanesien
glauben, dass die Arbeiten in Bergwerken und Steinbrüchen
von Geistern und Göttern überwacht werden. In einigen Teilen
des Hochlandes von Neuguinea gipfelt der enge Zusammenhang zwischen Steingewinnung und den Geistwesen in dem
Glauben, dass das Rohmaterial, aus dem Faustkeile und Breit-
beile gemacht werden, in den Felsen, aus denen es geholt wird,
geboren wird und sich vermehren kann. Heftig diskutierte Funde in Grimes Graves deuten an, dass der dort stattfindende
Bergbau von Ritualen begleitet war, vielleicht um die Geistwesen als Besitzer der Flintflöze zu beschwichtigen und sich ihres
Schutzes vor den sehr realen Gefahren zu vergewissern, die das
Leben unter Tage bedrohten. Beinahe vierhundert Objekte aus
Kalkstein sind im Laufe der Jahre in Grimes Graves gefunden
worden, aber die meisten sind nicht besonders bemerkenswert.
Ein paar rituelle Objekte aus Kalkstein wurden jedoch bei den
Ausgrabungen, die Leslie Armstrong leitete, in den Dreißiger-
jahren gefunden. Gillian Varndell vom Archäologenteam, das
in den Siebzigerjahren Ausgrabungen machte, gelang es, Arm-
strongs einzige Aufzeichnungen über den Fund aufzutreiben:

Die *Grimes Graves Figurine* [siehe Tafel 16] von der Muttergöt-
tin wurde [im Juli] 1939 bei der Ausgrabung von Schacht XV gefunden, kurz bevor die Sohle des Schachts erreicht wurde, obwohl
die Eingänge zu den Schrammen bereits freilagen. Die Göttin
wurde auf der südwestlichen Seite des Schachts freigelegt, auf der
rechten Seite von Schramme 7, in aufrechter Position und auf
einer flachen Kalksteinplatte ruhend, die sich schließlich als das
oberste Teil eines Sockels herausstellte, der aus ähnlichen Platten

errichtet war. Nach der Entfernung des restlichen Füllmaterials aus dem Schacht trat auf der Schachtsohle, gegenüber der Göttin, eine bogenförmige Plattform (das heißt geformt wie ein Spitzgewölbe) zutage, die als Altar angesehen wurde; er war aus gehauenen, dicht zusammengelegten Flintblöcken gebaut, deren Spitze auf die Göttin zeigte. Auf ihm lagen sieben Geweihpicken. Der Altar wurde mit äußerster Sorgfalt freigelegt, um eine Verschiebung der Flintblöcke oder Geweihe zu vermeiden, die alle in situ belassen wurden. An der Basis des Altars stand auf dem Boden ein geschickt gearbeitetes Steingefäß, siebeneinhalb Zentimeter hoch und siebeneinhalb Zentimeter breit; zu ihm gehörte ursprünglich ein kurzer zylindrischer Handgriff, der beim Auffüllen des Schachtes abgebrochen war. Nahe der Nordostseite des Schachtes und direkt gegenüber der Göttin, auf einer Linie mit der Mitte des Altars, deuteten Spuren von Holzasche und Holzkohle auf ein kleines Feuer, das wahrscheinlich eine Rolle bei dem dort ausgeübten Ritual gespielt hat. Schließlich, nach Freilegung des blockierten Eingangs der Schramme, die auf der rechten Seite von dem Sockel und der Figurine der Göttin flankiert wurde, wurde ein skulpierter Kalksteinphallus auf dem Boden dicht an der linken Wand der Schramme gefunden; im mittleren Bereich lag eine Gruppe von drei ausgewählten kleinen, natürlichen Flintklumpen, in Form eines Phallus angeordnet, und dicht daneben ein etwas größerer Klumpen in Form eines Eies.

Die Authentizität dieser Göttinnenfigurine und der dazugehörigen Artefakte ist vom Moment ihrer Entdeckung an bezweifelt worden; für einige Leute war die beinahe vollkommene Anordnung dieser prähistorischen Ritualobjekte buchstäblich zu schön, um wahr zu sein. Es ist unterstellt worden, dass Armstrong selbst der Fälscher war, aber wenn das Objekt selbst nicht echt sein sollte, dann ist er eher Opfer eines grausamen Scherzes geworden. Die Sache wurde auch nicht klarer, als Kevin Leahy vom Scunthorpe-Museum 1983 die einundneunzigjährige Ethel Rudkin traf, die eine gute Freundin und Mitarbeiterin Armstrongs gewesen war. Sie hatte Leahy gebeten, in ihr

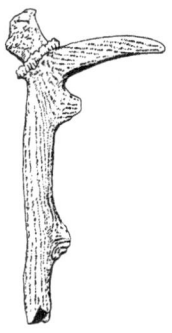

Abbildung 28

Haus zu kommen, da sie beschlossen hatte, dem Museum einige Objekte zu schenken. Es stellte sich heraus, dass sie unter ihrem Bett eine Kalksteinkopie der Göttinnenfigurine hatte. Sie erzählte Leahy die Geschichte dieser Kopie. Sie war 1939 in Grimes Graves gewesen und beschrieb Armstrongs Verhalten als ungewöhnlich, da er ihr nicht erlauben wollte, den Ausgrabungen beizuwohnen. Am Tag der Entdeckung wartete sie in ihrem Wagen, als Armstrong die Göttin und den Kalksteinphallus brachte und sie bat, die Gegenstände in Verwahrung zu nehmen, während er zum Schacht zurückging. Während sie auf die Rückkehr Armstrongs wartete, entschloss sie sich in einem Anflug von Verspieltheit, die Göttinnenfigur nachzumachen, und stellte aus einem Kalkstück eine annähernd ähnliche Figur her. Dann stellte sie beide Göttinnen neben sich auf den Sitz. Armstrong war nicht nur nicht belustigt; er war wütend, und der darauf folgende Streit beendete ihre Beziehung. Frau Rudkins frivole Herstellung der Göttinnenimitation war sicher nicht dafür gedacht, ihren Freund zu beleidigen. Wurde er wütend, weil er meinte, dass ihre Nachbildung seinen Fund trivialisiert hatte? Oder fühlte er, dass sie irgendwie Zweifel an der Authentizität der Göttin hegte, indem sie zeigte, wie leicht es war, eine solche Figurine aus dem örtlichen Kalkstein herzustellen?

Frau Rudkin machte Leahy gegenüber klar, dass sie die Originalfigurine, die ihr Armstrong zeigte, unbedingt für authentisch hielt. Sowohl Armstrongs als auch Rudkins Tagebücher zeigen ungewöhnliche Lücken im Monat Juli, aber das kann mehr mit der Aufregung infolge ihrer Entzweiung zu tun haben als mit dem Wunsch, irgendwelche Details der Ereignisse zu verbergen, die sich zur Zeit des Fundes zutrugen. Die Entdeckung eines schön gearbeiteten Sphinxkopfes aus Kalkstein in der Sammlung Armstrongs – entweder von ihm selbst angefertigt, was unwahrscheinlich ist, oder von einer anderen Person – zeigt, dass Frau Rudkin nicht die Einzige war, die solche Objekte zum eigenen Vergnügen oder dem anderer nachbilden konnte. Doch ohne Techniken, ihre Authentizität zu beweisen oder zu widerlegen, bleibt der Fall offen. Die Göttin, die am Eingang einer prähistorischen Schramme gefunden wurde, steht jetzt direkt am Eingang des prähistorischen Raumes im Britischen Museum, wo sie immer noch als echtes Objekt ausgestellt wird.

Die Flintminen von Spiennes vor den Toren der Stadt Mons in Belgien wurden auch erst etwa zur gleichen Zeit wie Grimes Graves entdeckt. 1860 erkannte man, dass die Gegend reich an neolithischen Feuersteinartefakten war, und etwa sechs Jahre später begriff man, dass es sich um einen Bergbaukomplex handelte. Die folgenden Ausgrabungen enthüllten das volle Ausmaß der gewerblichen Aktivitäten, die an jenem prähistorischen Ort stattgefunden hatten. Der Bergbau von Spiennes hatte seine Blütezeit vor etwa vier- bis fünftausend Jahren, also noch vor der von Grimes Graves. Wie in Grimes Graves war es natürlich das Bestreben der Bergleute, an die Adern mit hochwertigem Flint heranzukommen. R. Shepherd, der nicht nur eine ausführliche Bestandsaufnahme der prähistorischen Bergbautechniken vorgenommen hat, sondern auch über Arbeitserfahrung in der modernen Bergbauindustrie verfügt, hat festgestellt, dass insbesondere in Spiennes die Beherrschung der grundlegenden Prinzipien der geologischen Stratifikation durch die Bergleute überdeutlich wird. Die ersten archäologischen Ausgrabungen in Spiennes im 19. Jahrhundert ergaben, dass die Bergleute Schächte durch fünf Flintadern hindurchgegraben hatten, um die sechste Ader abzubauen. Weitere Ausgrabungen in der Zeit von 1912 bis 1914, die von de Loë geleitet wurden, führten zur Entdeckung von Schächten, die bis zu fünfzehn und sechzehn Metern tief waren. Diese Schächte durchbrachen zwölf Flintadern, bis die Bergleute zur dreizehnten gelangten. De Loë war überzeugt, dass Spiennes eine spezialisierte Bergbaugemeinde war, fähig, ihre Feuersteine von ungewöhnlicher Qualität auf dem Flussweg über große Entfernungen zu exportieren, was, wie wir sahen, höchstwahrscheinlich auch in Grimes Graves der Fall war.

Die Entdeckungen an diesen beiden wichtigen Fundstätten zeigen deutlich, dass der Bergbau in der neolithischen Periode keineswegs in den Kinderschuhen steckte – die Existenz von spezialisierten Bergbaugemeinden (vielleicht mit untergeordneten Dienstleistungszweigen), die Handelsnetze mit Feuersteinen von hoher Qualität und vor allem das Wissen um die Geologie, Gewinnungstechniken und Abbaumethoden (das Graben tiefer Schächte und Schrammen) deuten darauf hin, dass dieses Gewerbe damals bereits hoch entwickelt war. Günter Smolla hat darauf aufmerksam gemacht, dass es technische Ähnlichkeiten mit anderen vergleichbaren Tätigkeiten gibt, wie etwa dem Brunnenbau, der aus der neolithischen Periode sowohl in China als auch in Europa bekannt ist. Diesem Gedankengang folgend, hat er die These unterbreitet, dass der Flintbergbau, der Brunnenbau und andere Technologien eng mit dem verknüpft waren, was einst die »neolithische Revolution« genannt wurde.

Viele Archäologen haben zu erklären versucht, dass so komplizierte Flintbergwerke wie die eben genannten als eine Entwicklung anzusehen wären, die von der Technologie übernommen wurde, wie sie ursprünglich für die Kupfergewinnung angewendet wurde. Obwohl die Tagebaugewinnung und die Verwendung von Flint dem Kupferbergbau vorausgingen, sind Bergwerke wie die von Spiennes und Grimes Graves mit ihren verfeinerten Bergbautechniken (das heißt dem Graben von Schächten und Schrammen an Stelle des Tagebaus) viel späteren Datums als die Kupferbergwerke auf dem Balkan, die in das 5. Jahrtausend v. Chr. zurückreichen. Aus diesem Grund haben einige Wissenschaftler versucht, die echten Flintbergwerke auf »höhere«, »entwickeltere« Kulturen zurückzuführen, die eine Tradition des Kupferbergbaus entwickelt hatten. Die Kupfermine in Rudna Glava, einhundertvierzig Kilometer östlich von Belgrad, ist laut Marija Gimbutas mindestens siebentausend Jahre alt und hat bis zu zwanzig Meter tiefe, senkrechte »Schächte«; Geweihpicken sind ebenfalls gefunden worden. Die Ausgrabung der Kupfermine in Ai-bunar 1972 in Mittelbulgarien durch E. N. Chernykh brachte »Schächte« von über hundert Meter Länge und zwanzig Meter Tiefe ans Licht. Das Ausmaß dieser Bergwerke ist gewiss beeindruckend, aber die Vorstellung, dass sie technologische Prototypen der späteren Flintbergwerke in England und Belgien seien, ist von Gerd Weisgerber stark kritisiert worden. Er ist mit der Verwendung des Begriffes »Schacht« zur Beschreibung des Abbaus in diesen und anderen Kupferbergwerken nicht zufrieden. Zu Rudna Glava sagt er Folgendes:

Wo das [Kupfer-]Erz bis an die Erdoberfläche drang, wurde es einfach aus schrägen Löchern herausgeholt, die über das Gebiet unregelmäßig verteilt sind. Die »Schächte« folgten einfach den steil abfallenden Erzadern bis zum Grundwasserstand. In der Bergbauterminologie werden solche Arbeiten nicht mit dem Begriff »Schacht« bezeichnet, da die abfallenden Tunnel nicht gebaut wurden, um sich Zugang zu unterirdischen Schrammen zu verschaffen.

Aus diesem Grund verwirft er die Möglichkeit, dass solche Kupferbergwerke mit der Technologie entwickelter Bergwerke wie der von Spiennes vergleichbar seien. Er lehnt auch die Bezeichnung »Schacht« für das bulgarische Bergwerk Ai-bunar ab, das er eher als ein großes Steinbruchprojekt denn als ein entwickeltes Bergwerk betrachtet. Bei der Bewertung des Bergbaus im prähistorischen Europa kommt er zu dem Schluss, dass die in der Kupfergewinnung benutzten Techniken die Entwicklung des Flintbergbaus nicht beeinflussten, da die Letzteren komplizierter waren. In Wirklichkeit, so stellt er fest, hatte die Technologie des Kupferbergbaus erst 1200 v. Chr. in der späten Bronzezeit einen vergleichbaren Standard erreicht!

Nachdem wir die Versuche, den Untertageabbau von Flint als einen Ableger des Kupferbergbaus hinzustellen, widerlegt haben, können wir uns wieder der Frage des entwickelten Bergbaus als eines festen Bestandteils der neolithischen Erfindungen zuwenden. Gegenwärtig ist kein Untertagebergbau in Europa aus paläolithischer Zeit bekannt. Von einigen paläolithischen Fundstätten in Polen, Ungarn und der Schweiz ist bekannt, dass Erze aus dem Boden geholt wurden (der Fundort Löwenburg in der Schweiz liefert Beweise eines Übertageabbaus, und »Picken« aus Rothirschgeweihen werden den Aktivitäten des Neandertalers zugeschrieben), aber keine von ihnen weist auf Untertagetätigkeit hin; sie werden besser als »Abbau-« und einfache »Oberflächenschürfanlagen« bezeichnet. Weisgerber und anderen Forschern zufolge ist Bergbau in Europa nicht vor 4000 v. Chr. bekannt. Die Beweislage in Europa scheint nahe zu legen, dass die paläolithische Abbautechnologie sich auf das Schürfen beschränkte und dass der systematische Bergbau eine Erfindung der neolithischen Periode ist. Aber in der Archäologie können sich die Dinge sozusagen über Nacht dramatisch verändern, und genau das trifft in diesem Fall zu. Neue Beweise von paläolithischen Fundstätten in Ägypten, die 1987 entdeckt wurden, verlagerten den Untertagebau weit zurück in die Tiefen der Zeit – um beinahe dreißigtausend Jahre früher, als ehedem angenommen.

In ihrem Bericht über die Entdeckungen beschreiben Pierre Vermeersch, Etienne Paulissen und Philip Van Peer zwei Fundstätten (Nazlet Khater 4 und 7) im Niltal, die eindeutige Belege für den Abbau von Hornstein im Zeitraum von vor dreißigtausend bis fünfunddreißigtausend Jahren liefern. Die meisten Ausgrabungen wurden in Nazlet 4 vorgenommen; deshalb stammen die meisten Informationen von dort. Die jungpaläolithischen Bergleute gruben bis zu zwei Meter tiefe senkrechte

Schächte, von denen einige an der Sohle zu Glockenschächten ausgeweitet wurden. Es wurden auch Gräben von gleicher Tiefe sowie Schrammen gegraben, die sich zu beiden Seiten der Gräben und an der Sohle von Glockenschächten befanden. Die größte von dem Archäologenteam untersuchte Schramme betrug zehn Quadratmeter. An manchen Stellen konnte man feststellen, dass die Schrammen eingestürzt waren. Außerdem wurden Bergbauwerkzeuge zweierlei Typs in den Schrammen gefunden: grobe Hammersteine und Picken. Die Picken erinnern an die neolithischen Exemplare, die in Spiennes und Grimes Graves gefunden wurden, allerdings sind sie in Ägypten aus den Hörnern von Hartebeest und Gazelle hergestellt. In der Nähe, nordwestlich von Nazlet 4, entdeckten die Archäologen die Fundstätte Nazlet 7, ebenfalls ein Untertagebergwerk.

Sie fanden sogar noch frühere Beweise für den systematischen Abbau, die bis in die mittelpaläolithische Periode zurückreichen. Die Schürfaktivitäten an den Fundstätten Nazlet Safaha 1 und 2 bestanden aus dem Ausheben von Gräben und Löchern, die auf jünger als sechzigtausend Jahre (wahrscheinlich zwischen vierzigtausend bis fünfzigtausend Jahre alt) geschätzt wurden. Mittelpaläolithische Erdlöcher wurden auch an einem anderen Ort (Taramsa 1) gefunden, die, wie aus den verschiedenen dort entdeckten Steinwerkzeugen zu schließen ist, von zahlreichen Menschengruppen aufgesucht wurden. An den mittelpaläolithischen Schürfstätten für Hornstein wurden keine Grabungs- oder Hauwerkzeuge gefunden, was vielleicht bedeutet, dass derlei Geräte nicht verwendet wurden oder aus organischem Material (zum Beispiel Holz oder Horn) bestanden, die den langen Zeitraum nicht überdauert haben. Sowohl die mittel- als auch die jungpaläolithischen Fundstätten in Ägypten liefern uns wichtige Informationen für die Rekonstruktion der Entwicklung des prähistorischen Bergbaus. Die Tatsache, dass es systematischen Abbau in der mittelpaläolithischen Periode und Untertageabbau in der frühen jungpaläolithischen Zeit gab, bedeutet, dass die früheren Evolutionsmodelle erheblich revidiert werden müssen. Wir haben gesehen, dass früher der systematische Abbau als Ausfluss der jungpaläolithischen Fähigkeit, Rohmaterialien abzubauen, betrachtet wurde, und der Untertageabbau galt als neolithische Entwicklung. Jetzt muss diese Abfolge in dramatischer Weise zurückverlegt werden.

XIII.

Ocker – das Blut der Erde

Ocker ist ein allgemein verwendeter Name für die Eisenerze Hämatit, Goethit und Limonit, die lange als Farbpigmente für Rot, Gelb und Braun respektive Verwendung fanden. Von ihnen rangiert Hämatit im archäologischen Bereich an erster Stelle, und Ocker bezieht sich meistens auf dieses spezifische Eisenerz. Während die metallurgische Verwendung von Eisen einen relativ späten Entwicklungsschritt in der Frühgeschichte der Technologie markiert, die dann natürlich »Eisenzeit« genannt wurde, führt die Verwendung von Ocker in die frühpaläolithische Periode zurück. Um die Geschichte des Ockers zu erzählen, ist es notwendig, über den technologischen Rahmen hinauszugehen, denn dieses Material hat mit den Ursprüngen des symbolischen Verhaltens, der Kunst und der Religion zu tun. Der berühmte Archäologe und Paläoanthropologe Louis Leakey stieß bei seinen Ausgrabungen in der Olduvaischlucht in Tansania an den Fundstellen BK, Upper Bed II (auf etwa 1,2 Millionen Jahre geschätzt) auf zwei Klumpen, die er für Ocker hielt. Die folgende Analyse ergab, dass es vulkanische Asche war. Die Geschichte beginnt also nicht so früh, und erst nach beinahe einer weiteren Million Jahren lassen sich die ersten Beispiele für den Gebrauch des Ockers nachweisen.

Interessanterweise finden sich an der ältesten Fundstätte für den Gebrauch des Ockers auch Anzeichen der Bergbautätigkeit. Die vorläufige Datierung der Wonderwerk Cave in Südafrika deutet darauf hin, dass – laut Peter Beaumont – der Ockerabbau an der Fundstätte dreihundertfünfzigtausend oder gar vierhunderttausend Jahre zurückliegt. Zwischen den dort gefundenen Faustkeilen lagen zahlreiche Ockerstücke, die von dem Felsen vor Ort abgehauen worden zu sein scheinen. An der dreihunderttausend Jahre alten Fundstätte in Terra Amata in Frankreich sind einige Ockerstückchen in Verbindung mit Werkzeugen aus dem Acheuléen gefunden worden. Die Untersuchung der Ockerklumpen enthüllte unmissverständlich Zeichen der Abnutzung; das heißt, dass der *Homo erectus* sie für einen unbekannten Zweck verwendete. Ein ähnlich abgenutztes Ockerstück wurde von J. Fridrich in dem zweihundertfünfzigtausend Jahre alten Felsüberhang von Beçov in Tschechien gefunden. Er fand auch einen flachen Stein, der der Zubereitung von Ockerpulver gedient hatte. Marshack beschreibt die ungewöhnlichen Umstände, die Fridrich in die Lage versetzten, ein archaisches Ereignis zu rekonstruieren, das unter dem Felsüberhang stattgefunden hatte:

Auf dem Boden des Überhangs, auf der Seite, wo das Ockerstück gefunden wurde, war eine große Fläche mit Ockerpulver bestreut. Fridrich setzte sich auf einen Stein an der Felswand, um den Ocker zu untersuchen, und da merkte er, dass seine Füße zufällig auf die beiden einzigen Stellen passten, die ohne Ockerpulver waren. *Homo erectus* hatte genau auf diesem Stein gesessen, abseits von den anderen Tätigkeiten an diesem Ort, während er sein rotes Pulver zubereitete.

Archäologen konnten unmöglich der Versuchung widerstehen, darüber zu spekulieren, welchen Gebrauch *Homo erectus* möglicherweise von dem Ocker gemacht hat. Diejenigen, die geneigt sind, jenen Hominiden die Fähigkeit des symbolischen Verhaltens zuzutrauen, haben die These vertreten, dass derlei Funde die Praxis der Körperbemalung andeuten könnten und dass die rote Farbe des Ockers als Symbol für Blut gedient haben könnte. Auf der anderen Seite haben diejenigen, die in den Hominiden jener Periode wenig mehr als Werkzeuge benutzende Tiere sehen, deren Handlungen auf den Bereich des Nützlichen beschränkt waren, die These aufgestellt, dass Ocker zur Behandlung von Tierhäuten und -fellen gedient haben könnte, um rudimentäre Formen von Kleidung und Bettzeug herzustellen. Sie geben auch zu bedenken, dass das Auftragen von Ocker auf den menschlichen Körper nicht immer symbolisch verstanden werden muss. Es gibt tatsächlich Stammesgesellschaften, in denen Ocker in die Haut eingerieben wird, um Insekten abzustoßen und Sonnenschutz zu erhalten.

Wenn wir die Vorgeschichte für einen Augenblick verlassen, finden wir, dass eine kurze Durchsicht der ethnografischen Berichte über das Auftragen von Ocker auf den Körper den Sachverhalt nicht klarer macht. Ein Beispiel für die rein praktische Nutzung von Ocker stellt das Himbavolk in Afrika dar, das Fett mit Ocker mischt und diese »Creme« auf den Körper reibt, um sich vor Sonne und Insekten zu schützen. Die einheimischen Bewohner der Andamanen, einer Inselgruppe im Golf von Bengalen, sind dafür bekannt, dass sie ihre neugeborenen Babys mit Ocker als einem Mittel des »Schutzes« einreiben, was hauptsächlich einen praktischen Nutzen, aber auch eine magische Nebenbedeutung hat. Das Gugadjvolk in Nordwestaustralien benutzte Ocker als Medizin: Nachdem sie ihn mit Wasser oder Speichel angefeuchtet hatten, wurde er auf Wunden und Verbrennungen aufgetragen und auch für innere Schmerzen verwendet. Die medizinischen Eigenschaften des Ockers sind sowohl in der westlichen als auch in der östlichen Tradition anerkannt; er wird vor allem wegen seiner antiseptischen und blutstillenden Eigenschaft geschätzt. Die Verwendung von Ocker bei Beerdigungsriten und als Farbmaterial ist in der Stammeswelt weit verbreitet, doch da diese beiden Praktiken für die späteren Stadien der Steinzeit gut dokumentiert sind, ist es nicht notwendig, jüngere Beispiele heranzuziehen. Selbst aus den wenigen hier genannten Beispielen moderner Verwendung wird ersichtlich, dass Ocker eine Reihe von praktischen und symbolischen Anwendungsbereichen hatte und dass diese oft kaum voneinander zu unterscheiden sind. Ocker kann einem praktischen Zweck dienen und zugleich symbolische Bedeutung haben – wie möglicherweise auch in der Frühgeschichte.

Zeugnisse des Ockergebrauchs im frühen Paläolithikum sind nicht auf einen Ort und auch nicht nur auf Europa beschränkt. Ockerklumpen sind im südindischen Hunsgi einer Fundstätte aus dem Acheuléen, gefunden worden; sie werden auf ein Alter von zweihunderttausend bis dreihunderttausend Jahren geschätzt. Sie wurden von K. Paddaya ausgegraben. Robert Bednarik, der sie untersuchte, fand einen besonders interessant:

> Einer der Ockersteine, der nur zwanzig Millimeter maß und sich an einem Ende leicht verjüngte, lenkte gleich meine Aufmerksamkeit auf sich. Er hat eine sieben oder acht Millimeter lange Schleiffläche an dem schwach zugespitzten Ende, die ganz mit Riefungen versehen ist. Diese Einschnitte sind mit bloßem Auge kaum erkennbar, aber vergrößert liefern sie wichtige Informationen ... Sie sind außerordentlich gut erhalten. Ihre Beschränkung auf die eine Seite schließt die Möglichkeit aus, dass sie das Ergebnis von Gesteinsverschiebungen sind ... Darüber hinaus ist der Abrieb bei mehreren aufeinander folgenden Gelegenheiten erfolgt ... Das macht eine natürliche Ursache äußerst unwahrscheinlich.

Nachdem Bednarik festgestellt hatte, dass die Riefungen sehr wahrscheinlich künstlich und nicht natürlichen Ursprungs sind, stellt er die These auf, dass Ockerstücke vielleicht als eine Art Stift gedient haben, um Zeichen auf den Felsen zu malen. Er betrachtet sie kurzum als mögliche Beweise für eine Acheuléen-Kunsttradition in Indien. Nach dem Acheuléen steigt die Zahl der Ockerfunde dramatisch. Wir sollten uns hüten, dies einfach einem zunehmenden Interesse an Ocker und einem wachsenden Bedürfnis danach seitens der späteren Steinzeitmenschen zuzuschreiben; vielmehr ist in Rechnung zu stellen, dass, je weiter man in die Zeit zurückgeht, die Wahrscheinlichkeit umso größer ist, dass Zeugnisse für diese (und für viele andere) Aktivitäten nicht überdauert haben.

In Afrika hat es mehrere wichtige Ockerfunde aus der mittleren Steinzeit gegeben. Ocker-»Stifte« sind an einer Reihe von Orten entdeckt worden, in manchen Fällen zusammen mit

Steintafeln mit Flecken von Ockerfärbung. Der interessanteste Fundort ist die Lion Cavern in Swaziland, die allgemein als die älteste Mine der Welt angesehen wird. Die Datierung des Ortes ist eher problematisch, aber er ist sicher nicht jünger als zweiundvierzigtausend Jahre, und die Beweise, die in Form von Werkzeugen (einschließlich Bergwerkgeräte) gefunden wurden, haben Peter Beaumont schlussfolgern lassen, dass der Abbau von Ocker vor hundertzwanzigtausend Jahren begann. An dem Ort wurden Tausende von Steinwerkzeugen gefunden, die darauf hindeuten, dass die Mine über Tausende von Jahren ausgebeutet wurde. Schätzungen ergaben, dass insgesamt mehr als zwölfhundert Tonnen Ocker aus der Mine herausgeholt wurden, indem eine große waagerechte Schramme in die Klippenwand vorgetrieben wurde. Eine weitere wichtige Entdeckung in Swaziland war der Begräbnisplatz eines Kleinkindes in Border Cave. Das beinahe vollständige Skelett des Kindes, das zwischen vier und sechs Monate alt war, wurde in einem flachen Grab beigesetzt. Manche der Knochen waren mit Ocker gefärbt, und bei dem Skelett lag eine durchbohrte Muschel, die von der über achtzig Kilometer entfernten Küste stammen muss. Die Grabstätte kann nach manchen Schätzungen hunderttausend Jahre alt sein, viel wahrscheinlicher aber ist sie höchstens vierzigtausend Jahre alt. Die Entdeckung dieses ockergefärbten Skeletts deutet nicht unbedingt auf die rituelle Verwendung von Ocker bei Begräbnissen hin, da die Leiche auch in eine mit Ocker gegerbte Haut eingewickelt gewesen sein könnte. Wie ich bereits in Kapitel XI erwähnt habe, sind einige Mahlsteine im Bushman-Felsüberhang im östlichen Transvaal gefunden worden, die Spuren von Ocker aufweisen, zu dessen Aufbereitung sie benutzt worden sind; sie sind auf 47 000 bis 45 000 v. Chr. datiert worden.

In den Moustérien-Schichten von Pech de l'Azé in Frankreich entdeckte François Bordes zahlreiche Anzeichen von Farbpigmenten, die vom Neandertaler benutzt worden sind. Außer ein paar roten Ockerfragmenten und Spuren von gelbem Ocker fand er mehr als hundert Stücke Mangan. Das Mangan erzeugt ein schwarzes Pigment, das in der Umgebung der Höhle häufiger vorkam als Ocker. Aber daraus können wir nicht schließen, dass Schwarz die Lieblingsfarbe des Neandertalers war, nur weil davon an jenem Ort viel mehr benutzt wurde! Wie im Fall von Ocker an anderen Orten weisen die Manganbrocken Anzeichen dafür auf, dass sie bewusst geformt wurden, um als »Stifte« zu dienen. 1908 wurde ein Neandertalergrab in La Chapelle-aux-Saints im südwestlichen Frankreich gefunden; neben den Knochenüberresten dieses alten Neandertalmannes lagen einige Ockerklumpen, und man hielt sie für Grabbeigaben oder Opfergaben für das Leben danach. Die Entdeckung einer Tafel aus Mammutzahn am Moustérien-Fundort Tata in Ungarn, die mit rotem Ocker gefärbt war, deutet ebenfalls auf eine symbolische Rolle dieses Minerals in der jungpaläolithischen Zeit hin.

Ocker blieb auch im frühen Altpaläolithikum gefragt und wurde zum Beispiel in Afrika abgebaut. Eine ausgegrabene Ockermine in der Nähe von Lovas in Ungarn (auf dreißigtausend bis vierzigtausend Jahre geschätzt) Anfang der Fünfzigerjahre wurde von Mészáros und Vértes als eine gemeinschaftliche Anstrengung interpretiert, um das Material als Farbstoff zu gewinnen. Eine große Zahl von Geräten, einschließlich solcher, die speziell zum Graben nach Ocker benutzt wurden, wurde dort gefunden: knöcherne Schaufelgeräte, der Hauer eines Keilers zum Graben, Steinmeißel, Pickenköpfe aus Geweihen, Knochenahlen und ein »verziertes« Knochenwerkzeugfragment, das mit parallelen Linien und Kerben versehen ist. Obwohl der Ausgrabungsbericht es als »verziert« bezeichnet, kann es durchaus auch ein Kerbholz gewesen sein von der Art, wie sie in früheren Kapiteln beschrieben worden sind (das heißt eine Art künstliches Gedächtnissystem). Behälter aus ausgehöhlten Geweihsprossen wurden zur Aufbewahrung von Farbe benutzt, während an anderen europäischen Ausgrabungsstätten aus dem Altpaläolithikum Vogelknochen diese Aufgabe erfüllten. Die Farbmine von Lovas ist wegen bestimmter blattförmiger Steinwerkzeuge mit der szeletischen Kultur verknüpft, da sie ihr Markenzeichen sind. Diese Kultur erwuchs aus der vorherigen Moustérien-Kultur und überbrückt das mittlere und junge Paläolithikum. Die Ausgraber waren ziemlich überrascht von dem, was sie fanden:

> Der Lovas-Fund als ein harmonisches Ganzes taucht unerwartet quasi aus dem Nichts auf. Die Geräte, die an anderen paläolithischen Fundstätten gefunden wurden, gleichen Alters und aus derselben Kultur, dienen fast ausschließlich grundlegenden Zielen der Selbsterhaltung: Sie bestehen aus Geräten zum Jagen, aus Kleidungsstücken und den Werkzeugen, die zur Herstellung dieser Dinge notwendig sind. Demgegenüber besteht der Lovas-Fund aus Geräten zum Abbau von roter Farbe – ein reiner »Luxus«-Artikel, unserer gegenwärtigen Auffassung zufolge. Die Menge und die hohe Qualität der Werkzeuge erforderten, in Verbindung mit den Schwierigkeiten, das Rohmaterial zu beschaffen, seitens des primitiven Menschen ein erstaunliches Maß an Konzentration und Willensanstrengung, die auf ein bestimmtes Objekt gerichtet waren. Derlei Qualitäten werden gewöhnlich nicht mit dem paläolithischen Menschen in Verbindung gebracht, der als ein Wesen betrachtet wird, das unfähig ist, seine Aufmerksamkeit zu bündeln, das eher plump und schwerfällig bei seinen geistigen Aktivitäten ist, außer denen, die mit den fundamentalen Funktionen des Selbsterhalts und der Fortpflanzung der Rasse zu tun haben.

Die Entdeckung dieses Fundortes zeigt, dass der Ockerbergbau im steinzeitlichen Europa wahrscheinlich noch älter ist als der systematische Abbau von Flint; die Verwendung von Geweihpicken in Lovas erinnert wie von fern an vergleichbare Werkzeuge, die in neolithischen Bergwerken verwendet wurden. Es ist auch möglich, dass der Ocker von Lovas in ähnlicher Weise wie der Flint von Spiennes und Grimes Graves gehandelt wurde, wahrscheinlich aber über geringere Entfernungen. Der Abbau in Lovas fand ohne Untertagebergbau statt – wie zur gleichen Zeit im Niltal –, doch die ungarische Ockermine zeigt nichtsdestoweniger, dass seit dem eigentlichen Beginn des Altpaläolithikums, und vielleicht sogar schon etwas früher, der Bergbau ein Teil des kulturellen Lebens war. Ein weiterer Aspekt der Bedeutung des Gebrauchs von Ocker in der frühen Technologie kommt an einem anderen paläolithischen Fundort zum Vorschein: in Arcy-sur-Cure nahe Paris. Dieser Fundort wird in der Übergangsphase zwischen Mittel- und Jungpaläolithikum in Frankreich angesiedelt, in der Periode, die Châtelperronien (auch »älteres Périgordien« genannt) heißt. Hier wurden nicht nur Neandertalerüberreste gefunden, sondern in großem Umfang auch Ocker abgebaut. Leroi-Gourhan, der die Ausgrabungen leitete, fand große Stücke Ocker an einer Stelle, wo eine Art Hütte von drei mal vier Metern gestanden hatte. Es ist unklar, ob der Ocker für irgendeinen praktischen Zweck wie das Gerben von Häuten abgebaut wurde oder ob er einen magischen oder ästhetischen Wert für die damaligen Menschen hatte.

Denise Schmandt-Besserat hat weitere Details über diesen Fundort herausgefunden, die für die Rekonstruktion der Entwicklung der Technologie äußerst wichtig sind. Mahlsteine und Stößel in Arcy-sur-Cure, zwei Typen von Artefakten, die gewöhnlich mit viel späteren Entwicklungen in Zusammenhang gebracht werden, scheinen den Beginn der Landwirtschaft anzukündigen (da sie zur Zubereitung des Getreides dienten); ursprünglich wurden sie aber zur Bereitung von Ocker und nicht von Getreide verwendet. Sie macht auch darauf aufmerksam, dass Ocker dort in Feuerstellen gefunden wurde, was wahrscheinlich nicht dem Zufall oder der Unachtsamkeit der Leute zuzuschreiben ist. Das Ausglühen des Ockers erzeugt eine breitere Palette von Farben als der Ocker, der keiner Hitzebehandlung unterzogen wird. Die erforderliche Temperatur (260 bis 280° C) wird in Feuerstellen mühelos erreicht. Der Beweis für den Gebrauch von erwünschter Hitzebehandlung zur Veränderung des Ockers hat Implikationen für den Ursprung der Hitzebehandlung bei sowohl Stein- als auch bei Keramiktechnologien. Die frühest bekannte Steinhitzebehandlung aus der Solutréen-Periode und der erste Beweis im Fall von Keramik am Gravettien-Fundort Dolni Vestonice datieren beide später als die thermale Veränderung des Ockers durch den Menschen des Châtelperronien. Nach unserem jetzigen Wissensstand sieht es so aus, als ob die Kunst der Pyrotechnik zuerst für den Ocker benutzt wurde und danach auf andere Materialien wie Flint und Lehm übertragen wurde.

Von dem Acheuléen bis ins frühe Jungpaläolithikum gibt es unzählige Beweise, dass Ocker verwendet wurde, aber in den meisten Fällen wissen wir nicht, wozu. Es gibt keinen Grund zu glauben, dass sein Gebrauch auf einen einzigen Zweck beschränkt war; eine einzige Menschengruppe konnte Ocker für viele Zwecke verwendet haben: als Medizin, als Farbe, als Gerbmittel, als Hautschutzmittel und zur Durchführung von Ritualen. Ocker wurde weiterhin während des ganzen Jungpaläolithikums verwendet, vor allem als Pigment für Malereien. Moderne Analysetechniken bei der Untersuchung der Höhlenmalereien aus dem Magdalénien in Frankreich haben ein neues Licht auf die Herstellung von Farben durch die prähistorischen Künstler geworfen. Jean Clottes, Philippe Walter und Michel Menu entnahmen fast sechzig winzige Proben roter und schwarzer Farbe den paläolithischen Malereien, die die Niauxhöhle in den französischen Pyrenäen schmücken, um ihre Zusammensetzung zu analysieren. Die Ergebnisse »zeigen deutlich, dass die Niauxkünstler wirklich komplexe Farben schufen, indem sie Farben mit mineralischen Streckern und Bindern mischten«. Die rote Farbe wurde aus Ocker gemacht und die schwarze aus Mangandioxid, Holzkohle oder einer Mischung aus beidem. Alle diese Mineralien waren vor Ort vorhanden, mussten also nicht durch Handel besorgt werden. Die Forscher konnten vier verschiedene Farbrezepturen ausmachen, die sich hinsichtlich der benutzten Streckungsmittel unterschieden.

Derlei Erkenntnisse sind sehr nützlich für die Datierung bestimmter Malereien, denn obwohl die französischen Höhlen enorme Aufmerksamkeit durch die Wissenschaftler im 20. Jahrhundert erfahren haben, steckt eine genaue Chronologie der Kunstwerke immer noch in den Kinderschuhen. Jüngste Fortschritte bei den wissenschaftlichen Analysemitteln haben es den Prähistorikern erlaubt, nicht nur die Zusammensetzung der Pigmente und die natürliche Herkunft ihrer Bestandteile zu bestimmen, sondern manchmal auch aus winzigen Proben, die entnommen werden können, ohne die Malereien zu beschädigen, Radiokarbondaten zu gewinnen. Michel Lorblanchet, Spezialist für Maltechniken der paläolithischen Kunst, hat mit seinem interdisziplinären Team eine Studie in der Cougnachöhle im französischen Quercy durchgeführt. Eine ihrer Aufgaben war es, die Quelle oder die Quellen der Farbpigmente herauszufinden, die an dem Ort von den prähistorischen Künstlern verwendet wurden. Sie entdeckten zwei: eine unmittelbar vor der Höhle und die zweite etwa fünfzehn Kilometer entfernt. Beide Quellen bestanden aus Lehm-Sand-Sedimenten, die gelben Ocker enthielten, während für die Malereien die Farbe Rot und nicht Gelb verwendet worden war. Dann wurden Experimente durchgeführt, um festzustellen, ob Ocker aus den beiden Quellen in Rot verwandelt werden konnte:

Die erste Stufe besteht darin, dass die ockerfarbenen Sedimente mit Wasser gemischt werden; daraufhin müssen sie nach und nach vorsichtig in einen Behälter abgeschlämmt werden, um den meisten Sand zu entfernen. Die größeren Quarzkörner bleiben auf dem Boden liegen, das Wasser mit dem gelösten Lehm wird in einen großen flachen Behälter abgeschüttet; danach lässt man das Wasser verdunsten. Dieser Vorgang kann mehrmals wiederholt werden; die Häufigkeit des Abgießens entscheidet über den Anteil von Quarzsand, der in dem Pigment zurückbleibt.

Nach der Verdunstung werden die Flocken getrockneten Ockers eingesammelt und gemahlen. Das gelbe Pulver wird auf eine Steinplatte gelegt (am besten auf einen großen flachen Flusskieselstein), und dann werden die gelben Ockerkuchen über die glühenden Kohlen eines offenen Feuers von prähistorischem Typ gelegt. Nach zwei oder drei Stunden intensiver Hitze verwandelt sich der gelbe Ocker in eine schwach rötliche Farbe, deren Pigmente identisch sind mit jenen, die von den paläolithischen Künstlern benutzt worden sind.

Wie wir sehen, reicht die thermische Veränderung des Ockers mindestens zu den Anfängen des Jungpaläolithikums zurück. Ocker ist seit der Vorgeschichte von den australischen Aborigines als Farbe geschätzt worden, denn sie malen gerne, wie die prähistorischen Bewohner Frankreichs, auch heute noch. Michel Lorblanchet hat einige Zeit in Australien gelebt und viel von den zeitgenössischen Künstlern der Aborigines gelernt, die ihm ihre Techniken zeigten: Er erkannte sie als diejenigen, die einst im paläolithischen Europa benutzt wurden. Natürlich malen die Europäer noch immer, und zwar auf ziemlich andere Art und Weise als ihre Steinzeitvorfahren. Doch wir sollten uns nicht von den Kunstkritikern irreführen lassen, die uns weismachen wollen, dass wir das primitive Stadium in der »Evolution« der Kunst längst hinter uns gelassen haben. Picasso, der von allen Künstlern des 20. Jahrhunderts an der »Entwicklung« von Kunst sicherlich den meisten Anteil hat, soll gesagt haben, als er die Höhle von Lascaux verließ: »Wir haben nichts erfunden!«

Ockerstifte, die in Naulabila (oder Lindner, wie die Ausgrabungsstätte manchmal genannt wird) im nordaustralischen Arnhem Land gefunden wurden, sind möglicherweise bis zu fünfzigtausend Jahre alt, obwohl dieses Datum als viel zu früh angesehen wird. In demselben Gebiet an einem anderen Ort, Malakunanja II lagen Stücke von rotem und gelbem Ocker in den frühesten Schichten seiner Besiedelung, die fünfundvierzigtausend Jahre alt sein können, obwohl auch dieses Datum keine allgemeine Anerkennung gefunden hat. Der Gebrauch von Ocker an beiden Stellen vor zwanzigtausend Jahren ist weithin anerkannt. Die Aufsehen erregendste Fundstelle in Australien in Bezug auf Ocker ist sicher Wilgie Mia im Westen des Kontinents. Es ist ein sehr großes Ockerabbaugebiet, das von den Aborigines bis in die jüngste Zeit benutzt wurde. Tausende Tonnen Fels sind von den einheimischen Bergleuten bei ihren Anstrengungen, das wertvolle Gut zu erhalten, beiseite geräumt worden. An einem Hügel, der Adern von gelbem und rotem Ocker enthält, sind im Verlauf des Abbaus größere Grabungsarbeiten vorgenommen worden. Der Einschnitt in den Hügel ist zwischen fünfzehn und dreißig Meter breit und zwanzig Meter tief. Die Ausrüstung der Bergleute bestand aus Steinwerkzeugen, feuergehärteten Holzkeilen und Gerüsten. Gewöhnlich wurden die Mine und die Arbeiten dort von den Stammesältesten überwacht, und nicht initiierte Leute durften bestimmte Teile der Mine nicht betreten. Es war auch verboten, Abbauwerkzeuge von dort zu entfernen. Der Ocker von dieser und anderen Minen wurde über weite Entfernungen gehandelt; der von Wilgie Mia soll sogar Queensland erreicht haben. Die als heilig geltende Landschaft und ihre enge Verbindung mit der Mythologie sind allgemein bekannte kulturelle Züge der Aborigines, und es ist kaum überraschend, dass eine Mine wie Wilgie Mia ihre eigene Geschichte hat. Josephine Flood hat sie überliefert:

> Der Ocker wurde durch den Tod eines großen Kängurus gebildet, das von dem Geist namens Mondong mit dem Speer erlegt wurde. Das Känguru sprang in seiner Todesqual nach Wilgie Mia, wo der rote Ocker sein Blut darstellt, der gelbe seine Leber und der grüne seine Galle. Mit dem letzten Sprung erreichte das Känguru einen anderen Hügel, der »Little Wilgie« heißt und auch sein Grab ist.

Wahrscheinlich waren auch die französischen Orte mit Malereien Gegenstand der Mythologie in paläolithischer Zeit, aber was wir aus diesem Aspekt der Kultur der Aborigines lernen können, ist viel indirekter als die praktischen Schlüssel, die Lorblanchet von seinen Lehrern erhielt. Unsere Kenntnis der rituellen Aktivitäten, die in paläolithischen Höhlen vor sich gingen, ist notgedrungen verschwommen und erschöpft sich in ein paar Hinweisen aus den archäologischen Aufzeichnungen. Diese natürlichen Dome, ferne Ahnen der Passagegräber und Grabhügel der neolithischen Periode, werden versuchsweise von Lorblanchet als »Heiligtümer«, »Tempel« und »geheime Orte« beschrieben, wobei er unsere unvollständige Kenntnis ihrer Symbolik und ihrer Zwecke anerkennt. Es gibt allen Grund zu glauben, dass ähnliche künstlerische Arbeiten einst an zahlreichen Orten unter freiem Himmel in ganz Europa und anderenorts angefertigt wurden und dass diese auch eine große Rolle in den paläolithischen Gesellschaften spielten. Es stimmt nicht, dass die Künstler des paläolithischen Frankreich und Spanien jenen anderer Regionen von Natur aus überlegen waren. Vielmehr ist ihr großartiges Werk in den Höhlen glücklicherweise vor der Vernichtung durch die Zeit bewahrt geblieben, während jene unter freiem Himmel durch die tausendjährigen Witterungseinflüsse zerstört worden sind. Folglich enthalten diese Höhlenheiligtümer nur einen Bruchteil der europäischen Kunst aus dem Paläolithikum, eine kostbare Erinnerung an die Vorstellungskraft unserer Urahnen, die einst die Landschaft des Kontinents beseelten.

XIV.

Venusfigurinen:
Sexobjekte oder Symbole?

Obwohl die Höhlenmalereien in Frankreich und Spanien die berühmtesten Beispiele für die Kunst des Jungpaläolithikums sind, gibt es doch viele andere Werke in Form von verzierten Artefakten, Skulpturen und Figurinen, die eine vergleichbare Geschicklichkeit und Vorstellungskraft bezeugen. Obwohl eine beachtliche Vielfalt von Malereien und Kunstobjekten aus Europa wie aus anderen Kontinenten bekannt ist, gibt es zahlreiche Werke außerhalb Europas, die viele tausend Jahre alt sind. Doch genau wie in der modernen Kunstwelt sind nicht alle Werke echt. Fälschungen prähistorischer Kunstwerke waren im späten 19. Jahrhundert in Amerika weit verbreitet, wobei das stärkste Motiv für die Herstellung von derlei Fälschungen der Wunsch war zu »beweisen«, dass Menschen von Anfang an in Amerika gelebt haben. Während man die meisten Fälschungen schnell enttarnte, konnte ein Stück, die Holly-Oak-Gravierung, erst hundert Jahre nachdem es 1889 der Welt von einem Amerikaner namens Hilborne Cresson präsentiert worden war, als solche entlarvt werden.

Das fragliche Objekt ist ein Anhänger aus einer Wellhornmuschel, in die das Bild eines Mammuts eingeritzt ist und von der Cresson behauptete, er habe sie 1864 bei Holly Oak in Delaware ausgegraben. Cresson gab niemals eine offizielle Erklärung dazu ab, weshalb er seinen dramatischen Fund nicht früher bekannt machte; schließlich mutet es sonderbar an, damit fünfundzwanzig Jahre zu warten. Es gab zusätzliche Gründe, die Echtheit des Fundes anzuzweifeln, darunter seine Ähnlichkeit mit einer echten Mammuteinritzung im Felsüberhang von

La Madeleine in Frankreich, die 1864 gefunden wurde; Cresson konnte sie gekannt haben. Cresson nahm sich 1894 das Leben, offenbar aus Angst wegen seiner Verwicklung in eine Geldfälschergeschichte. Obwohl ihre Echtheit von Anfang an bezweifelt wurde, hatte die Holly-Oak-Graviérung ihre Verteidiger. Paul Bahn hat die Wiederbelebung und die endgültige Aufdeckung dieses hartnäckigen Schwindels beschrieben:

> Die Holly-Oak-Figur wurde schließlich von ihren Anhängern aus ihrer relativen Obskurität wiederbelebt und fand sich sogar auf der Titelseite von *Science* [1976]. Einige Zeit später belebte eine Korrespondenz in derselben Zeitschrift erneut die Debatte, wobei die strafrechtliche Verfolgung der Angelegenheit des Langen und Breiten dargelegt wurde. Jüngst wurde die Sache ein für alle Mal entschieden, als die Muschel der Radiokarbonmethode unterworfen wurde. Trotz der oft ungenauen Ergebnisse bei Radiokarbonuntersuchungen von Muscheln ist es ziemlich offensichtlich, dass die Wellhornmuschel von Cresson einer archäologischen Fundstätte aus dem 9. Jahrhundert v. Chr. entnommen und die Einritzung von ihm selbst in Nachahmung des La-Madeleine-Mammuts vorgenommen wurde, wahrscheinlich in den Achtzigerjahren und nicht 1864, wie er behauptet hatte. Ironischerweise wird das Objekt wahrscheinlich als nachgewiesene Fälschung größeren Ruhm und größere Aufmerksamkeit erringen, als es als mögliche echte Antiquität gewonnen hätte.

Es gibt einige andere Objekte, die als Beweise für Kunst in den beiden Amerikas vor zehntausend Jahren angeführt worden sind, wie etwa ein Knochen, auf dem ein Rhinozeros eingeritzt ist und der in der Jacobshöhle in Missouri gefunden wurde. Im vergangenen Jahrhundert wurde ein geschnitzter Knochen in Teqiuxquiac in Mexiko gefunden, mit dem Bild eines Tieres, wahrscheinlich eines Hundes, mit eingeritzten Nasenlöchern, dessen Alter auf etwa zwölftausend Jahre geschätzt wird. Kontroverse Anwendung von Datierungstechniken an Petroglyphen (Felszeichnungen) hat sehr frühe Daten ergeben: für eine geometrische Zeichnung aus Arizona achtzehntausend Jahre und ein Ritzbild eines Tieres in Kalifornien vierzehntausend Jahre. Diese Angaben betreffen eine Zeit, die vor dem allgemein akzeptierten Datum für die erste Einwanderung von Menschen zur Besiedelung der Neuen Welt liegt, das heißt vor zwölftausend Jahren. Weniger umstritten sind die achttausend Jahre alten geritzten Steinartefakte, die in North Carolina und Argentinien gefunden wurden. Solche Funde deuten sowohl das Alter als auch die große Verbreitung der Traditionen von Felskunst an.

Die bei weitem größte Zahl geritzter Steine, die in der Neuen Welt entdeckt wurden, stammt aus dem Gatecliff-Felsüberhang in Monitor Valley (Nevada); dort wurden vierhundertachtundzwanzig Stücke gefunden, die zeitlich zwischen 3300 v. Chr. und 1300 n. Chr. liegen, und sie zeigen eine kontinuierliche Kunsttradition, die viertausendfünfhundert Jahre lang vor dem Kontakt mit Europäern bestand. Laut Trudy Thomas, einer Archäologin, die diese frühen Kunstwerke eingehend untersucht hat, beweisen die bloße Zahl der mit Ritzzeichnungen versehenen Steine und ihre Verbreitung über ein weites Gebiet eine bedeutende, jahrtausendealte symbolische Tradition im Bereich des Great Basin (abflusslose Großlandschaft in den USA zwischen der Sierra Nevada und den Rocky Mountains). Die auf diesen Steinen dargestellten Symbole sind komplexe Anordnungen von Zickzacklinien und anderen Mustern, die auch aus der Felsenkunst der Region bekannt sind. In vielen Fällen sind die Markierungen auf den Steinen über älteren Einritzungen angebracht, was die Mehrfachnutzung des Materials anzeigt. In anderen Fällen konnte Thomas in ihrer Analyse nachweisen, dass nicht alle Markierungen in einer bestimmten Folge zur selben Zeit gemacht wurden; das heißt, dass sie vielleicht als eine Art »Kerbholz« verwendet wurden. Die geritzten Steine von Gatecliff Shelter haben eindeutige Parallelen zu denen anderer Orte in der Neuen Welt und können, wie ich schon sagte, auf ein Alter von wenigstens achttausend Jahren festgelegt werden, sowohl in Nord- als auch in Südamerika. Es kann durchaus sein, dass die ersten Einwanderer in die Neue Welt diese Kunst- und Zeichentradition über die Beringlandbrücke mitbrachten, die einst die Alte mit der Neuen Welt verband, aber beim gegenwärtigen Wissensstand ist dies eine reine Vermutung. Es ist verlockend, gewisse Parallelen in den jungpaläolithischen europäischen »Kerbhölzern« zu sehen, die von Marshack und anderen untersucht wurden. Europäische Zeichensysteme und Kerbhölzer sind natürlich sehr weit weg von denen in den beiden Amerikas, und ohne weitere Zeugnisse für die Existenz solcher Artefakte aus Asien kann nicht nachgewiesen werden, dass die beiden Traditionen eine Verbindung haben.

Die Entdeckung von Kunst aus dem paläolithischen Zeitalter in vielen Teilen der Welt ist relativ jungen Datums, und diese neuen Funde verändern das Gesamtbild der globalen Verbreitung solcher Werke. Sie zeigen, dass der Ehrenplatz, der Europa in der frühen prähistorischen Kunst gegeben wurde, teilweise das Ergebnis von intensiverer und extensiverer archäologischer Forschung auf diesem Kontinent war. Der erste Bericht über paläolithische Kunst in China kam erst 1991. Das betreffende Objekt ist ein dreizehntausend Jahre altes graviertes Geweihfragment, das von You Yuzhu in der jungpaläolithischen Ausgrabungsstätte der Longguhöhle in der Provinz Hopeh, etwa hundert Kilometer nordöstlich von Peking, gefunden wurde. Robert Bednarik, der das Geweih persönlich untersuchte, sagt Folgendes:

Die eingeritzten Linien sind großartig mit Steinwerkzeugen gearbeitet, und ihr spielerisches Muster kommt dem europäischer und sibirischer tragbarer Kunstobjekte gleich. Die Breite und die Tiefe der Linien sowie auch der Abstand zwischen den Linien sind sorgfältig durchgängig eingehalten worden. Der Entwurf der drei Muster ist kühn und selbstbewusst, was auf die Hand eines sehr erfahrenen Künstlers deutet, mit einem Repertoire von sehr ausgeprägten und komplizierten Mustern. Ein Muster besteht aus vier Gruppen von sechs oder sieben Wellenlinien, die geschickt gezogen sind, um ein folgerichtiges Muster zu bilden; das zweite

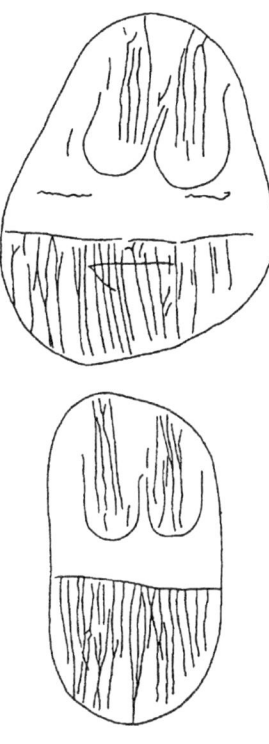

Abbildung 29

ist ein kunstvolles, achterförmiges Motiv und das dritte eine Anordnung von parallelen und Zickzacklinien, die zwei in die Länge gezogene Fächer mit schräger Kreuzschraffierung umschlie-
ßen. Der Künstler beweist eine bewundernswerte Kontrolle nicht
nur über die Abstände und die Rillentiefe, sondern auch über die
technischen Gesichtspunkte beim Ziehen der gebogenen Muster
und ihrer Einordnung in das rechteckige Format. Die in allen drei
Mustern waltende Genauigkeit und die Besonderheit des De-
signs verweisen auf eine genau umrissene, ihnen zugewiesene Bedeutung.

Eine der Rillen auf dem Geweih enthielt noch Spuren von
Ocker, und es kann sein, dass alle Rillen ursprünglich rot ange-
malt waren. Wie Bednarik betont, sei die Feinheit des Musters

viel stärker als die von ähnlichen verzierten Objekten aus der jungpaläolithischen Periode in Europa, und vor ihm hat schon Marshack festgestellt, dass die Muster aus Osteuropa und auch aus Sibirien vergleichsweise kunstvoller seien als die aus Westeuropa. Obwohl es gefährlich ist, allein auf der Grundlage dieses einen Fundes aus China allzu umfangreiche Spekulationen anzustellen, scheint es, dass die Verwendung solcher Symbole im asiatischen Jungpaläolithikum in mancher Hinsicht entwickelter war als in Europa. Die paläolithische Kunst ist im Fernen Osten ebenfalls selten. Sohn Pow-Key hat darauf hingewiesen, dass Felsenritzzeichnungen in Korea ausgestorbene Tierarten darstellen und folglich aus dem Paläolithikum stammen. Er hat auch die eher fragwürdige Behauptung aufgestellt, dass es für die Existenz von Kunst in Korea in mittelpaläolithischer Zeit Beweise in Form von zurechtgeschnittenen Knochen gebe, die Tiere darstellten. In Japan ist eine Reihe von geritzten Kieselsteinen an der Ausgrabungsstätte von Kamikuroiwa gefunden worden. Sie werden dem Beginn der Dschomon-Periode des Ortes zugerechnet und sind auf 12125 v. Chr. datiert worden. Unter ihnen finden sich die so genannten Venuskiesel, die Brüste und Röcke abbilden (siehe Abbildung 29).

Kunst mit erotischem Unterton ist in der Höhle el-Wad im Karmelgebirge bei Haifa in Israel gefunden worden; sie wird der Natufian-Kultur zugeordnet, die gegen Ende des Jungpaläolithikums von etwa 8300 bis 10800 v. Chr. blühte. Dort wurde eine Reihe von phallischen Objekten aus Flint entdeckt. Die Hersteller dieser Objekte scheinen bewusst Flintklumpen von solcher Form gewählt zu haben, die nur weniger künstlerischer Veränderungen bedurften, um ihr phallisches Aussehen hervorzuheben. In einem bestimmten Fall ist die Vorhaut vermittels einer kreisrunden Einritzung an einem Ende des Objektes angedeutet worden, während die Urethra durch ein gebohrtes Loch am selben Ende gemacht wurde. Eine bemerkenswerte Arbeit von erotischer Kunst, die den Geschlechtsverkehr darstellt und als Ain-Sakhri-Figurine bekannt ist, stammt ebenfalls aus der Levante und ist mit großer Wahrscheinlichkeit der Natufian-Epo-

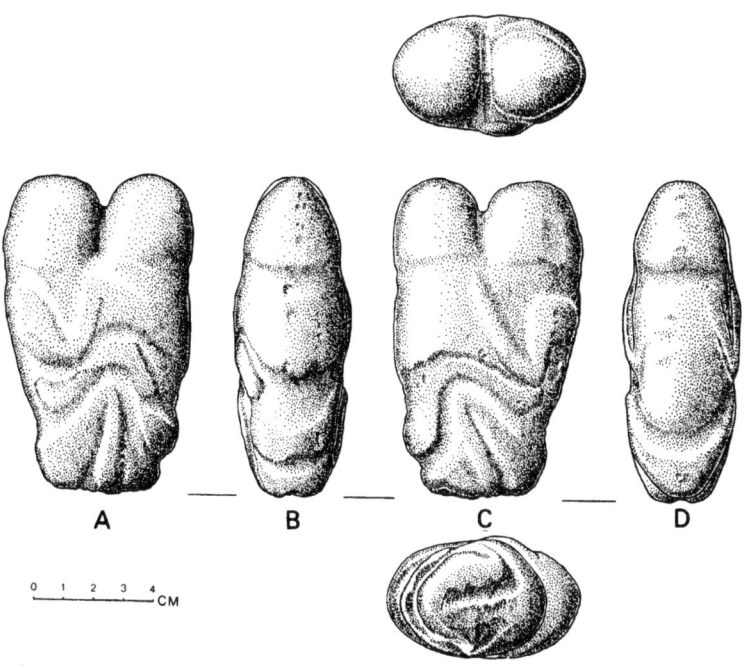

Abbildung 30

che zuzurechnen, obwohl die Geschichte ihrer Entdeckung es
unmöglich macht, sie einer bestimmten Periode zuzuordnen.

Das Objekt ist von einem Beduinen in der Wüste gefunden
worden, wenige Kilometer südlich von Bethlehem. Es wurde
ihm abgekauft und in einem kleinen Museum für prähistorische Altertümer ausgestellt, das von französischen Priestern in
Bethlehem gegründet worden war. 1933 sahen der französische
Vizekonsul von Palästina, René Neuville (der auch Prähistoriker war), und der Abbé Henri Breuil, ein Experte für prähistorische Kunst, das Objekt, und beide waren der Meinung, dass es
ein echtes Artefakt aus der Natufian-Periode sei. Neuville er-
warb das Objekt, und 1958, ein Jahr nach seinem Tode, kam es
zur Auktion bei Sotheby's und wurde vom Britischen Museum
gekauft, in dem es sich heute befindet. Kürzlich haben Jill Cook
vom Britischen Museum und Brian Boyd von der Universität

301

Cambridge das Objekt und seine Herkunft erneut untersucht. Sie kamen zu dem Ergebnis, dass es keinen hinreichenden Grund gebe zu bezweifeln, dass das Objekt tatsächlich sehr alt sei. Es habe jedoch keinen archäologischen Kontext (das heißt, es ist nicht von einem Archäologen in seiner ursprünglichen Umgebung gefunden worden) und könne deshalb entweder der Natufian-Periode oder der darauf folgenden frühen neolithischen Periode, vielleicht sogar einer noch späteren Zeit zugeordnet werden. Doch wie alt es auch ist – es ist eine bemerkenswerte Abbildung des sexuellen Aktes.

Die Figurine (siehe Abbildung 30) ist aus einem Kalkspatstein mithilfe eines Steinmeißels hergestellt worden, um ein bemerkenswertes dreidimensionales Exemplar eines Double entendre zu erzeugen. Denn während die Figurine zwei Liebende in der auf Abbildung 31 dargestellten sexuellen Stellung zeigt, hat sie auch nicht zu übersehende phallische Andeutungen aus jedem erdenklichen Winkel. Von Seite A oder C gesehen, vermittelt die Skulptur den deutlichen Eindruck von zwei Penissen Seite an Seite – vielleicht ein Hinweis auf homosexuelle Praktiken –, und bei dieser Betrachtungsweise werden die Köpfe der Liebenden zu den Spitzen der beiden Penisse. Von den Seiten B und D ist der phallische Effekt ebenfalls offensichtlich. Von oben gesehen scheinen die beiden Köpfe Testikel darzustellen, während die Unterseite an eine Eichel erinnert. Sowohl die Komplexität der sexuellen Symbolik als auch die Brillanz, mit der die Idee in Stein ausgeführt wurde, machen das Objekt absolut einzigartig. Im Vergleich dazu verblassen die oben genannten Natufian-Objekte zur Bedeutungslosigkeit, obwohl man erkennen kann, dass sie zu ähnlichen, wenn auch nicht identischen künstlerischen Traditionen gehören.

Kunstobjekte in der Levante, die älter als die der Natufian-Ära sind, findet man äußerst selten. Eine Kalksteinplatte mit einem künstlerischen Muster ist in der Hayonimhöhle im westlichen Galiläa ausgegraben worden; sie ist etwa dreißigtausend Jahre alt, also auf den Beginn des Jungpaläolithikums zu datieren. Die Einritzungen und Kratzer auf dem Objekt wurden

Abbildung 31

wahrscheinlich mit einem Flintwerkzeug gemacht, und der Künstler scheint versucht zu haben, ein Tier wie etwa ein Pferd oder eine Kuh darzustellen, obwohl keineswegs klar ist, was es sein soll. Die Seltenheit so früher Funde wie ihre Grobheit – wenn man sie mit späteren Arbeiten vergleicht – könnten einen zu der Annahme einer Art Evolution von einer primitiven Kunstphase im frühen Jungpaläolithikum zu einer besser ausgebildeten Tradition im späteren Jungpaläolithikum verleiten, in der sowohl die Kunstfertigkeit als auch der symbolische Ausdruck eine höhere Ebene erreichten. Gewiss waren derlei Ansichten zu einer gewissen Zeit sehr populär, wenn man die jungpaläolithische Kunst Europas und darüber hinaus beschrieb. Während manche der Verdienste der Kunst des frühen Jungpaläolithikums anerkannt wurden, glaubte man, dass die kulturelle und künstlerische Komplexität sich wirklich erst vor etwa siebzehntausend Jahren entfaltete, zur Zeit der spektakulären Malereien von Lascaux.

Im Licht der jüngsten Entdeckungen und Forschungen lässt sich jetzt keinesfalls beweisen, dass irgendeine Evolution im künstlerischen Bereich während des Jungpaläolithikums stattfand – sie war komplex und verfeinert von Anfang bis Ende. Neue Entdeckungen in der Chauvethöhle in der Ardèche haben gezeigt, dass verfeinerte Höhlenkunst wie jene an den berühmten Orten Altamira und Lascaux schon viel früher existierte (siehe Tafel 24). Muster von Holzkohle, die den Zeichnungen in der Höhle entnommen wurden, haben diese verlässlich auf ein Al-

303

ter von mehr als dreißigtausend Jahren festgelegt, und somit sind sie *doppelt so alt* wie viele der früher bekannten jungpaläolithischen Malereien. Der Gedanke, dass Lascaux und andere bemalte Höhlen eine Evolution aus der »kindischen« oder »primitiven« Kunstphase des frühen Jungpaläolithikums darstellen, muss jetzt entschieden verworfen werden.

Man hatte früher auch angenommen, dass die jungpaläolithischen Völker, die vor fünfundzwanzigtausend bis vierzigtausend Jahren lebten, eine viel einfachere soziale Organisation hatten als ihre Artgenossen der späteren Phasen des Jungpaläolithikums und dass dies einer der Gründe war, weshalb ihre Kunst nicht in demselben Ausmaß blühte. Aber Randall White von der Universität New York hat gezeigt, dass schon zu jenen frühen Zeiten hierarchische Gesellschaften existierten. Seine Untersuchung von Perlen, die als Körperschmuck benutzt wurden, ist ein schönes Beispiel für jene Art der Herangehensweisen, wie sie in Kapitel VII beschrieben wurden: Scheinbar unwichtige Aspekte eines Gegenstandes enthüllen sehr wichtige Informationen, die das Gesamtbild beleuchten. Persönlicher Schmuck taucht im Aurignacien in verschiedenen Teilen Europas vor etwa vierzigtausend Jahren auf. Er wurde aus zahlreichen Materialien hergestellt: aus Muscheln, Korallen, Tierzähnen, Elfenbein, Kalkstein, Gagat, Knochen und Geweihen. Doch war, wie Randall White betont, die Auswahl der Materialien zur Herstellung von Körperschmuck keineswegs willkürlich oder zufällig. Selbst innerhalb einer bestimmten Gruppe, der von durchbohrten Tierzähnen, die um den Hals gehängt wurden, konnte er, indem er ihre Verbreitung über den Kontinent verfolgte, regionale Vorlieben für die Zähne bestimmter Arten nachweisen. Die Eckzähne von Füchsen waren besonders in Russland, Deutschland, Belgien und Frankreich in Mode, während sie in Spanien und Italien fast völlig fehlen; dort wurden die Eckzähne von Rothirschen bevorzugt. Seemuscheln als Körperschmuck sind viel häufiger in bestimmten Regionen des Inlands, in denen ihr exotischer Ursprung ihre Begehrtheit erhöht zu haben scheint.

An der jungpaläolithischen Ausgrabungsstätte Sungir nahe der russischen Stadt Wladimir wurden einige fünfundzwanzigtausend Jahre alte Grabstätten gefunden, und drei der Skelette waren kunstvoll mit Tausenden von Perlen aus Elfenbein und anderem Zierrat geschmückt. Das erste Grab war das eines sechzig Jahre alten Mannes; sein Schmuck umfasste zweitausendneunhundertsechsunddreißig Perlen und Fragmente, die auf verschiedenen Teilen des Körpers schnurförmig angeordnet waren (siehe Tafel 22). Aus der Anordnung der Perlen zu schließen, als sein Körper ausgegraben wurde, scheint er auch eine perlenbestickte Haube getragen zu haben, die unter anderem mit mehreren Fuchszähnen geschmückt war. Um den Hals trug er einen flachen Anhänger, der rot bemalt war, mit einem schwarzen Punkt auf einer Seite. An den Armen hatte er insgesamt fünfundzwanzig dünne Elfenbeinreifen aus Mammutzahn, von denen jeder an beiden Enden durchbohrt war, um ihn in runder Form festbinden zu können.

Das zweite Grab, das von russischen Humananthropologen als das eines dreizehnjährigen Jungen identifiziert wurde, war noch bemerkenswerter: Viertausendneunhundertdrei Perlen derselben Art wie jene im Grab des Mannes (allerdings kleiner) waren ähnlich schnurförmig angeordnet, und er hatte auch eine ähnliche Haube mit Fuchszähnen aufgehabt. Außerdem hatte er einen Gürtel, der mit über zweihundertfünfzig Eckzähnen des Polarfuchses verziert war, und einen Elfenbeinanhänger, der in Form eines Tieres geschnitzt war. Unterhalb seiner linken Schulter lag die Skulptur eines Mammuts aus Ebenholz, und nahebei fand man einen polierten menschlichen Oberschenkelknochen, gefüllt mit rotem Ocker. Zu seiner Rechten lag eine Elfenbeinlanze von 2,4 Meter Länge, aus einem Mammutzahn geschnitzt. Da die Lanze mehrere Kilogramm wiegt, hält White es für unwahrscheinlich, dass sie als Waffe gedient haben könnte; sie dürfte wohl lediglich symbolischen Wert gehabt haben.

Das dritte Grab war das eines Mädchens zwischen sieben und neun Jahren. Ihre Perlen sind von der gleichen Größe und dem gleichen Muster wie die des Knaben, aber ihre Anzahl ist noch größer: insgesamt fünftausendzweihundertvierundsiebzig. Wie die beiden anderen hatte sie eine perlenbestickte Haube auf, aber das vollständige Fehlen von Fuchszähnen kann darauf hindeuten, dass diese nur Männern vorbehalten waren. Ihre Grabbeigaben bestanden aus kleinen Elfenbeinlanzen, zwei kurzen Stöcken aus Geweih, von denen einer mit gebohrten Punktreihen verziert war, und drei Elfenbeinscheiben.

Solche reich verzierte Kleidung ist selbst heute selten, und ihr Vorkommen in der weit zurückliegenden Steinzeit erschüttert jeden Glauben, dass die Menschen damals zu primitiv waren, um derartige Kleidung und derartigen Schmuck herzustellen. Doch der Fund dieser Tausende von Perlen kann uns auch etwas über das Wesen der Gesellschaft erzählen, die sie hergestellt hat. Russische Archäologen, die Experimente durchgeführt haben, bei denen sie Reproduktionen der Elfenbeinperlen aus Sungir anfertigten, kamen zu dem Ergebnis, dass für die Herstellung jeder Perle etwa fünfundvierzig Minuten gebraucht wurden, und White meint, dass dies eine konservative Schätzung sei. Selbst bei Verwendung dieser vorsichtigen Zahlen können wir errechnen, dass die Herstellung der Perlen für den Mann über zweitausend Arbeitsstunden in Anspruch nahm und die der für die Kinder jeweils mehr als dreitausendfünfhundert Stunden! Rechnet man die Zeit für die Herstellung der verschiedenen Elfenbeinartikel, die unter den Grabbeigaben für die Kinder waren, hinzu, erhöht sich die Menge der investierten Arbeit noch. Es erscheint sehr wahrscheinlich, dass solche üppigen Begräbnisse nicht allen Mitgliedern der Gesellschaft in Sungir zuteil wurden und dass die Personen von hohem Stand waren. Sicher konnte nicht jeder Tausende von Perlen für sich bekommen, und die Tatsache, dass die am reichsten ausgestatteten Gräber Kindern gehörten, verdeutlicht, wie White hervorgehoben hat, dass in Sungir nicht nur eine hierarchische Gesellschaft bestand, sondern dass »die soziale Position zugehörig war und nicht errungen«.

Einen weiteren Beweis dafür, dass das frühe Paläolithikum

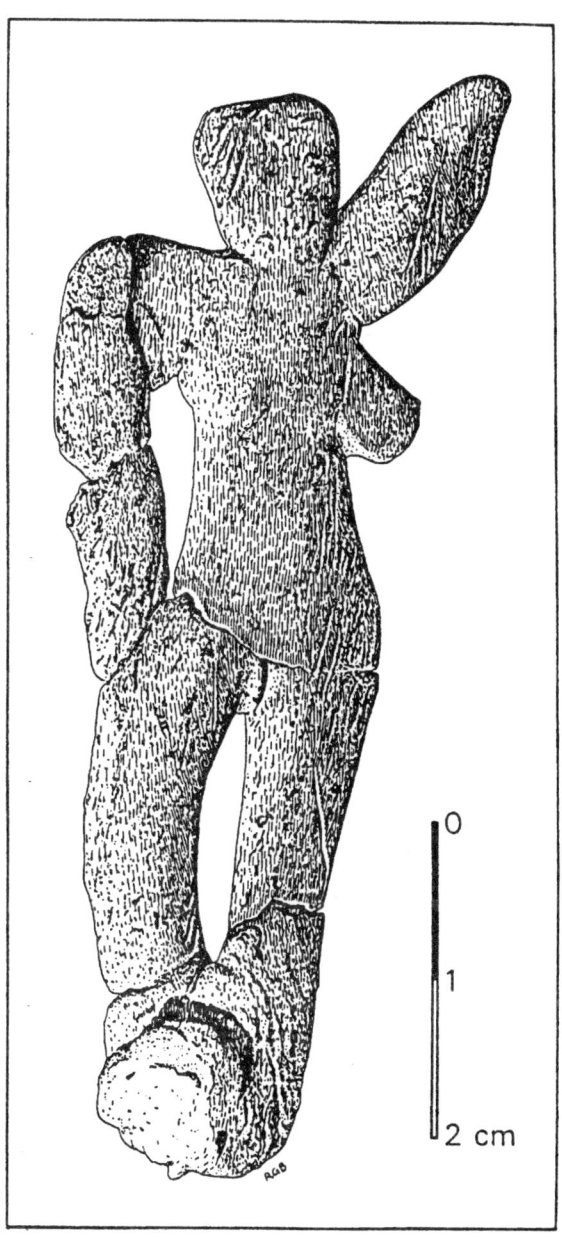

Abbildung 32

dem späteren in seinen künstlerischen Ausdrucksformen nicht unterlegen war, liefert eine Figurine aus dem Aurignacien, deren erste Teile am 23. September 1988 bei Galgenberg nahe der Stadt Krems in Niederösterreich von Christine Neugebauer-Maresch gefunden wurden. Die Figurine (siehe Abbildung 32) war in mehrere Stücke zerbrochen. Als sie wieder zusammengefügt waren, zeigte sich eine Frau, die zu tanzen schien. Die Archäologen, die das Objekt entdeckten, nannten sie »Fanny, die tanzende Venus von Galgenberg«. Manchmal wird auf sie einfach als »Venus von Galgenberg« oder »Galgenberg-Figurine« verwiesen. Der seltsame Name verlangt eine Erklärung: Die Figurine wurde nach der österreichischen Ballerina des 19. Jahrhunderts Fanny Elsner benannt, und die Beschreibung des Objekts als »Venus« ist ein Standardepitheton, das weiblichen paläolithischen Figurinen gegeben wird, insbesondere denjenigen, die aus dem Gravettien stammen. Die einunddreißigtausend Jahre alte Galgenberg-Figurine ist nicht nur viel älter als ihre »Schwestern« aus dem Gravettien, sondern sie ist auch die früheste bekannte weibliche Figurine in ganz Europa und, dem konventionellen archäologischen Denken zufolge, auf der ganzen Welt (obwohl es, wie später noch deutlich werden wird, ein weit früheres Beispiel aus dem Nahen Osten gibt). Die Galgenberg-Figurine ist aus grünem Stein gemacht, sieben Millimeter dick und knapp über sieben Zentimeter lang. Sie wiegt nur 10,8 Gramm. Bednariks Kommentar über die Geschicklichkeit, die die Herstellung dieser Figurine erforderte, ist aufschlussreich:

Technologisch ist die Herstellung der Skulptur wesentlich fortgeschrittener als die irgendeiner anderen Figurine aus dem Gravettien (und folglich jüngerer). Der weiche Stein (aus dem verschiedene Gravettien-Figurinen gemacht sind) kann leicht mit Flintwerkzeugen bearbeitet werden, aber in diesem Fall ist das Objekt eher spröde und zerbrechlich … Die verschiedenen abstehenden Teile (linker Arm und Brust sowie der Kopf) konnten alle leicht an ihrer Basis abbrechen, und die beiden Öffnungen (zwischen Rumpf und rechtem Arm und zwischen den Beinen) auszukratzen oder zu bohren erforderte ein sehr vorsichtiges Herangehen.

Die physikalischen Eigenschaften des Steins erlaubten nicht die Ausführung eines freistehenden Gliedes, insbesondere nicht eines Arms. Um diese Beschränkung zu umgehen, hat der Künstler zwei verschiedene Methoden verwendet, die heute noch von zeitgenössischen Künstlern benutzt werden: Der rechte Arm und die Beine werden strukturell unterstützt (und somit verbunden) an beiden Enden, wobei der linke Arm auf die Hälfte seiner anatomischen Länge verkürzt wird, indem er in einer zurückgelegten Haltung dargestellt wird. Dies allein zeigt, dass der Künstler in der Technik der Herstellung von menschlichen Figuren mit »freistehenden« Gliedern sehr versiert war – eine Kunst, die offenbar von den Gravettien-Künstlern nicht gemeistert wurde. Solche fortgeschrittenen Fähigkeiten erfordern eine große Ansammlung von Know-how seitens des Künstlers und können nicht anders erklärt werden denn als Erzeugnis einer längeren Tradition, in der Menschen Tausende, vielleicht Zehntausende von Jahren experimentiert haben (vielleicht mit vergänglichen Stoffen [wie etwa Holz]?).

Die außerordentliche Kunstfertigkeit des Galgenberg-Künstlers zeigt sich auch in seiner oder ihrer Fähigkeit, eine entschiedene und lebendige Veranschaulichung der beabsichtigten Form bei der gesamten Herstellung beizubehalten, trotz der verschiedenen technologischen Herausforderungen, die sich bei der Herstellung der Figurine auftaten. Dies wird offenbar in der in sich stimmigen Haltung der Figur: Die Pose aller Teile des Körpers ist korrekt mit dem Ganzen ausbalanciert. Das Gewicht des Körpers wird so dargestellt, als würde es hauptsächlich vom linken Bein getragen; das rechte ist angewinkelt und ruht auf einer etwas höheren Stütze als das linke. Dies erleichtert die zwanglose Platzierung der rechten Hand auf der Hüfte. Der obere Rumpf ist daher nach links gedreht, eine Position, die auch durch den steil nach oben gereckten linken Arm erforderlich ist. Diese Haltung bringt die linke Brust beinahe ins Profil: groß und fest wie die eines jungen Mädchens. Die zweite Brust ist nicht im Relief wegen der Flachheit des Steines. Einzelheiten des Gesichts fehlen; zwar scheint der obere Teil des Kopfes absichtlich so geformt zu sein, aber wir können nicht wissen, ob er eine Frisur darstellt oder bloß zufällig so ist.

Die Geschicklichkeit und die vibrierende Kraft dieser jungpaläolithischen Figurine widerlegen die Vorstellung, dass die Kunst des Aurignacien in irgendeiner Hinsicht primitiv oder der jungpaläolithischen Kunst unterlegen war oder, was das angeht, der Kunst irgendeiner anderen Epoche. Einige Tierkunstwerke aus dem Aurignacien haben eine ähnliche Dynamik wie die Galgenberg-Figurine; das deutet darauf hin, dass diese Art der Darstellung wirklich Teil seiner Tradition war und sich deutlich von der statischen Darstellung der Venusfigurinen des Gravettien abhob.

Es ist auch geäußert worden, dass ein weiterer wichtiger Aspekt der Aurignacien-Kunst ihr freizügiger und häufiger Umgang mit der Darstellung sexueller Details, insbesondere der Abbildung der weiblichen Genitalien, sei. Diese Theorie wurde zuerst von dem Abbé Breuil entwickelt, der sich später sehr für den sexuellen Aspekt der Ain-Sakhri-Figurine interessierte. Dieser Gedanke wurde bereitwillig von französischen Prähistorikern aufgegriffen und etablierte sich als eine Art Dogma: Verschiedene, von den Aurignacien-Menschen in Stein geritzte Formen, die nur entfernt wie eine Vulva aussahen, wurden automatisch von den Wissenschaftlern – allzu begierig, weitere Beweise für die prähistorische Besessenheit von sexuellen Dingen zu finden – als solche identifiziert. Während Darstellungen der Vulva als Element einer Abbildung des ganzen oder eines großen Teils des weiblichen Körpers überzeugende Beispiele sind, sind die meisten Bilder, die als weibliche Genitalien interpretiert wurden, körperlos und so einfach gestaltet, dass sie ebenso gut irgendetwas anderes darstellen können.

In dem witzigen und amüsanten Artikel »No Sex, Please, We're Aurignaciens« (eine Anspielung auf die bekannte britische Farce *No Sex, Please, We're Britains*) hat Paul Bahn gezeigt, wie absurd diese Suche nach derlei sexuellen Bildern inzwischen geworden ist. Er beschreibt, wie Leute, die mögliche Beispiele für Vulvadarstellungen untersuchen, reihenweise lächerliche Kategorien und Darstellungstypen erfinden wie etwa »unvollständige Vulva«, »runde Vulva«, »Hosenvulva« (was immer das sei), »unfertige Vulva«, um die verschiedenartigen Bilder, die eindeutig keine Vulvae darstellen, dem angeblich sexbesessenen Aurignacien-Menschen unterzuschieben. Das vielleicht absurdeste Beispiel von allen ist die Beschreibung einer einfachen geraden Linie als Darstellung der Vaginalöffnung. Man kann daraus nur schließen, dass die sexuelle Besessenheit ihren Ursprung nicht im Aurignacien hat, sondern bei den Prähistorikern selbst. Das wird noch offenkundiger, wenn man sich die Ansichten zu Gemüte führt, die über die eher allgemeine Rolle der Venusfigurinen in den jungpaläolithischen Kulturen zum Ausdruck gebracht werden. Bahn zitiert mit nicht geringer Abscheu die Ansicht B. Kurténs, dass solche Bilder unzweideutig einen direkten sexuellen Zweck verfolgten:

Weibliche Figuren erscheinen oft in sexuell einladenden Haltungen, wie man sie auch in den schamlosesten pornografischen Zeitschriften sehen kann. Es gibt auch anatomisch detaillierte Darstellungen der Vulva, die das weibliche Sexorgan manchmal von vorne, manchmal umgekehrt und von hinten, für das Eindringen geöffnet, zeigen.

Kurtén war nicht der Erste, der behauptete, dass die paläolithische Darstellung der Frauen vor allem der sexuellen Befriedigung diente. Karel Absolon, der Dolni Vestonice ausgegraben hat, meinte 1940, dass die an jenem Ort aus dem Gravettien gefundene Kunst die pornografische Phantasie ihrer Hersteller widerspiegele. Unter den gefundenen Gegenständen, die er als Verkörperung solcher Interessen ansah, befindet sich ein geschnitzter Elfenbeinstab, der das zeigt, was gewöhnlich als »Brüste« bezeichnet wird, was aber genauso gut Testikel sein können. Kürzlich hat der Archäologe Tim Taylor die These aufgestellt, dass das Objekt direkt der Masturbation gedient haben könnte, nämlich als Dildo. Er meint, dass solche Objekte entweder dem Vergnügen Einzelner gedient oder eine zeremonielle Funktion gehabt haben könnten bei der rituellen Deflorierung von Jungfrauen. Er beruft sich auf die Existenz anderer potenzieller Dildos unter den Eiszeitartefakten. Die Funktion einer Gruppe von Gegenständen, die als *Batons de Commandement* (eine Art Marschallstäbe) bekannt geworden sind, ist den Prähistorikern ein Rätsel: Die einen halten sie für Zauberstäbe, während die anderen ihnen eine praktische Funktion als Speerausrichter zuweisen. Da viele dieser Objekte zweifellos phallisch sind, meint Taylor, sie könnten auch als Dildos benutzt worden sein.

Taylor meint auch, dass eine Venusfigurine von der Ausgrabungsstätte Kostenki I in Russland eindeutig sexuellen Charakter habe. Die Brüste der Frau sind entblößt und ihre Hände – so interpretiert es Taylor – auf den Rücken gebunden; folglich sieht er hier sexuelle Knechtschaft angedeutet. Gleichzeitig gibt er zu, dass er die Figurine nicht von hinten gesehen hat und »nicht weiß, wie die Fesseln auf dem Rücken angelegt sind, aber die Arme werden auf dem Rücken fest nach unten gehalten«. Diese Vorstellung von prähistorischer Knechtschaft und Sadomasochismus mag originell und polemisch sein, ist aber sicherlich falsch, zumindest im Fall dieser bestimmten Figurine. Selbst wenn man sie von der Seite betrachtet, ist deutlich zu erkennen, dass die Hände nicht auf dem Rücken liegen, sondern seitlich frei herunterhängen. Von vorne gesehen sind die unteren Arme, einschließlich der Hände, von den großen Brüsten verborgen, weshalb ihre Stellung falsch gedeutet werden kann, wie etwa von Taylor. Die »Knechtschaftsfesseln« dieser prähistorischen »Sexsklavin« sind nichts anderes als Armbänder und Reifen.

Obwohl manche der Äußerungen von Breuil, Absolon, Kurtén und Taylor über die pornografische und offenkundige sexuelle Natur verschiedener Kunstobjekte und Ritzzeichnungen aus der paläolithischen Periode, gelinde gesagt, ziemlich zweifelhaft sind, wäre es nichtsdestoweniger falsch, in das andere Extrem zu verfallen und die prähistorischen Völker als puritanisch abzustempeln. Tatsächlich gibt es ein paar direkte und unzweideutige Beispiele sexueller Themen, wie etwa eine sehr einfache, zwanzigtausend Jahre alte Zeichnung von einem Penis, der in eine Vulva eingeführt ist, auf einer Felswand an der Fundstätte Isturitz in den französischen Pyrenäen. Diese sehr einfache Arbeit erfordert nicht mehr Geschick, als es von »Künstlern« in öffentlichen Toiletten zur Schau gestellt wird. Man sollte also nicht den Schluss ziehen, dass *alle* prähistorischen Darstellungen sexueller Themen zwangsläufig rituelle oder magische Nebenbedeutungen hatten. Viele von ihnen können wirklich einfach nur »Kunst um der Kunst willen« sein oder auch die steinzeitliche Entsprechung für moderne Graffiti eines Müßiggängers. Doch es gibt auch komplexere künstlerische Wiedergaben, die sexuelle Themen enthalten, allerdings mit unmissverständlichen symbolischen Untertönen.

Während Bahn die Aufmerksamkeit auf die Extreme gelenkt hat, zu denen die »Vulvajäger« in ihren Interpretationen prähistorischer Symbolik gelangt sind, bleibt doch eine beträchtliche Zahl von genuinen Darstellungen der Vulva in der jungpaläolithischen Kunst. Das bedeutet nicht, dass sie immer sexuell ambitioniert sind; vielmehr ist es sehr wahrscheinlich, dass die Vulva in vielen Fällen nicht im Hinblick auf sexuelle Lust, sondern eher wegen ihrer Verknüpfung mit Schwangerschaft, Kindergeburt und Menstruation abgebildet wurde – kurzum: nicht einfach als Sexobjekt. In der Cougnachöhle im französischen Quercy, die schon in Kapitel XIII erwähnt wurde, gibt es eine natürliche Aushöhlung, die wegen ihrer Form an eine Vulva denken lässt, und diese Ähnlichkeit war schon den prähistorischen Menschen bewusst, die die Höhle aufsuchten und mit rotem Ocker färbten, um die Menstruation zu symbolisieren und nicht irgendwelche sexuellen Andeutungen zu machen. Eine Reihe von Spalten und kleinen Aushöhlungen in anderen Höhlen sind aus dem gleichen Grund rot gefärbt worden. Kunst, die höchstwahrscheinlich aus der Endzeit der jungpaläolithischen Periode stammt, wurde 1980 in der Ignatevahöhle (Yamazy-Tash) im südlichen Ural gefunden. Unter den Bildern gibt es eine weibliche Figur mit achtundzwanzig roten Punkten zwischen den Beinen, eine Darstellung, die sich eindeutig auf die Menstruation bezieht. Eine Gruppe von Ritzzeichnungen in Kostenki II sind Darstellungen der Vulva und scheinen auch den Fluss des Menstruationsblutes zu zeigen. Aus diesen wenigen Beispielen wird ersichtlich, dass die künstlerischen Abbildungen der weiblichen Genitalien keineswegs immer sexuelle Wünsche verraten, sondern sich eher auf andere Aspekte des Lebens beziehen. Dasselbe gilt für die Venusfigurinen, von denen die meisten schwerlich erotischer Kunst zuzurechnen sind, es sei denn, die bloße Tatsache, dass sie Frauen darstellen (und nicht immer entblößt), wird im Sinne von »Sexobjekt« verstanden.

Die meisten der so genannten Venusfigurinen zählen zur Gravettien-Periode und werden manchmal beschrieben, als würden sie alle Teil eines kulturellen Komplexes mit einem gemeinsamen geistigen Erbe sein, das sowohl das Gebiet, in dem sie vorkommen (von Frankreich im Westen bis Sibirien im Osten), umfasst als auch die vielen Tausende von Jahren, in denen die verschiedenen Figurinen hergestellt wurden. Manche Forscher haben die weite Verbreitung der Venusfigurinen als Beweis für eine Göttinnenreligion angesehen, die während jener Periode in Eurasien praktiziert worden sei; sie argumentierten, dass das faktische Fehlen männlicher Figurinen aus jener Zeit die wesentliche Rolle des Femininen im geistigen Leben der Kultur im Gravettien zeige. Dagegen hat Paul Bahn eingewandt, dass der weit verbreitete Gebrauch von weiblichen Bildnissen in Form der Jungfrau Maria in der christlichen Ikonografie keineswegs bedeute, dass das Christentum eine Religion der Göttinnenanbetung sei. Auch wenn also die Figurinen des Gravettien überwiegend weiblich sind, heiße das nicht automatisch, dass das religiöse Leben jener Periode der Vorgeschichte auf Göttinnenanbetung beruhte oder dass eine solche Anbetung von Priesterinnen statt von Priestern zelebriert wurde. So berechtigt diese Ansicht auch sein mag – im Christentum gibt es nichtsdestoweniger eine verbreitete Ikonografie der männlichen Figur Christus, in der Gravettien-Tradition dagegen keinerlei männliche Abbildung von Gewicht. Wenn die Figurinen von so großer religiöser und ritueller Bedeutung sind, dann ist es wohl wahrscheinlich, dass damit eine Göttinnenverehrung statt einer männlichen Gottheit verbunden war. Die von Marija Gimbutas gemachten Entdeckungen über das religiöse Leben des neolithischen Europa stützen diese Ansicht. Obwohl es eine Reihe von kleinen Statuen aus dem alten Europa gibt, die möglicherweise männliche Gottheiten darstellen (zum Beispiel die Statuette »Der Denker«), so ist die große Mehrzahl eindeutig weiblich. Wenn, wie Gimbutas glaubt, die alteuropäische Religion von einer Göttin in verschiedenen Erscheinungen dominiert wurde, dann mag die Situation in der Gravettien-Periode ähnlich gewesen sein. Verglichen mit den reichen archäologischen Überresten aus dem neolithischen Europa sind die Beweise aus dem Jungpaläolithikum eher spärlich, und abgesehen von den weiblichen Figurinen, gibt es nur wenige Artefakte aus jener Periode, die die religiösen Glaubensvorstellungen und Praktiken jener fernen Vergangenheit erhellen könnten. Deshalb gibt es immer noch sehr große Meinungsgegensätze über die Bedeutung der paläolithischen Figurinen.

Manche Forscher meinen, dass es einfach unmöglich sei zu entscheiden, ob die Figurinen überhaupt eine Göttin oder Göttinnen repräsentieren; eher würden sie wirkliche Frauen abbilden. Bednarik ist sehr skeptisch, ob es sinnvoll ist, alle weiblichen Figurinen der Periode in einen Topf zu werfen, da sie in vielerlei Hinsicht sehr unterschiedlich sind. Manche zum Beispiel sind nackt, andere sind teilweise oder vollständig bekleidet. Manche sind schwanger, andere nicht. Manche haben überproportionale, hängende Brüste (siehe die Tafeln 20 und 21), viele überhaupt keine Brüste. Manche sind fett bis zur Feistheit (was vielleicht Fruchtbarkeit oder Überfluss darstellen soll), während andere sehr schlank sind (siehe Tafel 19). Abgesehen von der Tatsache, dass sie alle Frauen darstellen und meistens aus derselben Periode des Jungpaläolithikums stammen, scheinen sie wenig gemeinsam zu haben.

Trotz der beträchtlichen Probleme bei der Interpretation der Bedeutung der Venusfigurinen können einige sichere Anhaltspunkte gewonnen werden. Erstens: Die Tatsache, dass die Mehrheit der Figurinen aus der Gravettien-Periode wie aus dem Jungpaläolithikum weiblich ist, muss eine symbolische Bedeutung haben. Zweitens: Eindeutig abwegig ist es, dass diese Figurinen eine weit verbreitete Rolle als prähistorische Pornografie oder selbst als erotische Kunst gehabt hätten. Manche von ihnen mögen wohl von ihren (männlichen oder weiblichen) Urhebern als Sinnbilder der Sexualität angesehen worden sein, aber es gibt eindeutig viele (wenn Frauen in voller Bekleidung abgebildet sind und erogene Zonen nicht betont werden), denen man schwerlich eine solche Funktion unterstellen kann. Drittens: Die Tatsache, dass die Figurinen in einem riesigen geografischen Gebiet über eine Periode von Tausenden und Abertausenden von Jahren gefunden wurden, bedeutet, dass es lächerlich wäre zu glauben, sie alle symbolisierten für ihre äußerst unterschiedlichen Hersteller dieselbe Sache. Es ist ganz offensichtlich, dass der weibliche Körper ein Symbol war, das benutzt wurde, um in paläolithischer Zeit zahlreiche Beziehungen auszudrücken.

Die genauere Untersuchung einer dieser Figurinen wird die wahrscheinliche Vielfalt der symbolischen Bedeutungen veranschaulichen, mit denen selbst ein einzelnes Werk von dem paläolithischen Künstler und den Mitgliedern seiner oder ihrer Gemeinschaft ausgestattet wurde. Die wahrscheinlich berühmteste aller weiblichen Figurinen der alten Steinzeit ist die so genannte Venus von Willendorf (siehe Tafel 21), ein Kunstwerk aus dem Gravettien, das im österreichischen Willendorf 1908 entdeckt wurde. Obwohl diese Kalksteinfigurine nur elf Zentimeter groß ist, hat der Steinschneider sie mit einer Menge Details verschönert, und sie wird zu Recht als ein Meisterwerk angesehen. Die verblüffendsten Eigenheiten des Kopfes sind das

Fehlen eines Gesichtes und die raffiniert geschnitzte Frisur. Diese beiden Wesenszüge sind nicht nur der Willendorf-Figurine zu Eigen, da viele – aber keineswegs alle – andere weibliche Figurinen ebenfalls keine Gesichtszüge haben, und auch die Darstellung einer Frisur ist keineswegs ungewöhnlich in der jungpaläolithischen Kunst. Andere Frisurenbeispiele sind der Haarknoten oder lange Zöpfe; sie zeigen, dass die menschliche Vorliebe, mittels Haartracht kulturelle Verhaltensweisen und Moden auszudrücken, in paläolithischer Zeit ebenso sehr ein Bedürfnis war, wie es das heute ist.

Alexander Marshack glaubt, dass die Frisur der Willendorf-Figurine eines der Symbole der reifen und fruchtbaren Frau sein könnte. Er hat sich mit der Symbolik des Weiblichen im Jungpaläolithikum eingehend befasst und diese Figurine als »Typ« verwendet, zum Teil wegen ihrer geografischen und chronologischen Stellung. Geografisch (und, wie Marshack sagt, stilistisch) liegt sie zwischen den westeuropäischen »Venussen«, den südlichen »Venussen« Italiens und den östlichen »Venussen« Russlands und Sibiriens. Chronologisch gehen ihr die Galgenberg-Figurine aus dem Aurignacien-Zeitalter und die Vulvadarstellungen derselben Periode voraus; ihr folgen weibliche Figurinen, die in manchen Fällen einen eher abstrakten, schematischen Stil haben. Die Vulva als Symbol – ein vorherrschendes Bild im Aurignacien, wie wir gesehen haben (obwohl, wie Bahn nachgewiesen hat, nicht in dem Ausmaß, wie manche meinen) – wird bei der Willendorf-Skulptur augenfällig dargestellt; sie habe, laut Marshack, »die am sorgfältigsten und genauesten gearbeitete realistische Vulva im ganzen europäischen Jungpaläolithikum«.

Der rituelle Charakter der Willendorf-Figurine wird durch die Tatsache nahe gelegt, dass sie ursprünglich mit rotem Ocker bedeckt war, der, wie wir bereits gesehen haben, eine weit verbreitete symbolische Funktion in zahlreichen paläolithischen Zusammenhängen hatte. Die Hervorhebung bestimmter weiblicher Züge wie der Frisur und der Vulva und das entsprechende Fehlen des Gesichtes und der unteren Beine und Füße sind Aspekte der Figurine, die nach Marshack nicht nur einem artistischen Stil seitens des Herstellers geschuldet sind; wahrscheinlich sollten auch weibliche Formen gezielt und bewusst mit symbolischem Inhalt befrachtet werden. Für ihn sind diese und andere Figurinen und auch andere Werke prähistorischer Kunst nicht einfach Kunst um der Kunst willen, sondern ein integraler Ausdruck kultureller Werte, die er mit der Theorie verbindet, dass ein großer Teil der jungpaläolithischen Symbolik »zeitbezogenen« Bedürfnissen entsprang.

Wenn, wie ich meine, diese verschiedenen Symbolsysteme ... Teile eines komplexen konzeptionellen Systems waren, das divergente Prozesse und Periodizitäten zusammenhielt und integrierte – eingeschlossen die sich ändernden Jahreszeiten, das Hochwasser und die Schneeschmelze, das jahreszeitliche Verhalten der Tiere, die Phasen und Vorgänge der menschlichen Vermehrung, die komplexen Prozesse der menschlichen Aktivitäten zur gegenseitigen Unterstützung, die periodischen Anhäufungen und Rituale menschlicher Gruppen, die periodische Verwendung der Höhlenheiligtümer ... als auch die sichtbaren astronomischen Prozesse und Periodizitäten, die man am Himmel feststellte – in einen funktionalen, wenn auch mythologisierten und metaphorischen kulturellen Rahmen, dann können wir anfangen, die verschiedenen Systeme zu diskutieren, die in den ikonografischen Aufzeichnungen auftauchen, nicht als »Kunst«, als Tierbilder, als Frauenbilder, als Höhlenbilder, als persönliche Verzierung, Zeichen etc., sondern als Aspekte eines umfassenden kulturellen »Ethos« und eines integrierten Musters und Bezugsrahmens. Das weibliche Bildnis war wahrscheinlich, in diesem vorgeschlagenen Kontext oder Rahmen, ein Symbol und eine Metapher, die eine Reihe verschiedener Bedeutungen und möglicher Verwendungen umfasste; es stand wahrscheinlich in Bezug zu verschiedenen Aspekten des »zeitgebundenen« kulturellen Gewebes, zu dem im weitesten Sinn das biologische und das menschliche gehörten. Die »Venus« von Willendorf war dann innerhalb *ihrer* Kultur und Zeit, und nicht in unserer, sicherlich reich und ausgeklügelt mit

Schlüssen und Bedeutungen versehen. Sie trug das Gewebe ihrer Kultur. Sie war in der Tat eine Referenzbibliothek sowie ein vielwertiges und multifunktionales Symbol.

Wir können jetzt begreifen, wie jede grobe Erklärung der Willendorf-Figurine als einer einfachen Fruchtbarkeitsfigur oder eines Objekts sexueller Begierde völlig unzulänglich ist. Die Darstellung des weiblichen Körpers in der jungpaläolithischen Periode war nicht einfach ein Mittel, das sexuelle Verhalten einer nackten Frau auszudrücken, noch war sie bloß ein abergläubischer Glücksbringer, um die Fruchtbarkeit zu befördern. Der weibliche Körper war eher ein umfassendes Symbol, das dazu diente, alle Aspekte der paläolithischen menschlichen Angelegenheiten auszudrücken. Auch können die kulturellen Ausdrucksformen der Kleidung, der Frisuren und Schmuckstücke wie Armreifen nicht immer einfach vom Augenschein her beurteilt werden, denn sie waren alle mit symbolischer Bedeutung befrachtet. Wenn es tatsächlich richtig ist, die weiblichen Figurinen als reich an symbolischer und sozialer Bedeutung zu betrachten und auch – zumindest in vielen Fällen – als Trägerinnen ritueller Funktionen, dann zeichnet sich aus dem paläolithischen System das Bild eines religiösen und praktischen Wissens ab, das in den verschiedenen Teilen und Attributen der weiblichen Form ausgedrückt wurde: in der Darstellung der Schwangerschaft, im Schnitzen der Brüste und der Vulva, in der Form der Frisur und in anderen Aspekten dieses reichen und komplexen Ausdrucksmittels. Wenn der weibliche Körper eines der verbreitetsten und kunstvollsten Bildnisse der frühen Steinzeit war und ein Symbol für die verschiedenen Naturkräfte und die verschiedenen Aspekte der Kultur, wäre dann der Gedanke so abwegig, dass die Figurinen tatsächlich Aspekte einer paläolithischen Verehrung einer Göttin verkörpern?

XV.

Der Gesang der Stalaktiten

Während normaler Sandaushubarbeiten 1976 in Schulen in Nordbelgien wurde eine Anzahl von Steinartefakten und Tierüberresten gefunden, und einige davon wurden von Amateurarchäologen gerettet. Herr Vrangel, der örtliche Schulmeister, gehörte zu den Begeisterten. Er fand einen Mammutwirbelknochen, der in die mittelpaläolithische Periode datiert wurde und etwa vierzigtausend bis fünfzigtausend Jahre alt ist. Die Abmessungen dieses Objektes (Abbildung 33) sind wie folgt: Maximallänge 31,2 Zentimeter, Maximalbreite 8,7 Zentimeter und Maximaldicke 2,4 Zentimeter. Das eine Ende ist mit einem scharfen Gerät zu einer Spitze geformt worden, und die dabei verursachten Schrunden sind für das bloße Auge sichtbar. Die Spitze des Knochens und der Bereich darunter sind poliert worden, und laut Dirk Huyge, eines Archäologen, der dieses Artefakt untersucht hat, kann die Polierung leicht von dem natürlichen Glanz des Knochens unterschieden werden. Die interessantesten Anzeichen menschlicher Bearbeitung sind einige eingekerbte und grob parallele Linien, die sich von dem Bereich nahe der Spitze bis hinunter zur dicksten Stelle des Objektes hinziehen. Es sind zwölf grobe Linien auf dem Knochen erkennbar; allerdings ist es möglich, dass es noch mehr Linien gegeben hat, die abgenutzt worden sind. Die Regelmäßigkeit der Linien deutet darauf hin, dass sie auf gezielte menschliche Einwirkung zurückgehen und nicht Bissstellen sind, die von einem Fleisch fressenden Tier verursacht worden sind.

Huyge hat die These vertreten, dass dieses Objekt zwei voneinander unabhängigen Zwecken diente. Sein ursprünglicher

Gebrauch scheint direkt mit dem Vorhandensein der parallelen Furchen zusammenzuhängen, während es in der Folge irgendwie auch als spitzes Objekt benutzt wurde. Diese spätere Verwendung war die Ursache für die Polierung am Ende und die Entstellung einiger Linien, vielleicht sogar, wie schon gesagt, zur Beseitigung zusätzlicher Linien. Huyge meinte, dass der ursprüngliche Gebrauch des Objektes rein praktischer Natur gewesen sein könnte; zum Beispiel könnte es ein Riemenstrecker gewesen sein. Er verwarf diese Möglichkeit jedoch als unwahrscheinlich, weil eine entsprechende Verwendung die Abnutzung und Polierung der Furchen verursacht hätte. Dies war jedoch nicht geschehen, da Spuren der Einkerbung durch ein Werkzeug immer noch sichtbar waren; wenn jedoch wiederholt Riemen in die Furchen gelegt worden wären, hätten sie die Spuren des ursprünglichen Schneidens verwischt. Tatsächlich waren die Rippen (das heißt jene Teile, die zur ursprünglichen Knochenoberfläche emporragten und zwischen den Furchen liegen) glatt gemacht worden, wahrscheinlich weil sie später wiederholt gegen ein anderes Objekt gestrichen wurden. Huyge hat eine interessantere Erklärung für das Artefakt gefunden, die mit dem prosaischen Riemenstrecker allerdings überhaupt nichts zu tun hat:

Meiner Meinung nach ist eine glaubhafte Erklärung für die Funktion des Knochens, dass er ein klangerzeugendes Instrument war. Das schön geformte Rillenmuster lässt das Objekt eine gewisse Ähnlichkeit mit einem bestimmten Typ von Musikinstrumenten gewinnen, dem Schraper. Der Schraper ist ein primitives Instrument … mit einer gewellten Oberfläche, die rhythmisch von einem nicht tönenden Objekt gestrichen wird, um Klänge hervorzubringen. Wenn man mit einem harten Gegenstand über die parallelen Kerben des Schulen-Knochens fährt, wird tatsächlich ein … Ton erzielt. Wenn jedoch das Objekt wirklich auf diese Weise benutzt wurde, um einen Ton zu erzeugen, dann ist der Ton beinahe mit Sicherheit ein anderer gewesen, als wir ihn heute erzeugen können. Die Veränderung der Form des Knochens und seine Versteinerung haben wahrscheinlich seine klanglichen Eigenschaften grundlegend verändert.

Der Schraper ist ein allgemein bekanntes Instrument, sowohl aus archäologischen als auch aus ethnografischen Quellen. Er war fast über die ganze Welt verbreitet. In seiner einfachsten Form besteht der Schraper aus einem gekerbten Stein, Knochen, einer Muschel oder einem Kürbis; er wird mit einem Stock oder einem anderen harten Gegenstand gestrichen. Manchmal kann der Klang verstärkt werden, wann man das Instrument über ein Loch in der Erde legt. Es kann, zusammen mit der Flöte, dem Lithophon (siehe weiter unten) und der Rassel, als eines der ältesten dem Menschen bekannten Musikinstrumente angesehen werden.

Wenige Instrumente sind so einfach herzustellen oder zu spielen, und wie Huyge dargelegt hat, wird der Schraper täglich von den Schuljungen neu erfunden, die ihre Stöcke über Zäune gleiten lassen, um Lärm und Rhythmus zu erzeugen. Daher ist es möglich, dass der Neandertaler zumindest einfache Musikinstrumente hergestellt hat, und in diesem Fall gehörte der Schraper bestimmt dazu. Wie noch deutlicher werden wird, wenn andere präjungpaläolithische Artefakte weiter unten beschrieben werden, weisen viele geritzte Knochen eine Regelmäßigkeit in ihren Markierungen auf, die die Fähigkeit dieser frühen Menschen bezeugen, Regelmäßigkeit visuell darzustellen. Dass sie diese Fähigkeit auch auf den akustischen Bereich zu übertragen versucht haben, erscheint keineswegs weit hergeholt, zumal wenn wir an die Beobachtungen Boris Frolows über die Ursprünge des Zählens und die Beziehung zur rhythmischen Aktion der Herstellung von Werkzeugen seit dem Altpaläolithikum denken (siehe Kapitel VI). Trotz der Möglichkeit einer mittelpaläolithischen Musiktradition ist die Beweislage jedoch dünn. Obwohl ein Mammutzahn aus der Moustérien-Fundstätte Tata in Ungarn als Überbleibsel einer Rassel (eines Musikinstruments, das aus einem Stück Holz an einer Schnur besteht und durch die Luft gewirbelt wird, um Geräusche hervorzurufen) interpretiert wurde, spricht dagegen, dass ein geeignetes Loch

oder eine andere Möglichkeit fehlt, um eine Schnur zu befestigen. Hohle Knochen mit Löchern sind als mittelpaläolithische
»Pfeifen« oder »Flöten« angesehen, aber auch verworfen worden, da die Löcher durch Tierzähne verursacht worden sind.

Philip Chase, der die symbolischen Fähigkeiten des Menschen im Mittelpaläolithikum rundweg bezweifelt, untersuchte
die Tierüberreste, die im Felsüberhang Combe Grenal in der
französischen Dordogne gefunden wurden, postwendend und
fand heraus, dass zwar einige der Knochen mit Löchern Töne
hervorriefen, dass die meisten aber unmöglich zum Pfeifen gedient haben konnten. Viele der Knochen, die Löcher aufwiesen, zeigten Zahnspuren an der gegenüberliegenden Seite, was
bewies, dass die Löcher einfache Zahneindrücke von Tieren
waren. Vadim Stepanchuk, der an den Ausgrabungen in der
Höhle Prolom II, die von Y. G. Kosolow auf der Krim entdeckt
wurde, beteiligt war, hat Nachweise für das gefunden, was er als
symbolische Aktivität des Neandertalers ansieht, der die Höhle benutzte. An der Rückseite der Höhle fand er eine Ansammlung von großen Knochen, Kieferknochen, Stoßzähnen und
anderen Überresten, die verschiedenen Tieren wie Mammuts,
Höhlenbären, Riesenhirschen und Bisons zugeordnet wurden.
Die Knochen waren in Form eines Bogens zusammengetragen,
der acht Meter lang und einen Meter breit war. Im Gegensatz
zu den anderen Tierüberresten in der Höhle, die in kleine Stücke zerbrochen und überall zerstreut waren, schien Stepanchuk
diese Häufung von Knochen das Ergebnis einer beabsichtigten
Handlung ohne erkennbare oder nützliche Funktion zu sein. Er
schloss daraus, dass sie höchstwahrscheinlich eine rituelle
Funktion hatte. Obwohl es jetzt in archäologischen Kreisen üblich ist, derlei Interpretationen als Fantasiegebilde abzutun,
besteht im Licht der Beweise von Neandertalgräbern und insbesondere der künstlichen Struktur, die kürzlich in der Bruni-
quelhöhle in Südfrankreich (siehe Kapitel X) gefunden wurde,
die Möglichkeit, dass Stepanchuk Recht hatte. Das Grabungs-
team in Prolom II fand insgesamt einhundertelf durchlöcherte
Tierknochen. Stepanchuk sagt dazu Folgendes:

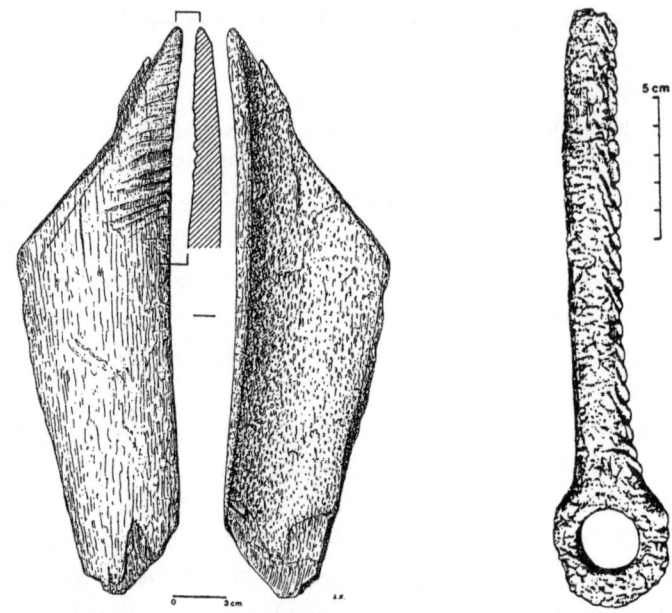

Abbildungen 33 und 34

Der Ursprung und der Zweck dieser Löcher sind nicht ganz klar. Die Untersuchung der Knochen mit Löchern ist schon seit mehr als hundertfünfzig Jahren im Gange, und verschiedene Erklärungen sind vorgetragen worden: die Gewinnung des Marks, Verwendung als Pfeifen, Durchbiss von Raubtieren, während das Tier noch am Leben war. Andere Hypothesen, dass sie zum Beispiel Gefäße für Gift waren, erscheinen allzu fantastisch. Es ist möglich, dass einige der durchlöcherten Knochen wirklich als Pfeifen benutzt wurden. R. Wetzel schrieb, dass Knochen mit grob angefertigten Löchern aus [der archäologischen Fundstätte] Bocksteinschmiede H., die er als »Jägerpfeifen« erkannt habe, tatsächlich bei Versuchen ziemlich starke, schrille Laute erzeugten. Man kann die Hypothese des Markaussaugens nicht völlig ausschließen, obwohl sie in vieler Hinsicht der Kritik nicht standhält... Jedenfalls kann die Vielzahl von durchlöcherten Knochen in Prolom II mit keiner der oben erwähnten Ursachen schlüssig erklärt werden. Vielleicht ... werden künftige Untersuchungen dieser

Artefakte [die in einer Reihe von Ausgrabungsstätten auf der Krim gefunden wurden] ... ihren rätselhaften Ursprung klären.

Ob der Neandertaler nun Pfeifen herstellte oder nicht – derlei Praktiken könnten nicht durch den Wunsch, Musik zu machen, entstanden sein, sondern um Vögel nachzuahmen oder andere Tiere, um sie bei der Jagd anzulocken.

Archäologen haben weniger Probleme gehabt, die Existenz von Musikinstrumenten für die jungpaläolithische Periode zu akzeptieren. In diesen Zusammenhang gehört ein Knochenartefakt aus dem Magdalénien aus der Pekárnahöhle in Mähren, das sehr wahrscheinlich eine Rassel ist (siehe Abbildung 34). Andere Rasseln und Schraper sind aus späteren Perioden der Vorgeschichte bekannt, zum Beispiel von neolithischen Ausgrabungsstätten im Nahen Osten und von der Fundstätte Janakowo in Polen aus der frühen Eisenzeit. Es gibt Berichte über etwa dreißig Querflöten oder Pfeifen mit zwischen drei und sieben Fingerlöchern, die zwischen Frankreich und Russland gefunden wurden und hauptsächlich aus der Zeit von vor fünfzehntausend bis zwanzigtausend Jahren stammen; sie sind aus Knochen von Vögeln, Bären oder Rentieren gefertigt. Einige dieser Pfeifen aus dem Magdalénien sind mit Zickzacklinien oder anderen Mustern verziert; das bedeutet, dass solche Objekte nicht mit Knochen, die von Raubtieren angenagt wurden, verwechselt werden können. Die zweifellos spektakulärste Sammlung von jungpaläolithischen Musikinstrumenten ist jene, die in einem aus Mammutknochen gebauten Haus aus der Eiszeit in Mezin in der westlichen Ukraine gefunden wurde; sie wird auf ein Alter von siebzehntausend bis zwanzigtausend Jahre geschätzt. Sie besteht aus einer ganzen Reihe von Schlaginstrumenten, die aus Mammutknochen – Schädelknochen, Hüftknochen, Schulterblättern, Kieferknochen – gemacht und mit Ockerfarbe verziert wurden, sowie aus einem »Kastagnettenarmband« und zwei Rasseln aus Elfenbein. Dieser Fund wurde als Beweis für ein »Steinzeitorchester« gewertet, ein Orchester, das auf Mammutknochen in einem Mammutknochenhaus spielte und zweifellos nach seinen Aufführungen Mammutfleisch zu essen bekam. In einem einzigartigen Akt experimenteller Archäologie hat eine Gruppe von Archäologen nicht nur diese Instrumente gespielt, sondern das Ergebnis auch auf einer Platte festgehalten!

Einen musikalischen Aspekt scheint es auch bei den geschmückten Höhlen aus der jungpaläolithischen Periode zu geben. Abbé Glory war der erste Höhlenforscher, der seine besondere Aufmerksamkeit auf die Möglichkeit richtete, die Höhlen selbst zu spielen – oder zumindest Teile von ihnen. Er berichtete, dass bestimmte Höhlen natürliche Schlagzeugeigenschaften hätten; wenn Falten in den Wänden geschlagen würden, erzeuge dies beschwörende Laute. Diese riesigen »Instrumente« könnten gespielt werden, indem man sie mit einem Feuerstein, Knochen oder hölzernen Objekt als Schlagmittel schlägt, ähnlich wie Gitarrenseiten. Er gab diesen gebrauchsfertigen Instrumenten den Namen »Lithophone«. Er vermutete, dass der prähistorische Mensch in der Höhle Roucadour in Frankreich sich ihrer Eigenschaften für zeremonielle Tätigkeiten bedient habe, und führt dazu aus:

Ein Ritus scheint von rhythmischen Klängen begleitet worden zu sein. Wie Speleologen [Spezialisten zur Erforschung von Höhlen] wissen, vibrieren manche Stalaktiten und geben Töne von sich, wenn sie angeschlagen werden…, und der prähistorische Mensch war damit vertraut. In der Nerjahöhle in der Nähe von Malaga … wurden die Kanten von gefalteten Draperien seit alters mit Schlägen auf beide Seiten angeschlagen. Wir haben mit einigen experimentiert und erhielten tiefe Töne wie ein Tamtam.

Nachdem Lya Dams von Glorys Pionierforschungen und Experimenten mit dieser speziellen paläolithischen Praxis gelesen hatte, entschloss sie sich, der Sache nachzugehen und eigene genaue Untersuchungen der Nerjahöhle anzustellen. Dieses spanische Höhlensystem besteht aus zwei Hauptteilen: Nerja I und Nerja II. Die untere Ebene, Nerja I, ist bei Besuchern sehr beliebt; etwa dreihundertfünfzigtausend Menschen besuchen sie jedes Jahr. Von ihrer akustischen Qualität zeugt auch, dass jährlich eine Reihe von Sommerkonzerten drin aufgeführt werden. Nerja wurde in neolithischer Zeit und in der Bronzezeit als Begräbnisstätte benutzt, aber es wurden auch jungpaläolithische Gräber (Solutréen) mit roten Ockerbeigaben im hinteren Teil von Nerja I gefunden, der wegen der gewaltigen geologischen Bewegungen, die in ferner Vergangenheit die Höhle erschütterten, »Halle der Kataklysmen« genannt wird. Lya Dams und ihr Mann verbrachten mehrere Jahre damit, mehr als fünfhundert paläolithische Malereien und Ritzzeichnungen in der Höhle zu dokumentieren, von denen die meisten abstrakt sind und nicht Tiere abbilden. Bei dieser mühseligen Arbeit stellten sie fest, dass bestimmte Gruppen von Mustern in beiden Teilen des Höhlensystems so ungewöhnlich sind, dass ihnen ein besonderer Status eingeräumt wurde und sie als »Heiligtümer« bezeichnet wurden.

Es ist nicht nur die Gegenwart von Kunst, die den Platz als Heiligtum charakterisiert; auch einige andere Eigenschaften tragen dazu bei, wie etwa die überraschende Beschaffenheit der Örtlichkeit selbst, der beschränkte Raum, der den Zutritt von mehr als ein paar Personen verhindert, und allein die Anstrengung, die die Bemalung des Raumes erforderte und die in manchen Fällen, wenn die Fläche zu hoch über dem Höhlenboden liegt, ein Gerüst notwendig machte. Die Dams glaubten, dass das innere Heiligtum der Nerjahöhle eine Nische in der Halle der Kataklysmen war; sie gaben ihr den Namen »Orgel«. Die »Orgel« ist eine dreieckige Plattform, die vom Höhlenboden aus unsichtbar ist. Die rechte Seite dieses Heiligtums besteht aus einer Reihe von Falten im Felsen, die etwa drei bis vier Meter hoch sind, mit Zwischenräumen von jeweils wenigen Zentimetern. In paläolithischer Zeit konnte der Zugang zur »Orgel« wohl durch Erklettern einiger großer Findlinge erlangt werden. Lya Dams beschreibt, wie das Instrument in dieser natürlichen Kathedrale funktioniert:

Verschiedene Töne können erzielt werden, wenn man die Kanten der Falten mit einem harten Gegenstand schlägt; daher der Name der Nische. Wir haben mit stumpfen Flintsteinen und Holzstöcken experimentiert; wenn man die Enden der Falten mit Letzteren bearbeitet, erhält man die klarsten, harfenähnlichsten und volltönendsten Noten, die ganz hinten in der Höhle ein Echo bilden. Mehrere Kanten sind von früher her in unterschiedlicher Höhe absichtlich abgebrochen worden; das ist vielleicht geschehen, um die Klänge zu variieren, denn wir nehmen an, dass die Höhlenkünstler diese Kanten, die sehr abgenutzt aussehen, als ein riesiges Schlaginstrument oder Lithophon benutzten, begleitet vielleicht von einer Flöte, von Händeklatschen oder Stampfen mit den Füßen.

Die esoterische Natur dieser Nische zeigt sich auch darin, dass vielschichtige Symbole sowohl auf die Falten als auch in die Zwischenräume gemalt wurden (meistens mit rotem Ocker). Die meisten Figuren sind auf den ersten Blick fast nicht zu erkennen und wurden offenbar nicht angebracht, um öffentlich betrachtet zu werden. Nur eine Figur – die Dams als Wegweiser oder Lockzeichen beschreibt – ist aus der Entfernung erkennbar. Sie meint, dass die in der »Orgel« abgebildeten Zeichen vielleicht ein komplexes Notensystem sind, das mit den rituellen Aktivitäten zu tun hatte, dass es gewissermaßen als Gedächtnisstütze fungiert habe, um den (die) »Organisten« an Details der Zeremonien zu erinnern, die jetzt längst vergessen sind. Die »Orgel« und die anderen bekannten Höhlen mit Lithophonen in Spanien, Portugal und Frankreich haben, trotz ihres gewaltigen Maßstabs, eine gewisse Ähnlichkeit mit der schlichten Ratsche, die schon aus dem Magdalénien bekannt ist und die vielleicht ein Echo noch einfacherer Instrumente aus dem Moustérien ist. Wie Paul Bahn, einer der führenden archäologischen Experten für Höhlenkunst, gesagt hat: »Es ist sehr wahrscheinlich, dass sie [die paläolithischen Benutzer der Höhle] alle akustischen Besonderheiten voll und ganz genutzt haben.«

Die so genannte Venus von Laussel ist bereits im Zusammenhang mit den astronomischen und kalendarischen Bestrebungen der Altsteinzeit erwähnt worden, aber dieses rätselhafte Basrelief (siehe Tafel 18) ist auch für andere Interpretationen offen, auch musikalische. Es ist gemutmaßt worden, dass das Objekt, das von der rechten Hand der Frau gehalten wird, ein Horn oder ein anderes Blasinstrument sei; da aber weder am Ende noch an der Seite ein Loch abgebildet ist, dürfte dies unwahrscheinlich sein. Jüngst ist von Dirk Huyge geäußert worden, dass es, wie das weiter oben angesprochene Neandertalerobjekt, das Exemplar einer Ratsche oder eines Schrapers sei. In vielen Stammeskulturen sei die Ratsche ein Instrument mit magischen Untertönen. Aus diesem Grund meint Huyge, dass es vielleicht im Jungpaläolithikum eine rituelle Bedeutung gehabt habe, vielleicht als magische Fruchtbarkeitshilfe für schwangere Frauen. Eine weitere Art Musikinstrument, das bis in die Steinzeit zurückverfolgt werden kann, ist die Schneckenmuschel oder Meeresmuschel. Tritonshörner sind – wie etwa in Osteuropa – in einer Reihe von neolithischen und chalkolithischen Ausgrabungsstätten gefunden worden, die der Lengyel-Kultur zugerechnet werden. Das Blasen einer Muschel hat in vielen Teilen der Welt eine zeremonielle Funktion gehabt. Es erfüllt diese Rolle in den Ritualen vieler melanesischer Gesellschaften immer noch und hat seine Bedeutung sogar im zeitgenössischen Hinduismus und Buddhismus beibehalten. Zu Musikinstrumenten aus der neolithischen Periode in Europa gehören außerdem abgerundete Keramikpfeifen mit nur einem Blasloch (ein Instrument, das stark an die Okarina erinnert) und geschlossene Rasseln aus Tonerde.

Auch verschiedene Trommeln waren im damaligen Europa weit verbreitet. Unter einigen rituellen Miniaturobjekten aus Ton in Ovcarovo in Nordbulgarien (auf 4500 v. Chr. datiert) fanden sich drei zylindrische Trommeln. Obwohl die Trommeln selbst nicht verziert waren, waren viele andere Objekte wie zeremonielle Schalen, Altarschranken und Figurinen mit Mäanderlinien und Spiralen versehen. Wahrscheinlich waren die

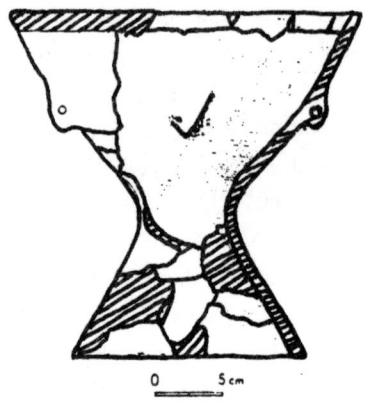 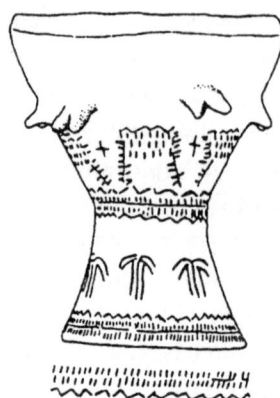

Abbildungen 35 und 36

Modelltrommeln Nachbildungen von normalen Trommeln, die bei religiösen Anlässen geschlagen wurden. Es gibt noch weitere Zeugnisse, die auf eine Verbindung zwischen Trommeln und religiösen Vorstellungen in früheren Zeiten hindeuten. Viele Tontrommeln aus dem frühen und mittleren Neolithikum, von großen Basstrommeln bis hin zu kleineren Arten, sind an archäologischen Ausgrabungsstätten gefunden worden, die zur Trichterbecher-Kultur (der Name verdankt sich ihrer besonderen Art von Keramik) zählen. Allein in Deutschland sind über sechzig Exemplare gefunden worden, die Hälfte in Megalithgräbern. Dass diese Trommeln tatsächlich gespielt werden konnten, zeigte sich, als moderne Nachbildungen nach neolithischen Mustern aus Böhmen hergestellt wurden. Als Trommelfell wurde unbehandeltes Leder verwendet, das wahrscheinlich die von den prähistorischen Trommlern benutzte Originalmembrane war. Dass die Membranen gestrafft wurden, ergibt sich aus dem allgemeinen Vorkommen von Löchern in den neolithischen Trommeln.

Abbildung 35 zeigt eine stundenglasförmige neolithische Trommel aus dem polnischen Mrowino; die Ösen sind deutlich sichtbar. Eine ähnliche Trommel, diesmal aus Rössen in Deutschland, wird in Abbildung 36 gezeigt. Aber im Unterschied zu der polnischen ist diese durch vier hervortretende Brustpaare verziert, eines auf jeder Seite. Dieses ungewöhnliche Muster hat wohl eher religiöse als sexuelle Bedeutung gehabt, und gleichzeitig diente es zur Befestigung der Membrane und zu deren Spannung. Prähistorische Musik hinterlässt naturgemäß nicht so viele Spuren wie die sichtbaren Künste der Malerei und Skulptur und figuriert selten als Gegenstand dieser beiden Kunstformen. Die meisten Instrumente sind sehr wahrscheinlich aus vergänglichen Materialien wie Holz angefertigt worden und daher für immer verloren. Doch ein schwaches Echo der musikalischen Ausdrucksformen, die in der Steinzeit existiert haben dürften, dringt trotzdem über die Jahrtausende hinweg zu uns: von der »Orgel« in den Höhlen – im Grunde eine große Ratsche – bis zu den Knochenschrapern des Jungpaläolithikums und vielleicht sogar aus der mittelpaläolithischen Periode.

XVI.

Die ersten Fossilienjäger

In Kapitel XIII haben wir gesehen, wie Kunst schon direkt zu Beginn der jungpaläolithischen Periode erscheint. Bei der Suche nach dem Ursprung der Schrift wurde klar, dass es ein prähistorisches Erbe für die Verwendung von Zeichen lange vor dem »plötzlichen« Auftauchen der sumerischen Schrift gab. Das sollte uns misstrauisch gegenüber der ebenfalls »plötzlichen« Geburt der Kunst und des symbolischen Verhaltens machen. Wie noch deutlich werden wird, ist die ideologische Mauer, die bei etwa 40 000 v. Chr. errichtet wurde, genau wie die Mauer, die für die Zeit vor fünftausend Jahren errichtet wurde, zum Einsturz verdammt, wenn gewisse atypische Fälle frühen symbolischen Verhaltens und künstlerischer Tätigkeit ans Licht kommen. Hier ist der Einsatz in gewisser Weise noch höher, denn während das Gedankengebäude um die Geburt der »Zivilisation« herum dazu dienen sollte, die Barbaren und Primitiven in Schach zu halten, ist die Trennungslinie der vierzigtausend Jahre für die Geburt der Kunst ein Mittel, durch das die frühen Hominiden, wie zum Beispiel der Neandertaler (siehe Tafel 25), von der Beteiligung an der kreativen »Explosion« ausgeschlossen werden, die, wie uns einige Leute glauben machen wollen, beinahe auf magische Weise entstand, ohne irgendwelche Vorläufer (und ohne irgendwelche handfeste Beweise für eine biologische Evolution zu jener Zeit).

Ich werde zeigen, dass es nicht nur ein oder zwei mögliche Fälle für symbolische Aktivitäten von Hominiden vor vierzigtausend Jahren gibt, sondern eine viel größere Zahl, in der Tat zu viele, als dass sie einfach unter den Teppich gekehrt wer-

den könnten. Ich werde sie als Beweisstücke präsentieren zur
Verteidigung des Gedankens, dass die Kunst der verhaltensmäßig modernen Menschen aus einer langen Tradition symbolischer Handlungen erwuchs, die in eine sehr ferne Vergangenheit zurückverfolgt werden kann. Jedes dieser Beweisstücke
(oder jede Gruppe von Beweisstücken, wenn sie treffender
gruppenweise statt einzeln behandelt werden) wird mit allen
Details betreffs des infrage stehenden Objekts oder der entsprechenden Praktiken versehen, mit den Daten also, wer wo
und wann was gefunden hat, und mit einem Bericht über den
Diskussionsstand – dafür und dagegen – bezüglich des Status
als Beweisstück für symbolisches Verhalten. Nicht alle diese
Beweisstücke können angemessen verteidigt werden, und die
Gründe, weshalb sie verworfen oder dem Urteil künftiger Forschungen anheim gestellt werden, werden ebenfalls angeführt.

Im normalen Sprachgebrauch wird das Wort »Neandertaler«
als Schimpfwort benutzt für eine Person, die roh, unwissend
und gleichgültig den höheren Dingen des Lebens gegenüber
steht, für jemanden, der unfähig oder unwillens ist, irgendeinen
Sinn für ästhetisches Bewusstsein zu entwickeln. Aber inwieweit stimmt das Leben des Neandertalers in der allgemeinen
Vorstellung mit dem des wirklichen Neandertalers überein?
Waren die Neandertaler einfach wilde Tiere, die von ihren In-
stinkten getrieben wurden und Körper und Verstand benutzten,
um einfach nur praktische und nützliche Ziele zu verfolgen,
oder hatten sie wie wir auch künstlerische und geistige Interessen? Viele Archäologen teilen die allgemeine Auffassung vom
Neandertaler und haben sie zum Teil sogar inspiriert und ge-
nährt. Andere malen ein günstigeres Bild von den erloschenen
Mitgliedern unseres Stammbaums und billigen ihnen größere
geistige und sprachliche Fähigkeiten zu. Es gibt Anzeichen dafür, dass ästhetisches Bewusstsein und viele andere moderne
menschliche Züge nicht utilitaristischer Art bis in die mittelpaläolithische Periode und darüber hinaus bis in die frühpaläolithische Zeit zurückverfolgt werden können, womit die Theorie
des kulturellen »Bigbang«, der angeblich zu Beginn der jung-

paläolithischen Periode vor etwa vierzigtausend Jahren stattgefunden haben soll, unterhöhlt wird. Die archäologischen
Funde aus dem frühen und mittleren Paläolithikum werden,
wie ich schon früher erwähnte, von Steinwerkzeugen beherrscht, und es ist das Studium dieser Artefakte, das uns eine
Möglichkeit verschafft, einen Blick in die geistigen und sonstigen Fähigkeiten der Hominiden zu erhaschen. Da die allgemeinen Informationen, die aus der Untersuchung dieser Werkzeuge gewonnen werden können (kognitive Fähigkeiten,
Sprachfähigkeiten etc.), in diesem Buch bereits früher behandelt wurden, will ich nicht wiederholen, was ich dort gesagt
habe, sondern nur das berühren, was sie uns über das ästhetische Empfinden aus jener fernen Vergangenheit erzählen können.

Die Fossilienjagd ist keineswegs eine Erfindung der modernen Welt; die Sammlung solcher Objekte durch professionelle
Paläontologen und enthusiastische Amateure wird von einem
menschlichen Streben nach dem Besonderen vorweggenommen, das bis in die ferne Vorgeschichte zurückreicht. Sibirische
Völker, die gefrorene Überreste von Mammuts fanden, stellten
Schnitzereien aus deren Elfenbein her, und die chinesische Suche nach »Drachenknochen« und anderen angeblichen medizinischen Fossilien ist allgemein bekannt. Tatsächlich stammt der
erste Hinweis, dass China einst die Heimat eines Frühmenschen gewesen ist, von einem fossilen Zahn, den der deutsche
Paläontologe Max Schlosser in einer chinesischen Apotheke
um die Jahrhundertwende entdeckte! Der Altmensch selbst
teilte dieses Interesse, wie die Entdeckung einer Reihe von
Dingen verdeutlicht. Unter den Kuriosa, die Neandertaler in
Arcy-sur-Cure in Frankreich gesammelt hatten, befand sich
eine fossile Muschel eines Gastropoden. In Afghanistan in der
Moustérien-Ebene der Darra-i-kur-Fundstätte fand Louis Du-
pree einen fossilen Haifischzahn, der nach seiner Überzeugung
von mittelpaläolithischen Menschen bearbeitet worden ist.

Alexander Marshack hat berichtet, dass Derek Roe, der Direktor des Forschungszentrums Donald Baden-Powell an der

Universität Oxford, ihm mitgeteilt habe, fossile Muscheln, die in Bedford in England gefunden und in die altpaläolithische Periode datiert wurden, würden als sehr frühes Beispiel für ein Halsband angesehen. Marshack fuhr nach Oxford, um die Muscheln unter dem Mikroskop zu untersuchen, fand aber keinen Anhaltspunkt dafür, dass die natürlichen Löcher in ihnen künstlich erweitert wurden. Allerdings deuten die Reste organischen Materials in den Löchern seiner Meinung nach darauf hin, dass die Muscheln an einer Schnur oder einem Riemen gehangen haben und insofern eine symbolische oder dekorative Rolle spielten. Aus der altpaläolithischen Periode sind in Europa zumindest vier Steinartefakte mit Fossilien aus dem Acheuléen bekannt. Auf eines davon lenkte K. D. McRae, der dieses ungewöhnliche Artefakt in der Faustkeilsammlung des Museums in Cambridge bemerkt hatte, die Aufmerksamkeit von Kenneth Oakley. Dieser einmalige Faustkeil, der nicht weit von der Flintausgrabungsstätte in Brandon im englischen Norfolk gefunden wurde, hat in der Mitte eine zweischalige Molluske (siehe Tafel 26). Man könnte meinen, dass angesichts der erheblichen Menge von aufgefundenen Faustkeilen das Vorhandensein eines Fossils in diesem Faustkeil einfach Zufall sei und dass der Mensch des Acheuléen ihm womöglich keine besondere Aufmerksamkeit geschenkt habe. Oakley dachte anders darüber:

Die bedeutsamste Tatsache, die bei der Untersuchung dieses Faustkeils ins Auge fällt, ist die, dass die sie auszeichnende Muschel sich auf der Wetterseite des Flintblocks befindet, aus dem der Faustkeil gehauen wurde. Wir müssen daraus folgern, dass der Werkzeugmacher des Acheuléen das Fossil nicht nur bemerkte, als er den Flintklumpen sah, sondern ihn auch zu einem bifazialen Keil verarbeitete und sorgfältig vermied, die Stelle mit dem Fossil abzuschlagen, vielmehr es in seiner zentralen Position beließ... Ich glaube, dass die feine, fächerförmige Zeichnung des Fossils aus der Kreidezeit ... dem Hersteller des Faustkeils vor etwa einer Viertelmillion Jahren gefiel.

Wenn die Menschen des Acheuléen ein Auge für das Ungewöhnliche hatten, dann hatten sich auch ein Auge für das Vollkommene. Zahlreiche Archäologen haben die Beobachtung gemacht, dass manche Faustkeile aus jener Zeit in einem Maß bearbeitet wurden, das weit über die Erfüllung nützlicher Erfordernisse hinausgeht; einige sind in ihrer Art schöne Arbeiten, selbst ohne fossile Verzierung. Aus einer noch früheren Periode ist die ungewöhnliche Farbe von Werkzeugen, die in der Olduvaischlucht aus grünen Lavasteinen hergestellt wurden, als ein mögliches Zeichen für frühzeitige Wertschätzung von Farbe gedeutet worden. An der Grabungsstelle FLK North (Upper Bed I) in der Olduvaischlucht fand Mary Leakey einen eigenartigen runden Feldstein, der gefurcht und zerhackt war und dem sie keine nützliche Funktion abgewinnen konnte. In der ganzen Olduvaischlucht ist kein vergleichbares Artefakt gefunden worden. Auf der Oberfläche des Steins ist eine künstliche Furche, die im Ergebnis von Experimenten als ausreichend tief angesehen wurde, um einen Riemen oder Strick zu befestigen. In Anbetracht ihrer herausragenden Stellung in der altpaläolithischen Archäologie ist Leakys Kommentar von erheblichem Interesse:

> Dieser Stein ist zweifelsohne künstlich geformt worden, aber es ist unwahrscheinlich, dass er als Werkzeug für irgendeinen praktischen Zweck gedient haben könnte. Es ist denkbar, dass der Quarzitfeldstein [siehe Tafel 28], der in Makapansgat [eine zwei bis drei Millionen Jahre alte *Australopithecus*-Fundstelle in Südafrika] gefunden wurde und bei dem natürliche Verwitterung auf Teilen der Oberfläche das Einschnitzen von zwei Hominiden- oder besser gesagt Primatengesichtszügen simuliert hat, eine Parallele darstellt. Die Ähnlichkeit mit Primatengesichtern ist bei diesem Objekt unmittelbar erkennbar, obwohl es völlig natürlichen Ursprungs ist, während bei dem Olduvaistein eine ganze Menge Vorstellungskraft dazugehört, um irgendein Muster oder eine Bedeutung in der Form zu sehen. Bei schräger Ausleuchtung jedoch erkennt man eine Andeutung von einer lang gezogenen,

pavianähnlichen Schnauze mit schwachen Andeutungen eines Mundes und von Nasenlöchern. Die eingehackte Kerbe auf dem Olduvaistein, wahrscheinlich nicht mehr als ein Zufall, wiederholt sich auf dem Makapansgatobjekt als ähnliche, aber natürliche Kerbe, und bei beiden Objekten entspricht die Position der Kerben dem, was die Basis der Haarlinie sein würde, wenn man eine anthropomorphe Interpretation in Erwägung zöge. Dies ist eine offene Frage, aber das Vorhandensein solcher Steine an Hominidenorten aus jener fernen Periode ist nichtsdestoweniger von beträchtlichem Interesse.

Eine weitere ungewöhnliche Entdeckung, die die Fähigkeit symbolischen Denkens in einer sehr fernen Periode der Vorgeschichte andeuten könnte, ist die Höhle Daraki-Chattan im indischen Chambaltal. Am 8. September 1993 reiste ein Archäologe namens Ramesh Kumar Pancholi in jener Gegend mit einigen Freunden und entdeckte eine Reihe von Cupulae oder schalenförmigen Vertiefungen auf einer Felsenoberfläche nahe einem Tempel. Da er sie für sehr alt hielt, kehrte er am 2. Oktober mit seinem Sohn zurück, um nach weiteren dieser ungewöhnlichen Phänomene Ausschau zu halten; er fand tatsächlich zahlreiche Cupulae in einer Sandsteinhöhle, der er den Namen »Daraki-Chattan« gab, was soviel wie »zerklüfteter Felsen« bedeutet. Im Dezember 1995 wurde die Höhle von Giriraj Kumar und seinem Sohn gründlicher untersucht. Daraki-Chattan ist 8,4 Meter tief und an manchen Stellen sehr eng, besonders zum Ende hin, wo das letzte Meterstück nur vierzig Zentimeter breit ist. Kumar und sein Sohn konnten die Größe und die Lage von vierhundertachtundneunzig Cupulae auf beiden Felswänden ausmachen; manche waren in einer Höhe von dreieinhalb Metern zu finden – ein Hinweis auf die Akribie, mit der sie ihre Unternehmung durchführten. Trotz der technischen Schwierigkeiten des Kameraeinsatzes in einem so dunklen und engen Raum konnten die Forscher ihre Diagramme und Vermessungen um eine fotografische Dokumentation erweitern. Obwohl die Cupulae eindeutig von Menschen gemacht wurden (ähnliche Gruppen von zahlreichen Cupulae sind andernorts gefunden worden, zum Beispiel in Nordaustralien und in Europa), ist es sehr schwierig, sie zu datieren. Auf dem Höhlenboden sind einige Steinwerkzeuge vom Typ Acheuléen und Mittelpaläolithikum gefunden worden, aber viele sind durch das Regenwasser vom oberhalb liegenden Hügel heruntergespült worden, wo ähnliche Werkzeuge gefunden wurden. Solche Werkzeuge sind in dieser Gegend häufiger als jene aus der mesolithischen und jungpaläolithischen Periode. Kumar fand auch anderthalb Meter außerhalb der Höhle fünf Steine in einer rechtwinkligen Linie zur Höhlenöffnung. Diese Steine und ein weiterer dicht an der Wand könnten laut Kumar die Reste einer Begräbnisanlage oder eines Windschutzes sein. Trotz fehlender schlagender Beweise sind die Cupulae in der Höhle und die Reste einer künstlichen Steinanlage seiner Meinung nach das Werk von Menschen des Acheuléen, die einst die Höhle bewohnten. Er ist ferner der Ansicht, dass der schmale Gang, in dem die Cupulae angebracht wurden, schwerlich ein geeigneter Ort gewesen sei, um das Werk von allen bewundern zu lassen, die Cupulae folglich eine rituelle Bedeutung gehabt haben müssen. Es gibt eine Reihe von weiteren Fundstätten in Indien, deren Cupulae und geschwungene Linien aus dem Acheuléen stammen sollen – ein weiterer Hinweis auf derlei Aktivitäten auf dem Subkontinent.

Auch Quarzkristalle scheinen den Schönheitssinn des Frühmenschen in verschiedenen Teilen der Welt geweckt zu haben. Menschen des Acheuléen haben sechs Kristallprismen zu dem Ort Singi Talav in Indien aus dem Altpaläolithikum gebracht; die Analyse ergab, dass sie nicht von ein und derselben Kristallblume stammten, dass sie also bei verschiedenen Gelegenheiten eingesammelt wurden. Ihre unscheinbare Größe (der größte ist zweieinhalb Zentimeter lang) macht es unwahrscheinlich, dass sie als Werkzeuge verwendet wurden. Robert Bednarik meinte, dass sie den Acheuléen-Menschen wegen ihres schönen Äußeren gefallen haben. Etwa zwanzig Quarzkristalle sind vom *Homo erectus* in Zhoukoudian nahe Peking gesammelt worden, und ähnliche Entdeckungen werden von Fundstätten aus dem Acheuléen in Israel und Österreich gemeldet. Das Interesse an Quarzkristallen ist auch für die Menschen des Magdalénien aus der jungpaläolithischen Periode nachgewiesen, die gelegentlich auch Fossilien sammelten. Es gibt Berichte über Quarzkristallfunde in achttausend Jahre alten Grabstätten in Kalifornien. Weltweit sprechen ihnen Völker magische Kräfte zu. Sowohl in Nord- als auch in Südamerika spielen sie im Schamanismus eine sehr wichtige Rolle: Sie gelten als Quelle großer geistiger und heilender Kräfte. In einem sehr ähnlichen Sinn werden sie im Rahmen magischer und medizinischer Praktiken bei verschiedenen Völkern in Neuguinea und auf der Malayischen Halbinsel angewendet. Das Volk der Aranda in Zentralaustralien bearbeitete den Körper des Initianten mit Quarzkristallen, während sie bei einem anderen australischen Volk, den Wiradjeri mit Wasser getrunken wurden, um Gesichte zu haben. Wir können natürlich nicht wissen, welchen Gebrauch die Magdalénien-Menschen (von den Menschen des älteren Acheuléen ganz zu schweigen) von den Quarzkristallen machten; ob sie sie einfach nur gerne betrachteten, ihnen magische Kräfte zuschrieben oder ob sie irgendeinen praktischen Wert für sie hatten, darüber lassen sich nur Vermutungen anstellen.

Obwohl das Vorhandensein der Quarzkristalle an den Orten, die in Zusammenhang mit dem Frühmenschen stehen, eher eine ästhetische Wertschätzung als ein entwickeltes spirituelles Trachten nahe legt, gibt es beim Neandertaler handfestere Beweise für symbolische Aktivitäten, und zwar in Form von Grabstätten. Von allen religiösen oder spirituellen Handlungen hinterlassen diejenigen, die mit Begräbnisriten zu tun haben, vermutlich die dauerhaftesten Spuren für die Entdeckung durch Archäologen. Aus der altpaläolithischen Periode sind keine Begräbnisstätten bekannt; allerdings wurden in dem Atapuercahöhlensystem in Spanien am Grund eines tiefen Schachtes die Reste von etwa vierzig Menschen gefunden. Die Tatsache, dass es keine Anzeichen dafür gibt, dass die Knochenreste eines Raubtierschmauses sind, legt die Annahme nahe, dass die Toten bewusst beseitigt wurden, auch wenn dies kein Beweis für Bestattungsriten ist. H. Ulrich hat die Auffassung vertreten, der *Homo erectus* habe vielleicht gezielt Manipulationen an den Leichen vorgenommen, etwa durch Zergliedern des Körpers oder des Skeletts, und die Schneidespuren an Menschenknochen in Zhoukoudian und an anderen Fundorten deuteten auf derlei Praktiken hin. Nach Yuri Smirnow vom Institut für Archäologie in Moskau spricht einiges für einen Kult mit Schädeln und Mandibeln (Kieferknochen) in der altpaläolithischen Periode, weil natürliche Kräfte nicht hinreichend erklärten, warum ein so hoher Prozentsatz von Schädeln und Kieferknochen (verglichen mit anderen Skelettresten) unter den menschlichen Fossilien zu finden ist. Er merkt auch an, dass in der gesamten paläolithischen Periode die bevorzugte Erhaltung dieser Teile des Skeletts vor allem im Hinblick auf Kinder auffällig sei; das könnte bedeuten, dass ein solcher Kult, wenn er bestand, den jungen Menschen besondere Aufmerksamkeit widmete.

Bis vor kurzem gab es keine allgemein akzeptierten Fälle planmäßiger Begräbnisse für die Periode vor siebzigtausend bis achtzigtausend Jahren, aber die Entdeckung von Grabstätten in den Höhlen von Quafzeh und Skhul in Israel aus der Periode von vor neunzigtausend bis einhundertzwanzigtausend Jahren deutet auf ein höheres Alter dieser Praxis hin als bisher angenommen. Diese Grabstätten enthielten die Überreste von Menschen, die dem modernen *Homo sapiens sapiens* sehr ähnlich waren – eine Überraschung, wenn man das frühe Datum bedenkt. Die Zahl der bekannten Grabstätten von vor etwa siebzigtausend Jahren ist ein Zeichen dafür, dass sowohl der Neandertaler in Europa und Westasien (der Neandertaler der letzteren Region wird manchmal wegen der Unterschiede zu seinem europäischen Vetter als »Neandertaloid« bezeichnet) als auch der *Homo sapiens* (des besonderen Typs, der als »Protocromagnon« bezeichnet wird) im Nahen Osten ihre Toten bestatteten, zumindest gelegentlich. Die Zahl der bekannten Grabstätten in der mittelpaläolithischen Periode ist äußerst bescheiden; Smirnow erkennt etwa sechzig Fälle an, was für jene Periode einen Durchschnitt von zwei Begräbnissen pro tausend Jahre ergibt. Wenn diese Fälle als ausreichender Beweis für die Praxis von Beerdigungen akzeptiert werden – von vielen, gewiss nicht alle Archäologen –, ist auch klar, dass die entdeckten Grabstätten aller Wahrscheinlichkeit nach nur die Spitze des Eisbergs sind.

Eine der aufregendsten Neandertalergrabstätten wurde 1938 von einem russischen Team unter Leitung des Archäologen A. P. Okladnikow in einer Höhle bei Teshik-Tak im südöstlichen Usbekistan gefunden. Am 4. Juli 1938, dem ersten Tag der Ausgrabungen, wurde die Grabstätte am Grund der obersten Kulturschicht (Schicht I) entdeckt. Sie entpuppte sich als die letzte Ruhestätte eines etwa zwölfjährigen Neandertalerjungen. Obwohl der Schädel durch das Gewicht des darüber liegenden Schutts in über hundertfünfzig Stücke zerfallen war, konnte das Team fast den gesamten Schädel und die Gesichtsknochen rekonstruieren. Es gibt Anzeichen dafür, dass der Junge im Zuge der Beerdigungsvorbereitungen bewusst »entfleischt« wurde. Das einzige Knocheninstrument war eine Spitze aus dem Ellenknochen einer sibirischen Bergziege – sie könnte als Ahle oder Bohrwerkzeug gedient haben –, die dicht neben dem Körper des Jungen lag; sie ist als Opfergabe für den Toten interpretiert worden. Fünf oder sechs Hornpaare von derselben Tierrasse waren in senkrechter Lage (oder zum Schädel hin geneigt) angeordnet, mit den Spitzen nach unten gerichtet in einem ungefähren Kreis um den Schädel und die benachbarten Teile des Skeletts. Zahlreiche andere Ziegenhörner wurden vor Ort gefunden – sie machen etwa vierundachtzig Prozent aller dort gefundenen Tierknochen aus –, die aber horizontal und beliebig verstreut herumlagen. Für die Archäologen bestand kein Zweifel, dass die Ziegenhörner an der Grabstätte aus einem bestimmten Grund bewusst platziert worden waren. Man nahm an, dass die Hörner irgendeine rituelle Bedeutung hatten und eine Feuerstelle, die ganz in der Nähe gefunden wurde, mit den Beerdigungsriten in Zusammenhang stehen könnte, vielleicht in Verbindung mit einem Festessen, obwohl das sehr spekulativ ist.

In seiner Analyse der möglichen Bedeutung der Grabstätte hat der Gelehrte Okladnikow festgestellt, dass viele der Neandertalergrabstätten, die vor Teshik-Tak entdeckt wurden, die von Kindern und Jugendlichen waren. Im Gegensatz zu anderen wertet er dies nicht als Beweis für eine hohe Sterblichkeitsrate im Moustérien, sondern als eine besondere Vorliebe der Neandertaler für die Bestattung der Leichen von Kindern statt von Erwachsenen – ein Wesenszug, der auch einigen späteren Kulturen aus dem Jungpaläolithikum und Neolithikum zu Eigen ist und auch die modernen Burjaten (eine Kultur, die mit dem mongolischen Volk in Beziehung steht) im südlichen Sibirien betrifft. Er mutmaßte, dass die Sicherung der Wiedergeburt der toten Kinder der Zweck der Beerdigung und des dazugehörigen Rituals gewesen sein könnte. Er sah in den Beerdigungen auch Anzeichen eines »Kultes« der Tiere:

Der »Totenkult« im Moustérien, der so deutlich in den archäologischen Funden in der Höhle von Teshik-Tak zum Ausdruck kommt, [deutet] eine Tendenz [an], den Körper eines toten Mitglieds der menschlichen Horde zu erhalten… Folglich muss unter den Neandertalern die Auffassung von Leben und Tod als zwei grundverschiedenen Zuständen bereits bestanden haben; sonst wäre es unmöglich, das Begräbnisritual des Moustérien zu erklären, das in seinen wesentlichen Zügen für Menschen und für diejenigen Tiere, die als wichtigstes Objekt bei der zeremoniellen Aktivität in der Höhle von Teshik-Tak galten (die Bergziegen), identisch war… Die tiefe und komplexe Verbindung des alten Moustérien-»Kultes« der Toten mit dem »Kult« der Tiere wird besonders deutlich durch die Funde in der Höhle von Teshik-Tak bezeugt, wo die Knochen des Kindes von den Ziegenhörnern umgeben waren.

Das Vorhandensein eines Tierkultus, bei dem gewisse Arten (entweder sehr geschätztes Wild oder mit dem Menschen konkurrierende gefährliche Raubtiere) eine Schlüsselrolle im zeremoniellen Leben einer Gesellschaft spielen und mit besonderer Aufmerksamkeit oder gar Verehrung behandelt werden (indem man zum Beispiel ihre Schädel sammelt), ist für so ferne Zeiten schwer nachzuweisen. Okladnikows Idee der Existenz eines solchen Kultus ist höchst faszinierend, aber auch äußerst spekulativ, weshalb sie mit großer Skepsis aufgenommen wurde; es wird allerdings allgemein akzeptiert, dass der Körper in Teshik-Tak von den Neandertalern bewusst beerdigt wurde. Dass die Bergziegenhörner in einem planvollen Muster um die Leiche angeordnet wurden, ist von Robert Gargett bezweifelt worden, der in einem Artikel von 1989 mit dem unglücklichen Titel »Grave Shortcomings: The Evidence for Neandertal Burial« *alle* Fälle von dokumentierten Neandertalerbegräbnissen eher mit natürlichen statt kulturellen Aktivitäten zu erklären versucht hat. Gargett behauptet, dass der »Kreis« von Hörnern hauptsächlich in der Vorstellung der Ausgraber bestanden habe und dass der ganze Fall Teshik-Tak als Ort bewusster Beerdigung auf Fehlinterpretationen und Fantasie beruhe. Okladnikows Ruf als einer der hervorragendsten Paläoarchäologen in Verbindung mit der Tatsache, dass es andere allgemein anerkannte und überzeugende Fälle von Neandertalerbeerdigungen gibt, wurde durch Gargetts Attacke nicht beschädigt; sie änderte auch nichts am allgemeinen Konsens, dass es mehr als ausreichende Beweise für Begräbnisse aus jener Zeit gibt, trotz mancher Mängel in der Beweislage bei bestimmten Fundstätten.

In der Höhle Shanidar in einer abgelegenen Gegend des nördlichen Irak fanden sich ebenfalls Reste von neun Neandertalern; bei manchen gab es einen Zusammenhang mit Beerdigungen, andere waren durch einen Felseinsturz ums Leben gekommen. Zwei besonders interessante Aspekte dieses Ortes könnten Licht auf wenig bekannte Züge der Existenz des Neandertalers werfen. Der erste ist die Entdeckung der Überreste eines etwa vierzigjährigen Mannes, der vor etwa sechsundvierzigtausend Jahren durch den Felseinsturz zu Tode kam. Dieses Individuum wird offiziell »Shanidar I Neandertaler« genannt, erhielt aber vom Expeditionsleiter Ralph Solecki und seinen Mitarbeitern den Spitznamen »Nandy«. Der Schädel von Nandy wurde als Erstes ausgegraben, und es war die Aufgabe des Humananthropologen George Maranjian, ihn im Feldlaboratorium unter einfachen Bedingungen so gut wie möglich wiederherzustellen. In seinem Bericht über die Shanidarausgrabungen erzählt Ralph Solecki, wie ein unerwünschter Eindringling beinahe Marinjians Arbeit zunichte gemacht hätte:

> Als der Schädel im Shanidarlaboratorium in einer Sandwanne auf einem Tisch vor dem Fenster stand, trat eine kleine Krise ein. Es war nicht ungewöhnlich, dass die Hühner, die der Koch für unser Essen bestimmt hatte, irgendwie in das Laboratorium eindringen konnten. In einem kurzen unbewachten Moment war eines hereingeschlüpft und in die Sandwanne mit den Schädelresten gehüpft. Wir erschraken, als wir sahen, wie es im Sand zufrieden gackerte und einige der Schädelstücke, die Maranjian mühsam zusammengefügt hatte, wieder durcheinander gebracht hatte. Glücklicherweise stellte Maranjian fest, dass sie nicht beschädigt waren. Das Huhn wurde eingefangen und dem Koch übergeben. Wir konnten keine Wiederholung dieses Vorgangs riskieren, weshalb fortan immer jemand im Raum blieb, solange der Schädel nicht bedeckt war.

Als der Rest des Skeletts freigelegt war, wurde es mit LKW und Bahn unter Bewachung der irakischen Polizei in ein Laboratorium in Bagdad zur genaueren Analyse durch Dr. T. Dale Stewart gebracht. Da zeigte es sich, dass Nandys Körper verkrüppelt gewesen war. Sein rechtes Schulterblatt, sein Schlüsselbein und sein rechter Oberarmknochen waren unterentwickelt, wahrscheinlich von Geburt an. Die Untersuchung ergab, dass der rechte Arm zu seinen Lebzeiten direkt oberhalb des Ellbogens amputiert worden war. Er hatte auch unter einer bei Neandertalern nicht ungewöhnlichen Krankheit gelitten, nämlich Arthritis. Seine Zähne waren als Folge unnatürlichen Gebrauchs stark abgenutzt, vielleicht durch übermäßiges Kauen auf Tierhäuten, um diese geschmeidig zu machen, oder durch Benutzung als Hilfswerkzeug an Stelle seines rechten Armes. Als ob diese Behinderungen und Krankheiten nicht genug des Leidens gewesen wären, entdeckte man außerdem, dass er auf dem linken Auge blind gewesen war und Verletzungen im Gesicht und am Schädel erlitten und überlebt hatte. Diese Person muss zweifellos eine Last für die wandernden Neandertalerjäger gewesen sein, doch hatten sie offensichtlich von Geburt an für ihn als Mitglied ihrer Gemeinschaft gesorgt, da ein Individuum in einem derartigen physischen Zustand allein kaum überlebt hätte. Dies zeigt, dass die Neandertaler – ganz im Gegensatz zu der Vorstellung von einer Horde wilder Tiere – ihre sozialen Auffassungen offenbar nicht auf das Ethos vom »Überleben des Tüchtigsten« gründeten, sondern Betreuung und Rücksicht denjenigen angedeihen ließen, die körperlich behindert waren. Dieses Niveau sozialer Verantwortung und sozialen Bewusstseins ist umso erstaunlicher, wenn man bedenkt, dass es in historischen und moderneren Zeiten viele Fälle gibt, in denen schwächere Individuen, aus Notwendigkeit oder auf Grund kultureller Gepflogenheiten, zurückgelassen oder vernachlässigt wurden. Diejenigen, die Jean Aurels beliebte Erzählung *Kinder der Erde* gelesen haben, werden in diesem Bericht über Nandy, den verkrüppelten Mann von Shanidar, die Quelle für den Charakter Creb wiedererkennen, den Mog-ur oder Zauberer des Neandertalerclans in dem ersten Roman dieser Serie, *The Clan of the Cave Bear*.

Eine zweite Entdeckung an jenem Ort, die viele Kontroversen und Spekulationen hervorgerufen hat, ist der so genannte Blumenschmuck für das Grab des männlichen Erwachsenen Shanidar IV, das in etwa fünfzehn Meter Entfernung vom Höhleneingang gefunden wurde und aus der Zeit von vor fünfzigtausend Jahren datiert; laut Solecki, der die Ausgrabungen in den Fünfzigerjahren leitete, ist es vielleicht sogar sechzigtausend Jahre alt. Arlette Leroi-Gourhan, eine Paläobotanikerin aus Paris, war in den Sechzigerjahren für die Analyse von Bodenproben aus der Höhle verantwortlich und ziemlich enttäuscht, da in den ersten Proben, die sie erhalten hatte, wenig Pollen enthalten waren und einige Schichten des Ortes völlig keimfrei zu sein schienen. Erst 1968, als Proben mit der Nummer 313 und 314 aus dem Grab von Shanidar IV eintrafen, entdeckte sie etwas Einzigartiges. Diese beiden Proben waren äußerst ungewöhnlich, weil sie Anhäufungen von über hundert Pollenkörnern enthielten, statt der einzelnen Körner, die typisch für Höhlenböden sind (wo Pflanzen nicht gerade üppig vorkommen). Manche der Pollenbüschel hatten tatsächlich die Form der Anthere (Teil des Staubblatts, das den Pollen hält) der Blume erhalten, was zeigte, dass in diesen Fällen die Blume selbst und nicht nur die Pollen in der betreffenden Höhle lagen. In der Probe 313 fand sie sogar das Schuppenblatt eines Schmetterlingsflügels, die »Visitenkarte« eines Schmetterlings, der eine der Blumen vor über sechshundert Jahrhunderten aufgesucht hatte. Im Verlauf ihrer Analyse konnten mindestens sieben Blumenarten in dem Boden des Neandertalergrabes identifiziert werden, die alle zur selben Zeit dorthin gelangt waren. Leroi-Gourhan hat die Möglichkeit ausgeschlossen, dass sie auf natürlichem Weg wie durch Nager oder Vögel oder durch Koprolithen (Kotsteine) von Säugetieren in die Höhle gekommen sein könnten. Sie kam zu dem Schluss, dass die Blumen von den Neandertalern absichtlich aus irgendeinem symbolischen Grund dorthin gelegt wurden.

Andere haben mehr oder weniger plausible Gründe gesucht, um die Herkunft der Blumen zu erklären. Gargett hält es für das Wahrscheinlichste, dass der Wind die Blumen durch die große Höhlenöffnung hineingetragen hat oder dass Nager sie hineingebracht haben, um ihr Nest in der Höhle zu bauen. (Es gibt fossile Nagerhöhlen in der Höhle.) Leroi-Gourhan hatte die »Nageroption« bereits zurückgewiesen, und Solecki verwirft die erstgenannte Alternative Gargetts:

> Es hätte eines Hurrikans bedurft, um einen Blumenstrauß (nicht einfach nur Pollen) hineinzublasen und genau die Stelle von Shanidar IV zu treffen. Außerdem blühten die vorhandenen Pflanzen

Ende Mai oder Anfang Juli laut Leroi-Gourhan, und Shanidar IV wurde am 6. August ausgegraben.

Der Archäologe Clive Gamble betrachtet Gargetts Theorie der vom Wind hineingeblasenen Blüten durchaus als erwägenswert und gibt auch zu verstehen, dass die Tätigkeiten einheimischer Leute an der Ausgrabungsstätte ein Faktor sein könnten; er verweist auf Soleckis eigene Bemerkung, dass einer der Arbeiter gelbe Narzissen in die hohlen Handgriffe des Schubkarrens gesteckt hatte. Gelbe Narzissen sind jedoch nicht unter den Blüten zu finden, die Leroi-Gourhan aus den Pollen des Grabplatzes identifiziert hat. Yuri Smirnow akzeptiert, dass die Blumen von Neandertalern hineingelegt wurden, aber er sieht in ihnen eher ein Bett oder eine Bedeckung als ein Grabopfer; er hält auch das Vorhandensein von *Ephedra* unter ihnen für »bemerkenswert« (zu *Ephedra* siehe gleich). Trotz der angemeldeten Zweifel und der vorgeschlagenen alternativen Erklärungen für das Vorhandensein so vieler Blumen in dem Höhlengrab zeigen sich sowohl Solecki als auch Leroi-Gourhan überzeugt, dass ihre ursprüngliche Auffassung, dass die Blumen den Neandertalern und nicht Nagern oder dem Wind zuzuschreiben sind, richtig ist. Sie haben jedoch ihre Interpretation der Bedeutung des Niederlegens der Blumen geändert. Anfänglich gingen sie von einem ästhetischen Akt aus, ähnlich dem Niederlegen von Blumen an Gräbern heute. Nachdem sie die Eigenschaften der sechs Haupttypen von Blumen näher untersucht hatten, vermuteten sie jedoch, dass medizinische Kenntnisse über die Pflanzen die Auswahl dieser bestimmten Blumen durch die Neandertaler beeinflusst haben könnten.

Diese wichtigsten Blumen haben alle medizinische Eigenschaften, die nicht nur in der westlichen Volksmedizin, sondern auch in der örtlichen Kräuterkunde bekannt sind, welche heute noch praktiziert wird und über die in den Veröffentlichungen des irakischen Landwirtschaftsministeriums berichtet wurde. Die Gattung *Muscari*, allgemein »Traubenhyazinthe« genannt, hat stimulierende und diuretische (harntreibende) Wirkung, obwohl die Knolle giftig ist. Die Stockrose (Gattung *Althaea rosea*) ist von Solecki als »das Aspirin des armen Mannes« bezeichnet worden; es wird zur Linderung bei Zahnschmerzen und Entzündungen verwendet. Die Arten der Gattung *Senecio* (Kreuzkraut oder Greiskraut) werden medizinisch vielfältig genutzt, einschließlich zur Schmerzminderung an weiblichen Genitalien oder zur Blutstillung. Schafgarbe *(Achillea)* wird im heutigen Irak als Insektenpulver, als Mittel zur Behandlung von Dysenterie und als allgemeines Stärkungsmittel angewendet. Arten der Gattung *Centaurea* (Sommerflockenblume) wurden von den Einheimischen bei den Ausgrabungen in Shanidar gegessen; gewöhnlich werden sie zu verschiedenen Kräutermedikamenten verarbeitet.

Der letzte der sechs Haupttypen ist der holzige Schachtelhalm *(Ephedra)*, der eine lange Geschichte der medizinischen Verwendung in Asien und anderenorts hat. Früher glaubte man, dass *Ephedra* das sagenhafte *soma* der alten Inder gewesen sei, eine psychoaktive Pflanze, die Priester bei ihren Ritualen zu sich nahmen. Aber dafür eignet es sich nicht, da es ein dem Amphetamin ähnliches Stimulans enthält und kaum halluzinogen wirkt. Nichtsdestoweniger ist von archäologischen prähistorischen Fundstätten in Zentralasien bekannt, dass *Ephedra* zusammen mit stärkeren Substanzen wie Opium und Kannabis konsumiert wurde. Häufiger wurde die Pflanze als Heilmittel gegen Husten und Atembeschwerden verwendet, und in moderner Zeit sind Extrakte gegen Asthma eingesetzt worden. In früher Zeit eingesetzt worden sein könnte *Ephedra* auch zur Steigerung der Ausdauer und Schnelligkeit bei ausgedehnteren Jagdexpeditionen und anderen Aufgaben, die große Anstrengung erforderten. Wenn die Neandertaler tatsächlich diese Pflanzen sozusagen im medizinischen Marschgepäck hatten, dann könnte man spekulieren, dass ihre Heileigenschaften dem Toten irgendwie in der nächsten Welt von Nutzen sein sollten. Spekulativ ist auch die These, dass das tote Individuum eine Beziehung zu bestimmten medizinischen Tätigkeiten gehabt haben könnte, vielleicht sogar medizinische Praktiken selbst durchgeführt hat.

Obwohl solche Möglichkeiten weit hergeholt zu sein scheinen (und es gibt gewiss keine Beweise, die sie stützen könnten), müssen selbst jene, die stark bezweifeln, dass die Blumen
von den Neandertalern bewusst in das Grab gelegt wurden, die
Möglichkeit erwägen, dass es in jener fernen Vergangenheit
irgendwelche Grundkenntnisse in Medizin gegeben hat. Wie
kann zum Beispiel der offensichtlich amputierte Arm des Neandertalers in Shanidar erklärt werden? Sollen wir annehmen,
dass der Arm einfach mit einem Steinwerkzeug abgetrennt und
dann seiner Heilung überlassen wurde? Das erscheint äußerst
unwahrscheinlich und würde den Körper des Neandertalers
mit ziemlich ungewöhnlichen Selbstheilungskräften ausstatten.
Um die Blutung einer solchen Wunde zu stillen, müsste irgendein blutstillendes Mittel erforderlich gewesen sein. Wie wir gesehen haben, hat eine der im Grab gefundenen Pflanzen *(Senecio)* genau diese Eigenschaft, ebenso Ocker. Die Amputation
ist grundsätzlich eine chirurgische Operation, die nicht immer
so erfolgreich verläuft wie im Fall des Shanidarmannes. Und sicher ist eine Amputation nicht so schwer oder mit Risiken behaftet auszuführen wie der vergleichsweise komplizierte chirurgische Eingriff einer neolithischen Trepanation. Tatsächlich
könnte ein Neandertaler, der an das regelmäßige Schlachten
gewöhnt war, sowohl die Werkzeuge als auch die grundlegenden Kenntnisse gehabt haben, um eine solche Operation
durchzuführen, insbesondere wenn, wie es vielleicht der Fall
war, das Glied teilweise erfroren war, wodurch es leichter entfernt werden konnte, und die Operation nicht so schmerzhaft
gewesen sein dürfte.

Obwohl über die Einzelheiten der Essgewohnheiten der Neandertaler noch viel zu erforschen bleibt, spielten sicherlich
Pflanzen eine Rolle. Es ist sehr wahrscheinlich, dass ihre Kenntnis der Umgebung, in der sie wohnten (was wir aus ihrem dortigen Überleben schließen können), das Wissen um nützliche
Pflanzen einschloss, nützlich nicht nur als Nahrung, sondern
auch für die Gesundheit. Genau wie Katzen und viele andere
Tiere bekanntlich Pflanzen mit medizinischen Eigenschaften su-

chen, ist es durchaus vernünftig anzunehmen, dass das Wissen des Neandertalers um solche Pflanzen zumindest den Stand einer primitiven Pharmakopöe erreicht hatte. Der Neandertalerspezialist Erik Trinkaus hat auf eine ungewöhnliche Praxis verwiesen, die an zwei Individuen (Shanidar I und V) verübt wurde, wie er an den Skeletten erkennen konnte. Diese Praxis ist die gezielte Schädelverformung, die noch in jüngerer Zeit aus ästhetischen Gründen an Orten ausgeübt wurde, die so weit voneinander entfernt liegen wie Neubritannien in Melanesien und die pazifische Nordwestküste Nordamerikas. Dazu gehört, dass dem Kleinkind der Kopf verbunden wird, um das natürliche Wachstum in eine Form zu bringen, die als gefälliger angesehen wird. Dass die Neandertaler der Shanidarhöhle Kopfdeformationen vorgenommen haben sollen, ist ein überraschend frühes Zeugnis dieser kulturellen Praxis und zeigt ein Maß an Bewusstsein, das darauf hindeutet, dass es ihnen nicht völlig an anatomischen und medizinischen Kenntnissen fehlte. Trinkaus drückt die verhaltensmäßige Bedeutung dieser Tatsache folgendermaßen aus:

> Dieses gefolgerte Vorhandensein künstlicher Schädeldeformierung bei den Shanidarneandertalern drückt ein bislang nur wenig dokumentiertes persönliches ästhetisches Gefühl bei diesen frühen Menschen aus. Das Auftauchen dieser Praxis in der menschlichen Evolution zeitgleich mit dem ersten Beweis für planvolles Beerdigen der Toten und für die Verlängerung des Lebens von Kranken deutet auf ein Verhaltensmuster, das mit dem des frühen anatomisch modernen Menschen verknüpft ist.

Obwohl die Gesamtzahl bekannter Begräbnisse aus dem Mittelpaläolithikum und der Neandertalerzeit ziemlich klein ist, sind Versuche unternommen worden, sie miteinander und mit jungpaläolithischen Beerdigungen zu vergleichen, um eventuell signifikante Muster zu erkennen. Grabstätten sind für Archäologen eine Quelle erster Ordnung zur Lieferung von Informationen über die Kulturen, denen sie zugerechnet werden, und manche Forscher wie etwa Yuri Smirnow und Francis Harrold sind in der Lage gewesen, sich durch ihre Studien der Beerdigungspraktiken einen Zugang zur mittelpaläolithischen Welt zu verschaffen. Harrold hat zu Zwecken dieser Untersuchung all die Fälle von Beerdigungen ausgelassen, deren Planmäßigkeit er als nicht gesichert ansieht; seine Analyse beruht auf insgesamt hundertzweiunddreißig Beerdigungen in Europa und Asien, sechsunddreißig aus der mittelpaläolithischen und sechsundneunzig aus der jungpaläolithischen Periode. Er gibt zu, dass die Schlussfolgerungen, die aus einer solchen Begutachtung gezogen werden können, notwendigerweise ziemlich allgemein sind, da sie ein sehr großes geografisches Gebiet und eine sehr große Zeitspanne umfassen.

Die vorhandenen Beispiele mittelpaläolithischer Beerdigungen zeigen, dass insgesamt mehr Männer als Frauen begraben wurden (das Geschlecht vieler Skelettüberreste konnte jedoch nicht festgestellt werden), und dieses Verhältnis neigte besonders in den westeuropäischen Fällen zu den Männern (sechs Männer gegenüber einer Frau). Da aber die Erhebungsauswahl so begrenzt ist, glaubt Harrold, dass man diesem Verhältnis keine allzu große Bedeutung beimessen sollte. Mit anderen Worten: Der Beweis für eine Vorzugsbehandlung von Männern oder eine deutliche Ungleichheit im Status der beiden Geschlechter sei damit nicht erbracht. Im Blick auf die Ergebnisse über das Vorkommen von Grabbeigaben (Knochen- und Steinwerkzeuge, Tierknochen und Ocker) fand er jedoch, dass nur eine von sieben Frauen welche hatte, während acht von zehn Männern mit ihnen ausgestattet waren. Dies hielt er für einen ausreichenden Grund, um zu sagen, dass den Männern durch das Vorhandensein von Grabbeigaben ein höherer Status zugebilligt wurde und dass dies wahrscheinlich auch den sozialen Status im Leben widerspiegele. Die Grabstätten von Männern waren zudem mannigfaltiger und wiesen mehr Anzeichen begleitender Tätigkeiten in Form von Feuerstellen und Steinplatten auf, die vielleicht im Rahmen von Begräbniszeremonien eine Rolle spielten. Was das Alter betrifft, konnte Harrold keine auffällige Neigung zu einer bestimmten Gruppe feststellen (zum Beispiel erwachsene Männer oder Kinder).

Für das Jungpaläolithikum ermittelte Harrold ein Verhältnis von zwei zu eins zwischen männlichen und weiblichen Begräbnissen. Er stellte auch fest, dass es Unterschiede in den Beerdigungspraktiken nicht nur zwischen einzelnen Regionen während dieser Periode gab, sondern auch innerhalb eines bestimmten kulturellen Gebildes. Er fand zum Beispiel heraus, dass der bemerkenswerteste Zug der Beerdigungen der Gruppe aus dem Magdalénien »ihr Abwechslungsreichtum ist; sie umfassen Männer und Frauen, Erwachsene und Jugendliche, gekrümmte und ausgestreckte Körperstellungen sowie Grabbeigaben und damit verbundene Eigenheiten, die ... bis zu vier verschiedenen Arten von Beigaben reichen plus Feuerstätten und Steinanlagen. Eine vergleichbare Vielfalt kann auch bei anderen Gruppen gefunden werden.« Laut Harrold kann dies eine größere Vielfalt an Statusrollen in diesen Gesellschaften reflektieren als die einfachere soziale Organisation der mittelpaläolithischen Periode.

Weitere Vergleiche zwischen den mittel- und jungpaläolithischen Grabstätten zeigten, dass das Verhältnis zwischen Männern und Frauen nicht sehr verschieden war, auch nicht das Verhältnis zwischen Erwachsenen und Kindern (fünfundfünfzig Prozent Erwachsene im mittleren und dreiundsechzig Prozent im Jungpaläolithikum). Große Unterschiede gab es bei den Grabbeigaben. Da die große Mehrheit der jungpaläolithischen Grabstätten mit Grabbeigaben versehen war, folgt daraus, dass darunter auch viele weibliche waren – im Gegensatz zu keinen aus dem mittleren Paläolithikum. Der vielleicht allergrößte Unterschied zwischen den Gräbern der beiden Perioden (abgesehen von der relativen Dürftigkeit der vorherigen) war das Vorkommen von Gräbern mit mehr als einem Individuum; nur ein Sechstel der Gräber aus dem Moustérien waren Mehrfachgräber, während beinahe die Hälfte der jungpaläolithischen Gräber mehr als einen Körper enthielt (und sogar über zwanzig im Fall der Grabstätte Predmosti in Mähren).

Es ist interessant, dass die Orte mit Mehrfachbeerdigungen in der Hauptsache nicht Friedhöfen zu gleichen scheinen, wo Tote für eine bestimmte Zeit ruhen, sondern Orten mit vielen Beerdigungen zur gleichen Zeit. Harrold hat vermutet, dass die vielen Toten auf eine Krankheit, einen Krieg oder rituelle Menschenopfer zurückzuführen seien; in jedem Fall könne man auf eine höhere Bevölkerungsdichte und eine komplexere soziale Struktur schließen als jene der einfachen Jägergruppen des mittleren Paläolithikums. Das Gesamtbild, das aus der vergleichenden Studie über die Gräber und ihre wesentlichen Eigenschaften gewonnen werden kann, ist das einer zunehmenden Vielfalt und Komplexität vom mittleren zum Jungpaläolithikum, nicht nur was die Beerdigungen selbst angeht, sondern auch die soziale Welt, die sie reflektieren dürften.

In vieler Hinsicht kommt die Forschungsarbeit Yuri Smirnows zu ähnlichen Schlüssen wie die Analyse Harrolds, obwohl Smirnow deutlicher darlegt, dass die Grundlagen des menschlichen Systems der Beerdigungen in der mittelpaläolithischen Periode datieren:

Die Behandlung der Toten wird von bestimmten Gesetzen beherrscht, die wir verstehen müssen, wenn wir die offensichtliche Anomalie erklären wollen, dass die ersten planvollen Begräbnisse ebenso vollendet erscheinen wie die dem Haupt des Zeus entsprungene Athene. Ein anderer wichtiger Punkt ist, dass die Formen der planvollen Beerdigung sich nicht entwickelt zu haben scheinen. Erstens sind die Positionen, in denen die Leichen begraben wurden, seit uralten Zeiten dieselben bis in die Gegenwart, und beinahe alle größeren Varianten waren bereits im mittleren Paläolithikum bekannt. Zweitens beruhen seit dem mittleren Paläolithikum alle Beerdigungsstätten, ob natürlichen oder künstlichen Ursprungs, auf zwei morphologischen Grundtypen: der Grube und dem Hügel (die topologisch als die obere und untere Hälfte einer Kugel gesehen werden können, die durch die Erdoberfläche zerschnitten wird). Drittens sind die Grabbeigaben gewöhnlich Gegenstände (von Menschenhand gefertigt oder nicht), die von dem Toten zu Lebzeiten benutzt wurden (manche Dinge können speziell für die Beerdigung hergestellt worden sein) und die nicht mehr als drei Kategorien umfassen – Werkzeugherstellung, Unterstützung und Glaubenswelt; die Gräber aus dem Moustérien zeigen davon ein Sortiment... Folglich ist der Begräbnisbereich ein System, das aus zwei Konstanten besteht (Grabstruktur und menschliche Überreste) und zwei Variablen (Grabbeigaben und damit verknüpfte Dinge [zum Beispiel Feuerstellen, Löcher etc.]). Diese Komplexe tauchen schon im mittleren Paläolithikum auf und haben seither keine grundlegend neuen Züge oder Muster entwickelt.

Unter diesen Gesichtspunkten bestanden die kulturellen Grundlagen der menschlichen Praxis der planvollen Beerdigung von Toten bereits sowohl bei den Neandertalern als auch bei den »Protocromagnonmenschen« im mittleren Paläolithikum, und alle folgenden Formen der Beerdigung sind im Wesentlichen von diesem kulturellen Muster abgeleitet. Dies siedelt die Neandertaler und ihre Zeitgenossen fest im Reich der Kultur an – weit entfernt von jenem animalistischen Lebensstil, der ihnen in den volkstümlichen Karikaturen zugedacht wird. Die bewusste Beerdigung deutet notwendigerweise an, dass den Toten ein Wert beigemessen wurde; sie wurden nicht einfach weggeschafft oder vergessen, vielmehr verließen zumindest einige von ihnen diese Welt in Verbindung mit irgendeiner Art rituellem Abschied von ihrer Familie und ihrer Gemeinschaft. Manche der Grabstätten haben noch heute die Kraft, uns zu berühren, insbesondere die junger Kinder. Bei La Ferrassie in der französischen Dordogne sind durch Denis Peyrony, Louis Capitan und andere Skelettreste von acht Neandertalern entdeckt worden – die ersten sieben (einschließlich der Reste eines Fötus) im Verlauf von Ausgrabungen zwischen 1909 und 1920 und der achte, ein dreiundzwanzig Monate altes Baby, 1973 von Henri Delporte. Obwohl Gargett versucht hat, die Kompetenz der ursprünglichen Ausgraber und ihre Fähigkeit, den Unterschied zwischen bewussten Beerdigungen und dem Einfluss natürlicher Kräfte festzustellen, in Zweifel zu ziehen, hat seine Auffassung keine allgemeine Anerkennung gefunden. Obwohl die Ausgrabungen in Ferrassie zu Beginn dieses Jahrhunderts gemacht wurden und folglich ohne die Hilfe vieler archäologischer Techniken, die heute zur Verfügung stehen, heißt das nicht, dass die Ausgrabungen schlampig durchgeführt wurden. Capitan und Peyrony waren sich sehr wohl bewusst, dass die Ausgrabungsstätte von großer Bedeutung ist, und sie verschoben sogar zeitweise die Ausgrabungen, damit andere führende Archäologen kommen konnten, um deren Fortgang zu beobachten. Neuere Funde im Nahen Osten haben die Ansichten Gargetts stark erschüttert, nicht jedoch die der inzwischen verstorbenen französischen Archäologen.

Grabbeigaben sind in sehr frühen Gräbern in den Höhlen Quafzeh und Skhul gefunden worden. Am erstgenannten Ort enthielt das Grab eines Kindes ein Hirschgeweih, am zweiten Ort das Grab eines Erwachsenen einen Eberkiefer. Spätere Neandertalergräber in der Region haben ähnliche Gegenstände zutage gefördert. In der Höhle Dederiyeh in Syrien wurde ein zwei Jahre alter Junge mit einem Flintstein begraben, und in der Höhle Amud nahe dem See Genezareth wurde ein zehn Monate altes Kind in einer Nische mit der Opfergabe eines Hirschkieferknochens beerdigt. Alle diese Gaben für die Toten – Neandertaler und moderne Menschenarten – sind in jüngster Zeit entdeckt worden, von sehr kompetenten archäologischen Teams, die alle Zweifel in Bezug auf das Alter der Beerdigungspraktiken behoben haben. Wenn die präjungpaläolithischen Völker der Sorge für ihre Toten mit Beerdigungsopfern und Grabbeigaben Ausdruck verleihen konnten, ist es dann nicht auch denkbar, dass sie andere Formen symbolischen Ausdrucks kannten, die sie in Form von Kunst äußerten? Die möglichen Beweise für derlei Aktivitäten werden im folgenden Kapitel untersucht.

XVII.

Die vier Knochen von Bilzingsleben

Die Kontroverse um das zielgerichtete Markieren von Tierknochen wurde in einem Einseitenbericht des Archäozoologen
(Spezialist, der Tierüberreste von archäologischen Grabungen
identifiziert und untersucht) Simon Davies festgehalten. In ihm
geht es um sechs solcher Objekte, die in Israel gefunden wurden. Fünf davon stammen aus der Aurignacien-Schicht der
Höhle Hayonim in Westgaliläa und sind damit unbestreitbar in
die jungpaläolithische Periode zu datieren. Das sechste aus der
Höhle Kebara im Karmelgebirge lag mit Sicherheit in der
Moustérien-Schicht unter dem jungpaläolithischen Material,
das darüber gefunden wurde; es ist somit der mittelpaläolithischen Periode zuzuordnen. Die jungpaläolithischen Exemplare
haben zwischen drei und fünfzehn Kerben, und das mittelpaläolithische hat vierzehn Kerben. Davis, der Tausende von Tierüberresten untersucht hat, ist sich sicher, dass in allen sechs
Fällen die Kerben nicht das zufällige Nebenprodukt der Entfernung des Fleisches oder des Abschneidens der Sehnen vom
Knochen sind. Was die Bedeutung angeht, die aus den Einschnitten erschlossen werden kann, vermutet er, dass die jungpaläolithischen Exemplare eine Art Kerbholz gewesen sind,
mit dessen Hilfe auf einfache Weise Dinge aufgezeichnet wurden, die wir nicht kennen. Da das vorhandene Fragment des
mittelpaläolithischen Knochens offensichtlich unvollständig
ist, weil es an beiden Enden abgebrochen ist, glaubt er nicht die
Bedeutung analysieren zu können, die das Objekt gehabt haben könnte. Trotz der geringeren Größe und der Unvollstän-
digkeit weist es beinahe die gleiche Anzahl Einschnitte auf wie

die größeren und späteren Knochen, die eine etwas komplexere Anordnung haben. Wenn wir jedoch den jungpaläolithischen gekerbten Knochen die Funktion eines einfachen Kerbholzes beimessen, warum können wir das nicht auch bei dem früheren mittelpaläolithischen Knochen tun?

Die Antwort liegt in der immer noch weithin akzeptierten archäologischen Lehrmeinung begründet, dass jede Form symbolischer Aktivität – ob ein Kerbholz oder die Herstellung einer symbolischen Form oder eines Kunstwerkes – erst mit der jungpaläolithischen Periode beginnt. Diese Lehrmeinung hat den Blick vieler Archäologen bei ihren Untersuchungen solcher Artefakte verdunkelt. Wenn man sich die Gruppen von Kerben auf den Knochen aus der mittel- und der jungpaläolithischen Zeit nebeneinander anschaut, ist klar, dass beide – sofern es sich wirklich um beabsichtigte Markierungen handelt – eine einfache Form von Kerbholz sind. Wie kommt es, dass ein Kerbholz aus der Aurignacien-Periode von vielen Archäologen, ohne mit der Wimper zu zucken, akzeptiert wird, sie aber die Stirn runzeln, wenn ein Exemplar aus der Moustérien-Periode zur Sprache kommt? Eine solche eingeengte Sichtweise hat nichts mit wissenschaftlicher Unparteilichkeit zu tun und schlägt den Beweisen ins Gesicht. Es ist, als ob der Mensch der Vorgeschichte auf die Uhr schauen musste, um zu sehen, wann die »richtige« Zeit für ihn gekommen war, um mit der Herstellung von Kerbhölzern und anderen ähnlichen Dingen zu beginnen. Wäre der gekerbte Knochen aus dem Moustérien in einem jungpaläolithischen Zusammenhang gefunden worden, dann wäre sein Status als bedeutsame Form von Symbolik weithin ohne Widerspruch hingenommen worden; es ist nur sein früheres Datum, der ihn für viele Experten zweifelhaft macht.

Der Weg nach vorne besteht eindeutig darin, sich genau auf das, was auf dem Objekt zu sehen ist, zu konzentrieren, statt sich von vorgefassten Meinungen einnehmen zu lassen, die uns schon die Möglichkeit seiner Existenz leugnen lassen. Nicht alle Archäologen sind so hartnäckig gewesen, die Möglichkeit solcher Symbolik zurückzuweisen; wie Marshack hervorgehoben hat, haben einige frühere Vorhistoriker derlei Gedanken gehabt. 1909 wusste Denis Peyrony über einen Knochen, der in einem Neandertalergrab in La Ferrassie gefunden wurde, Folgendes zu sagen: »Er weist eine Reihe von feinen absichtlich angebrachten Markierungen auf, was an die gekerbten Knochen aus dem Aurignacien denken lässt. Vielleicht hatte er eine Bedeutung und wurde mit Absicht neben die Leiche gelegt.« Marshack selbst hat eine mikroskopische Analyse eines markierten Knochenfragments vorgenommen, das von Janusz Kozlowski in Bacho Kiro gefunden wurde, einer Moustérien-Ausgrabungsstätte in Bulgarien; er schätzte es auf annähernd vierundvierzigtausend Jahre. Er fand heraus, dass das Zickzackmotiv auf dem Knochen von dem Schnitzer angebracht wurde, ohne dass er sein Werkzeug zwischen den Aufwärts- und Abwärtsstrichen anhob; das zeigt, dass die Herstellung der Zickzacklinie ihrer Natur nach beabsichtigt war und sie nicht als zufälliges Zusammentreffen von Markierungen durch irgendeine nützliche Tätigkeit zu werten ist.

Als sich der Streit zwischen den beiden archäologischen Lagern (jenen, die meinten, dass es klare Beweise für mittelpaläolithische bewusste nicht zweckgerichtete Markierungen von Knochen und anderen Objekten gebe, und jenen, die andere, utilitaristische Erklärungen für derlei Phänomene suchten) vor etwa zehn Jahren auf die altpaläolithische Periode ausweitete, erreichte die Debatte eine neue Dimension. Denn dadurch befanden sich die beiden Lager plötzlich in der Situation, Datierungen für den Beginn des symbolischen Verhaltens vorzuschlagen, die sich voneinander um zweihundertfünfzigtausend Jahre unterschieden! Diese neue Phase der Debatte wurde angeheizt durch das Bekanntwerden von Funden aus der Ausgrabungsstätte Bilzingsleben bei Halle, die dem Altpaläolithikum zugerechnet und auf ein Alter von dreihunderttausend bis dreihundertfünfzigtausend Jahre geschätzt wird. (Auch wenn manche Archäologen behaupten, dass sie nur zweihundertfünfzigtausend Jahre alt sein könne, schmälert das nicht die Bedeutung der im Folgenden beschriebenen Artefakte, da selbst diese konservative Schätzung sie als sehr früh ansetzt.) Dieser Ort wurde 1969 entdeckt, und fünfzehn Jahre lang haben Dietrich und Ursula Mania sorgfältige Ausgrabungen vorgenommen.

Laut diesen Archäologen stellte der Bewohner dieses Ortes, den sie anhand der Analyse von sieben Backenzähnen und einigen Schädelfragmenten als *Homo erectus* identifizierten (einige Wissenschaftler meinen, dass sie nicht die des *Homo erectus* seien, sondern die einer archaischen Form von *Homo sapiens*; ich beschreibe sie als Erstere, einfach um zu vermeiden, jedes Mal, wenn ich die Hominiden erwähne, die dort lebten, beide Ansichten nennen zu müssen), vier Knochenwerkzeuge her, die unleugbar Zeichen von geritzten Mustern aufweisen. An jenem Ort unter freiem Himmel fanden die Manias Überreste von drei kreisrunden Wohnstätten, von denen jede drei bis vier Meter im Durchmesser maß. Sie bestanden im Wesentlichen aus Haufen von Steinen und Knochen, die die Wohnstätten voneinander abgrenzten; Beweise für Feuerstellen wurden ebenfalls gefunden. Besondere Plätze zur Werkzeugherstellung, die sie als »Werkstätten« bezeichneten, fanden sich vor den Wohnplätzen. Sie stellten fest, dass in einigen dieser Werkstätten noch der Ambossstein stand, neben einer Menge von Steinen, Holz- und Knochenresten, die eindeutig auf menschliche Arbeit verwiesen. Zu der Zeit, als der Ort vom *Homo erectus* bewohnt wurde, lag er nahe einem Fluss am Rand eines Sees, und die Archäologen fanden nicht weit von dem Haupttätigkeitsgebiet weitere Bereiche, die von den Bewohnern genutzt wurden, unter anderem einen Müllplatz. An diesem Ort der *Homo-erectus*-Gemeinde wurden die vier Knochenwerkzeuge gefunden, die eine so umfangreiche Debatte in Gang setzten.

Artefakt 1 wurde zwischen den Werkstätten gefunden, die dem mittleren Wohnplatz am nächsten lagen. Es war aus dem Schienbein eines Elefanten gemacht, war zeitweise als Werkzeug benutzt worden und an einem Ende abgebrochen. Wie man aus Abbildung 37 erkennen kann, hat der Knochen eine Anzahl von Markierungen: eine Reihe von sieben Linien an

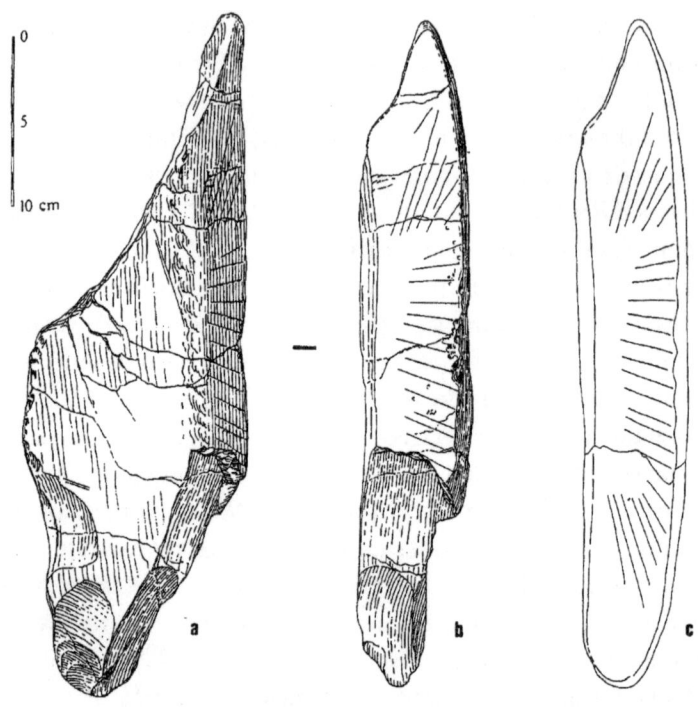

Abbildung 37

der Spitze und weitere vierzehn Linien in der Mitte. Die Analyse der Markierungen unter dem Mikroskop zeigte, dass sie alle den gleichen Durchmesser hatten und mit ein und demselben Werkzeug gemacht worden waren, wahrscheinlich in einem Arbeitsgang. Aus Gründen, die nicht klar sind, meinten die Ausgraber, dass sich eine weitere Folge von sieben Linien auf dem abgebrochenen Ende befunden haben müsse. Paul Bahn hat gemeint, in diesem Fall würde das Objekt eine klare Symmetrie gehabt haben, die bestimmt nicht zufällig entstanden ist. Erwähnenswert ist außerdem, dass die Extralinien die Folge 7–14–7 ergeben würden, Zahlen, die eine besondere Bedeutung in den mathematischen und astronomischen Aufzeichnungssystemen haben, wie bereits an früherer Stelle beschrieben. Es ist jedoch sehr unwahrscheinlich, dass ein solches numerisches System zu so früher Zeit entstanden ist. Außerdem liefern die Manias keine hinreichende Erklärung für die Vermutung, dass weitere sieben Linien das Objekt zierten, weshalb diese Spekulation mit äußerster Vorsicht zu genießen ist.

Artefakt 2 (siehe Abbildung 38) wurde zwischen den Werkstätten vor einem der anderen Wohnplätze gefunden und ist Teil einer Rippe eines nicht identifizierten Säugetieres. Seine beiden Enden sind abgeschnitten, und die Oberfläche zeigt eine Reihe von groben parallelen Linien. Betrachtet man die vier Linien auf der linken Seite, kann man erkennen, dass jede eigentlich aus drei getrennten Linien besteht, und in allen Fällen endet die Linie, die die beiden anderen miteinander verbindet, am unteren Ende auf der rechten Seite (von vorn gesehen) und am oberen Ende auf der linken Seite. Die Messung der Abstände zwischen den Linien von links nach rechts zeigte, dass das Verhältnis drei zu eins zu zwei zu zwei zu drei beträgt. Wie bei Artefakt 1 scheinen die Linien mit ein und demselben Ritzwerkzeug gemacht worden zu sein. Artefakt 3 (siehe Abbildung 39), das aus dem Fragment eines dreieckigen Elefantenknochens gemacht wurde, wurde in einer anderen Werkstätte gefunden. Die fünf Linien erstrecken sich von der Mitte zur Spitze und sind genau genommen fünf Doppellinien – vielleicht, wie die Ausgraber meinen, um sie besser hervorzuheben. Wieder ergibt die Analyse, dass zur Erzeugung der Linien auf dem Artefakt dasselbe Werkzeug benutzt wurde. Artefakt 4 (siehe Abbildung 40) wurde in einem Holz- und Knochenverarbeitungsbereich gefunden und hat eine Folge von sieben Parallellinien, die in einem regelmäßigen Abstand von drei Millimetern liegen. Zwei der sieben Linien (von unten nach oben gezählt sind es die erste und die fünfte Linie) sind mehr als doppelt so lang wie die anderen fünf, und beide sind eigentlich aus zwei unterbrochenen Linien gemacht. Auch die Markierungen auf diesem Artefakt sind von einem einzigen Instrument erzeugt worden.

Welche Bedeutung, wenn überhaupt eine, kann also diesen bescheidenen, aber sehr alten bewussten Markierungen beigemessen werden? Die Ausgraber selbst haben gewiss nicht über-

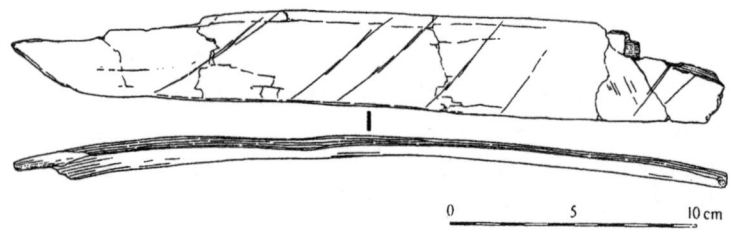

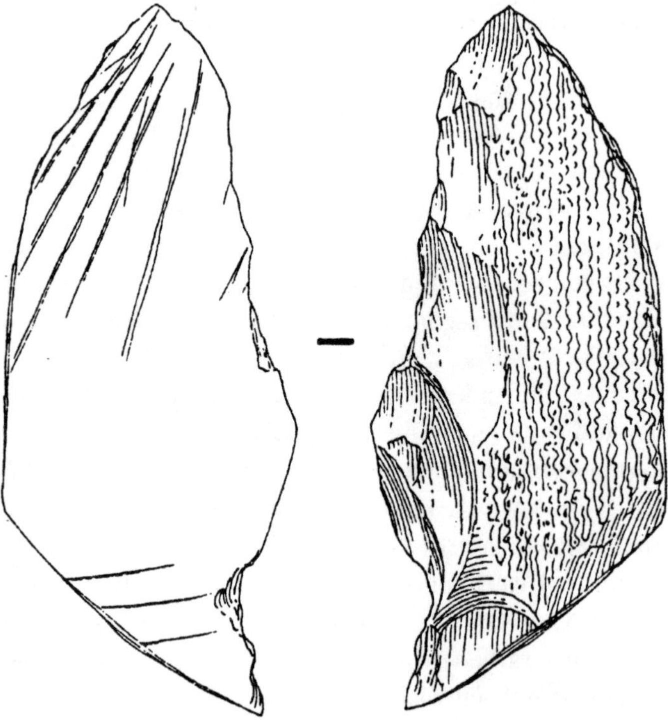

Abbildungen 38 und 39

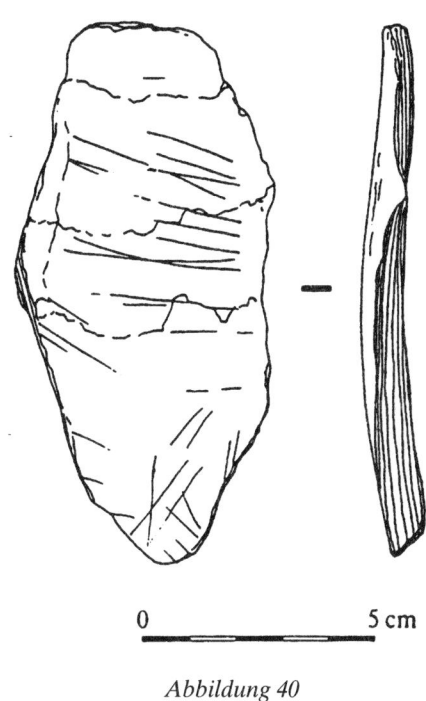

0   5 cm

Abbildung 40

trieben, wenn sie den Linienabfolgen alle Arten von komplexen und unmöglich zu beweisenden Bedeutungen zuschreiben.
Für sie ergibt die Ausgrabungsstätte ein sehr gutes Bild vom
Leben der *Homo-erectus*-Gemeinschaft, die dort lebte. Sie hatten Unterkünfte, Feuerstellen, abgetrennte Plätze für handwerkliche Aktivitäten, wo verschiedene Rohmaterialien zu
Werkzeugen verarbeitet wurden; sie waren sichtlich organisiert
und geistig so weit entwickelt, dass sie zumindest in Ansätzen
über eine Sprache verfügt haben müssen. Mit all diesen Faktoren im Hinterkopf sind die Manias der Meinung, dass die Markierungen nicht nur absichtlich herbeigeführt worden, sondern
auch voller Bedeutung gewesen sind und sehr wahrscheinlich
eine mnemonische oder andere kommunikative Funktion in
der Gemeinschaft, die sie erzeugte, gehabt haben. Sie verwerfen die Ansicht G. Behm-Blanckes, der meint, dass vom *Homo
erectus* in Bilzingsleben ein Bärenkult getrieben wurde und

dass zahlreiche andere Knochenreste absichtlich mit einer Reihe von dekorativen Motiven wie Kreuzen verschiedener Form sowie Kreis- oder Bogenmustern versehen seien, als zu spekulativ. Diese so genannten Zeichen seien nichts anderes als zufällige Symptome, entstanden durch natürliche Kräfte oder als Nebenprodukt des Schlachtens und anderer, durchaus nützlicher Praktiken der Neandertaler. Der Bärenkult, der auch dem Neandertaler zeitweise zugeschrieben wurde, obwohl in der Folge bewiesen wurde, dass diese Vorstellung auf äußerst mageren Beweisen beruht, ist besonders zweifelhaft; obwohl Bärenknochen in Bilzingsleben gefunden wurden, gibt es nichts, was darauf hinweist, dass ihnen von den Bewohnern des Ortes besondere Bedeutung beigemessen wurde. Es wurde auch behauptet, dass auf einem Knochenobjekt aus Bilzingsleben die Abbildung eines großen Tieres zu erkennen sei, aber die Manias haben dies zurückgewiesen.

Was besonders aufregend an den vier Knochenartefakten von Bilzingsleben ist (und die Manias haben noch weitere derartige Objekte vor Ort gefunden), ist die Tatsache, dass mehr als ein Objekt mit deutlichen Markierungen entdeckt wurde; das erschwert es erheblich, sie einfach als Laune der Natur oder Abweichung abzutun. Im Grunde kreiste die Auseinandersetzung auch nicht so sehr darum, ob die Markierungen auf den Knochen vom *Homo erectus* bewusst angebracht wurden oder nicht – Ersteres ist allgemein akzeptiert –, sondern darum, welche Bedeutung ihnen beigemessen werden kann und was sie uns über die Fähigkeiten ihrer Erzeuger erzählen können. Die Manias vertreten die Ansicht, dass die Markierungen sowohl die Fähigkeit zu abstraktem Denken als auch die Existenz einer gesprochenen Sprache beweisen.

Andere Fachleute sind sich nicht so sicher. Selbst Gelehrte wie Paul Bahn und Robert Bednarik, die akribisch Beispiele für frühzeitige symbolische und »künstlerische« Objekte gesammelt haben, damit die Archäologen sich deren Bedeutung bewusst werden, stimmen nicht allen Mutmaßungen der Manias zu. Bednarik selbst hat ja den Widerstand gegen die Vorstellung einer präjungpaläolithischen Kunst als eingefleischtes Vorurteil unter Archäologen beschrieben, die eine solche Möglichkeit von vornherein von der Hand weisen. Er akzeptiert die Authentizität der Objekte und glaubt nicht, dass irgendeine utilitaristische Deutung (etwa Benutzung der Knochen als Schneideunterlage) zur Erklärung der Markierungen ausreichen würde. Betreffs des dritten Artefakts und der fünf Doppellinien darauf meint er, dass ein Stichel (Ritzinstrument) mit Doppelzacken benutzt wurde, um die Oberfläche einzuritzen, wodurch gleichzeitig zwei Linien erzeugt wurden, weil es »absolut unmöglich ist, eine so exakt parallele Linie freihändig zu ziehen«. Er betrachtet die geschnitzten Knochen nicht als Beweis für abstraktes Denken, sondern meint, sie könnten lediglich auf einen Bewusstseinszustand in Richtung einer solchen Fähigkeit hindeuten; er betrachtet sie auch nicht als einen Beweis für Sprache in jener fernen Vergangenheit.

Einige andere Knochen aus Bilzingsleben sind auch von Bednarik untersucht worden; einer davon ist besonders bemerkenswert. Es ist ein Knochen, der mit einer viel komplizierteren Anordnung von Linien versehen wurde als die vier bislang erwähnten Knochen. Auf den ersten Blick scheint es einfach ein Durcheinander von Linien zu sein; es könnte durch Abnagen des Knochens erzeugt worden sein oder auch durch natürliche Kräfte. Seine Form macht ihn jedoch ungeeignet als Unterlage zum Schneiden, und Bednarik merkt treffend an, dass die Linien, wären sie zufällig entstanden, zumindest in einigen Fällen bis zum Rand der vorhandenen Fläche verlaufen wären. Das ist jedoch nicht der Fall. Obendrein gibt es eine gewisse Symmetrie in dem erzeugten Gesamtmuster.

Bednarik merkt an, dass derlei Artefakte nicht völlig einzigartig für die altpaläolithische Periode sind und dass etwa fünfhundert Kilometer weiter, an einer anderen Ausgrabungsstätte aus dem Altpaläolithikum bei Stránská skála in Tschechien, ein markierter Elefantenknochen gefunden wurde. François Bordes bestätigte, dass es derlei Praktiken damals gegeben haben muss, als er 1969 von der Entdeckung einer geritzten Rippe (auf ein Alter von etwa dreihunderttausend Jahren datiert) aus der Acheuléen-Schicht von Pech de l'Azé in der französischen Dordogne (deren künstliche Natur in Frage gestellt wurde) zusammen mit einem durchbohrten Objekt aus dem Moustérien am selben Ort berichtete. Bahn glaubt, dass es wahrscheinlich viel mehr solcher Artefakte aus der alt- und mittelpaläolithischen Periode gibt, die von Archäologen als solche nicht wahrgenommen wurden, und dass manche dieser Objekte in Museumssammlungen liegen könnten, wo ihre wahre Bedeutung bisher nicht entschlüsselt wurde. Bednarik hat, trotz seiner Vorbehalte gegenüber einigen Aspekten der Interpretation der Manias, keine Zweifel, dass die vier Knochen von Bilzingsleben von großer Bedeutung sind:

> Es wird deutlich, dass die von den Manias beschriebenen Funde den Hauptteil und die beinahe einzigen zweifelsfreien Beispiele markierter Objekte darstellen, die dem Moustérien vorausgehen. Sie rechtfertigen vollauf die kühnen Erklärungen Marshacks und Bordes' bezüglich des Pech-de-l'Azé-Objektes, die beide der Meinung sind, dass es an der Zeit sei, die Existenz von Präaurignacien-Steinkunst ernsthaft in Erwägung zu ziehen, wie von Bahn und mir vorgeschlagen. Die offenbar von vielen Forschern geteilte Vorstellung, dass Kunst plötzlich mit einem »Bigbang« zur Zeit der Morgenröte des Jungpaläolithikums begann, hat keine logische oder faktische Basis. Die mit der ersten zaghaften ikonischen Kunst Europas zeitgleichen Figurinen sind so außerordentlich raffiniert gemacht, dass sie nur das Ergebnis einer sehr langen Tradition sein können.

Die oben zum Ausdruck gebrachten Ansichten betreffs der vier Knochen und ähnlicher Funde andernorts sind die einer Gedankenschule, der die Manias, Marshack, Bednarik und Bahn angehören. Ein prominenter Verfechter der gegenteiligen Auffassungen ist Iain Davidson, der an vielen akademischen Streitgesprächen teilgenommen hat, die in zahlreichen wissenschaftlichen Zeitschriften in den vergangenen Jahren ausgetragen wurden, insbesondere mit Bednarik. Davidson erkennt an, dass die Entdeckung von vier geritzten Knochen an ein und derselben Ausgrabungsstätte keineswegs belanglos sei und dass die Beschaffenheit der Linien »suggeriert, dass die Kreaturen [man beachte, dass ihre Erzeuger nicht »Menschen« genannt werden], die die Linien machten, etwas mehr als nur Zufälliges taten«. Er ist jedoch gegenüber der Darstellung der Manias von Bilzingsleben als einem Ort, der klare Beweise für Wohn- und Werkstätten, Großwildjagd usw. liefere, äußerst skeptisch. Er betrachtet sie als fantasievolle Interpretation der Lebensweise des *Homo erectus*, die seiner Ansicht nach anhand treffenderer Anzeichen rekonstruiert werden könnte, was ein weit primitiveres Niveau an Aktivitäten ergeben würde als das von den Manias beschworene. Bei der Entwicklung seiner Position beruft er sich auf den Großmeister seiner Gedankenschule Lewis Binford, der, wie er sagt, »große Anstrengungen unternommen hat, um die Hinfälligkeit solcher Mythen zu demonstrieren«. Obwohl Binford selbst kein besonderes Interesse an Kunst gezeigt hat, hat er mehr als irgendein anderer getan, um die Auffassung zu befördern, dass es keinen greifbaren Beweis für wirklich kulturelle Aktivitäten vor dem Beginn der jungpaläolithischen Periode gibt.

Sowohl Bednarik als auch Davidson haben also die Position des anderen als auf einem Mythos basierend beschrieben. Davidson beschloss, sich die Ausgrabungsstätte persönlich anzusehen, und verbrachte dort auf Einladung der Manias im August 1989 eine Woche. Seine Untersuchung des Ortes bestätigte die Position, die er vor seinem Besuch in Bilzingsleben zum Ausdruck gebracht hatte; er interpretierte ihn nicht als Jagdlager des Typs, wie die Manias ihn gedeutet hatten, sondern als Wasserstelle, an dem Tiere gestorben waren, und stellte die These auf, dass der *Homo erectus* sich als Aasfresser betätigt habe. Nachdem er die vier Knochen untersucht hatte, meinte er, es sei am wahrscheinlichsten, dass die Zeichen durch das Entfernen des Fleisches von den Knochen entstanden sind.

Da Davidson die große Reise nach Bilzingsleben von Australien aus unternommen hatte, ergriff er die Gelegenheit, auch einen Blick auf einige andere Objekte in europäischen Museen zu werfen, die von Marshack und anderen als Beweise für symbolisches Verhalten vor dem Jungpaläolithikum angeführt worden waren. Nach seiner Untersuchung verschiedener Objekte wie gefurchter oder durchbohrter Knochen und Zähne unterschiedlicher Tiere kam er zu dem Schluss, dass keines eindeutige Beweise für den ihnen unterstellten Status als symbolische oder ornamentale Objekte aufweise, und meinte, derlei Auffassungen seien nichts anderes als ein »leidiger Katalog unverantwortlichen Wunschdenkens«. Diese Bemerkung war teilweise gegen Marshack gerichtet, der einige dieser Objekte als Beispiele für ornamentale und andere symbolische Aktivitäten des frühen Menschen öffentlich kommentiert hatte; Marshack bekam schnell Wind von besagtem Artikel, und in seiner Erwiderung verwarf er Davidsons Auffassungen. Er nannte Davidsons Besuch in Europa »hastig« und »touristisch« und stellte dessen oberflächliche Untersuchungen des Materials mit »bloßem Auge« – das heißt ohne ein Mikroskop – infrage. Er meinte auch, Davidson sei von einer doktrinären Position verblendet, und schrieb:

> Anders als Davidsons Untersuchung wurde meine zwei Jahrzehnte dauernde Studie nicht durchgeführt, um die Existenz präjungpaläolithischer Symbole oder sonst eine vorgefasste Hypothese zu beweisen. Sie wurde durchgeführt, um die Art des Problems und die angebliche Beweislage zu bestimmen, ohne Vorurteil oder eine A-priori-Vermutung.

Die Kontroverse um die Knochen von Bilzingsleben und andere sehr frühe Artefakte zeigt, wie sehr die archäologische Zunft in grundlegenden Fragen gespalten ist, die in keiner Weise gelöst sind. Es handelt sich nicht einfach nur um den Streit über ein paar Markierungen auf ein paar zerbrochenen Tierknochen; es steht viel mehr auf dem Spiel. Es handelt sich um zwei grundlegend verschiedene Auffassungen über die Ursprünge der menschlichen Kultur und darüber, wer es verdient, »Mensch« genannt zu werden. Nach dem einen Szenario, das gegenwärtig unter Archäologen das populärste ist und das Andrew Duff und seine Kollegen als »Standardmodell« bezeichnen, gibt es förmlich eine Explosion symbolischer Aktivität, die sich in der frühesten Kunst zeigt und im Auftauchen dessen, was als die »menschliche Revolution« bezeichnet wurde – kurz gesagt: als die dramatische Geburt der Kultur, wie wir sie verstehen. In diesem Licht erscheinen die Hominiden, die davor lebten, als wenig mehr denn als Tiere oder im besten Fall kulturell arme Wesen, die unter elenden wirtschaftlichen Verhältnissen vegetierten und eher Aas fraßen, als dass sie jagten. Die vereinzelten bescheidenen Objekte, die von Zeit zu Zeit aus jener frühen Periode auftauchen und symbolischen Charakters zu sein scheinen, werden als Ausnahmen oder als belanglos abgetan.

Nach dem anderen Szenario, dem so genannten kumulativen Modell, werden die Ursprünge des symbolischen Verhaltens in die altpaläolithische Periode datiert oder spätestens in die mittelpaläolithische Periode. Die geringe Zahl symbolischer Artefakte aus jenen Zeiten wird teilweise der einfachen Tatsache zugeschrieben, dass, je weiter man in der Zeit zurückgehe, die Objekte, die dem Zahn der Zeit und den dramatischen geologischen und klimatischen Ereignissen widerstanden haben, umso spärlicher würden. Die präjungpaläolithischen Hominiden werden in vieler Hinsicht eher als uns ähnlich angesehen und oft als Menschen beschrieben; ihnen werden oft zumindest eine rudimentäre Kultur und möglicherweise die Sprachfähigkeit zuerkannt. Obwohl damit ein Schwarz-Weiß-Bild gezeichnet wird (und viele Archäologen Positionen in den verschiedensten Grautönen vertreten, indem sie einige der obigen Merkmale den präjungpaläolithischen Hominiden zugestehen und andere nicht), gibt es, wie die Auseinandersetzung über die Knochen von Bilzingsleben zeigt, zwei Gedankenschulen: die eine, die die Vorstellung präjungpaläolithischer symbolischer und künstlerischer Aktivitäten als Mythos abtut, und die andere, die deren Verneinung als auf einem Mythos basierend ansieht. Wer hat also Recht? Neue Beweise durch Ausgrabungen auf den Golanhöhen könnten ein entscheidender Schritt zur Beantwortung dieser Frage sein.

XVIII.

Götzenbilder aus dem Heiligen Land

Die ungewöhnliche Ehre, zwei höchst verblüffende Objekte gefunden zu haben, die eindeutig auf einen präjungpaläolithischen Ursprung der Kunst deuten, ist Professor Naama Goren-Inbar vom Institut für Archäologie der Hebräischen Universität in Jerusalem zuteil geworden. Beide wurden Anfang der Achtzigerjahre auf den Golanhöhen gefunden und sind von Alexander Marshack genauestens unter die Lupe genommen worden. Eines der beiden Objekte wurde im Verlauf von Ausgrabungen in einer »entmilitarisierten« Zone in der Nähe des Dorfes Kuneitra gefunden. Es ist ein flaches Stück Flintstein (7,2 Zentimeter lang), in den gezielt vier verschachtelte Halbkreise, die aus einer Reihe miteinander verbundener gerader und geschwungener Linien gebildet sind, und einige zusätzliche Linien geritzt wurden. Dieses Artefakt ist mittelpaläolithischen Ursprungs und etwa vierundfünfzigtausend Jahre alt. Verglichen mit anderen bekannten mittelpaläolithischen geritzten Objekten wie jenem von Bacho Kiro und aus der Höhle Kebara, hat das Kuneitraobjekt, mit unseren Maßstäben gemessen, ein wesentlich komplizierteres Muster. Anders als bei einer Reihe anderer Artefakte, die als Exemplare für bewusstes Einritzen dargestellt, aber aufgrund anderer plausibler Erklärungen verworfen wurden, ist es hier viel schwerer zu argumentieren, das Muster sei zufällig entstanden oder einfach eine Ansammlung von Markierungen, die durch irgendeine praktische Tätigkeit hervorgerufen wurden. Es scheint ein Gesamtmuster auf diesem Objekt dargestellt zu sein, besonders was die verschlungenen Linien angeht, die gezielt erzeugt worden sind.

Laut Marshack haben sowohl die geringe Größe des Kuneitraflints als auch das Muster selbst eine beträchtliche Präzision seitens des Herstellers erfordert sowie eine gute Koordination zwischen der Hand, die den Flint, und der anderen, die den Stichel hielt. Er betont, dass diese Art manueller Geschicklichkeit ohne weiteres im Bereich der Fähigkeiten des Neandertalers wie auch der anatomisch modernen Menschen lag, die in der Levante zu der Zeit, als das Objekt hergestellt wurde (welcher der beiden das Objekt fertigte, ist nicht bekannt), lebten. Ihre bekannte Fertigkeit bei der Herstellung von Steinwerkzeugen ist, wie durch zahlreiche derartige Artefakte belegt, ein klarer Beweis für die Existenz solcher Fähigkeiten. Keinem Archäologen fällt es schwer zu akzeptieren, dass diese Fähigkeiten für den praktischen Zweck der Werkzeugherstellung eingesetzt wurden, aber viele geben nur ungern zu, dass das gleiche Maß an Geschicklichkeit zur Herstellung eines symbolischen Objektes eingesetzt worden sein könnte.

Dieses Widerstreben ist schwer zu erklären, es sei denn durch das Vorurteil gegenüber den mittelpaläolithischen Menschen, vor allem die zementierte Auffassung, dass sie zu jener Zeit keine symbolischen Objekte herstellen konnten. Flintstücke aus späterer Zeit, die komplexere wie auch einfachere Verzierungen haben als jene auf dem Kuneitraflint, sind ohne Zögern als symbolische Muster akzeptiert worden. Die »nicht akzeptierbare« Beschaffenheit des Kuneitrafundes ist allein seinem großen Alter zuzuschreiben, und es ist offensichtlich, dass diejenigen, die dem Kuneitraflint den Rang eines symbolischen Objektes verwehren, dies nur aus dogmatischen und nicht aus rationalen Gründen tun.

Marshack meint, dass Flint zur Herstellung von symbolischen Mustern in der mittelpaläolithischen Periode nicht das gängige Material war, aber jedes andere wäre eine noch ungewöhnlichere Wahl gewesen. Die Ausgrabungen in Kuneitra haben gezeigt, dass es ein vorübergehender und kein fester Wohnort gewesen ist. Deshalb meint Marshack, dass viele Materialien, die typischerweise zur Herstellung symbolischer Muster verwendet wurden (wie etwa Holz, Häute etc.), an jenem Ort einfach nicht zur Hand waren und dass Flint eher aus Not denn aufgrund freier Entscheidung benutzt wurde. Was die Einritzungen auf dem Kuneitraflint bedeuten, lässt sich unmöglich sagen. Marshacks erster Eindruck war der eines Regenbogens, der von Regen umgeben ist; Goren-Inbar sagte, das Bild würde die vulkanische Landschaft der Golanhöhen heraufbeschwören. Natürlich könnten Hunderte von Interpretationen des Gebildes vorgetragen werden, die alle gleichermaßen subjektiv wären und keineswegs mit den Intentionen seiner Hersteller in Beziehung gesetzt werden könnten. Zwar ist die symbolische Komposition auf dem Kuneitraflint gefunden worden, aber die Art der Symbolik bleibt unwiderruflich verloren.

Im Verlauf der Ausgrabungen an der Ausgrabungsstätte Berekhat Ram aus dem Acheuléen im Sommer 1981 fand Goren-Inbar ein weiteres Kunstobjekt, das noch mehr Rätsel aufgibt als der Kuneitraflint. Das Objekt ist unter dem Namen »Berekhat-Ram-Figurine« bekannt geworden: ein kleiner gelblichbrauner Feldstein von dreieinhalb Zentimeter Länge, zweieinhalb Zentimeter Breite und 2,1 Zentimeter Dicke, ungefähr zehn Gramm schwer. Seine natürliche Form erinnert an eine weibliche Gestalt, und dieser Eindruck wird durch die künstlichen Furchen verstärkt. Mehr als sechstausendachthundert Artefakte wurden bei den Ausgrabungen gefunden, aber die Berekhat-Ram-Figurine ist das einzige Kunstobjekt darunter. Ihr wirkliches Alter ist ungewiss, aber weil sie aus einer Schicht zwischen zwei Basaltflüssen, die jeweils mit Sicherheit auf zweihundertdreiunddreißigtausend und achthunderttausend Jahre datiert werden können, und zudem der Acheuléen-Schicht stammt, liegt ihr minimales Alter nicht viel unter zweihundertfünfzigtausend Jahren! Die Bedeutung dieses Fundes kann nicht überschätzt werden, denn dieses Datum macht ihn zur ältesten bekannten Figurine, die von Experten akzeptiert wird.

Goren-Inbar hat es in ihrem ersten Bericht in einer israelischen archäologischen Zeitschrift so formuliert: »Die Figurine aus dem Acheuléen könnte als die früheste Manifestation eines Kunstwerks angesehen werden, das der jungpaläolithischen Kunst um Hunderttausende von Jahren vorausgeht.« Dass sie den dramatischen Fund in so vorsichtiger Weise und mit solchem Understatement ankündigte, lag nicht daran, dass sie sich nicht seiner großen Bedeutung bewusst gewesen wäre, sondern hatte eher damit zu tun, dass sie sich seines kontroversen Potenzials bewusst war. Sie wartete offenbar auf die Bestätigung, dass die Furchen künstlich erzeugt wurden und nicht das Ergebnis irgendwelcher ungewöhnlichen natürlichen Kräfte waren. Aufgrund der Tatsache, dass die Figurine einen einzigartigen Fund an der Ausgrabungsstätte darstellte, und auch, weil seine menschliche Form natürlich war, würde er, so vermutete sie, wahrscheinlich angezweifelt oder als eine Laune der Natur verworfen werden. Sollte sich herausstellen, dass die Furchen tatsächlich nicht von frühen Menschen erzeugt worden waren, dann konnte das Objekt einfach nur als ein »Manuport« bezeichnet werden; diesen Namen haben die Archäologen einem vom Frühmenschen gesammelten natürlichen Objekt verliehen. Obwohl auch dies das Objekt zu einem interessanten und ungewöhnlichen Fund machen würde, müsste es in eine Reihe mit Funden wie dem Makapansgat-Feldstein (siehe Tafel 28) gestellt werden, einem Objekt, das eine natürliche Ähnlichkeit mit einem Gesicht hat und offensichtlich aus diesem Grund von einem *Australopithecus* aufbewahrt wurde. Da der Berekhat-Ram-Stein so viel jünger als der Makapansgat-Stein ist, würde er, wäre er nur ein »Manuport«, keine große Neuigkeit sein.

Sein Rang als Kunstobjekt wurde von Andrew Pelcin von der Universität Pennsylvania angezweifelt; er meinte nach der Lektüre von Goren-Inbars Bericht und der Betrachtung der darin enthaltenen Bilder des Objekts, dass die Furchen durch geologische Kräfte hervorgerufen sein könnten. Auf der Grundlage des ersten Berichts von Goren-Inbar, in dem das Objekt als eine Gesteinsschlacke (von Vulkanen herausgeschleudert) beschrieben wurde, meinte Pelcin, dass die Furchen auf der Berekhat-Ram-

Figurine eine große Ähnlichkeit mit Markierungen auf anderen Gesteinsschlacken aufwiesen, die aus Vulkanen stammten, insbesondere jenen, die von ähnlicher Größe sind und »Lapilli« (Steinchen) genannt werden. (Manchmal haben sie so interessante Namen wie »Kuhmistbombe«.) Pelcin äußerte, dass der Status des Objektes deutlich gemacht worden wäre, wenn andere, eindeutig natürliche Stücke von Gesteinsschlacken bei Berekhat Ram untersucht worden wären, um festzustellen, ob sie ähnliche Furchenmuster auf ihrer Oberfläche haben. In diesem Fall würde nur die menschenähnliche Form der Berekhat-Ram-Figurine sie von anderen Gesteinsschlacken an jenem Ort unterscheiden. Bedenke man außerdem die geringe Größe des Objektes, sei es vielleicht von den Menschen des Acheuléen gar nicht bemerkt worden, zwischen deren Werkzeugen es gefunden wurde; folglich würde sich sogar sein reduzierter Status als bloßes »Manuport« verflüchtigen. Obwohl Pelcins Überlegungen eine plausible Alternative zu sein schienen, war Goren-Inbar sichtlich darüber verärgert und antwortete:

> Über die bei Ausgrabungen gemachten Funde zu berichten und sie zu beschreiben ist die erste Pflicht eines Archäologen; es ist sehr ärgerlich, dass Leute, die die Figurine niemals untersucht und auch nicht die ausführlichen Berichte über den Fundort und die Funde gelesen haben, ihre Zweifel über die Beobachtungen des Ausgrabers zum Ausdruck bringen und dadurch ihre Fähigkeit als Archäologen infrage stellen.

Wie sich herausstellte, stützte sich Goren-Inbars ursprünglicher Bericht über die Furchen auf der Berekhat-Ram-Figurine auf die mikroskopische Analyse Alexander Marshacks und eine separate Analyse des Objektes durch Dr. Sergiu Peltz, einen Vulkanologen, der für die Geologische Vermessung Israels arbeitet. Die Prüfung des Steins durch Peltz ergab, dass es sich nicht um eine einfache Gesteinsschlacke handelte, sondern um ein Gemisch von Materialien, das einige Stückchen von Vulkanauswürfen enthielt. Er machte auch deutlich, dass einige künstliche Veränderungen an dem Objekt vorgenommen worden waren; deshalb könne es nicht als reines Werk der Natur angesehen werden. Wenn man bedenkt, dass Peltz das Objekt nicht nur persönlich untersuchte, sondern auch ein Spezialist auf seinem Gebiet ist mit unmittelbarer Kenntnis der Geologie Israels, dann hat seine Ansicht beträchtliches Gewicht und widerlegt Pelcins Auffassungen.

Die rechte Seite der Figurine zeigt deutlich, wie der Kopf durch eine Furche betont wird, die gemacht wurde, um ihn vom Körper abzugrenzen. Die Schultergegend ist künstlich abgeflacht worden, und die rechte Seite des Rumpfes scheint, Marshacks sorgfältiger Analyse zufolge, einen am Ellbogen angewinkelten Arm zu zeigen. Große Brüste lassen deutlich erkennen, dass die Figurine eine Frau darstellt. Im Gegensatz zur rechten Seite hat die linke keine künstlich herausgearbeitete Schulter, was laut Marshack an einem kleinen Hindernis in Form eines kleinen eingebetteten Steines liegt, der die Bearbeitung der Schulter in der gleichen Weise unpraktisch gemacht habe. Dem Fehlen eines Armes auf der Seite liegen ähnliche Hindernisse zugrunde. Nichtsdestoweniger ist, selbst ohne klar herausgearbeitete Schulter beziehungsweise ohne Arm, das Profil eindeutig weiblich.

Betrachtet man es von vorne, dann zeigt das Objekt ein Loch an der Stelle, wo man den Nabel vermuten würde; es gibt jedoch keine Spaltlinie, um eine Trennung der Masse anzudeuten, die aus beiden Profilansichten als Brüste identifiziert wurde. Die Mitte der Vorderseite des Kopfes ist leicht konvex, was Marshack zu der These veranlasste, dies könnte das Gesicht gewesen sein. Unter dieser Annahme könnte die umgebende Fläche Haare andeuten. Bei der Untersuchung der Rückseite der Figurine kam Marshack zu dem Ergebnis, dass im Nackenbereich zwei Furchen gemacht wurden: eine, die von vorne kommt, und eine, die von hinten kommt; beide stoßen nicht ganz zusammen. Dieses Merkmal tritt bei einer Reihe von späteren, als verändert »akzeptierten« Steinen aus Israel auf. Aus dieser Beschreibung der Berekhat-Ram-Figurine geht hervor, dass sie hergestellt wurde, »indem der Natur eine hilfreiche Hand geliehen wurde«, und dass sie nicht ein aus dem Nichts geschaffenes Kunstwerk ist. Die weibliche Form wurde zufällig durch die Natur geliefert und bedurfte nur eines Minimums an menschlicher Veränderung, um den gewünschten Effekt zu erzielen. Bedenkt man ihr sehr hohes Alter, dann ist es nicht überraschend, dass sie nicht alle Züge einer vollständig entwickelten künstlerischen Tradition aufweist. Wenn man über die Ursprünge der Schnitzerei und der Skulptur nachdenkt, dann ist es nicht unwahrscheinlich, dass die ersten Erzeugnisse Veränderungen natürlicher auffälliger Formen waren und dass die Anfertigung von Kunstwerken, die nicht direkt durch natürliche Formen inspiriert wurden, sich erst später herausgebildet hat.

Die Fähigkeit, Furchen auf einem selbst so kleinen Gegenstand wie der Figurine anzubringen, lag sicher im Rahmen der technischen Möglichkeiten der Menschen des Acheuléen in Berekhat Ram. Eine große Anzahl von Steinartefakten dieses Ortes – insbesondere vom Typ »Endscraper« (einem prähistorischen Flintschaber mit Schabekanten auf einer oder auf zwei Seiten) und Stichel – zeigt, dass ihre Werkzeugherstellung frühzeitig entwickelt war; viele Werkzeuge erinnern eher an die jungpaläolithische Periode als an die altpaläolithische. Trotz der Tatsache, dass die Werkzeuge von der Fundstelle nicht ohne weiteres in das vorgefertigte Bild vom technologischen Stand des Acheuléen-Menschen passen, hat niemand ihre Echtheit bezweifelt, im Gegensatz zur Figurine. Wieder einmal scheint es bei vielen Archäologen eine mentale Blockade zu geben hinsichtlich der Anerkennung von Kunst aus der altpaläolithischen Periode; die vorherrschende Auffassung ist, dass der vorjungpaläolithische Mensch ein geschickter Werkzeugmacher war, aber keine Werke symbolischen Inhalts schaffen konnte. Die technische Geschicklichkeit, um die Figurine herzustellen, war gewiss nicht größer, als man sie zur Anfertigung der Werkzeuge von Berekhat Ram benötigte. Weshalb also dieser Widerwille, den Acheuléen-Menschen die Fähigkeit zuzugestehen, dass sie derlei Werke schaffen konnten? Es ist Dogmatismus und nicht Vernunft, die dieser Weigerung zugrunde liegt. Im Licht der Entdeckung der Berekhat-Ram-Figurine und anderer zwingender Beweise für symbolische Fähigkeiten gibt es keine rationale Basis für die Annahme, dass die mentalen und manuellen Fertigkeiten der altpaläolithischen Menschen nur zur Herstellung zweckgerichteter Objekte benutzt wurden. Offenkundig nimmt die Zahl der Beweise immer mehr zu, dass die Hominiden des Altpaläolithikums viel menschenähnlicher waren, als viele behauptet haben.

Die weit fortgeschrittene Art einiger Werkzeuge, die in Berekhat Ram gefunden wurden, ist zwar ungewöhnlich, fällt aber keineswegs aus dem Rahmen. Andere Steinansammlungen an der Schnittstelle von alt- und mittelpaläolithischer Periode in der Levante zeigen einen Stand der technologischen Fähigkeiten, der normalerweise erst in der jungpaläolithischen Periode erreicht worden ist. Zu den innovativen Gewerben rechnen die Archäologen die der Amudian- und der Yabrudian-Kultur die über verschiedene Arten von Messerwerkzeugen des jungpaläolithischen Typs verfügten. Ansammlungen aus dem südlichen Afrika haben ebenfalls spätere Entwicklungen in der Steinwerkzeugherstellung vorweggenommen. Diese Neuerungen, die als Howieson's-Poort-Ansammlungen bekannt sind, kennt man von den Fundstätten Klasies River Mouth, Boomplast Cave und Border Cave, die auf ein Alter von sechzigtausend bis neunzigtausend Jahren datiert werden. Sie haben mesolithische Eigenschaften im Überfluss, obwohl sie zehntausende Jahre älter sind als ihre mesolithischen Gegenstücke. Wie können also derart offenbare Abweichungen erklärt werden? Wieso tauchen solch vergleichsweise komplexe Technologien auf und verschwinden wieder, um später im Jungpaläolithikum erneut zum Vorschein zu kommen?

Obwohl weit fortgeschrittene Formen der Steinwerkzeugherstellung vor mehr als fünfzig Jahren entdeckt und als solche anerkannt wurden, sind seither keine zufrieden stellenden Antworten gegeben worden, die plausibel machen, weshalb diese

Neuerungen so frühzeitig entstanden oder warum sie nicht ohne kulturelle Unterbrechung direkt in die jungpaläolithische Periode führten. Obwohl es immer noch nicht möglich ist, diese Fragen vollständig zu beantworten, gibt es gewisse unbestreitbare Fakten, die in Erwägung gezogen werden müssen. Die bloße Existenz dieser Artefakte zu einem solch frühen Zeitpunkt beweist ohne den Schatten eines Zweifels, dass schon gegen Ende der altpaläolithischen Periode die frühmenschlichen Werkzeugmacher die geistige und manuelle Fähigkeit hatten, Werkzeuge herzustellen, die normalerweise den Fähigkeiten des verhaltensmäßig modernen Menschen vor etwa vierzigtausend Jahren zugeschrieben werden. Im Rahmen des Versuchs, zumindest teilweise eine Erklärung für die innovativen Gewerbe zu liefern, die auftreten, bevor sie eigentlich in der prähistorischen technologischen Abfolge erscheinen dürften, hat L. B. Wishnjatskij vom Institut der Geschichte für Materielle Kultur in Sankt Petersburg Folgendes dargelegt:

Trotz des Fehlens irgendwelcher allgemein akzeptierten Erklärungen kann die bloße Tatsache, dass es ein Phänomen wie das »Seiner-Zeit-Vorauseilen« in der Entwicklung der paläolithischen Gewerbe gibt, uns etwas Wichtiges über das Wesen der kulturellen Entwicklung in der Vorgeschichte sagen. Was immer die Ursachen der Vorwegnahme gewisser Ereignisse in verschiedenen Regionen gewesen sein mögen – sie konnten tatsächlich nicht die fälligen Konsequenzen haben, solange eine notwendige Bedingung fehlte, die allen diesen Fällen gemeinsam sein muss. Um sich grundlegend und rasch zu verändern, muss eine Kultur bereits ein großes Potenzial haben, einen Vorrat an Ideen und Fähigkeiten, die bekannt sind, aber nicht in die Praxis umgesetzt wurden. Ähnlich den rezessiven Genen in der Biologie begannen diese Ideen und Fähigkeiten sich erst zu materialisieren (vom Genotyp einer Kultur zum Phänotyp überzugehen), als die Umstände (umweltliche, demografische, soziale etc.) sich geändert hatten und die Notwendigkeit entstand, den rezessiven Teil des kulturellen Potenzials zu nutzen. Genau wie die jüngeren Jäger und Sammler sich nicht beeilt haben, ihr umfangreiches botanisches Wissen zu nutzen, um zur Landwirtschaft überzugehen, so benutzten die Träger der paläolithischen Kulturen nur jenen Teil ihres Potenzials an Ideen und Fähigkeiten, der sie befähigte, ihren gewohnten Lebensstil fortzuführen.

Wie also auch die Jäger und Sammler in historischen Zeiten manchmal nicht geneigt waren, einen landwirtschaftlichen Lebensstil anzunehmen – nicht weil sie Ignoraten oder zu primitiv waren, um die Bedeutung dieses so genannten Entwicklungsschrittes zu erkennen, sondern weil es ihnen einfach genügte, weiterzumachen wie bisher –, so scheint es, dass paläolithische Völker Fähigkeiten hatten (die sich in ihrer Fähigkeit der Werkzeugherstellung zeigen), die auf praktischer Basis zu nutzen sie nicht fortführen wollten. Folglich kann die Rückkehr zu einfacheren Steintechnologien nach dem frühzeitigen Auftreten weiter fortgeschrittener Werkzeuge vielleicht als Mangel an Notwendigkeit oder als Fehlen des Wunsches nach den Veränderungen, die derlei Werkzeuge ermöglichen konnten, begriffen werden – und nicht einfach in der Weise, als wären jene kühnen Erfindungen versehentlich verloren gegangen. Wenn Werkzeugmacherfähigkeiten, die eng mit dem Niveau der biologischen und kulturellen Entwicklung der jungpaläolithischen Periode verknüpft sind, zumindest teilweise zu erheblich früherer Zeit in der Vorgeschichte vorhanden waren, dann ist es durchaus denkbar, dass andere kulturelle Fähigkeiten wie die zur Gestaltung von Figurinen erforderlichen ebenfalls sehr viel früher entwickelt worden sein können als zu dem »akzeptablen« Datum für den Ursprung der Kunst zu Beginn der jungpaläolithischen Periode.

Ich habe im bisherigen Verlauf gezeigt, dass die weithin akzeptierte Auffassung von der menschlichen Geschichte sehr ungenau ist. Viele der so genannten Erfindungen der »Zivilisation« haben sich als neolithischen Ursprungs erwiesen; vieles von dem, was einst der neolithischen Revolution zugeschrieben wurde, stammt eindeutig aus dem Jungpaläolithikum; »Erfindungen« und Fortschritte gegen Ende des Jungpaläolithikums gab es bereits zu dessen Beginn; und die menschliche Revolution vor etwa vierzigtausend Jahren – der behauptete Ursprung der Kunst, der Religion, der Sprache und der Kultur selbst – hat ihre kulturellen Wurzeln tief in der mittel- und sogar der altpaläolithischen Periode. Der frühe Mensch hatte vielleicht nicht all die uns modernen Menschen eigenen Fähigkeiten, aber ihm die Sprache, die Kunst, die religiösen Gefühle und andere kulturelle Errungenschaften abzusprechen heißt, sich gegen die Beweislage zu stemmen. All dessen eingedenk, was über die Fähigkeiten der frühen Menschen gesagt wurde, werde ich mich jetzt der Frage zuwenden, ob manche Teile der Welt tatsächlich ähnlich vorzeitig kolonisiert wurden oder nicht – das heißt sehr viel früher, als die meisten Archäologen annehmen.

XIX.

Steine der Morgenröte oder falsche Dämmerung?

Dem Außenstehenden mag das Studium der altpaläolithischen Periode als die am wenigsten aufregende Beschäftigung der Archäologen erscheinen. Während man leicht die Romantik und die Anziehungskraft begreift, die von altägyptischen, mittelamerikanischen und mesopotamischen Ausgrabungsstätten ausgeht, scheinen die vergleichsweise bescheidenen Funde aus der ältesten Steinzeit zur Bedeutungslosigkeit zu verblassen. Die Archäologen, die sich dem Verständnis des Altpaläolithikums widmen, werden selten mehr als Steinwerkzeuge und vielleicht eine Anzahl von Tierknochen mit menschlichen Spuren des Schlachtens finden; wenn sie großes Glück haben, werden auch ein paar Skelettreste von Hominiden ausgegraben. Die Steinartefakte, die sozusagen die geistige Grundnahrung der Prähistoriker sind, ziehen wenig Aufmerksamkeit auf sich, wenn sie in den Museen ausgestellt werden; ihr graues und trostloses Aussehen scheint die geballte Antithese zu den glanzvollen Objekten späterer Zeiten wie goldenen Masken, geheimnisvollen Inschriften und monumentalen Skulpturen zu sein. Steinzeitartefakte, besonders die aus der frühesten Zeit, dem Altpaläolithikum, sehen oft wie ein Haufen alter Felsbrocken aus, und der Laie tut sich schwer, einen Unterschied zwischen ihnen und den Erzeugnissen der Natur auszumachen. Das ist kaum überraschend, denn die Archäologen sind sich selbst oft nicht einig, was das Werk von Menschen ist und was das Werk der Natur.

Im 19. und im frühen 20. Jahrhundert gab es zwischen Altertumssammlern und den ersten Prähistorikern hitzige Debatten über die Frage, was ein Artefakt sei und was nicht. Gewisse Steine wurden »Eolithen« genannt (wörtlich: »Steine der Morgenröte«), da man sie für die frühesten Artefakte hielt, die sogar noch der paläolithischen Periode vorausgingen. Dies wurde schließlich verworfen, und die Objekte firmierten unter »Geofakte« (das heißt als ausschließliche Produkte der Natur), statt dass sie als Werke der frühesten Menschen angesehen wurden. Nichtsdestoweniger werden selbst heute, wenn Archäologen etwas vorlegen, von dem sie meinen, dass es Steinwerkzeuge ungewöhnlichen Alters und roher Bearbeitung sind, diese als Eolithen abgetan. Die Faszination für diese frühesten Artefakte ist teilweise auf die Tatsache zurückzuführen, dass sie die frühesten *sind*; sie stellen das allerfrüheste Stadium materieller Kultur dar und liefern oft den Beweis für die früheste Besiedelung verschiedener Teile der Welt. Sie sind auch eine besondere Herausforderung für den Archäologen, weil ihre geringe Größe ihm das Äußerste an Scharfsinn abverlangt, um ihnen ihre Geheimnisse zu entreißen.

Es gibt zwei grundlegende Fragen, die gestellt werden müssen, um die Echtheit umstrittener Werkzeuge zu prüfen. Erstens muss herausgefunden werden, ob es genügend Beweise gibt hinsichtlich der Art, wie sie abgespalten wurden, um sie als Artefakte zu identifizieren statt als Geofakte, zusätzliche Beweise in Form von Knochen geschlachteter Tiere oder, noch besser, von Hominidenüberresten, was zwar wünschenswert, aber selten ist. Die zweite Frage betrifft die Datierung solcher Funde; selbst wenn sie eindeutig als Werkzeuge identifiziert wurden – wie genau ist das vermutete hohe Alter? Wie diese Fragen gehandhabt werden, lässt sich am besten zeigen, indem man einige der umstrittensten Ausgrabungsstätten beschreibt; wenn sie als echt ermittelt werden könnten, würde dies ein ganz neues Licht auf die Fähigkeiten unserer fernen Vorfahren werfen und auf die Daten über die ursprüngliche Besiedelung Asiens, Australiens und Amerikas.

Der Faustkeil ist das charakteristischste Steinwerkzeug des Acheuléen in der altpaläolithischen Periode in Europa, Afrika und Asien. Bis vor relativ kurzer Zeit glaubte man, dass diese Art von Werkzeug nicht östlich von Indien zu finden wäre. Die Entdeckung von Faustkeilen in Zentralasien, China, Japan und Sibirien verlangte jedoch eine Modifikation dieser Überzeugung, auch wenn die meisten der östlichen Faustkeile nicht den »klassischen« Formen entsprechen, die aus Indien und weiter westlich bekannt sind. Der Faustkeil diente einer Reihe von Aufgaben. Viele Archäologen der Vorgeschichte ziehen es vor, diese Werkzeuge »Zweiseiter« zu nennen, weil sie auf zwei Seiten bearbeitet wurden. Die Entdeckung der Faustkeile und damit verbundener Werkzeuge in Indien reicht in das Jahr 1860 zurück, und zahlreiche weitere Funde erhärten die Besiedelung jener Gegend durch die frühen Menschen. Die frühesten bislang in Indien gefundenen Artefakte stammen von einem Ort in der Nähe des Dorfes Bori in Junnar Taluka (Kreis Pune) und sind etwa sechshundertsiebzigtausend Jahre alt. Der britische Archäologe Robin Dennell hat Faustkeile und andere Werkzeuge im nördlichen Pakistan gefunden, die aus der Periode von vor fünfhunderttausend und siebenhunderttausend Jahren stammen, aber andere Funde, die Dennell und seine Kollegen in der Gegend gemacht haben, sind von einigen Archäologen in Zweifel gezogen worden. Denn nahe Riwat südlich von Rawalpindi wurden weitaus gröbere Werkzeuge gefunden, von denen er behauptet, dass sie etwa zwei Millionen Jahre, zumindest nicht weniger als 1,9 Millionen Jahre alt sind. Dies würde die Zeit verdreifachen, die man den frühen Menschen dort für ansässig hält – eine Vorstellung, die an sich schon Widerspruch hervorrufen muss –, und außerdem die ganze etablierte Chronologie der Wanderungen des frühen Menschen aus seiner afrikanischen Heimat durcheinander bringen.

Der *Homo erectus* wird weltweit als der erste Hominide angesehen, der Afrika verlassen hat, und der gegenwärtigen Datierung zufolge hätte er nicht nur keine Zeit gehabt, nach Pakistan zu eilen, um die genannten Werkzeuge herzustellen, er hätte, so manche Archäologen, zu jener Zeit nicht einmal existieren können, denn sein Vorfahre, der *Homo habilis*, hat sich angeblich erst vor 1,6 Millionen Jahren zum *Homo erectus* weiterentwickelt! Eine Reihe neuester Funde deutet an, dass *Homo erectus* (oder *Homo ergaster*, wie manche heute die afrikanische Art des *Homo erectus* zu nennen vorziehen, der der Vorfahre der späteren Art des *Homo erectus* gewesen sein könnte, der sowohl nach dem östlichen Asien wanderte als auch der erste Bewohner Europas war) bedeutend früher aus Afrika auswanderte, als bisher angenommen. Acheuléen-Artefakte von der Ausgrabungsstätte Ubeidiya im Jordantal werden auf ein Alter von 1,3 bis 1,4 Millionen Jahren datiert, und dieses Datum ist der früheste allgemein akzeptierte Beweis für die Anwesenheit eines Hominiden außerhalb seiner afrikanischen Heimat. Ein in Dmanisi in Georgien entdeckter menschlicher Kiefer ist auf 1,8 Millionen Jahre datiert worden, was bei manchen allerdings Zweifel hervorgerufen hat; einige meinen, dass er wohl nur halb so alt ist. Neunhunderttausend Jahre wären eher »akzeptabel«, weil das besser in die Gesamtchronologie der Ausbreitung der Hominiden über Asien passt. Obwohl immer noch allgemein davon ausgegangen wird, dass der größte Teil Europas vor etwa fünfhunderttausend Jahren nicht von Hominiden besiedelt war, deuten jüngste Funde an der Ausgrabungsstätte Orce in Andalusien darauf hin, dass zumindest Teile der Iberischen Halbinsel schon vor 1,7 bis 1,8 Millionen Jahren besiedelt waren.

Wenn nicht *Homo erectus* der Hersteller der Werkzeuge war, wer dann? Sein Vorläufer *Homo habilis* scheint ein außerordentlich unwahrscheinlicher Kandidat für eine so ausgedehnte Wanderung zu sein, da es für diese Art, selbst wenn er Werkzeugmacher war, außerhalb Afrikas einfach keine Beweise gibt. Wenn die Artefakte und ihre Datierung akzeptiert werden, dann gibt es eine Reihe von nicht weniger umstrittenen Erklärungen. Wenn der Hersteller *Homo erectus* war, dann war er zur gleichen Zeit in Asien anwesend wie *Homo habilis* in Afrika. Wenn die Artefakte dem *Homo habilis* zugeschrieben werden, den man als heimatliebenden Hominiden charakterisiert, dann muss man annehmen, dass er nicht nur über Afrika hinausgelangte, sondern auch weit nach Osten, mindestens bis nach Pakistan. Wenn weder *Homo erectus* noch *Homo habilis* die Werkzeuge gemacht hat, dann muss ein anderer Hominide in dieser Region in sehr ferner Vergangenheit zu Gange gewesen sein. Wenn man dies bedenkt, dann ist es kaum überraschend, dass die Berichte über zwei Millionen Jahre alte Artefakte aus Riwat von den meisten Archäologen mit äußerster Skepsis aufgenommen wurden; sowohl ihre Klassifizierung als Werkzeuge als auch die Korrektheit der Methoden ihrer Datierung werden in Zweifel gezogen. Die Artefakte aus Riwat sind aus Quarzit gemacht und sehr grob gearbeitet (sogar weithin akzeptierte afrikanische Artefakte aus jener frühen Zeit sind ihrer Form nach sehr rudimentär), aber laut Dennell sind sie nichtsdestoweniger Bona-fide-Artefakte. Die Schwierigkeiten bei ihrer Identifizierung beschreibt Dennell folgendermaßen:

Es ist oft schwierig zu entscheiden, ob eine Steinansammlung das Ergebnis von Abschlägen durch Hominiden (oder Menschen) oder von geologischen Faktoren ist. Dieses Problem ist in der altpaläolithischen Archäologie nicht neu... Das Abschlagen zu einem wiederholt vorkommenden und regelmäßigen Format zum Beispiel ist ein gültiges Kriterium, wenn das infrage stehende Artefakt ein Typ ist, der auf wiederholte und regelmäßige Weise, wie zum Beispiel ein Faustkeil, gemacht wurde... Es ist weniger nützlich, wenn es um die Erkennung von Abfallsplittern geht [die bei der Herstellung von Steinwerkzeugen als Nebenprodukt anfallen] oder um das unregelmäßige Abschlagen, das die frühesten akzeptierten (und viele späteren) Steinansammlungen kennzeichnet. Die Sichtbarkeit der Steintechnologie des frühen Menschen ist ihrer Natur nach strittig: Wir können nur solche Stücke geschlagenen Steins als archäologisch erkennen, die sich von geologischen Abspaltungen deutlich unterscheiden. Folglich ist ein Feldstein, der nur auf einer Fläche geschlagen ist und den größten Teil seiner ... Außenschicht ... beibehalten hat, wahrscheinlich einer geologischen Abspaltung ausgesetzt gewesen; ein Schlag auf zwei Ebenen mit geringerer erhaltener Außenschicht ist zweifelhafter; und ein Stein, an dem der größte Teil der Oberfläche von mindestens drei Seiten abgeschlagen wurde, kann mit einem vernünftigen Maß an Zuversicht dem Abschlag durch einen Hominiden zugeschrieben werden.

Anhand dieser Maßstäbe bewerteten Dennell und seine Kollegen die verschiedenen in Frage kommenden Artefakte aus Riwat auf einer Skala von 1 bis 5. Steine mit nur einem Punkt wurden als Objekte angesehen, die am eindeutigsten als Produkte geologischer Tätigkeit erklärt werden können; am anderen Ende der Skala bedeuteten fünf Punkte, dass der Stein mit Sicherheit ein Artefakt ist. Mit den Punktzahlen dazwischen wurden die verschiedenen Grade der Wahrscheinlichkeit angegeben, inwieweit es sich um ein Artefakt handelt. Nur einer der Steine erreichte eine glatte Fünf und wird mit R014 bezeichnet. Beim R014 ist auf einer Seite ein sehr großes Stück abgeschlagen, ferner weitere sieben Stücke. Zwei andere Steine, R001 und R008, bekamen vier beziehungsweise fünf Punkte. R001 wurde in drei deutlich verschiedenen Richtungen abgeschlagen, wobei fünfundsechzig Prozent der Außenschicht des Steines verloren gingen. R008 weist nicht nur Anzeichen auf, dass er bearbeitet wurde, sondern ihm fehlen sogar fünfundachtzig Prozent der Außenschicht.

Der berühmte prähistorische Archäologe J. Desmond Clark (der vor etwa vierzig Jahren bewies, dass die so genannte Kafuan-Feldsteinherstellung in Ostafrika, die von Menschen gemachte Werkzeuge beinhalten sollte, in Wirklichkeit nichts weiter war als natürlich vorkommende Steine, die Artefakten nur ähnelten) hat einige der Riwat-Steine untersucht und gemeint, dass sie tatsächlich Artefakte seien, obwohl er glaubt, dass sie nur fünfhunderttausend Jahre alt sind und nicht annähernd zwei Millionen Jahre. Wenn Clark bezüglich ihres Alters Recht hat, dann würden sie gut in die allgemein akzeptierte Reihe von Artefakten des indischen Subkontinents hineinpassen, und der Streit um sie wäre schnell beigelegt. Trotz der Infragestellung durch Clark hält Dennell an seiner Auffassung fest, dass sie so alt sind, wie er von Anfang an behauptet hat. Kritiker haben Dennell und seine Kollegen angegriffen, weil sie bei den Kriterien, die sie zur Unterscheidung zwischen Artefakten und Geofakten angewendet haben, nicht streng genug gewesen seien und weil ergänzende Daten hinsichtlich der Überreste von Hominiden oder sonstiger Anzeichen der Gegenwart des frühen Menschen, wie etwa abgenagter Knochen, fehlten. Aber wie Dennell zu Recht betont, identizierte man die Werkzeuge, die in der heute berühmten ostafrikanischen Olduvaischlucht von Louis Leakey 1930 gefunden wurden, ursprünglich auch nur anhand der Beweise für Werkzeuge. Mit anderen Worten: Die Artefakte per se konnten von den sie umgebenden Geofakten unterschieden werden, und zwar anhand der ihnen innewohnenden Merkmale und nicht durch die Entdeckung von Hominidenüberresten und sonstigen erhärtenden Beweisstücken, die erst *nach* der ursprünglichen Identifikation der Oldowan-Werkzeuge als wirkliche Artefakte gefunden wurden. Dennell hebt auch hervor, dass zahlreiche andere Werkzeuge mit »akzeptierbaren« Daten von Archäologen, ihn eingeschlossen, gefunden wurden und akzeptiert worden seien, ohne dass ergänzende Beweise von Hominidenüberresten und abgenagten Knochen unter den Teilen gefunden wurden.

Dennells Behauptung der Besiedelung Pakistans seit zwei Millionen Jahren ist keineswegs einzigartig; es gibt noch andere Indizien, die für die Ankunft des frühen Menschen im Asien jener Zeit sprechen. Es ist seit langem bekannt, dass *Homo erectus* Java vor etwa einer Million Jahren erreichte, aber kürzlich ist die These aufgestellt worden, dass er schon vor 1,8 Millionen Jahren dort eingetroffen ist. Zwar ist Java heute nicht mehr mit dem asiatischen Festland verbunden, doch in jener fernen Vergangenheit war es für die ersten dort eintreffenden Menschen nicht notwendig, ein Meer zu überqueren. Die Entdeckung von Artefakten auf der weit östlicher im indonesischen Archipel liegenden Insel Flores ist freilich eine völlig andere Sache. Die infrage stehenden Artefakte wurden von Verhoeven in den Fünfzigerjahren im westlichen Zentrum von Flores entdeckt und sind auf ein Alter von fünfhunderttausend bis eine Million Jahren geschätzt worden. Der australische Archäologe Mike Morwood hat die Ausgrabungsstätte und die Artefakte erneut untersucht und glaubt, dass die Artefakte ein sehr hohes Alter haben. In diesem Fall müssen wir den Herstellern dieser Artefakte größere Fähigkeiten zuerkennen, als die meisten Archäologen gewillt sind, und zwar nicht deshalb, weil die Artefakte selbst ein besonders frühes Maß an Kunstfertigkeit aufweisen, sondern weil die Reise von Java nach Flores – selbst vor einer Million Jahren – es erforderlich gemacht hätte, eine zwanzig Kilometer breite Wasserstraße zu überqueren.

Für die Überfahrt müsste *Homo erectus* irgendeine Art von Gefährt gebaut haben (die einfachste Form wäre ein Floß), um nach Flores zu gelangen. Das würde nicht nur bedeuten, dass *Homo erectus* im Besitz größerer technologischer Fähigkeiten war, als wir bisher angenommen haben; es würde auch beweisen, dass es zu jener Zeit schon Sprache gab, denn eine Meeresreise ist ohne die entsprechende Fähigkeit undenkbar. Ob Morwoods erneute Untersuchung dieser frühen Werkzeuge aus Flores vom Gros der Archäologen anerkannt wird, bleibt abzuwarten. Wenn ja, dann wird bewiesen sein, dass die Fähigkeiten des frühen Menschen selbst weit über das hinausgingen, was viele Verfechter einer frühzeitigen Entwicklung der kognitiven Fähigkeiten sich überhaupt vorstellen konnten.

Bis heute ist die Besiedelung Flores' über das Meer äußerst umstritten, und der allgemein akzeptierte Beginn der Seefahrt wird auf ein viel späteres Datum festgelegt. Der Beweis für den frühesten Transport über Wasser ist nicht der Entdeckung der Überreste eines Bootes oder anderen Fahrzeugs zu verdanken und auch nicht der Abbildung eines solchen Transportmittels auf einem Felsen, sondern einfach dem frühesten Datum für die Besiedelung Australiens, das ohne Überquerung des Meeres nicht erreicht werden konnte. Die Zeit von vor vierzigtausend Jahren für die ursprüngliche Besiedelung des Kontinents wird weithin anerkannt, obwohl manche Archäologen sie auf einen Zeitraum von vor fünfzigtausend bis sechzigtausend Jahren festlegen, wie ich im Folgenden noch ausführen werde. Es gibt Anzeichen für frühe Transporte zu Wasser auch aus anderen Teilen der Welt. Die Fundstätte aus dem Aurignacien bei Fontana Nuova auf Sizilien ist dreißigtausend Jahre alt; da allgemein angenommen wird, dass Sizilien damals nicht mit Italien verbunden war, konnte es nur durch die durchaus riskante Überquerung der Meeresenge von Messina erreicht werden.

Zurück zu Australien. Nach wie vor stammt der Beweis für die frühesten Seereisenden von dort, und es hat eine Reihe von Untersuchungen gegeben, die zu dem Ergebnis kamen, dass Australien weit früher als vor vierzigtausend Jahren besiedelt wurde. Entdeckungen im Felsüberhang von Jinmium, einer Fundstätte im Nordwesten, machten Schlagzeilen in Australien und England; Richard Fullagar und seine Kollegen, die die dortigen Funde untersucht hatten, verkündeten, dass sie die früheste Kunst der Welt entdeckt hätten: Fünfundsiebzigtausend Jahre sei sie alt, also mehr als doppelt so alt wie die frühesten allgemein akzeptierten Funde in anderen Teilen der Welt. Sie behaupteten auch, dass sie Steinartefakte entdeckt hätten, die mehr als hunderttausend Jahre alt und vielleicht noch erheblich älter seien.

Unter den dort gefundenen Steinartefakten befand sich ein Quarzitobjekt, das als Mörser identifiziert wurde, weil auf seiner Oberfläche Stärkereste gefunden wurden, die nahe legen, dass es zur Behandlung von möglicherweise knollenartigen Nahrungsmitteln verwendet wurde. Die Kunst bewiesen Cupulae, die in Sandsteinfragmente reingehackt waren (auf ein Alter von fünfzigtausend Jahren datiert), und Spuren von Ocker werden mit künstlerischer Tätigkeit vor etwa fünfundsiebzigtausend Jahren in Verbindung gebracht. Das geschätzte Alter der Steinwerkzeuge wie der Kunstwerke fußte überwiegend auf umstrittenen Methoden der Datierung, und seit der Bekanntmachung der Jinmiumfunde haben die betreffenden Archäologen eingeräumt, dass sie das Alter der Werkzeuge und der Cupulae stark überschätzt haben. Ironischerweise wurde in der Presse (und auch nicht in den Fachzeitschriften, die die

Funde der Archäologen publik machten) die weit ältere Berekhat-Ram-Figurine nicht erwähnt, als die Jinmiumfunde bekannt gemacht wurden. Dies ist doppelt ironisch, da sich die
Datierung der Jinmiumfunde inzwischen als äußerst fehlerhaft
erwiesen hat, während die Berekhat-Ram-Figurine – trotz ihrer
sehr strittigen Datierung – ein viel zweifelsfreierer Fall für das
archaische Vorkommen von Kunst ist.

Wie schon erwähnt, hat es noch weitere Untersuchungen in
jüngster Zeit gegeben, die sich mit der Möglichkeit beschäftigt
haben, dass die ersten Australier weit früher als vor vierzigtausend Jahren eintrafen. In den frühen Neunzigerjahren hat A.
Peter Kershaw von der Monash-Universität in Clayton (Virginia) behauptet, dies lasse sich anhand von zwei Kernen beweisen, die aus dem Meeresboden vor der Küste Australiens in
vierhundert Meter Tiefe gebohrt wurden. Die beiden Kerne
sind als Fundplatz 820 bekannt. Derlei tiefe Bohrungen vermitteln den Wissenschaftlern Erkenntnisse über die Umwelt in
jenen frühen Zeiten, und in diesem Fall enthielt die unterste
Schicht der Bohrkerne Material, das 1,4 Millionen Jahre alt ist.
Die genaue Untersuchung der Pollen und der Holzkohle im
oberen Teil des Bohrkerns – der die vergangenen hundertvier-
zigtausend Jahre umfasst – zeigte, dass es einen dramatischen
Schwund an Pollen gewisser Pflanzen gegeben habe, der weder
durch klimatische Veränderungen noch durch einen anderen
natürlichen Faktor verursacht worden zu sein scheint.

Die Untersuchung der Holzkohlenschichten, die in den verschiedenen Bohrkernen gefunden wurden, enthüllte eine ebenso dramatische Zunahme, was zu der Vermutung Anlass gibt,
dass Feuer die wesentliche Ursache für Veränderungen im Ve-
getationsmuster war. Kershaw glaubt, dass die großen Brände
in der Landschaft am besten durch die Anwesenheit von Menschen in Australien vor einhundertvierzigtausend Jahren erklärt werden könnten. Einige seiner Kritiker haben eingewen-
det, dass die Feuer, die derlei Verwüstungen anrichteten, auch
ohne weiteres ein Werk der Natur sein könnten und dass die
Natur nicht die Hand des Menschen gebraucht habe, um ihr bei

ihrem Werk beizustehen. Andere vermissen die archäologischen Beweise zu Stützung von Kershaws Standpunkt, sofern wir weitere hunderttausend Jahre der Vorgeschichte Australiens hinzufügten. Denn hunderttausend Jahre Besiedelung müssten zahlreiche Spuren in Form von archäologischen Fundstätten hinterlassen haben, von denen zumindest einige bis zum heutigen Tag ans Licht gekommen sein müssten. Trotz der Beweismängel von Jinmium und Fundstätte 820 sind die Verfechter einer früheren Besiedelung des Kontinents optimistisch, dass weitere, zu Klärung beitragende Daten auftauchen werden. Vor einigen Jahrzehnten glaubten die Archäologen, dass Australien erst seit ein paar tausend Jahren besiedelt und die Vorgeschichte des Kontinents ziemlich kurz sei. Damals wäre das Datum von vierzigtausend Jahren als schierer Wahnsinn angesehen worden. Wenn zuverlässigere Beweise menschlicher Besiedelung vor diesem Datum ans Licht kämen, könnten wir Zeuge einer noch früheren Periode australischer Vorgeschichte werden; das würde der Menschheitsgeschichte in jenem Teil der Welt ein ganz neues Kapitel hinzufügen.

Das große Alter des frühen Menschen in China ist seit langem anerkannt, und das Alter von etwa einer Million Jahren für Werkzeuge aus Nihewansenke westlich von Peking wird von Archäologen als gut belegt angesehen. Es sind aber viel frühere Daten ins Gespräch gebracht worden; zum Beispiel könnten Artefakte von der Fundstätte Xihoudou im Kreis Ruicheng in der Provinz Shansi sogar 1,8 Millionen Jahre alt sein. Die Artefakte umfassen zweiseitige Hackwerkzeuge und dreieckige Spitzen aus Quarzit, aber Jia Lanpo hat dazu angemerkt, dass die Artefakte, obwohl sie alle in situ gefunden wurden, vermutlich durch Wasser an den Fundort geschwemmt worden sind. In diesem Fall könnten sie zu einem viel späteren Zeitpunkt hergestellt worden sein, und sie müssen also nicht unbedingt so alt sein wie die Fundstätte selbst.

Wenn wir von China weiter ostwärts gehen, können wir einen Eindruck davon gewinnen, wie schnell die Archäologie eines Gebietes in der Zeit rückwärts springen kann, zum Beispiel in Japan. Die erste Entdeckung eines paläolithischen Ortes in Japan wurde direkt nach dem Zweiten Weltkrieg gemacht. Bis dahin war die Überzeugung, dass es in Japan keinerlei Paläolithikum gegeben habe, so tief verwurzelt, dass die Entdecker der Dschomon-Fundstätten zu graben aufhörten, sobald sie den Grund der Dschomon-Kulturschichten erreicht hatten – einfach deshalb, weil die Entdeckung älterer Artefakte als völlig unwahrscheinlich angesehen wurde. Seit der Entdeckung paläolithischer Fundstätten in ganz Japan haben Archäologen, die an Dschomon-Orten graben, herausgefunden, dass einige von ihnen tatsächlich unter diesen Schichten paläolithisches Material enthalten. Bis 1980 wurde allgemein angenommen, dass es keine stichhaltigen Beweise dafür gebe, dass Japan vor dem Zeitraum von dreißigtausend Jahren besiedelt gewesen ist. Obwohl es Hinweise auf Quarzitwerkzeuge aus früheren Zeiten gab, wurden diese fast einhellig als Eolithen abgetan, das heißt als Geofakte. 1980 wurden Artefakte aus einer Reihe von Fundstätten, einschließlich Zazaragi, Präfektur Miyagi, Kreis Tohoku (Nordostjapan), zuverlässig als über dreißigtausend Jahre alt nachgewiesen. Die aus Zazaragi wurden auf einhundertdreißigtausend Jahre vor unserer Zeit berechnet, obwohl Skeptiker behaupteten, sie seien kaum älter als fünfzigtausend Jahre.

Mitte der Achtzigerjahre verlagerten andere Orte in der Sendaiebene, Präfektur Miyagi, diese Daten noch weiter zurück. Die frühesten Artefakte von der Fundstätte Babadan wurden auf ein Alter von zweihunderttausend Jahren datiert. Anfang der Neunzigerjahre setzten Artefakte aus nahe gelegenen Fundstätten diesen Trend fort; die Ausgrabungsstätten von Takamori und Kami-Takamori wurden auf ein Alter von etwa sechshunderttausend Jahren geschätzt. Manche dieser sehr frühen Artefakte wurden mittels Mikroanalyse eindeutig als Werk früher Menschen nachgewiesen. Man nimmt an, dass Japan in jener fernen Vergangenheit mit dem asiatischen Festland verbunden war, weshalb diese Werkzeuge nicht als Beweis für Seefahrten gelten könnten. Wir können also beobachten, wie im

Zeitraum von kaum mehr als zehn Jahren die akzeptierten Daten der menschlichen Besiedelung Japans um eine halbe Million Jahre gestiegen sind! In der Archäologie können sich die Dinge in der Tat sehr rasch ändern. Nicht nur in Japan östlich von China, sondern auch in Sibirien nördlich von China gibt es zunehmend Beweise für die frühe Anwesenheit des frühen Menschen. Die Überzeugung, dass Sibirien zu einem sehr frühen Zeitpunkt besiedelt wurde, ist nicht neu; es wird seit dem 19. Jahrhundert als Wiege der Menschheit vorgeschlagen. Witalij Larichew und andere Wissenschaftler vom Institut für Geschichte, Philologie und Philosophie in Nowosibirsk haben die frühe Entwicklung dieser Auffassung folgendermaßen beschrieben:

> Mit Ausnahme von Afrika ist kaum ein anderer Kontinent der Erde Gegenstand so hartnäckiger Suche nach der Wiege der Menschheit gewesen wie das nördliche Asien. Die rauen Weiten der Taiga, die Dauerfrostzonen und die eisigen Winde, die fast das ganze Jahr hindurch vom nördlichen Eismeer her wehen, hätten jeden Gedanken, dass der frühe Mensch sich hier entwickelt haben soll, verbieten sollen. Nichtsdestoweniger, so paradox es auch erscheinen mag, war es Sibirien, das die Köpfe westeuropäischer Wissenschaftler in der zweiten Hälfte des vergangenen Jahrhunderts beschäftigte, wenn sie nach den Wurzeln der frühen europäischen Steinzeitkulturen suchten... [Diese Auffassung] wurde von Quatrefages, einem der bekanntesten französischen Zoologen und Anthropologen in der zweiten Hälfte des 19. Jahrhunderts, entschieden unterstützt und weiterentwickelt. Er versicherte, dass Sibirien oder der hohe Norden im Allgemeinen die Wiege der Menschheit gewesen sei; dort habe sich der Mensch vor der Ausbreitung der Vereisung entwickelt... Unglücklicherweise konnte die Hypothese von einer nördlichen asiatischen Heimat der Menschheit nicht durch Fakten untermauert werden und war außerordentlich spekulativ. Sie ist nur eine von vielen fantasiereichen Rekonstruktionen der natürlichen Evolution der Welt, die für die Naturwissenschaften in der Mitte des vergangenen Jahrhunderts so typisch waren.

Wegen des Mangels an Beweisen zur Stützung dieser Theorie nahm die Zahl ihrer Anhänger immer mehr ab, und um 1920 hingen dieser Idee nur noch wenige ganz Hartnäckige an. Es dauerte lange, bevor handfeste Beweise für die Besiedelung Sibiriens in vorjungpaläolithischer Zeit auftauchten; dennoch sind viele Leute skeptisch, was die Fähigkeit des frühen Menschen, in einer so rauen Umwelt zu überleben – von gedeihen ganz zu schweigen –, anbelangt. Trotz des allgemeinen Widerwillens, sehr frühe sibirische Fundstellen zu akzeptieren, gibt es dennoch einige.

Das verstorbene Mitglied der Akademie, Okladnikow (der ebenfalls Wissenschaftler am Institut in Nowosibirsk war und den wir in Kapitel XVI in Zusammenhang mit seiner Entdeckung eines Neandertalergrabes im usbekischen Teshik-Tash erwähnten), hat bis zu seinem Tod im November 1981 behauptet, dass er eindeutige Beweise an einer Fundstätte aus dem Altpaläolithikum gefunden habe, die das hohe Alter des Menschen in Sibirien belegten. Die Ausgrabungsstätte Ulalinka im Bereich des Altai im südlichen Sibirien wurde 1961 entdeckt; ihre oberen Kulturschichten bestehen aus Artefakten, die eindeutig jungpaläolithischen Ursprungs sind und auf ein Alter von fünfundzwanzigtausend Jahren geschätzt werden. Darunter lag das, was Okladnikow als die »Hauptkulturschicht« bezeichnet hat. Die dort gefundenen Artefakte waren weitaus älter und unterschieden sich von allem, was bis dato in Sibirien gefunden worden war. Die einfachen Werkzeuge waren häufig grob geformt und meistens gespaltene Feldsteine, hauptsächlich aus Quarzit, aber einige wenige auch aus Obsidian. Sowohl ihre primitive Natur als auch ihre allgemeine Beschaffenheit machten es Okladnikow schwer, sie mit Werkzeugtypen aus anderen Teilen der Welt zu vergleichen. Es wurden verschiedene Datierungstechniken angewendet, um ihr Alter herauszufinden. Okladnikow und seine Kollegin G. A. Pospelowa kamen zu dem Schluss, dass die Artefakte aus der altpaläolithischen Periode stammten und mehr als siebenhunderttausend Jahre alt sein müssten. Trotz der Tatsache, dass Okladnikow der führende paläolithische Archäologe in der Sowjetunion war, wurde die Datierung der Artefakte (und sogar ihr Rang als Artefakte) sehr infrage gestellt. Selbst die größten Verfechter der von Menschenhand gefertigten Natur dieser Artefakte haben Zweifel geäußert, ob sie ernsthaft mehr als zweihunderttausend Jahre alt sein können. Die meisten anderen Archäologen meinten, dass es nicht genügend Beweise gebe, um die Behauptung, es handle sich um Artefakte, aufrechterhalten zu können, weshalb die Funde aus Ulalinka allgemein abgelehnt werden. Da nun aber das ganze Thema der frühzeitigen Besiedelung des Nordens wieder zum Leben erweckt war, fühlten sich viele ermutigt, die Suche nach sehr frühen Artefakten fortzusetzen.

1969 wurden einige frühe paläolithische Fundstätten aus der Angarasenke in der Mitte der sibirischen Hochebene gemeldet, die vorläufig auf ein Alter von zweihunderttausend Jahren datiert worden sind, was der ausgrabende Archäologe G. I. Medwedew als eine konservative Schätzung bezeichnet. Der Archäologe Yuri Mochanow erhob anfangs Einwände gegen diese frühe Datierung, änderte später aber seine Meinung und akzeptierte sie. Tatsächlich haben Mochanows eigene Entdeckungen seine Ansichten über sibirische Archäologie auf den Kopf gestellt. 1983 entdeckte er Diring-Ur'akh (siehe Tafel 27) an der Lena nördlich von Jakutsk in der Jakutischen Autonomen Sowjetrepublik, und die anfänglichen Arbeiten konnten ihn schwerlich darauf vorbereitet haben, was ihn dort erwartete. Die Ausgrabungen auf der Terrasse der Lena hatten einige Menschengräber mit Steinsärgen von etwa 1500 v. Chr. ans Licht gebracht, und als die Arbeit fortschritt, wurde klar, dass diese relativ jungen Gräber in paläolithische Ablagerungen geschaufelt worden waren. Das an sich war schon interessant, aber als das Alter der Artefakte auf etwa eineinhalb bis zwei Millionen Jahre bestimmt wurde, gewann die Ausgrabungsstätte eine ganz neue Bedeutung, und es ist kein Wunder, dass sie die »Perle der jakutischen Archäologie« genannt wurde.

Mochanow fand auch Haufen natürlicher Feldsteine, die künstlich zu runden Formationen angeordnet zu sein schienen und möglicherweise die Fundamente von Wohnstätten gewesen sein könnten, welche von den Hominiden angelegt wurden, die die Artefakte hergestellt hatten. Obwohl die Artefakte von sehr primitiver Art waren, war es in manchen Fällen möglich, die verschiedenen Gesteinsstücke wieder zusammenzufügen, die zu Werkzeugen verarbeitet worden waren. Dies ist ein Hinweis darauf, dass einige der Werkzeuge direkt vor Ort gemacht und nicht nur dort verwendet wurden. Seine Analyse der Werkzeuge hat Mochanow zu der Vermutung veranlasst, dass die ältesten Werkzeuge aus Diring-Ur'akh die eines Typs sind, wie er sonst nur in Zusammenhang mit dem *Homo erectus* gefunden wurde. Es ist auch die behauptet worden, dass sie mehr jenen in Afrika ähnelten, die mit dem Beginn der eigentlichen Technologie zusammenfallen. Mochanow bekehrte sich zu der Ansicht, dass der Norden sehr früh besiedelt wurde. Er sagte: »Ich konnte zuerst meinen Augen nicht trauen. Schließlich hatte ich immer dagegen argumentiert, dass so primitive Steinwerkzeuge in diesem Teil Sibiriens gefunden werden könnten.«

Wenn die Datierung und die Echtheit der Artefakte sich als richtig erweisen sollten, dann zeigt die Entdeckung der »Perle« nicht nur, dass Sibirien tatsächlich die Heimat eines sehr frühen Menschen war, sondern zieht auch weitere Implikationen nach sich. Selbstverständlich konnte dieser Teil der Welt nicht von frühen Menschen besiedelt werden, solange sie nicht über die Fähigkeit verfügten, Feuer zu machen (oder zumindest zu erhalten), und so weit fortgeschritten waren, dass sie Pelzkleidung herstellen konnten. Wir haben bereits gesehen, wie umstritten das Thema der Bändigung des Feuers in altpaläolithischer Zeit unter Archäologen ist, und diese Fähigkeit den Hominiden vor anderthalb Millionen Jahren zuzugestehen ist außerordentlich anstößig. Selbst wenn der Ort Diring-Ur'akh sich nicht als ganz so alt erweisen sollte, wie Mochanow behauptet hat, werfen die anderen sibirischen Fundstätten, die auf ein Alter von zweihunderttausend Jahren geschätzt werden, dieselben Fragen hinsichtlich des Erfordernisses von Feuer und Pelzkleidung auf. Die meisten Archäologen glauben einfach nicht, dass Menschen – selbst vor zweihunderttausend Jahren – in der Lage waren, raue Landschaften im hohen Norden zu besiedeln, weil sie nicht fortgeschritten genug waren, um das Feuer zu beherrschen und sich Kleider zu machen. Aber wie Larichew und seine Kollegen betont haben, dürfen die frühesten Menschen, die sibirischen Boden betreten haben, im Licht der archäologischen Entdeckungen Mochanows, Medwedews und anderer nicht als »instinktive, halb tierische Wesen«, sondern müssen als vernunftbegabte Wesen begriffen werden. Er stellt fest: »Die große Bedeutung der Entdeckung Diring Ur'akhs durch Mochanow ist, dass sie selbst die größten Skeptiker zwingt, die Errungenschaften unserer frühen Vorfahren auf kulturellem und besonders geistigem Gebiet von neuem zu untersuchen.«

Medwedew bringt eine weitere Implikation der Entdeckung so früher Fundstätten in Sibirien ins Spiel, wenn er meint: »Das anfängliche Stadium der Entwicklung in den nördlichen Gebieten Asiens und Amerikas dürfte zeitlich nicht sehr unterschiedlich sein und müsste im Prinzip in das Altpaläolithikum zurückreichen.« Er ist nicht der einzige Archäologe, der diese Ansicht vertritt. Thomas F. Lynch hat im Rahmen der Debatte über die Beweise für den frühen Gebrauch des Feuers die Erforscher der höchst umstrittenen Esperançahöhle in Brasilien (zur frühen Besiedelung der beiden Amerikas siehe später) zitiert, die meinten: »Es ist natürlich nicht überraschend, dass *Homo erectus*, der den Kontinent [sic] von China vor mindestens siebentausend Jahren besiedelte … und vor vierhunderttausend Jahren das Feuer zähmte (Zhoukoudian), die Beringstraße mehrfach überquert hat.« Es muss erwähnt werden, dass der Gedanke, *Homo erectus* sei der erste Amerikaner gewesen, von beinahe allen Archäologen entschieden verworfen wird. Die konventionelle Auffassung ist die, dass die beiden Amerikas von Asien aus vor zwölftausend Jahren besiedelt wurden oder vielleicht ein wenig früher. Damals waren die beiden Kontinente nicht durch die Beringstraße getrennt, sondern durch eine Landbrücke miteinander verbunden. Es ist also gewissermaßen ein Understatemant zu sagen, der Gedanke, *Homo erectus* könnte der erste Pionier dessen gewesen sein, was damals wirklich der Wilde Westen war, sei wirklich unerhört. Nachdem wir gesehen haben, dass einige Archäologen, die die Entwicklung im nordöstlichen Asien untersucht haben, das Undenkbare vorzuschlagen gewagt haben, müssen jetzt noch die abweichenden Stimmen aus der amerikanischen Archäologie gehört werden, die diese urzeitliche Lücke von der anderen Seite schließen wollen.

Wir haben im Vorherigen gesehen, dass der hohe Norden von früheren Forschern als Wiege der Menschheit angesehen wurde, und der Gedanke, dass die ursprüngliche Heimat irgendwo in den beiden Amerikas lag, wurde in jenen sehr spekulativen Zeiten ebenfalls von einigen verfochten. Einer der entschiedensten Vertreter dieser Gedankenschule war der Argentinier Florentino Ameghino, der behauptete (womit er die allgemeine Auffassung von den frühen Bewegungen und Wanderungen der Menschheit auf den Kopf stellte), dass Argentinien der Ort sei, wo die Menschen zuerst erschienen, dann nach Nordamerika und von dort aus weiter nach Asien und Europa gewandert seien. Als Beweis führte Ameghino an, er habe sehr frühe Steinartefakte in seinem Land gefunden, die er auf zwischen drei und fünf Millionen Jahre alt schätze! Er berichtete auch über die Entdeckung menschlicher Überreste, geritzter Knochen und den Gebrauch des Feuers. Seine unerhörten Behauptungen verstrickten ihn in eine direkte Auseinandersetzung mit Ales Hrdlicka, einer der einflussreichsten Persönlichkeiten in der amerikanischen Humananthropologie und Archäologie. Der war sich sicher, dass Menschen erst seit ein paar tausend Jahren in den beiden Amerikas weilten. Ameghinos Theorien fielen – wie so viele andere frühe und unbegründete Behauptungen über frühe Menschen in verschiedenen Teilen der Welt – bald völlig dem Vergessen anheim. Doch manche Leute widersprachen Hrdlickas sehr konservativen Schätzungen zur Zeittafel der Besiedelung der Neuen Welt. Zu ihnen gehörte Louis Leakey, der Stammvater der berühmtesten

»Dynastie«, die sich dem Studium des frühen Menschen widmete. Michael A. Cremo und Richard L. Thompson zitieren in ihrer Zusammenstellung ungewöhnlicher und einander widersprechender archäologischer Theorien und Entdeckungen mit dem Titel *Forbidden Archeology* Leakeys Erinnerung an seinen ersten Zusammenstoß mit Hrdlicka:

1929/30, als ich an der Universität Cambridge Studenten unterrichtete, begann ich, die Frage des Alters der Menschen in den beiden Amerikas zu untersuchen. Obwohl es keine konkreten Beweise gab, die auf ein hohes Alter hindeuteten, war ich von den Beweisen der Begleitumstände so beeindruckt, dass ich meinen Studenten zu erzählen begann, der Mensch müsse mindestens seit fünfzehntausend Jahren in der Neuen Welt sein. Ich werde es nie vergessen: Ales Hrdlicka, der große alte Mann vom Smithsonian Institute, war zufällig in Cambridge und hörte von meinem Professor (ich war nur Fachbeauftragter), dass Dr. Leakey den Studenten erzähle, der Mensch müsse seit fünfzehntausend Jahren oder noch länger in Amerika sein. Er stürmte in mein Zimmer – er nahm sich nicht einmal Zeit zum Händeschütteln – und sagte: »Leakey, was höre ich da? Predigen Sie Häresien?« Ich sagte: »Nein, Sir!« Hrdlicka antwortete: »Doch! Sie erzählen den Studenten, dass der Mensch schon vor fünfzehntausend Jahren in Amerika war. Welche Beweise haben Sie?« Ich antwortete: »Keine positiven Beweise. Nur die Beweise der Begleitumstände. Aber mit Menschen von Alaska bis zum Kap Horn, mit vielen verschiedenen Sprachen und zumindest zwei Zivilisationen ist es ausgeschlossen, dass sie nur die paar tausend Jahre da gewesen sein sollen, die Sie gegenwärtig zugestehen.«

Ironischerweise deckt sich die »Häresie« Leakeys heute eher mit der offiziellen Lehrmeinung als Hrdlickas Schätzungen zur damaligen Zeit; tatsächlich erwiesen sich 1950 Artefakte, die in den Dreißigerjahren gefunden wurden, als zwölftausend Jahre alt. Während manche moderne Archäologen Hrdlicka als einen peinlich genauen und skeptischen Wissenschaftler angesehen haben, der sich der Behauptung einer früheren Besiedelung Amerikas widersetzte, weil damals schlicht keine handfesten Beweise vorlagen, haben ihn andere als einen Dogmatiker bezeichnet, der entschlossen war, seine Position um jeden Preis zu verteidigen, selbst durch Unterdrückung von Beweisen mancher Fundstätten, die nicht in sein Lehrgebäude passten. Wie bei den meisten sehr gegensätzlichen Standpunkten liegt die Wahrheit irgendwo in der Mitte. Leakeys gewagte These von damals ist heute belegt, aber zu jener Zeit konnte nicht einmal er ahnen, welche radikale Häresie er in seinen späten Jahren predigen würde und dass diese auch mit der Frage der ersten Besiedelung der Neuen Welt zu tun haben würde.

Seine spätere Häresie ist, im Gegensatz zu seiner früheren, aus Sicht fast aller Archäologen nicht bewiesen worden. Leakeys Arbeit in Ostafrika hat ihm weltweit die Hochachtung von Archäologen und Anthropologen eingetragen, und die Olduvaischlucht ist eine der berühmtesten archäologischen Ausgrabungsstätten der Welt geworden. Während seine Frau Mary und sein Sohn Richard die Arbeit in der Olduvaischlucht fortsetzten, hatte Louis seinen Blick bereits auf ein anderes Tätigkeitsfeld gerichtet. Laut der Darstellung des Lebens und des Werkes der Leakeys nach Delta Willis war Louis auf die Entdeckungen seiner Frau in Olduvai und ihren Ruf in wissenschaftlichen Kreisen, der den seinen übertraf, eifersüchtig geworden. Willis beschreibt auch das ausgeprägte Konkurrenzverhältnis zu seinem Sohn Richard. Was als Nächstes geschah, gilt gewöhnlich als das peinliche Ende der Karriere Louis', sofern es überhaupt erwähnt wird. Louis kam auf sein altes Interesse an der Frage der ersten Besiedelung der beiden Amerikas zurück und nahm selbst an den Ausgrabungen in den Calicobergen in der kalifornischen Mojavewüste teil, wo er sich gegen Ende seiner Karriere von Eolithen in die Irre führen ließ, wie manche behaupten.

In den Fünfzigerjahren arrangierte das San-Bernardino-County-Museum einen archäologischen Überblick in großem Maßstab. Während der Vorbereitungen wurde eine beträchtliche Zahl scheinbarer Artefakte an der Fundstelle entdeckt, die später »Calicoberge« genannt wurde. Muster dieser Artefakte zeigte Ruth D. Simpson verschiedenen in- und ausländischen Experten und 1958 auch Louis Leakey. Er war hinreichend interessiert, um der Fundstelle 1963 einen Besuch abzustatten, wo er noch Artefakte in situ sehen konnte. Im folgenden Jahr begann Leakey an der Calicofundstelle mit Ausgrabungen, die er für archäologisch bedeutsamer hielt – in ihrer Art vielleicht sogar ein Äquivalent seiner Neuen Welt zu Olduvai. Er leitete die dortigen Ausgrabungen zusammen mit Ruth Simpson bis zu seinem Tod 1972. Leakey untersuchte sorgfältig die zahlreichen Proben, die in den Master Pits I und II gefunden wurden, und vertrat die Ansicht, dass mehr als sechshundert eindeutig von Menschenhand gemacht seien.

Er konstatierte: »Die Artefakte, die aus diesen beiden Gruben kommen, überzeugen mich vollständig, dass wir an der Calicofundstelle klare Beweise dafür haben, dass hier vor fünfzigtausend Jahren Werkzeuge herstellende Menschen gewesen sind.« Und: »Ich sage, dass manche der Calicogegenstände nicht das Werk der Natur sind und es nicht sein können... Ich sage, ohne zu zögern, da ich weiß, was die Natur hervorbringen kann, dass wir an einer archäologischen Fundstelle graben.« Und nochmals: »Für mich, der ich fünfzig Jahre Feldarbeit hinter mir habe, gibt es nicht den geringsten Zweifel!« Das San-Bernardino-Team hat nach den Kommentaren Leakeys die Artefakte von Calico noch viel früher datiert, als er vorgeschlagen hatte: nämlich auf ein Alter von zweihunderttausend Jahren. Von den Calicogegenständen sind achtzig Prozent aus Chalzedon hergestellt, der Rest hauptsächlich aus Jaspis. Laut Simpson und ihrem Team wurden in Calico unterschiedliche Artefakte gefunden, wie Faustkeile, Hammersteine und Schaber; deren Formen könnten nicht das Werk natürlicher Kräfte sein, seien vielmehr nichts anderes als die Werkzeugausrüstung der Siedler Kaliforniens vor zweihunderttausend Jahren. Sie behauptet auch, dass diese Artefakte von vergleichbarem technologischen Niveau wie die in China an altpaläolithischen Ausgrabungsstätten gefundenen seien; sie schreibt den Mangel an Akzeptanz ihrer Funde der psychologischen Hemmschwelle seitens der meisten Archäologen zu, die neue und abweichende Daten nicht akzeptierten, wenn sie nicht genau in ihre vorgefassten Ansichten vom Alter der Menschen in den beiden Amerikas passten. Eine halbkreisförmige Anordnung von Steinen, die in Master Pit II gefunden wurde, ist als Überbleibsel einer Feuerstelle interpretiert worden, was allerdings mit nicht geringer Skepsis aufgenommen wurde.

Der Status der Calicofunde erhellt, wie selbst gewichtige Leute vom Rang eines Louis Leakey in die Debatten über die fundamentale Frage verwickelt wurden, was die Kriterien sind, um effektiv Werke der Natur von denen des Menschen in ferner Vergangenheit unterscheiden zu können. Die Mehrzahl der Archäologen verwirft die Calicoobjekte, obwohl eine Autorität wie Leakey sie als eindeutige Artefakte ansah. Wenn wir diesem weit verbreiteten Konsens folgen, dann müssen wir uns gleichwohl fragen, wie es kommt, dass selbst ein so erfahrener Archäologe zu der Annahme verleitet wurde, es handele sich um echte Exemplare; hier wird das Maß der Schwierigkeiten in der Bestimmung dieser Eolithen oder »Steine der Morgenröte« sichtbar. Die Verfechter von Calico und anderen sehr frühen Fundstätten argumentieren, dass – obwohl die Artefakte von so renommierten Forschern wie Leakey anerkannt wurden – der allgegenwärtige Dogmatismus der amerikanischen Archäologie, der schon das bloße Vorkommen so früher Fundstätten leugnet, eine unparteiische Würdigung der Beweise verhindere. Für die Gegner ist der Fall klar: Es gibt keine konkreten Beweise, dass die Eolithen von Calico von Menschenhand gefertigt wurden, und daher sind die Funde nichts weiter als Stolpersteine für diejenigen, die weiterhin versuchen, ihren Rang als Artefakte zu beweisen.

Ähnliche Zweifel sind aus archäologischen Kreisen bezüglich entsprechender Funde aus Südamerika angemeldet worden. Maria Beltrao hatte in den Achtzigerjahren in der Toca da Esperança im Bundesstaat Bahia Ausgrabungen gemacht und behauptet, zwischen zweihundertviertausend und zweihundertfünfundneunzigtausend Jahre alte Artefakte gefunden zu haben. Sowohl die Datierung dieser Objekte als auch ihre Identifizierung als von Menschen veränderte Steine sind weithin kritisiert worden. De Lumley, der die Echtheit der brasilianischen Funde bekräftigt, brachte sie in Verbindung mit den Calicoobjekten und meinte, dass sehr wahrscheinlich *Homo erectus* der Hersteller dieser frühen Werkzeugausrüstung sei und daher zumindest zwischenzeitlich in der Lage gewesen sein müsse, die Neue Welt von Asien aus zu betreten. Es sind nicht nur die Datierung und der Status der in Frage kommenden Artefakte aus Calico und Esperança, die die meisten Lästerer skeptisch stimmen; es ist auch das vollständige Fehlen akzeptabler Skelettfunde von Menschen oder Hominiden irgendwo in den beiden Amerikas, die wenigstens annähernd mit diesen frühen Daten in Beziehung gesetzt werden könnten.

Solange nicht neue und überzeugendere Beweise ans Licht kommen, ist die Besiedelung der beiden Amerikas vor zweihunderttausend Jahren eine Vermutung. Ein solches Alter zu behaupten ist derart verpönt, dass sogar viele Archäologen, die versuchen, vergleichsweise bescheidene Thesen aufzustellen, um die Periode der menschlichen Besiedelung der Neuen Welt auszudehnen, ihr Äußerstes tun, um sich von den radikaleren Auffassungen zu distanziert. Eine zunehmende Anzahl von Archäologen akzeptieren für die Anwesenheit des Menschen in den beiden Amerikas Zahlen von fünfzehntausend bis zwanzigtausend Jahren. Aber zwischen solchen Thesen einerseits und Calico und Esperança auf der anderen Seite gibt es Fundstätten, die in der Mitte liegen und deren bekannteste höchst umstritten ist.

Der Felsüberhang Toca do Boqueirão da Pedra Furada (oder einfach Pedra Furada) im nordöstlichen Brasilien ist wahrscheinlich der Ort, um den sich die meisten Kontroversen, aber auch die fruchtbarsten Debatten entzündet haben; zwar haben viele Archäologen beträchtliche Einwände gegen den Status der dort gemachten Funde vorgebracht, sind aber doch, zumindest in vielen Fällen, offenen Sinnes gewesen. Die brasilianische Archäologin Nièdé Guidon hat mehr als zwanzig Jahre damit zugebracht, in der mitteltrockenen Region Brasiliens zu forschen, und dabei etwa dreihundertfünfzig Fundstätten dokumentiert, von denen viele Felsenkunst aufweisen. Die betreffende Fundstätte wurde 1973 entdeckt und ist ein großer bemalter Felsüberhang, siebzig Meter breit und an einer Stelle achtzehn Meter tief. Als sie dort mit der Arbeit begann, erwartete Guidon nicht, dass sie Beweise menschlicher Tätigkeit finden würde, die über den »akzeptierbaren« Zeitraum von zwölftausend Jahren hinausgingen.

Ihr ursprüngliches Interesse war es herauszufinden, wie alt die Malereien dort wirklich sind. Zu diesem Zweck begann sie am Boden der bemalten Wände zu graben und fand sowohl Steinartefakte und Beweise für Herdstellen in Form von Holzkohlenresten. Die Ausgrabungen begannen 1978, und erst 1985 erreichten Guidon und ihr Team schließlich den Felsenuntergrund etwa drei Meter unter den Sedimenten. Im Verlauf dieser Arbeit wurden Muster der in den verschiedenen Schichten gefundenen Holzkohle nach Frankreich zur Radiokarbonanalyse geschickt. Eine der ersten beiden Zahlen, die ihr gemeldet wurden, lautete siebentausendsechshundertvierzig plus/minus einhundertvierzig Jahre alt, was natürlich keinen Widerspruch hervorrief. Als aber die folgenden Muster zunehmend höhere Datierungen erhielten, bekam die Fundstätte eine ganz neue Bedeutung, wobei ihrem anscheinenden Alter das größte Interesse galt. Die Kunst selbst, so interessant sie auch war, konnte nicht dieselbe Aufmerksamkeit wecken wie die sich häufenden Beweise für das, was zu einem der stärksten Argumente für die Anwesenheit von Menschen in Südamerika lange vor der »magischen« Grenze von zwölftausend Jahren wurde. Die eintreffenden Laborergebnisse lieferten ungefähre Angaben von siebzehntausend, fünfundzwanzigtausend, zweiunddreißigtausend und schließlich achtundvierzigtausend Jahren! Zuerst war Guidon schockiert und nicht begeistert. Darauf war sie überhaupt nicht vorbereitet, da sie niemals bewusst darauf aus gewesen war, Beweise so umstrittener Natur zu finden. Sie hatte keine interessegeleiteten Absichten gehabt und wollte keine Lehrmeinung beweisen. Die Daten erschienen ihr so ungeheuerlich, dass sie annahm, bei der Datierung seien Fehler unterlaufen, doch eine Nachprüfung bestätigte sie. Auf der Basis der frühen Daten schlug Guidon vor, dass die Archäologen den Gedanken aufgeben sollten, die Beringlandbrücke sei in vorhistorischen Zeiten der einzig mögliche Weg in die Neue Welt von Asien aus gewesen. Sie meinte, dass der Zugang nach Nordamerika auch über kurze Seereisen von Insel zu Insel, etwa über die Inselkette der Aleuten, gefunden worden sein könnte. Obwohl dies nicht völlig ausgeschlossen werden kann, gibt es keine Beweise für eine vergleichsweise frühe Anwesenheit von Menschen, zumindest nicht in irgendeiner der archäologischen Fundstätten dieser Inseln. Wenn man diese spekulative Idee beiseite lässt, die Regionen fern von Brasilien betrifft, und verstehen will, warum Pedra Furada die Gemeinde der Archäologen gespalten hat, ist es notwendig, den Fundort detaillierter zu beschreiben.

Die Fundstätte hat zwei Kulturschichten (von denen jede wieder eine Reihe von Unterteilungen hat, die uns hier nicht zu interessieren brauchen). Die obere Schicht wird »Serra Talhada« genannt und auf weniger als zehntausendvierhundert Jahre datiert; dies ist unstrittig. Die untere Schicht, Pedra Furada, beginnt etwa bei vierzehntausenddreihundert Jahren und ist von oben bis unten kontrovers; aus diesem Grund sind die Funde aus dieser Schicht von den Skeptikern genauestens untersucht worden. Die Beweise, auf die Guidon und ihr Team ihre Sache aufgebaut haben, bestehen aus den Radiokarbondatierungen der Holzkohle, von der sie glauben, dass sie Reste menschlicher Lagerfeuer sind, sowie aus etwa sechshundert aus Quarzit hergestellten Werkzeugen. Während die meisten Kritiker akzeptieren, dass die Radiokarbondatierungen korrekt sind, stellen sie infrage, ob die Holzkohle wirklich das Ergebnis menschlicher Aktivität ist – sie könnte ja auch das Abfallprodukt von Buschfeuern sein. Wie bei Fundstätten mit stark abweichenden Daten üblich, ist auch der Status der Artefakte in Frage gestellt und die Möglichkeit ins Feld geführt worden, dass die Pedra-Furada-Werkzeuge nichts anderes als Felsbrocken sind, die von der Felsendecke fielen und so gespalten wurden, dass sie für die Handarbeit von Menschen gehalten werden können. Die Skeptiker haben also argumentiert, dass Serra Talhada eine echte archäologische Fundstätte sein könne, doch die frühere Benutzung als Wohnplatz sei nichts anderes als eine Illusion, die von herabgefallenen Felsenbrocken und Buschfeuern herrühre.

Guidon verwarf die alternativen Szenarien ihrer Kritiker für Pedra Furada und hat nicht nur darauf verwiesen, dass sie über jahrzehntelange Erfahrung bei dieser Arbeit verfügt, sondern auch darauf, dass die Mehrheit ihrer Kritiker über keine unmittelbare Kenntnis des Fundortes verfügt – anderenfalls würden sie einen Teil ihrer Einwürfe zurücknehmen. Paul Bahn hat geäußert, dass das Ausmaß an Skepsis gegenüber dem Fundort Pedra Furada durch die Tatsache vergrößert worden sein könnte, dass Guidon als Frau und Brasilianerin als eine weniger »akzeptable« Archäologin betrachtet werde als ein nordamerikanischer Mann. Obwohl derlei Vorurteile nicht offen ausgesprochen wurden, kann dieser Faktor im Streit über den Status des Fundortes durchaus eine Rolle spielen.

Ende 1993 fuhren drei führende Archäologen aus Nordamerika (lauter Männer!) nach Pedra Furada, um sich den Ort auf Einladung von Guidon und ihren Kollegen selbst anzusehen. Alle drei waren jahrelang in die Debatte über die erste Besiedelung der beiden Amerikas verwickelt gewesen, was den Besuch für sie selbst als auch für Guidons Team und die ganze archäologische Fachwelt umso interessanter machte. Zwei von ihnen, James M. Adovasio und Tom D. Dillehay, sind wegen eigener Ausgrabungen von Fundorten mit Datierungen über zwölftausend Jahre hinaus vertraut. Adovasios Arbeit im Meadowcroft-Felsüberhang in Pennsylvania wird weithin als der beste Beweis für eine frühere Besiedelung des Kontinents gewertet (mindestens vierzehntausendfünfhundert Jahre alt), während Dillehays Fundort Monte Verde in Chile deutliche Anhaltspunkte für menschliche Aktivitäten von vor zwölftausendfünfhundert, vielleicht sogar dreiunddreißigtausend Jahren lieferte. In dem Bericht nach ihrem Besuch verwiesen sie darauf, dass sie schwerlich gegenüber der Möglichkeit, dass die Fundstelle so alt sei, wie die Ausgraber behaupten, kritisch sein könnten, da sie beide ihre eigenen Fundstellen als Beweis für die Besiedelung der beiden Amerikas noch vor der Zwölftausendjahresgrenze ansähen, weshalb ihr Bericht nicht von dogmatischen Vorurteilen geprägt sei. Der dritte Besucher war David J. Meltzer, der eine zentrale Rolle in der Debatte über die Beweise für die frühzeitige Besiedelung der Neuen Welt gespielt hatte.

Wie viele der Kritiker, die ihre negative Meinung aus der Ferne geäußert hatten, ohne die Möglichkeit (oder Neigung), den Ort zu besuchen, waren Dillehay, Meltzer und Adovasio nicht von den veröffentlichten Beweisen aus Guidons Ausgrabungen überzeugt. Der Besuch in Pedra Furada veränderte ihre Auffassung nicht entscheidend, und sie fanden weder die Holzkohlenreste noch die angeblichen Artefakte überzeugend. Sie meinten, dass nichts an der Holzkohle aus den Kulturschichten in Pedra Furada auf eine Folge menschlicher Tätigkeit hindeute und dass sie lediglich als Beweis zu werten seien, dass es in der Vergangenheit dort Buschfeuer gegeben habe. Sie verglichen diese Reste auch zu deren Ungunsten mit den eindeutigeren Beweisen für Feuerstätten in der viel späteren Serra-Talhada-Phase und den Beweisen für dasselbe Phänomen in anderen Höhlen und Felsüberhängen, die sie selbst untersucht hatten. 1996 erwiderten Guidon und ihre Mitarbeiter in einer Schrift auf die Kritik, die von den drei Besuchern geäußert worden war. Trotz der Erfahrungen der Besucher an anderen Fundorten hätten diese, so Guidon, in Pedra Furada alles falsch aufgefasst; der umliegende Bereich zeige keinerlei Anzeichen für natürliche Feuer, von denen Adovasio und die anderen gesprochen hätten. Wenn die Feuer in Pedro Furada eine natürliche Ursache hätten, warum in aller Welt, fragte sie, gebe es dann keinerlei Anzeichen für »natürliche« Feuer in der Nachbarschaft der Fundstätte? Für Guidon war die Idee, dass die natürlichen Feuer sich allein auf die Fundstelle beschränkt hätten, lächerlich. Vor allem aber setzte sie sich mit dem Status der Artefakte auseinander, die für sie und ihre Kollegen der Pfeiler ihrer Beweisführung waren.

Eine Methode, durch die umstrittene Behauptungen bezüglich Artefakten manchmal geklärt werden können, ist die Mikroanalyse von Abnutzungserscheinungen. Diese Methode wurde zuerst von dem russischen Forscher Semenow in den Dreißigerjahren entwickelt und später von dem amerikanischen Archäologen Larry Keeley verfeinert. Ich habe diese Methode schon an anderer Stelle erwähnt; hier will ich sie kurz beschreiben, besonders mit Bezug auf Pedra Furada. Keeley unterschied verschiedene Arten von Glanz auf prähistorischen Steinwerkzeugen, die nur unter dem Mikroskop festgestellt werden können. Einfach gesagt: Jede Art Glanz bedeutet, dass das infrage stehende Werkzeug mit einem bestimmten Material (Holz oder Leder) in Kontakt gekommen ist; deshalb kann man feststellen, wofür ein Werkzeug tatsächlich benutzt worden ist. Folglich kann die Untersuchung eines Artefakts unter dem Mikroskop Beweise der Abnutzung an den Kanten des Werkzeugs liefern. Die Technik ist manchmal nützlich zur Feststellung des Status von zweifelhaften Artefakten, denn wenn ein Stein mikroskopische Spuren von Abnutzung aufweist, zeigt das deutlich, dass es sich tatsächlich um einen echten Gegenstand handelt.

Unglücklicherweise können diese Tests nicht generell angewendet werden und liefern nicht immer eindeutige und zweifelsfreie Ergebnisse. Das liegt nicht nur an der Tatsache, dass ein Werkzeug zwar hergestellt, aber niemals angewendet worden sein kann (und deshalb auch keine Abnutzungserscheinungen aufweisen kann, trotz seiner Echtheit), sondern auch daran, dass die Mikroanalyse von Flintwerkzeugen zwar nützlich sein kann, um Informationen zu liefern, die ansonsten verborgen geblieben wären, aber bei anderen Steinarten nicht so eindeutig gewesen ist. Quarzit ist im Gegensatz zu Flint nicht so geeignet für die Mikroanalyse, und dies hat manchmal die Tauglichkeit dieser Technik eingeschränkt, nicht nur im Fall von Pedra Furada, sondern auch bei vielen anderen oben erwähnten umstrittenen Artefakten, die aus Quarzit hergestellt wurden, wie jene aus Pakistan und Sibirien (obwohl, wie ich schon sagte, Abnutzungsspuren an paläolithischen Quarzitwerkzeugen in Japan durch die Mikroanalyse entdeckt wurden).

Während seines Aufenthaltes in Pedra Furada machte Tom Dillehay einige flüchtige Mikroanalysen von ein paar Artefakten, wobei er sich auf Werkzeuge vom Hacktyp konzentrierte, von denen man annehmen kann, dass sie häufig benutzt wurden und daher stärkere Abnutzung aufweisen (also leichter zu identifizieren sind). Die Analyse hat keine Beweise für Abnutzung ergeben; allerdings hat Dillehay gesagt, dass die kleine Anzahl der von ihm auf diese Weise untersuchten Werkzeuge nicht ausreichend sei, um die Möglichkeit auszuschließen, dass andere an dem Fundort Spuren aufweisen könnten, wenn man sie unter dem Mikroskop untersuchte. Er räumte ein, dass natürliche Kräfte wie chemische Veränderungen und Wasserfiltration die Spuren an den Werkzeugen in der extrem langen Periode seit ihrer Herstellung weggewischt haben könnten. Dillehay führte auch in kleinem Maßstab ein Projekt experimenteller Archäologie durch, um die negativen Schlussfolgerungen seiner Analyse der angeblichen Artefakte zu bekräftigen. Er nahm ein paar Muster scharfkantiger Quarzite und stellte von ihnen Kopien her, mit denen er dann zweihundert Hackschläge und vierhundert Schnitte ausführte. Diese Kopien wurden anschließend unter dem Mikroskop untersucht. Sie wiesen Zeichen von Abnutzung auf – die man auf den Originalartefakten nicht gefunden hatte. Guidon und ihre Mitarbeiter waren von diesem Teil der Prüfung Dillehays vor Ort nicht beeindruckt. Mit Hinweis auf die häufig ungenauen Ergebnisse der Mikroanalyse hielten sie unter anderem fest, dass seine Untersuchung zu flüchtig gewesen sei, und deuteten an, dass mittels höherer Auflösung als der von Dillehay benutzten (fünfzigfach) Spuren entdeckt werden könnten, die ihm entgangen seien.

Aber es war nicht die Mikroanalyse, die den Besuchern den Hauptgrund für die Verwerfung der Artefakte lieferte (da sie, wie ich schon sagte, selbst meinten, dass sie nicht ausreichend sei), sondern vielmehr ihre Überzeugung, dass alles mit natürlichen Ursachen erklärt werden könne. Sie meinten, am wahrscheinlichsten ließen sich die abgespaltenen Steine, die angeblich Artefakte sein sollen, als Geofakte aus erodierten Quarzitbrocken erklären, die aus dem Geröll hundert Meter oberhalb des Felsüberhangs stammten, der auf beiden Seiten direkt mit den Geröllschurren verbunden sei. Ihrer Meinung nach sind »die Geröllschurren die wahren Geofaktfabriken gewesen und sind es noch«. Bei ihrer Rekonstruktion der Ereignisse fielen die erodierten Steine hundert Meter herunter und zerbarsten beim Aufprall auf den Boden des Felsüberhangs. Das Splittern oder Zerbrechen dieser Steine beim Aufschlag sei es gewesen, was ihre Form schuf – es sei also das Werk der Natur und nicht der Menschen, was die Artefakte schuf. Einer von Guidons Mitarbeitern, Fabio Parenti, hatte bereits Experimente durchgeführt, um zu sehen, ob eine solche natürliche Erklärung tatsächlich plausibel sei. Er untersuchte zweitausend natürlich vorkommende Steine an der Basis der Schurre und fand heraus, dass nicht ein einziger zu einem Muster zersplittert oder zerbrochen war, das den von dem Team gefundenen Artefakten ähnelte. Für ihn war damit erwiesen, dass der Gedanke völlig abwegig ist – er und seine Kollegin seien von zufällig herabfallenden Steinen irregeführt worden.

Robin Dennell hatte mit einer ähnlichen Möglichkeit bei seinen Quarzitwerkzeugen zu tun gehabt, die er in Pakistan gefunden hatte. Um zu demonstrieren, dass die Riwatartefakte nicht aus Quarzitstücken entstanden waren, die auf dem Boden oder an anderen Steinen zerschellten, führte er ein Experiment durch, das er und seine Kollegin Linda Hurcombe folgendermaßen beschreiben:

Das Experiment geht wie folgt, falls jemand es wiederholen möchte: Als Hauptuntersuchender (HU) nehme man hundert Quarzitbrocken oder nicht gespaltene Steine, die fünf bis fünfzehn Zentimeter... lang sind (das heißt die Größe, die zur Herstellung von Steinwerkzeugen nötig ist), eine zementierte, zwölf bis fünfzehn Meter steil abfallende Straße und (unverzichtbar) einen einfältigen Mitarbeiter (EM). Man postiere den EM unten auf der Straße, damit er die zersplitternden Steine einsammelt. Man beginne, die Steine so hoch wie möglich in die Luft zu werfen, damit sie wenigstens einmal beim Fall aufschlagen. Im weiteren Verlauf des Experiments (wenn keine Brüche auftreten) schmettere man die Steine mit aller Wucht auf die Zementstraße. Man rate (gut zuredend) dem EM, in Deckung zu gehen, wenn die Steine angesaust kommen, aber man sage ihm/ihr, er/sie solle unbedingt jeden vorbeisausenden Stein einsammeln. Man schließe (völlig frustriert) das Ganze ab, indem man mit dem EM den Platz tauscht, damit gezeigt wird, dass keinerlei persönliche Gefühle mitspielen, und um zu schauen, ob der EM auf diese Weise ein Zersplittern zu Stande bringt!

Obwohl die Darstellung des Experiments humoristisch gehalten ist, ist es in der Sache ernst. Denn es zeigt, dass werkzeugähnlich zerbrochene Steine einfach nicht erzeugt werden können, wenn man Steine aus beträchtlicher Höhe auf eine harte Unterlage wirft. Die Archäologen kamen daher zu dem Schluss, dass das Herabfallen von Quarzitstücken eine Klippe oder Schurre hinunter keine zersplitterten oder zerbrochenen Steine erzeugt, die an Artefakte erinnern, und sie meinten auch, dass dies nicht nur für die Riwatartefakte zutreffe, sondern auch für jene in Pedra Furada. Sie räumen die Möglichkeit ein, dass, hätten sie mehr Gesteinsbrocken (tausende, statt nur hundert) verwendet, vielleicht ein paar Geofakte, die wie Artefakte aussehen, herausgekommen wären, aber diese Option sei »so abartig wie die sprichwörtliche Kuh, die Arien« singe.

Bei der Betrachtung einer Reihe von umstrittenen Fundorten in Asien und Amerika sind wir einer Route gefolgt, die uns von Pakistan bis nach Brasilien geführt hat. In jedem Fall hat es eine Spaltung in der archäologischen Gemeinde gegeben zwischen denjenigen, die einige der Funde und ihre frühe Datierung akzeptieren (wie Dennell, Leakey und Mochanow), und jenen, die die Idee verwerfen, dass an den entsprechenden Ausgrabungsstätten überhaupt echte Artefakte gefunden worden sind. Zur zweiten Gruppe gehört auch Nicholas Toth, Kodirektor von CRAFT (Forschungszentrum über die anthropologischen Grundlagen der Technologie), das zur Universität von Indiana gehört. Er hat einige angeblich sehr frühe Steinartefakte untersucht, auch jene von Calico sowie von einigen südamerikanischen und europäischen Fundorten, und meinte, dass alle bei weitem nicht hinreichende Eigenschaften aufwiesen, um als Artefakte akzeptiert werden zu können. Was die Artefakte aus dem altpaläolithischen Afrika betreffe, so sei das ein Weltteil, in dem sehr frühe Daten am ehesten von den meisten Archäologen akzeptiert werden könnten; sowohl er als auch seine Kollegin Kathy Schick halten es für wahrscheinlich, dass es dort eine frühe Periode der Werkzeugbenutzung gegeben hat, an die wir aber nicht mehr herankommen, weil die Werkzeuge so grob gefertigt sind, dass wir gegenwärtig und möglicherweise für immer nicht in der Lage sein werden, den Beweis zu führen, dass sie eindeutig auf künstliche Weise hergestellt worden sind.

Sind also die Steine, die von den Ausgrabenden und ihren Anhängern für Exemplare gehalten werden, die die Anwesenheit von Menschen in ferner Vergangenheit anzeigen, an so verschiedenen Orten wie Flores, Sibirien und Südamerika lediglich Trugbilder, die von den Prähistorikern aus dem Abfall der Natur beschworen werden, oder sind es Sprungbretter, an denen die allerersten Reisen des *Homo erectus* über die Meere und durch die Arktis abgelesen werden können? Sind sie nur das Produkt einer archäologischen Flucht in die Fantasie, oder sind sie Meilensteine von Aufenthaltsorten, die den furchtlosen Geist der Erforschung unserer viel geschmähten Vorfahren in der Morgenröte der Zeiten darstellen? An diesem

413

Punkt stehen sich Kultur und Natur von Angesicht zu Angesicht gegenüber: Der Beweis für Technologie und Kultur muss akzeptiert oder verworfen werden auf der Basis von Abspaltungen und anderen Charakteristika an diesen Steinen der Morgenröte. Hier erlischt das flackernde Licht der Kultur unmerklich in der Natur und der Dunkelheit und dem steinernen Schweigen.

Nachwort

Im Verlauf dieses Buches ist der Gang des Menschen vom Beginn der Geschichte zurück bis zur unergründlichen Natur der allerfrühesten Artefakte verfolgt worden, die anhand von Analysen von den Werken der Natur letztlich kaum unterschieden werden können. Diese Reise zurück zu unseren kulturellen Ursprüngen hat einige überraschende Ergebnisse gezeitigt. Dass kulturelle Aktivitäten wie die Herstellung orientalischer Matten, die Anwendung des gefürchteten Zahnarztbohrers und die ebenso gefürchtete Praxis der Buchhaltung als Teil des neolithischen Lebens nachgewiesen wurden, ist bemerkenswert genug. Derlei frühe Daten für diese Aktivitäten sind nicht einfach ihrer Zeit vorauseilende Merkwürdigkeiten, sondern Teil eines ganzen Bündels von Neuerungen und Erfindungen der steinzeitlichen Periode. Im Licht der großen Menge von in diesem Buch gesammelten Beweisen ist jetzt klar, dass eine grundlegende Neubewertung des prähistorischen Beitrags zur Zivilisation notwendig ist. Jedes dieser Elemente der Zivilisation ist, wie gezeigt wurde, schon lange vor dem Aufstieg Ägyptens und Mesopotamiens hoch entwickelt gewesen.

Im Fall der Schrift konnte dargelegt werden, dass sie nicht etwa eine einzigartige Erfindung der sumerischen Kultur vor fünftausend Jahren gewesen ist, sondern ein Kulturelement, das in verschiedenen Teilen der Welt aus prähistorischen Wurzeln erwachsen ist. Was Sumer und die benachbarten Gebiete im Nahen Osten betrifft, ist nachgewiesen worden, dass das Keilschriftsystem auf einem früheren *Token*-System aufbaut, das bislang zehntausend Jahre zurückverfolgt werden kann. Hieroglyphen, wie sie im dynastischen Ägypten als Schrift benutzt wurden, verwendete man erwiesenermaßen bereits in prähistorischen Zeiten auf Keramik und anderen Artefakten – tausend Jahre bevor die Geschichte begann. Einige Wissenschaftler sagen voraus, dass der Ursprung der Schrift in Ägypten zeitlich vielleicht noch weiter zurückverlegt werden muss, und das würde auch bedeuten, dass das Datum, an dem die eigentliche Geschichte beginnt, geändert werden muss. Wie die Untersuchung der prähistorischen Hieroglyphen in Ägypten auf eine so revolutionäre Veränderung deutet, zeigt auch das Studium der steinzeitlichen Zeichen auf chinesischer Keramik, dass ihr System der Schrift sehr viel älter ist als bisher angenommen. Inzwischen stellt sich die Frage, ob sich in Europa – vielleicht schon vor achttausend Jahren – unabhängig eine Schrift entwickelte.

Die Schrift ist das wichtigste Element der Zivilisation, und ihr offenkundiges Fehlen in der Steinzeit wird als das beste Argument angesehen, um den Status quo aufrechtzuerhalten. Die Beweise für eine möglicherweise viel frühere Existenz des Schreibens in verschiedenen Teilen der Welt häufen sich allzu sehr, um ignoriert werden zu können; die scheinbar sichere Trennung zwischen Geschichte und Vorgeschichte ist in rascher Auflösung begriffen. Statt längst abgeschlossen zu sein, hat der Prozess des Entzifferns alter Zeichen gerade erst begonnen. Ähnlich verhält es sich mit der Rekonstruktion archaischer Sprachen. Bevor Sir William Jones vor zweihundert Jahren bewies, dass Sanskrit mit den europäischen Sprachen verwandt ist, wäre so etwas einfach als lächerlich angesehen worden. Einige Sprachhistoriker tragen nun Beweise zusammen, um darzulegen, dass die Verbindungen zwischen den Sprachen weitaus tiefer gehen und viel älter sind, als bisher vermutet. Das deutet darauf hin, dass die entsprechenden Arbeiten, genau wie die Entzifferung, noch lange nicht abgeschlossen sind. Weder die neolithische Periode noch die jungpaläolithische Periode stellen unüberwindliche Barrieren dar für die Entdeckung von Zeichensystemen oder Etymologien, die spätere, historische Entwicklungen vorwegnehmen.

Das trifft nicht nur für die Schrift zu, die immer noch als Erfindung der historischen Periode betrachtet wird; sie reicht vielleicht in die neolithische Periode zurück. Andere kulturelle Elemente, deren Ursprung einst in der neolithischen Periode angesetzt wurde, sind jetzt in mesolithische und jungpaläolithische Zeiten zurückverfolgt worden. Keramik, klassischerweise mit den neolithischen Bauern in Verbindung gebracht, gab es Jahrtausende früher in der Dschomon-Kultur in Japan und in Sibirien schon vor etwa dreizehntausend Jahren. Die Keramiktechnologie ist dank der Entdeckungen an der Fundstelle Dolni Vestonice im östlichen Europa *doppelt* so weit zurückverfolgt worden. Der systematische Untertagebergbau, von dem man glaubte, dass er relativ spät in der neolithischen Ära begonnen habe, hat schon vor fünfunddreißigtausend Jahren in Ägypten existiert, wie kürzlich nachgewiesen werden konnte – und damit beinahe zu Beginn der jungpaläolithischen Periode. Ähnlich glaubte man, dass die letzte Phase der jungpaläolithischen Zeit klare Anzeichen aufweise, dass sie weiterentwickelt gewesen sei als die frühe jungpaläolithische Phase, etwa in ihren Kunstwerken. Die Entdeckung von Höhlenkunst wie auch von Figurinen aus der frühesten Phase des Jungpaläolithikums zeigt, verglichen mit der späteren Phase, eine gleichwertige Meisterschaft sowohl im Zeichnen als auch in der Skulptur. Der Ursprung von Kunst und Symbolik wird von Archäologen immer noch weithin in die jungpaläolithische Periode verlegt, das heißt, sie seien nicht älter als vierzigtausend Jahre. Zahlreiche Beispiele mittelpaläolithischer Kunst und symbolischer Artefakte sind in diesem Buch beschrieben worden, und der jüngste Nachweis der Echtheit der Berekhat-Ram-Figurine macht deutlich, dass die Kunst mindestens eine Viertelmillion Jahre früher begann. Das bewusste Einritzen von Knochen ist ebenfalls schon für die altpaläolithische Ära nachgewiesen, obwohl auch hier viele Archäologen sich weigern, die vorjungpaläolithischen Beweise anzuerkennen.

Vorgefasste Meinungen haben wiederholt zur Zurückweisung von Beweisen geführt, die nicht in das gegenwärtige ar-

chäologische Lehrgebäude hineinpassen. Das hat zur routine-
mäßigen Anerkennung von geritzten Knochen aus der jungpaläolithischen Periode in der Hayonimhöhle in Israel geführt,
einhergehend mit der ebenfalls routinemäßige Ablehnung
eines geritzten Knochens aus der mittelpaläolithischen Zeit
von demselben Fundort, *obwohl der mittelpaläolithische Knochen umfangreichere Einritzungen aufweist als sein jungpaläo-
lithisches Gegenstück!* Eine ähnliche Sachlage gibt es im Fall
der Tartaria-Tafeln und der verwandten Artefakte aus dem alten Europa. Wenn man glaubte, dass sie jünger seien als die sumerische Schrift, wurde es als legitim erachtet, sie als mögliche
Schreibsysteme zu bewerten, aber wenn bekannt wurde, dass
sie der sumerischen Zivilisation vorausgingen, dann wurden
die Funde allein schon deshalb verworfen. Dieselbe Art Vorurteil herrscht auch im Fall der frühen Fundorte in den beiden
Amerikas. Die gängige Lehrmeinung lautet, dass es vor zwölftausend Jahren weder in Nord- noch in Südamerika Menschen
gegeben hat; deshalb werden Ansprüche auf frühere Fundorte
routinemäßig abgelehnt. Es gab eine Zeit, als der Gedanke, die
Höhlenmalereien in Lascaux könnten prähistorischen Datums
sein, als lächerlich abgetan wurde. 1980 akzeptierten die meisten Archäologen nicht, dass es Beweise für menschliche Besiedelung der japanischen Inseln für die Zeit von vor dreißigtausend Jahren gab. Genau ein Jahrzehnt später akzeptierten die
Archäologen bereits, dass die ursprüngliche Besiedelung schon
vor sechshunderttausend Jahren stattfand.

Das heißt nicht, dass alle Ansprüche auf frühzeitige Fundorte automatisch ohne kritische Prüfung akzeptiert werden
sollten. Ein unparteiisches Herangehen ist erforderlich, das von
festgefahrenen Vorstellungen betreffs dessen, was für eine Ära
der Vorgeschichte denkbar ist und was nicht, frei ist. Wenn ein
Knochen deutliche Anzeichen aufweist, dass er geritzt worden
ist, sollte seine Anerkennung als echtes Artefakt anhand des
Objektes selbst erzielt werden und nicht bloß auf der Grundlage seines Alters. Es gibt überwältigende Beweise, dass die gesamte konventionelle Chronologie für die verschiedenen kul-

turellen Erfindungen der Menschheit grundlegend ungenau ist. Die Abfolge der Stadien des chronologischen Rahmens als solche (Altpaläolithikum, Mittelpaläolithikum, Jungpaläolithikum, Mesolithikum, Neolithikum, historische Zivilisation) ist kaum umstritten. Das eigentliche Problem besteht darin, welche kulturellen Neuerungen den jeweiligen Stadien zugeordnet werden. Ich habe bereits dargelegt, dass es gute Gründe gibt, den Ursprung der Schrift in historischer Zeit, den Ursprung der Kunst in der jungpaläolithischen Periode usw. in Frage zu stellen. Das Gewicht muss entschieden nach rückwärts verlagert werden, weil viele der fundamentalsten kulturellen Neuerungen tatsächlich viel früher in der Gesamtabfolge eingetreten sind, als allgemein angenommen.

Der Prozess der Korrektur der Chronologie der kulturellen Ereignisse führt zwangsläufig zu dem Schluss, dass die gegenwärtige Einteilung in Geschichte und Vorgeschichte nicht so zuverlässig ist, wie es aussieht. Die neue Sicht von unserer vorgeschichtlichen Vergangenheit wird ständig bestätigt, da neue Entdeckungen gemacht und neue Untersuchungen von lange vernachlässigten Artefakten angestellt werden. Dabei verschieben immer mehr Beweise die Skala nach rückwärts und belegen, dass die prähistorischen kulturellen Errungenschaften grundlegender, komplexer und mannigfaltiger sind, als bislang vermutet. In ihrer ganzen Großartigkeit wird die vorgeschichtliche Zivilisation niemals erkannt werden; zu viel ist durch die Verwüstungen der Zeit, durch menschliche Vernachlässigung und Vandalismus verloren gegangen. Nichtsdestoweniger werden die archäologischen Entdeckungen der Zukunft zweifellos viele neue Türen aufstoßen, durch die wir einen Blick auf die faszinierenden verlorenen Zivilisationen der Steinzeit werfen können.

Danksagung

Zuallererst möchte ich Dr. Derek Roe, dem Direktor des Donald Baden-Powell Quaternary Research Centre, Universität Oxford, sowie Dr. Andrew Sherratt vom Ashmolean Museum, Universität Oxford, dafür danken, dass sie mich in das faszinierendste Gebiet des menschlichen Daseins eingeführt haben: in die Steinzeit. Keiner von beiden sollte jedoch für die in meinem Buch geäußerten Ansichten verantwortlich gemacht werden. Ich möchte auch Dr. Simon Kaner für seine Hilfe bei den Einzelheiten der neuesten Entdeckungen im japanischen Sannaimaruyama danken; meinen Freunden Michael Carmichael, Virginia Ross und Graham Thomas für ihre anhaltende Begeisterung und moralische Unterstützung; meinem Agenten Andrew Lownie und meinen Verlegern Mark Booth und Bruce Nichols. Desgleichen möchte ich den indirekten Einfluss von Paul Bahn, Robert Bednarik, der verstorbenen Marija Gimbutas, Alexander Marshack und Colin Renfrew anerkennen, die durch ihr Werk unser Verständnis der prähistorischen Welt erhellt haben. Die Liebe und Unterstützung Robins, Rebeccas und Benedicts haben mich stets begleitet.

Liste der Abbildungen
im Tafelteil

Liste der Abbildungen
im Textteil

Bildnachweis

Tafelteil

I, II, XVII, XVIII, XIX, XXI, XXIII, XXIV: Ancient Art and Architecture Collection.
III, IV, V, VI: Robert Estall.
VII: Dragoslav Srejovic.
VIII. Ernest R. Lacheman.
IV: Erstveröffentlichung in M. C. Dewez (1974), »New hypotheses concerning two engraved bones from la grotte de Remouchamps, Belgium«, *World Archaeology 5/3.*
X, XI, XIV, XV: Science and Society Picture Library (Science Museum, London).
XII: E. L. Margetts.
XIII: Pia Bennike.
XVI: British Museum.
XX, XXII, XXV, XXVII: Novosti (London).
XXVI: Museum of Archaeology and Anthropology, University of Cambridge.
XXVIII: Paul Bahn.

Textteil

1, 2, 3:   Erstveröffentlichung in James Mellaart (1967), *Çatal Hüyük: A Neolithic Town in Anatolia,* Thames and Hudson.
4:             H. Müller-Karpe.
5:             M. J. O'Kelly.
6:             M. Herity.
7:             Erstveröffentlichung in M. Gimbutas (1991), *The Civilisation of the Goddess,* Harper, San Francisco.
8, 9:   Erstveröffentlichung in M. Gimbutas (1982), *The Goddesses and Gods of old Europe: 6500–3500 BC, Myths and Cult Images,* Thames and Hudson. Illustratorin Linda Mount-Williams.
10:            Erstveröffentlichung in C. Renfrew (1991), »Before Babel: Speculations on the Origins of Linguistic Diversity«, *Cambridge Archaeological Journal* 1/1.
11:            Erstveröffentlichung in D. Schmandt-Besserat (1992), *Before Writing, Volume one: From Counting to Cuneiform,* University of Texas Press.
12:            N. Vlassa.
13:            Erstveröffentlichung in S. M. M. Winn (1981), *Pre-Writing in Southeastern Europe: The Sign System of the Vinca Culture,* Western Publishers.
15:            Harald Haarmann.
16, 17, 18:   Erstveröffentlichung in A. Forbes und T. R. Crowder (1979), »The Pro-

blem of Franco-Cantabrian abstract Signs: Agenda for a new Approach«, *World Archaeology* 10/3.

19: Erstveröffentlichung in F. D'Errico (1995), »A new Model and its Implications for the Origin of Writing: The La Marche Antler Revisited«, *Cambridge Archaeological Journal* 5/2.

20: John Gowlett.

21: Erstveröffentlichung in M. C. Dewez (1974), »New Hypotheses Concerning two engraved Bones from La Grotte de Remouchamps, Belgium«, *World Archaeology* 5/3.

22: Erstveröffentlichung in E. K. Tratman (1976), »A late upper Palaeolithic Calculator (?), Gough's Cave, Cheddar, Somerset«, *Proceedings of the University of Bristol Spelaeological Society* 14/2. Mit freundlicher Genehmigung der University of Bristol Spelaeological Society.

23. L. Vérities.

24: Erstveröffentlichung in L. Liebenberg (1990), *The Art of Tracking: The Origin of Science,* David Philip.

26: G. Henriksen.

27: Erstveröffentlichungin R. Shepherd (1980), *Prehistoric Mining and allied Industries,* Academic Press. Mit Erlaubnis von Academic Press.

28: Erstveröffentlichung in R. Holgate (1991), Prehistoric Flint Mines, Shire Publications.

29: Erstveröffentlichung in C. M. Aikens und T. Higuchi (1982), *Prehistory of Japan,* Academic Press. Mit Erlaubnis von Academic Press.

30, 31: Erstveröffentlichung in B. Boyad und J. Cook (1993), »A Reconsideration of the ›Ain Sakhri‹ Figurine«, *Proceedings of the Prehistoric Society* 59. Illustrator Phil Dean. Mit freundlicher Genehmigung des British Museum.

32, 41: Robert Bednarik.

33, 34: Dirk Huyge und Robert Bendarik.

35: Erstveröffentlichung in T. Malinowski (1981), »Archaeology and Musical Instruments in Poland«, *World Archaeology* 12/3.

36: U. Fischer.

37, 38, 39, 40: D. und U. Mania, Robert Bednarik.

Bibliografie

Ackerknecht, E. H., 1978. »Primitive Surgery«, 164–80 in M. H. Logan and E. E. Hund (eds.), *Health and the Human Condition: Perspectives on Medical Anthropology,* Duxbury Press, North Scituate, Massachusetts.

Adovasio, J. M., O. Soffer und B. Klíma, 1996. »Upper Palaeolithic fibre technology, intelaced woven finds from Pavlow I, Czech Republik, *c.* 26,000 years ago«, *Antiquity* 70, 526–34.

Alinei, M., 1981. »More on Red Ochre: The Contribution of Diachronic Semantics«, *Current Anthropology* 22/4, 443–4.

Allison, M. J. und E. Gerszten, 1982. *Paleopathology in South American Mummies: Applications of Modern Techniques,* Department of Pathology, Medical College of Virginia, Virginia Commonwealth University, Richmond, Virginia.

Alsozatai-Petheo, J., 1986. »An Alternative Paradigm for the Study of Early Man in the New Worls«, 15–26 in A. L. Bryan (ed.), *New Evidence for the Pleistocene Peopling of the americas,* Center for the Study of Early Man, University of Maine, Orono, Maine.

Alt, K. W. *et al.,* 1997. »Evidence for Stone Age Cranial Surgery«, *Nature* 387, 360.

Althin, C. A., 1950. »New Finds of Mesolithic Art in Scania (Sweden)«, *Acta Archaeologica (Kopenhagen)* 21, 253–60.

Anderson, A., 1994. »Comment on J. Peter White's Paper ›Site 820 and the Evidence for Early Occupation in Australia‹«, *Quaternary Australasia* 12/2, 30–1.

Anon., 1995. »The Jomon Period Revisited«, *The East* 31/6, 45–54.

Arnett, W. S., 1982. *The Predynastic Origin of Egyptian Hieroglyphics: Evidence for the Development of Rudimentary Forms of Hieroglyphs in Upper Egypt in the Fourth Millennium BC,* University Press of America, Washington DC.

Ashley-Montagu, M. F., 1937. »The Origin of Subincision in Australia«, *Oceania* 8/2, 193–207.

Auel, J. M., 1986. *Ayla und der Clan der Bären,* Heyne, München.

Bahn, P. G., 1978. »Water Mythology and the distribution of Palaeolithic Parietal Art«, *Proceedings of the Prehistoric Society* 44, 125–34.

Bahn, P. G., 1986. »No Sex, Please, We're Aurignacians«, *Rock Art Research* 3/2, 99–1230

Bahn, P. G., 1987. »Excavation of a paleolithic plank from Japan«, *Nature* 329, 110.

Bahn, P. G., 1991a. »Pleistocene Images outside Europe«, *Proceedings of the Prehistoric Society* 57/1, 91–102.

Bahn, P. G., 1991b. »Dating the First American«, *New Scientist* 20 July, 26–8.

Bahn, P. G., 1993. »50,000-year-old Americans of Pedra Furada«, *Nature* 362, 114–15.

Bahn, P. G., 1996. »New Developments in Pleistocene Art«, *Evolutionary Anthropology* 4/6, 204–15.

Bahn, P. G. (ed.), 1992. *Collins Dictionary of Archaeology,* Harper Collins, Glasgow.

Bahn, P. G. und J. Vertut, 1988. *Images of the Ice Age,* Facts On File, New York.

Bahn, P. G. und J. Vertut, 1997. *Journey through the Ice Age,* Weidenfeld and Nicolson, London.

Balter, M., 1996. »Cave Structure Boosts Neanderthal Image«, *Science* 271, 449.

Bar-Yosef, O. *et al.,* »New Data on the Origin of Modern Man in the Levant«, *Current Anthropology* 27/1, 63–4.

Bauval, R. und G. Hancock, 1996. *Der Schlüssel zur Sphinx. Auf der Suche nach dem geheimen Ursprung der Zivilisation,* List, München.

Beaune, S. A. de., 1987. »Palaeolithic Lamps and Their Specialisation: A Hypothesis«, *Current Anthropology* 28/4, 569–77.

Beaune, S. A. de., 1993. »Nonflint Stone Tools of the Early Upper Paleolithic«, 163–91 in H. Knecht, A. Pike-Tay und R. White (eds.), *Before Lascaux, The Complexe Record of the Early Upper Paleolithic,* CRC Press, Ann Arbor.

Bednarik, R. G., 1989. »The Galgenburg Figurine from Krems, Austria«, *Rock Art Research* 6/2, 118–25.

Bednarik, R. G., 1990a. »An Acheulian haematite pebble with striations«, *Rock Art Research* 7/1, 75.

Bednarik, R. G., 1990b. »More to Paleolithic females than meets the eye«, *Rock Art Research* 7/2, 133–7

Bednarik, R. G., 1992. »Palaeoart and Archaeological Mythis«, *Cambridge Archaeological Journal* 2/1, 27–57

Bednarik, R. G., 1993. »European Paleolithic Art – Typical or Exceptional«, *Oxford Journal of Archaeology* 12/1, 1–8.

Bednarik, R. G., 1994a. »The Pleistocene Art of Asia«, *Journal of World Prehistory* 8/4, 351–75.

Bednarik, R. G., 1994b. »A taphonomy of palaeoart«, *Antiquity* 68, 58–74.

Bednarik, R. G., 1995. »Concept-mediated Marking in the Lower Paleolithic«, *Current Anthropology* 36/4, 605–34.

Bednarik, R. G., und You Yuzhu, 1991. »Paleolithic Art from China«, *Rock Art Research* 8/2, 119–23.

Belfer-Cohen, A. und O. Bar-Yosef, 1981. »The Aurignacian at Hayonim Cave«, *Paléorient* 7/2, 19–42.

Belfer-Cohen, A. und N. Goren-Inbar, 1994. »Cognition and Communication in the Levantine Lower Paleolithic«, *World Archaeology* 26/2, 144–57.

Belitzky, S., N. Goren-Inbar und E. Werker, 1991. »A Middle Pleistocene wooden plank with man-made polish«, *Journal of Human Evolution* 20, 349–53.

Bellwood, P., 1995. »Language Families and Human Dispersal«, *Cambridge Archaeological Journal* 5/2, 271–5.

Bengtson, J. D. und M. Ruhlen, 1994. »Global Etymologies«, 277–366 in M. Ruhlen (ed.), *On the Origins of Languages: Studies in Linguistic Taxonomy,* Stanford University Press, Stanford.

Bennike, P., 1985. *Palaeopathology of Danish Skeletons: A Comparative Study of Demography, Disease and Injury,* Akademisk Forlag, Kopenhagen.

Blainey, G., 1983. *Triumph of the Nomads: A History of Ancient Australia,* Sun Books, Melbourne.

Blurton-Jones, N. und M. J. Konner, 1976. »!Kung Knowledge of Animal Behavior (or: The Proper Study of Mankind is Animals)«, 325–48 in R. B. Lee and I. De Vore (eds.), *Kalahai Hunter-Gatherers: Studies of the !Kung San and Their Neighbors,* Harvard University Press, Cambridge, Massachusetts.

Bock, W. J., A. Boldt-Gäth und R. Meschig, 1986. »From the Beginning of Trepanation to Modern Neurochirurgie« (aus dem Ausstellungskatalog zum XXX. Internationalen Kongress zur Geschichte der Medizin in Düsseldorf).

Borrero, L. A., 1995. »Human and natural agency: some comments on Pedra Furada«, *Antiquity* 69, 602–3.

Bouissac, P., 1994a. »Introduction: A challenge for semiotics«, *Semiotica* 100/2–4 Special Issue. Prehistoric Signs, 99–107.

Bouissac, P., 1994b. »Art or script? A falsifiable semiotic hypothesis«, *Semiotica* 100/2–4 Special Issue: Prehistoric Signs, 349–67.

Boyd, B. und J. Cook, 1993. »A Reconsideration of the ›Ain Sakhri‹ Figurine«, *Proceedings of the Prehistoric Society,* 59, 399–405.

Brodie, F., 1971. *The Devil Drives: A Life of Sir Richard Burton,* Penguin, Harmondsworth.

Brothwell, D. R., 1978, »The question of pollution in earlier and less developed societies«, 129–36 in M. H. Logan und E. E. Hund (eds.), *Health and the Human Condition,* Duxbury Press, North Scituate, Massachusetts.

Brothwell, D. R., 1991. »On zoonoses and their relevance to palaeopathology«, 18–22 in D. J. Ortner und A. C. Aufderheide, *Human Palaeopathology: Current Syntheses and Future Options,* Smithsonian Institution Press, Washington DC.

Brothwell, D. R., 1994. »Ancient Trephining: Multi-focal Evolution or Trans-World Diffusion?«, *Journal of Paleopathology* 6/3, 129–38.

Bryan, A. L., 1986. »Paleoamerican Prehistory as Seen from South America«, 1–14 in A. L. Bryan (ed.), *New Evidence for the Pleistocene Peopling of the Americas,* Center for the Study of Early Man, University of Maine, Orono, Maine.

Burl, A., 1983. *Prehistoric Astronomy and Ritual,* Shire Publications, Princes Risborough, Aylesury.

Burton, R. F., 1864. »Notes on Scalping«, *Anthropological Review* 2, 49–52.

Bynon, T., 1995. »Notes on Scalping«, *Anthropological Review* 2, 49–52.

Bynon, T., 1995. »Can there Ever be a Prehistorical Linguistics?«, *Cambridge Archaeological Journal* 5/2, 261–5.

Carter, G. F., 1980. »The Metate: An Early Grain-Grinding Implement in the New World«, 21–39 in D. L. Browman (ed.), *Early Native Americans: Prehistoric Demography, Economy, and Technology,* Mouton, The Hague.

Cave-Browne, P (n.d.). *Fire-Making: A Survival Skill from the Past,* Pitt Rivers Museum, Oxford.

Chase, P. G., 1991. »Symbols and Paleolithic Artifacts: Style, Standardisation, and the Imposition of Arbitrary Form«, *Journal of Anthropological Archaeology* 10, 193–214.

Chase, P. G. und H. L. Dibble, 1987. »Middle Paleolithic Symbolism: A Review of Current Evidence and Interpretations«, *Journal of Anthropological Archaeology* 6, 263–6.

Cheetham, L., 1987. *Making Light Work,* Pitt Rivers Museum, Oxford.

Chilardi, S. *et al.,* 1996. »Fontana Nuova di Ragusa (Sicily, Italy): southernmost Aurignacian site in Europe«, *Antiquity* 70, 553–63.

Clarke, R., 1935. »The Flint-Knapping Industry at Brandon«, *Antuiquity* 9, 38–56.

Clottes, J., 1996. »Thematic changes in Upper Paleolithic art: a view from the Grotte Chauvet«, *Antiquity* 70, 276–88.

Clottes, J., M. Menu und P. Walter, 1990. »New Light on the Niaux Paintings«, *Rock Art Research* 7/1, 21–6.

Clutton-Brock, J., 1984. *Neolithic Antler Picks from Grimes Graves, Norfolk, and Durrington Walls, Wiltshire: A Biometrical Analysis,* Excavations at Grimes Graves, Norfolk 1972–1976 (Fascicule 1), British Museum Publications, London.

Cohen, M. N. und G. J. Armelagos (eds.), 1984. *Paleopathology at the Origins of Agriculture,* Academic Press, New York.

Cole, J. R., 1980. »Cult Archaeology and Unscientific Method and Theory«, *Advances in Archaeological Method and Theory* 3, 1–33.

Conkey, M., 1983. »On the Origins of Paleolithic Art: A Review and Some Critical Thoughts«, 201–27 in E. Trinkaus (ed.), *The Mousterian Legacy: Human Biocultu-*

ral Change in the Upper Pleistocene, British Archaeological Reports, International Series 164, Oxford.

Cotterell, B. und J. Kamminga, 1990. *Mechanics of Pre-Industrial Technology,* Cambridge University Press, Cambridge.

Courville, C. B., 1967. »Cranial Injuries in Prehistoric Man«, 606–22 in D. Brothwell und A. T. Sandison (eds.), *Diseases in Antiquity: A Survey of the Diseases, Injuries and Surgery of Early Populations,* Charles C. Thomas. Springfield, Illinois.

Cowan, H. K. J., 1975. »More on Upper Paleolithic Engraving«, *Current Anthropology* 16/2, 297–8.

Cranstone, B. A. L., 1951. »Stone Age Man's Use of Power«, *Man* (April Issue), 48–50.

Cremo, M. A. und R. L. Thompson, 1993. *Forbidden Archeology: The Hidden History of the Human Race,* Bhaktivedanta Institute, San Diego.

Dams, L., 1984. »Preliminary Findings at the ›Organ Sanctuary‹ in the Cave of Nerja, Malaga, Spain«, *Oxford Journal of Archaeology* 31/1, 1–14.

Dams, L., 1985. »Paleolithic Lithophones: Descriptions and comparisons«, *Oxford Journal of Archaeology* 4/1, 31–46.

Davidson, D. S., 1947. »Fire-Making in Australia«, *American Anthropologist* 49/3, 426–37.

Davidson, I., 1990. »Bilzingsleben and early marking«, *Rock Art Research* 7/1, 52–6.

Davis, S., 1974. »Incised Bones from the Mousterian of Kebara Cave (Mount Carmel) and the Aurignacian of Ha-Yonim Cave (Western Galilee), Israel«, *Paléorient* 2/1, 181–2.

Delporte, H., 1993. »Gravettian Female Figurines: A Regional Survey«, 243–57 in H. Knecht, A. Pike-Tay und R. White (eds.), *Before Lascaux: The Complex Recvord of the Early Upper Paleolithic,* CRC Press, Ann Arbor.

Dennell, R. W., 1989. »Reply«, *Current Anthropology* 30/3, 318–22.

Dennell, R. W., und L. Hurcombe, 1995. »Comment on Pedra Furada«, *Antiquity* 69, 604.

Dennell, R. W., H. M. Rendell und E. Hailwood, 1988. »Late Pliocene Artefacts from Northern Pakistan«, *Current Anthropology* 29/3 495–8.

d'Errico, F., 1989. »Paleolithic Lunar Calendars: A Case of Wishful Thinking?«, *Current Anthropology* 30/1, 117–18.

d'Errico, F., 1991. »Microscopic and Statistical Criteria for the Identification of Prehistoric Systems of Notation«, *Rock Art Research* 8/2, 83–93.

d'Errico, F., 1992. »A Reply to Alexander Marshack«, *Rock Art Research* 9/1, 59–64.

d'Errico, F., 1995. »A New Model and its Implications for the Origin of Writing: The La Marche Antler Revisited«, *Cambridge Archaeological Journal* 5/2, 163–206.

d'Errico, F. and C. Cacho, 1994. »Notation Versus Decoration in the Upper Paleolithic: a Case-Study from Tossal de la Roca, Alicante, Spain«, *Journal of Archaeological Science* 21, 185–200.

Dewez, M C., 1974. »New hypotheses concerning two engraved bones from La Grotte de Remouchamps, Belgium«, *World Archaeology* 5/3, 337–45.

Diringer, D., 1962. *Writing,* Thames and Hudson, London.

Dolgopolsky, A., 1995. »Linguistic Prehistory«, *Cambridge Archaeological Journal* 5/2, 268–71.

Duff, A. I., G. A. Clark und T. J. Chadderdon, 1992. »Symbolism in the Early Paleolithic: A Conceptual Odyssey«, *Cambridge Archaeological Journal* 2/2, 211–29.

Eaton, S. B., M. Shostak und M. Konner, 1989. *The Stone-Age Health Programme: Diet and Exercise as Nature Intended,* Angus and Robertson, London.

Edwards, S. W., 1978, »Nonutilitarian Activities in the Lower Paleolithic: A Look at the Two Kinds Of Evidence«, *Current Anthropology* 19/1, 135–7.

Eliade, M., 1957. *Schamanismus und archaische Ekstasetechnik,* Zürich, Rascher.

Eliade, M., 1960. *Schmiede und Alchemisten,* Stuttgart, Klett.

Epstein, J. F., 1979. »Flint Technology and the Heating of Stone«, 27–38 in D. Schmandt-Besserat (ed.), *Early Technologies*, Undeno Publications, Malibu.

Evans, J. D., 1959. *Malta*, Thames and Hudson, London.

Fairservis, W. A., 1983. *Hierakonpolis: The Graffiti and the Origins of Egyptian Hieroglyphic Writing*, The Hierakonpolis Project, Occasional Papers in Anthropology Number II, Vassar Collge, Poughkeepsie, NY.

Farmer, M. F., 1994. »The Origins of Weapon Systems«, *Current Anthropology* 35/5, 679–81.

Felkin, R. W., 1884. »Notes on Labour in Central Africa«, *Edinburgh Medical Journal* 29, 922–30.

Fiennes, R. N. T.-W., 1978. *Zoonoses and the Origins and Ecology of Human Disease*, Academic Press, London.

Fischer, A., 1974. »An Ornamented Flint-Core from Holmegård V, Zealand, Denmark: Notes on Mesolithic Ornamentation and Flint-Knapping«, *Acta Archaeologica (Copenhagen)* 45, 155–68.

Flood, J., 1983. *Archaeology of the Dreamtime*, Collins, London.

Forbes, A. und T. R. Crowder, 1979. »The problem of Franco-Cantabrian abstract signs: agenda for a new approach«, *World Archaeology* 10/3, 350–66.

Frolov, B. A., 1978a. »Numbers in Paleolithic Graphic Art and the Initial Stages in the Development of Mathematics, Part One«, *Soviet Anthropology and Archeology* 16/3–4, 142–66.

Frolov, B. A., 1978b. »Numbers in Paleolithic Graphic Art and the Initial Stages in the Development of Mathematics, Part Two«, *Soviet Anthropology and Archeology* 17/1, 73–93.

Frolov, B. A., 1979a. »Numbers in Paleolithic Graphic Art and the Initial Stages in the Development of Mathematics, Part Three«, *Soviet Anthropology and Archeology* 17/3, 41–74.

Frolov, B. A., 1979b. »Numbers in Paleolithic Graphic Art and the Initial Stages in the Development of Mathematics, Part Four«, *Soviet Anthropology and Archeology* 17/4, 61–113.

Frolov, B. A., 1981. »On Astronomy in the Stone Age«, *Current Anthropology* 22/5, 585.

Fullagar, R. und J. Field, 1997. »Pleistocene seed-grinding implements from the Australian arid zone«, *Antiquity* 71, 300-7.

Fullagar, R. L. K., D. M. Price und L. M. Head, 1996. »Early human occupation of northern Australia: archaeology and thermoluminescence dating of Jinmium rockshelter, Northern Territory«, *Antiquity* 70, 751–73.

Gargett, R. H., 1989. »Grave Shortcomings, The Evidence for Neanderthal Burial«, *Current Anthropology* 30/2, 157–90 (and discussions in 30/3, 322–30 by various authors).

Gimbutas, M., 1982. *The Goddesses and Gods of Old Europe: 6500–3500 BC*, Myths and Cult Images, Thames and Hudson, London.

Gimbutas, M., 1996. *Die Sprache der Göttin. Das verschüttete Symbolsystem der westlichen Zivilisation*, Zweitausendeins, Frankfurt.

Gimbutas, M., 1996. *Die Zivilisation der Göttin. Die Welt des alten Europa*, Zweitausendeins, Frankfurt.

Ginzburg, C., 1990. »Clues: Roots of an Evidential Paradigm«, 96–125 in *Myths, Emblems, Clues*, Hutchinson Radius, London.

Goren-Inbar, N., 1985. »The Lithic Assemblage of the Berekhat Ram Acheulian Site, Golan Heights«, *Paléorient* 11/1, 7–28.

Goren-Inbar, N., 1986. »A Figurine from the Acheulian Site of Berekhat Ram«, *Mitekufat Haeven (Journal of the Israel Prehistoric Society)* NS 19, 7–12.

Goren-Inbar, N. und S. Peltz, 1995. »Additional remarks on the Berekhat Ram figurine«, *Rock Art Research* 12/2, 131–2.

Gould, R. A., 1977. »A Case of Heat Treatment of Lithic Materials in Aboriginal Northwestern California«, *Journal of California Anthropology* 4/1, 142–4.

Gowlett, J. A. J., 1984. *Ascent to Civilisation: The Archeology of Early Man,* William Collins, London.

Grimal, N., 1992. *A History of Ancient Egypt,* Blackwell, Oxford.

Gruhn, R., 1987. »On the Settlement of the Americas: South American Evidence for an Expanded Time Frame«, *Current Anthropology* 28/3, 363–4.

Guidon, N. und B. Arnaud, 1991. »The chronology of the New World: two faces of one reality«, *World Archaeology* 23/2, 167–78.

Guidon, N. und G. Delibrias, 1986. »Carbon-14 dates point to man in the Americas 32,000 years ago«, *Nature* 321, 769–71.

Guidon, N. *et al.,* 1996. »Nature and age of the deposits in Pedra Furada, Brazil: reply to Meltzer, Adovasio & Dillehay«, *Antiquity* 70, 408–21.

Haarmann, H., 1989. »Writing From Old Europe to Ancient Crete – A Case of Cultural Continuity«, *The Journal of Indo-European Studies,* 17/3–4, 251–75.

Habgood, P. J., 1989. »Bilzingsleben: to be or not to be *Homo erectus*«, *Rock Art Research* 6/2, 139–41.

Hahn, J., 1993. »Aurignacian Art in Central Europe«, 229–42 in H. Knecht, A. Pike-Tay und R. White (eds.), *Before Lascaux: The Complex Record of the Early Upper Paleolithic,* CRC Press, Ann Arbor.

Hamilton, A., 1980. »Dual Social Systems: Technology, Labour and Women's Secret Rites in the eastern Western Desert of Australia«, *Oceania* 51/1, 4–19.

Hamperl, H., 1967. »The Osteological Consequences of Scalping«, 630–4 in D. Brothwell and A. T. Sandison (eds.), *Diseases in Antiquity: Diseases, Injuries and Surgery in Early Populations,* Charles C. Thomas, Springfield, Illinois.

Harner, M., 1994. *Der Weg des Schamanen. Ein praktischer Führer zu innerer Heilkraft,* Ariston, Genf.

Harrison, H. S., 1954. »Fire-Making, Fuel, and Lighting«, 216–37 in C. Singer, E. J. Holmyard and A. R. Hall (eds.), *A History of Technology, Volume I: From Early Times to Fall of Ancient Empires,* Clarendon Press, Oxford.

Harrold, F. B., 1980. »A comparative analysis of Eurasian Paleolithic burials«, *World Archaeology* 12/2, 195–211.

Hassan, F. A., 1984. »The Beginnings of Egyptian Civilisation at Hierakonpolis«, *Quarterly Review of Archeology* 5/1, 13–15.

Hassan, F. A., 1983. »The Roots of Egyptian Writing«, *Quarterly Review of Archaeology* 4/3, 1, 7–8.

Hassan, F. A., 1988. »The Predynastic of Egypt«, *Journal of World Prehistory* 2/2, 135–85.

Heggie, D. C., 1981. *Megalithic Science: Ancient Mathematics and Astronomy in North-West Europe,* Thames and Hudson, London.

Heggie, D. C., 1982. »Megalithic Astronomy: Highlights and Problems«, 1–24 in D. C. Heggie (ed.), *Archeoastronomy in the Old World,* Cambridge University Press, Cambridge.

Hemingway, M. F., 1989. »Early Artefacts from Pakistan? Some Questions for the Excavators«, *Current Anthropology* 30/3, 317–18.

Henriksen, G., 1972. »Maglemosekulturens Drilbor med et par boretekniske betragtninger«, *Aarbøger for nordisk Oldkyndighed og Historie 1973,* 217–25.

Holgate, R., 1991. *Prehistoric Flint Mines,* Shire Publications, Princes Risborough, Aylesbury.

Hood, M. S. F., 1967. »The Tartaria Tablets«, *Antiquity* 41, 99–113.

Hovers, E., Y. Rak and W. H. Kimbel, 1996. »Neanderthals of the Levant: A baby's burial sheds light on the development and behavior of the species«, *Archeology* Jan.–Feb. issue, 49–50.

Huyge, D., 1990. »Mousterian Skiffle? Note on a Middle Paleolithic Engraved Bone from Schulen, Belgium«, *Rock Art Research* 7/2, 125–32.

Huyge, D., 1991. »The ›Venus‹ of Laussel in the Light of Ethnomusicology«, *Archeologie in Vlaanderen* 1, 11–18.

Imamura, K., 1996. *Prehistoric Japan: New perspectives on insular East Asia,* UCL Press, London.

James, S. R., 1989. »Hominid Use of Fire in the Lower and Middle Pleistocene: A Review of the Evidence«, *Current Anthropology* 30/1, 1–26.

James, T. G. H., 1979. *An Introduction to Ancient Egypt,* British Museum Publications, London.

Janssens, P., 1970. *Palaeopathology: Diseases and Injuries of Prehistoric Man,* John Baker, London.

Jia, Lanpo, 1985. »China's Earliest Paleolithic Assemblages«, 135–45 in Wu Rukang und J. W. Olsen (eds.), *Palaeoanthropology and Palaeolithic Archaeology in the People's Republic of China,* Academic Press, London.

Johanson, D. C. und M. A. Edey, 1982. *Lucy: die Anfänge der Menschheit,* Piper, München.

Johnson, L. L., 1978. »A History of Flint-Knapping Experimentation, 1838–1976«, *Current Anthropology* 19/2, 337–72.

Keeley, L. H., 1980. *Experimental Determination of Stone Tool Uses: A Microwear Analysis,* University of Chicago Press, Chicago.

Kennedy, D. G., 1929. »Field Notes on the Culture of Vaitupu, Ellice Islands«, Memoir Supplement in *Journal of the Polynesian Society* 38, 1–38.

Kenrick, D. M., 1995. *Jomon of Japan: The World's Oldest Pottery,* Kegan Paul International, London.

Kershaw, A. P., 1994. »Site 820 and the Evidence for Early Occupation in Australia – A Response«, *Quaternary Australasia* 12/2, 24–9.

Klein, R. G., 1995. »Anatomy, Behavior, and Modern Human Origins«, *Journal of World Prehistory* 9/2, 167–98.

Knecht, H., A. Pike-Tay und R. White, 1993. »Introduction«, 1–4 in H. Knecht, A. Pike-Tay und R. White (eds.), *Before Lascaux: The Complex Record of the Early Upper Paleolithic,* CRC Press, Ann Arbor.

Kraybill, N., 1977. »Pre-Agricultural Tools for the Preparation of Foods in the Old World«, 485–521 in C. A. Reed (ed.), *Origins of Agriculture,* Mouton, Den Haag.

Kroeber, A. L., 1948. *Anthropology: Race, Language, Culture, Psychology, Prehistory,* Harcourt, Brace and Company, New York.

Kumar, G., 1996. »Daraki-Chattan: A Paleolithic Cupule Site in India«, *Rock Art research* 13/1, 38–46.

Larichev, V., U. Khol'ushkin und I. Laricheva, 1987. »Lower and Middle Paleolithic of Northern Asia: Achievements, Problems, and Perspecitves«, *Journal of World Prehistory* 1/4, 415–64.

Larichev, V., U. Khol'ushkin und I. Laricheva, 1988. »The Upper Paleolithic of Northern Asia: Achievements, Problems, and Perspectives. I. Western Siberia«, *Journal of World Prehistory* 2/4, 359–96

Larichev, V., U. Khol'ushkin und I. Laricheva, 1990. »The Upper Paleolithic of Northern Asia: Achievements, Problems, and Perspectives. II. Central and Eastern Siberia«, *Journal of World Prehistory* 4/3, 347–85.

Larsson, L., 1990. »The Mesolithic of Southern Scandinavia«, *Journal of World Prehistory* 4/3, 257–309.

Leakey, M. D., 1971. *Olduvai Gorge, Volume 3: Excavations in Beds I and II, 1960–63,* Cambridge University Press, Cambridge.

Leroi-Gourhan, A., 1982. *The Dawn of European Art: An Introduction to Palaeolithic Cave Painting,* Cambridge University Press, Cambridge.

Leroi-Gourhan, A., 1975. »The Flowers Found with Shanidar IV, a Neanderthal Burial in Iraq«, *Science* 190, 562–4.

Liebenberg, L., 1990. *The Art of Tracking: The Origin of Science,* David Philip, Claremont, South Africa.

Lietava, J., 1992. »Medicinal plants in a Middle Paleolithic grave Shanidar IV?«, *Journal of Ethnopharmacology* 35/3, 263–6.

Lisowski, F. P., 1967. »Prehistoric and Early Historic Trepanation«, 665–72 in D. Brothwell und A. T. Sandison (eds.), *Diseases in Antiquity: A Survey of the Diseases, Injuries and Surgery of Early Populations,* Charles C. Thomas, Springfield, Illinois.

Loeb, E. M., 1926. »Pomo Folkways«, *University of California Publications in Archaeology and Ethnology* 19/2, 149–404.

Longworth, I., *et al.,* 1991. *Excavations at Grimes Graves, Norfolk 1972–1976 Fascicule 3; Shaft X: Bronze Age Flint, Chalk and Metal Working,* British Museum Publications, London.

Lorblanchet, M., *et al.,* 1990. »Paleolithic Pigments in the Quercy, France«, *Rock Art Research* 7/1, 4–20.

McDermott, L., 1996. »Self-Representation in the Upper Paleolithic Female Figurines«, *Current Anthropology* 37/2, 227–75.

McKeown, T., 1988. *The Origins of Human Disease,* Blackwell, Oxford.

MacRae, R. J., 1988. »Belt, Shoulder-Bag or Basket? An Enquiry into Handaxe Transport and Flint Sources«, *Lithics* 9, 2–8.

Makkay, J., 1968. »The Tartaria Tablets«, *Orientalia* NS 37, 272–89.

Mania, D. und U. Mania, 1988. »Deliberate Engravings on Bone Artefacts of Homo Erectus«, *Rock Art Research* 5/2, 91–107.

Mania, D. und U. Mania, 1989. »Reply to Habgood«, *Rock Art Research* 6/2, 141–2.

Margetts, E. L., 1967. »Trepanation of the Skull by the Medicine-men of Primitive Cultures, with Particular Reference to Present-day Native East African Practice«, 673–701 in D. Brothwell und A. T. Sandison (eds.), *Diseases in Antiquity: A Survey of the Disease, Injuries and Surgery of Early Populations,* Charles C. Thomas, Springfield, Illinois.

Marsh, G. H. und W. S. Laughlin, 1956. »Human Anatomical Knowledge among the Aleutian Islanders«, *Southwestern Journal of Anthropology* 12/1, 38–78.

Marshack, A., 1972. *The Roots of Civilisation,* McGraw Hill, New York (2nd ed., 1991).

Marshack, A., 1975. »Reply to Cowan«, *Current Anthropology* 16/2, 298.

Marshack, A., 1976. »Some Implications of the Paleolithic Symbolic Evidence for the Origin of Language«, *Current Anthropology* 17/2, 274–82.

Marshack, A., 1979. »Upper Paleolithic Symbol Systems of the Russian Plain: Cognitive and comparative Analysis«, *Current Anthropology* 20/2, 271–311.

Marshack, A., 1981. »On Paleolithic Ochre and the Early Uses of Color and Symbol«, *Current Anthropology* 22/2, 188–91.

Marshack, A., 1985. »Theoretical concepts that lead to new analytical methods, mode sof inquiry and classes of data«, *Rock Art Research* 2/2, 95–111.

Marshack, A., 1991a. »The Female Image: A ›Time-factored‹ Symbol. A Study in Style and Aspects of Image Use in the Upper Paleolithic«, *Proceedings of the Prehistoric Society* 57/1, 17–31.

Marshack, A., 1991b. »A reply to Davidson on Mania and Mania«, *Rock Art Research* 8/1, 47–58.

Marshack, A., 1991c. »The Tai Plaque and Calendrical Notation in the Upper Paleolithic«, *Cambridge Archaeological Journal* 1/1, 25–61.

Marshack, A., 1991. »An innovative analytical technology: discussion of its present and potential use«, *Rock Art Research* 9/1, 37–59.

Bibliografie

Marshack, A., 1996. »A Middle Paleolithic Symbolic Composition from the Golan Heights: The Earliest Known Depictive Image«, *Current Anthropology* 37/2, 357–65.

Marshack, A., 1997. »The Berekhat Ram figurine: a late Acheulian carving from the Middle East«, *Antiquity* 71, 327–37.

Megarry, T., 1995. *Society in Prehistory: The Origins of Human Culture,* Macmillan, London.

Megaw, J. V. S., 1968. »Problems and non-problems in palaeo-organology: a musical miscellany«, 333–58 in J. M. Coles and D. D. A. Simpson (eds.), *Studies in Ancient Europe: Essays presented to Stuart Piggott,* Leicester University Press, Leicester.

Mellaart, J., 1967. *Çatal Hüyük, Stadt aus der Steinzeit,* Lübbe, Bergisch Gladbach.

Mellars, P., 1989. »Major Issues in the Emergence of Modern Humans«, *Current Anthropology* 30/3, 349–85.

Meltzer, D. J., J. M. Adovasio und T. D. Dillehay, 1994. »On a Pleistocene human occupation at Pedra Furada, Brazil«, *Antiquity* 68, 695–714.

Mercer, R. J., 1981. »Summary of the Excavation«, VI–IX in *Grimes Graves, Norfolk: Excavations 1971–72,* (Volume II), Department of the Environment Archaeological Reports No. 11, HMSO, London.

Mészáros, G. und L. Vértes, 1955. »A Paint Mine from the Early Upper Paleolithic Age near Lovas (Hungary, County Veszprém)«, *Acta Archaeologica Academiae Scientiarum Hungaricae* 5, 1–32.

Mishra, S. *et al.,* 1955. »Earliest Acheulian Industry from Peninsular India«, *Current Anthropology* 3/65, 847–51.

Mithen, S., 1996. »On Early Palaeolithic ›Concept-mediated Marks‹, Mental Modularity, and the Origins of Art«, *Current Anthropology* 37/4, 666–70.

Mortlock, J., 1997. »First hearth, first picture«, *East Anglian Daily Times 9,* 11 August.

Movius, H. L., 1953. »The Mousterian cave of Teshik-Tash, Southeastern Uzbekistan, Central Asia«, *American School of Prehistoric Research* 17, 11–71.

Needham, J., 1954. *Science and Civilisation in China, Volume 1: Introductory Orientations,* Cambridge University Press, Cambridge.

Needham, J., 1965. *Science and Civilisation in China, Volume 4: Physics and Physical Technology (Part II: Mechanical Engineering),* Cambridge University Press, Cambridge.

Neustupný, E., 1968. »The Tartaria Tablets: A Chronological Issue«, *Antiquity* 42, 32–5.

Nissen, H. J., P. Damerow und R. K. Englund, 1993. *Archaic Bookkeeping: Early Writing and Techniques of Economic Administration in the Ancient Near East,* University of Chicago Press, Chicago and London.

Oakley, K. P., 1973. »Fossil shell observed by Acheulian man«, *Antiquity* 47, 59–60.

Okladnikov, A. P. und G. A. Pospelova, 1982. »Ulalinka, the Oldest Palaeolithic Site in Siberia«, *Current Anthropology* 23/6, 710–12.

Parry, T. W., 1914. »Prehistoric Man and His Early Efforts to Combat Disease«, *The Lancet* 13 June.

Parry, T. W., 1916. »The Art of Trephining Among Prehistoric and Primitive Peoples: Their Motives for its Practise and Their Methods of Procedure«, *Journal of the British Archaeological Association* March 1916, 33–69.

Parry, T. W., 1918. *Surgery of the Stone Age: A Ballad of Neolithic Times,* John Bale, London.

Parry. T. W., 1923. *Trephination of the Living Human Skull in Prehistoric Times,* - British Medical Association, London.

Pasquale, A. de., 1984. »Pharmacognosy: The Oldest Modern Science«, *Journal of Ethnopharmacology* 11, 1–16.

Paterson, L. W., 1983. »Criteria for Determining the Attributes of Man-Made Lithics«, *Journal of Field Archaeology* 10, 297–307.

Pelcin, A., 1994. »A Geological Explanation for the Berekhat Ram Figurine«, *Current Anthropology* 35/5, 674–5.

Petrie, W. M. F., 1912. *The Formation of the Alphabet,* Macmillan, London.

Piggott, S., 1940. »A Trepanned Skull of the Beaker Period from Dorset and the Practice of Trepanning in Prehistoric Europe«, *Proceedings of the Prehistoric Society* 6, 112–32.

Pitts, M. und M. Roberts, 1997. *Fairweather Eden: Life in Britain half a million years ago as revealed by the excavations at Boxgrove,* Century, London.

Purdy, B. A., 1982. »Pyrotechnology: Prehistoric Application to Chert Materials in North America«, 31–44 in T. A. und S. F. Wertime (eds.), *Early Pyrotechnology: The Evolution of the First Fire-Using Industries,* Smithsonian Institution Press, Washington DC.

Renfrew, C., 1976. *Before Civilisation: The Radiocarbon Revolution and Prehistoric Europe,* Penguin, Harmondsworth.

Renfrew, C., 1991. »Before Babel: Speculations on the Origins of Linguistic Diversity«, *Cambridge Archaeological Journal* 1/1, 3–23.

Renfrew, C., 1992. »Archaeology, Genetics and Linguistic Diversity«, *Man* 27/3, 445–78.

Renfrew, C., 1995. »Towards a New Synthesis?«, *Cambridge Archaeological Journal* 5/2, 258–61.

Rigaud, J.-P., J. F. Simek und T. Ge, 1995. »Mousterian fires from Grotte XVI (Dordogne, France)«, *Antiquity* 69, 902–12.

Rivière, P., 1989. »Body-snatching in South America«, *Anthropology Today* 5/6, 23.

Rozoy, J.-G., 1990. »The Revolution of the Bowmen in Europe«, 13–28 in C. Bonsall (ed.), *The Mesolithic in Europe: Papers Presented at the Third International Symposium, Edinburgh 1985,* John Donald, Edinburgh.

Ruggles, C. L. N., 1989. »Recent developments in megalithic astronomy«, 13–26 in A. F. Aveni (ed.), *World achaeoastronomy: Selected papers from the 2nd Oxford International Conference on Archaeoastronomy Held at Merida, Yucatan, Mexico 13–27 Januar 1986,* Cambridge University Press, Cambridge.

Ruhlen, M., 1987. *A Guide to the World's Languages, Volume One: Classification,* Edward Arnold, London.

Ruhlen, M., 1995. »Linguistic Evidence for Human Prehistory«, *Cambridge Archaeological Journal* 5/2, 265–8.

Schick, K. D. und N. Toth, 1993 *Making Silent Stones Speak: Human Evolution and the Dawn of Technology,* Touchstone, New York.

Schmandt-Besserat, D., 1980. »Ocher in Prehistory: 300,000 Years of the Use of Iron Ore as Pigments«, 127–50 in T. A. Wertime und J. D. Muhly (eds.), *The Coming of the Age of Iron,* Yale University Press, New Haven.

Schmandt-Besserat, D., 1992. *Before Writing, Volum One: From Counting to Cuneiform,* University of Texas Press, Austin.

Schmid, E., 1972. »A Mousterian silex mine and dwelling-place in the Swiss Jura«, 129–32 in F. Bordes (ed.), *The Origin of Homo Sapiens* (Ecology and Conservation 3), Unesco, Paris.

Schuiling, W. C. (ed.), 1972. *Pleistocene Man at Calico: A Report on the International Conference on the Calico Mountains Excavations, San Bernardino County, California,* San Bernardino County Museum Association, San Bernardino.

Seidenberg, A., 1962. »The Ritual Origin of Counting«, *Archive for History of Exact Sciences* 271, 1–40.

Shepherd, R., 1980. *Prehistoric Mining and Allied Industries,* Academic Press, London.

Shevoroshkin, V. V. und T. L. Markey (eds.), 1986. *Typology, Relationship and Time: A Collection of Papers on Language Change and Relationship By Soviet Linguists,* Karoma, Ann Arbor.

Bibliografie

Simpson, R. D., 1980. »Calico Mountains Site: Pleistocene Archaeology in the Mojave Desert, California«, 7–20 in D. L. Browman (ed.), *Early Native Americans: Prehistoric Demography, Economy, and Technology*, Mouton, Den Haag.

Simpson, R. D., L. W. Patterson und C. A. Singer, 1986. »Lithic Technology of the Calico Mounains Site, Southern California«, 89–105 in A. L. Bryan (ed.), *New Evidence for the Pleistocene Peopling of the Americas*, Center for the Study of Early Man, University of Maine, Orono, Maine.

Skertchly, S. B. J., 1879. *On the Manufacture of Gun-Flints, The Methods of Excavating for Flint, The Age of Palaeolithic Man, and the Connexion Between Neolithic Art and the Gun-Flint Trade*, Memoirs of the Geological Survey, HMSO, London.

Smirnov, Y., 1989. »Intentional Human Burial: Middle Palaeolithic (Last Glaciation) Beginnings«, *Journal of World Prehistory* 3/2, 199–233.

Smolla, G., 1987. »Prehistoric flint mining: the history of research – a eview«, 127–9 in G. de G. Sieveking und M. H. Newcomer (eds.), *The Human Uses of Flint and Chert*, Cambridge University Press, Cambridge.

Soffer, O., *et al.*, 1993. »The Pyrotechnology of Performance Art: Moravian Venuses and Wolverines«, 259–75 in H. Knecht, A. Pike-Tay and R. White (eds.), *Before Lascaux: The Complex Record of the Early Upper Paleolithic*, CRC Press, Ann Arbor.

Solecki, R. S., 1972. *Shanidar: The Humanity of Neanderthal Man*, Penguin, London.

Solecki, R. S., 1975. »Shanidar IV, a Neanderthal Flower Burial in Northern Iraq«, *Science* 190, 880–1.

Solecki, R. S., 1977. »The Implications of the Shanidar Cave Neaderthal Flower Burial«, *Annals of the New York Academy of Sciences* 293, 114–24.

Srejović, D., 1973. *Lepenski Vir. Eine vorgeschichtliche Geburtsstätte europäischer Kultur*, Lübbe, Bergisch Gladbach.

Stapert, D., 1989. »Early Artefacts from Pakistan? Some Questions for the Excavators«, *Current Anthropology* 30/3, 318.

Steensberg, A., 1980. *New Guinea Gardens: A Study of Husbandry with Parallels in Prehistoric Europe*, Academic Press, London.

Steensberg, A., 1986. *Man the Manipulator: An Ethno-Archaeological Basis for Reconstructing the Past*, Dänisches Nationalmuseum, Kopenhagen.

Sepanchuk, V. N., 1993. »Prolom II, a Middle Palaeolithic Cave Site in the Eastern Crimea with Non-Utilitarian Bone Artefacts«, *Proceedings of the Prehistoric Society* 59, 17–37.

Taçon, P S. C. *et al.*, 1997. »Cupule engravings from Jinmium-Granilpi (northern Australia) and beyond: exploration of a widespread and enigmatic class of rock markings«, *Antiquity* 71, 942–65.

Taylor, T., 1997. *Sexualität der Vorzeit. Zur Evolution von Geschlecht und Kultur*, Pichler, Wien.

Thom, A., 1967. *Megalithic Sites in Britain*, Oxford University Press, Oxford.

Thomas, T., 1983. »Material Culture of Gatecliff Shelter: Incised Stones«, 246–78 in D. H. Thomas *et al.*, *The Archaeology of Monitor Valley 2: Gatecliff Shelter* (*Anthropological Papers of the American Museum of Natural History* 59/1, 1–552).

Thomas, T., 1983. »The Visual Symbolism of Gatecliff Shelter«, 332–52 in D. H. Thomas *et al.*, *The Archaeology of Monitor Valley 2: Gatecliff Shelter* (*Anthropological Papers of the American Museum of Natural History* 59/1, 1–552).

Todd, I. A., 1976. *Çatal Hüyük in Perspective*, Cummings, Menlo Park, California.

Tratman, E. K., 1976. »A Late Upper Palaeolithic Calcular (?), Gough's Care, Cheddar, Somerset«, *Proceedings of the University of Bristol Spelaeological Society* 14/2, 123–9.

Trinkaus, E., 1982. »Artificial Cranial Deformation in the Shanidar 1 and 5 Neanderthals«, *Current Anthropology* 23/2, 198–9.

Bibliografie

Troeng, J., 1993. *Worldwide chronology of Fifty-three Prehistoric Innovations,* Almqvist & Wiksell, Stockholm.

Turnbull, C. M., 1963. *Molimo. Drei Jahre bei den Pygmäen,* Köln, Kiepenheuer und Witsch.

Ucko, P. und A. Rosenfeld, 1967. *Felsbildkunst im Paläolithikum,* München, Kindler.

Urry, J., 1989. »Headhunters and body-snatchers«, *Anthropology Today* 5/5, 11–13.

Vandiver, P. B. *et al.,* 1989. »The Origins of Ceramic Technology at Dolni Vestonice, Czechoslovakia«, *Science* 246, 1002–8.

Velo, J., 1984. »Ochre as Medicine: A Suggestion for the Interpretation of the Archaeological Record«, *Current Anthropology* 25/5, 674.

Vencl, S., 1981. »On Containers in the Palaeolithic and Mesolithic«, 309–14 in G. Gramsch (ed.), *Mesolithikum in Europa (Veröffentlichungen des Museums für Ur- und Frühgeschichte Potsdam* 14–15).

Vermeersch, P. M., E. Paulissen und P. Van Peer, 1990. »Palaeolithic chert exploitation int he limestone stretch of the Egyptian Nile Valley«, *African Archaeological Review* 8, 77–102.

Vertes, L., 1965. »›Lunar Calendar‹ from the Hungarian Upper Paleotlithic«, *Science* 149, 855–6.

Vishnyatsky, L. B., 1994. »›Running ahead of time‹ in the development of Palaeolithic industries«, *Antiquity* 68, 134–40.

Vlassa, N., 1963. »Chronolgy of the Neolithic in Transylvania, in the Light of the Tartaria Settlement's Stratigraphy«, *Dacia* N. S. 7, 485–94.

Weinstein-Evron, M. und A. Belfer-Cohen, 1993. »Natufian Figurines from the New Excavations of the El-Wad Cave, Mt. Carmel, Israel«, *Rock Art Research* 10/2, 102–6.

Weisgerber, G., 1987. »The technological relationship between flint mining and early copper mining«, 131–5 in G. de G. Sieveking und M. H. Newcomer (eds.), *The Human Uses of Flint and Chert,* Cambridge University Press, Cambridge.

Wertime, T. A., 1979. »Pyrotechnology: Man's Fire-Using Crafts«, 17–25 in D. Schmandt-Besserat (ed.), *Early Technologies,* Undeno Publications, Malibu.

White, J. P., 1994. »Site 820 and the Evidence for Early Occupation in Australia«, *Quaternary Australasia* 12/2, 21–3.

White, R., 1993. »Technological and Social Dimensions of ›Aurignacian-Age‹ Body Ornaments across Europe«, 277–99 in H. Knecht, A. Pike-Tay und R. White (eds.), *Before Lascaux: The Complex Record of the Early Upper Paleolithic,* CRC Press, Ann Arbor.

Willis, D., 1992. *The Leakey Family: Leaders in the Search for Human Origins,* Facts on File, New York.

Winn, S. M. M., 1981. *Pre-Writing in Southeastern Europe: The Sign System of the Vinca Culture ca. 4000 BC,* Western Publishers, Calgary.

Wreschner, E. E., 1981. »More on Palaeolithic Ochre«, *Current Anthropology* 22/6, 705–6.

Wymer, J. J., 1982. *The Palaeolithic Age,* Croom Helm, London.

Zhang Senshui, 1985. »The Early Palaeolithic of China«, 147–86 in Wu Rukang und J. W. Olsen (eds.), *Palaeonathrophology and Palaeolithic Archaeology in the People's Republic of China,* Academic Press, London.

Orts- und Sachregister

Personenregister

Personenregister